# 다윗의 생애

# The Life of David

Arther W. Pink

# 다윗의 생애 ❸

아더 핑크 지음 | 김광남 옮김

**일러두기**

1. 본서는 아더 핑크가 쓴 *The Life of David*를 완역한 책이다.
2. 본서는 총 96편의 설교로 구성되어 있고 편집상의 편의를 위해 세 권으로 분책했다.
3. 부 제목과 각 장의 중간제목은 원서에는 없는 것을 역자가 임의로 넣었다.
4. 핑크가 사용한 성경 본문은 《흠정역》(King James Version, KJV)이었고, 이 번역서에서는 《성경전서 개역개정판》 본문을 사용하고 있다. 그러나 KJV와 《개역개정판》의 번역이 현저히 다를 경우 《표준새번역》 혹은 《우리말성경》 본문을 사용하거나, KJV의 원문을 역자의 사역(私譯)으로 실어 놓았다.
5. 본문에 성경 본문이 실려 있기는 하나 먼저 각장에 해당하는 성경 본문을 읽은 후 읽는다면 독서의 효율이 높아질 것이다.

# 차례

## 제6부 회복

### 제65장 므비보셋에 대한 잘못된 판단 | 15
타인에 대한 평가의 위험성 16 | 신령하지 않은 자의 판단 18 | 잘못된 길 20 | 시바의 야심 23 | 시바의 아첨과 중상 25 | 성급한 판단 28 |

### 제66장 시므이의 저주 | 30
회개하는 자의 자세 32 | 저주를 퍼붓는 시므이 35 | 비열한 왜곡 37 | 징계에 대한 순응 40 |

### 제67장 어려운 시절의 친구들 (I) | 45
후새의 위장 침투 48 | 아히도벨의 계략 53 | 하나님의 개입 57 |

### 제68장 어려운 시절의 친구들 (II) | 59
후새의 의견을 묻는 압살롬 62 | 후새의 반대 64 | 후새의 제안 68 |

제69장 마하나임에 머묾 | 73

성막을 향한 갈망 75 | 아히도벨의 자살 77 | 마하나임으로 81 | 심은 대로 거둠 83 |

제70장 압살롬의 죽음 (I) | 87

결전을 위한 준비 89 | 출전을 만류하는 백성들 91 | 압살롬을 걱정함 94 | 승리 96 | 나뭇가지에 매달린 압살롬 98 |

제71장 압살롬의 죽음 (II) | 102

요압의 인물됨 105 | 방자한 요압 108 | 반역의 결말 112 | 아히마아스의 지혜 113 |

제72장 과도한 슬픔 (I) | 117

과도한 애정의 문제 119 | 감정을 다스리는 방법 121 | 애타는 기다림 124 | 과도하게 슬퍼하는 죄 128 |

제73장 과도한 슬픔 (II) | 132

슬픔으로 인한 의무의 방기 133 | 비난과 순응 138 | 백성들 사

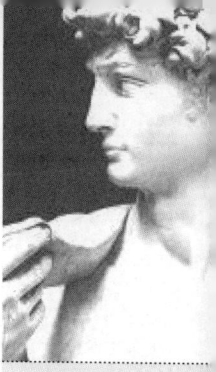

이의 소동 141 | 화해를 위한 제안 142 |

## 제74장 요단강가로 돌아옴 | 147

어둠 속을 비추는 빛 149 | 유다 지파의 선수 151 | 시므이와 시바의 마중 153 | 용서를 간청하는 시므이 155 | 용서받은 자의 용서 159 |

## 제75장 복위 (I) | 162

므비보셋의 마중과 해명 163 | 이상한 명령과 보응 166 | 늙은 바르실래의 배웅 169 | 보답 171 | 유다와 이스라엘의 분열 173 |

## 제76장 복위 (II) | 177

얄팍한 충성 맹세 178 | 세바의 선동 181 | 선동의 결과 184 | 요압을 제거하기 위한 시도 186 |

## 제77장 어그러진 계획 | 191

의로운 섭리 193 | 징벌적 정의 195 | 요압의 아마사 살해 197 | 인과응보 200 | 반역의 진압 203 |

## 제7부 감사의 노래

### 제78장 올바른 일 처리 (I) | 209

문제와 기도 210 | 사울의 죄로 인한 고통 212 | 기브온 사람들과 맺었던 약속 215 | 약속의 파기 217 | 적절한 조치 220 | 기브온 사람들의 요구 220 |

### 제79장 올바른 일 처리 (II) | 224

심판의 주님 225 | 사울의 자손들의 죽음 228 | 거룩한 요구 232 | 징벌이 끝남 235 |

### 제80장 감사의 노래 (I) | 239

역사적 의미와 예언적 의미 240 | 적들로부터의 구원 243 | 여호와에 대한 찬양 246 | 여호와의 충분하심 250 |

### 제81장 감사의 노래 (II) | 254

크고 두려운 적들 255 | 하늘을 향한 탄원 258 | 응답하시는 여

호와 261 | 숭고한 은유들의 의미 264 | 승리의 원인 266 |

## 제82장 감사의 노래 (III) | 269

넓은 곳으로 인도하심 271 | 공의를 따른 보상 277 | 여호와의 법을 지킴 279 | 그리스도의 예표 282 |

## 제83장 감사의 노래 (IV) | 285

승리와 패배 286 | 승리의 노래 288 | 등불이신 여호와 290 | 의지할 만한 분이신 여호와 292 | 힘과 능력이 되시는 여호와 295 | 특별한 은혜 297 |

## 제84장 감사의 노래 (V) | 300

승리에 대한 기억 301 | 무력한 적들 304 | 이방인들의 굴복 307 | 하나님에 대한 찬양 311 |

## 제85장 마지막 말 | 315

마지막 말의 의미 316 | 자신에 대한 언급 318 | 여호와의 영의 말씀 321 | 공의와 하나님에 대한 경외 322 | 여호와의 주권적

은혜 324 | 언약, 모든 소원의 근거 328 |

제86장 그의 용사들 (I) | 331

본문에 담긴 평범한 교훈들 332 | 충실한 종들이 얻는 보상 335 | 아디노 336 | 엘르아살 338 | 삼마 342 |

제87장 그의 용사들 (II) | 344

이름 없는 헌신에 대한 기억 346 | 삼총사의 헌신 348 | 동료 인간에 대한 예의 352 | 아비새 354 | 브나야 355 | 삼십 명의 용사들 357 |

# 제8부 대단원

제88장 마지막 어리석은 짓 (I) | 361

통합적 해석 362 | 시점의 문제 364 | 오만과 위법 368 | 진노의 원인 371 |

## 제89장 마지막 어리석은 짓 (II) | 374

성공의 위험성 375 | 사탄, 하나님의 도구 377 | 요압의 문제 제기 379 | 고집 383 | 인구조사의 결과 385 |

## 제90장 현명한 결정 (I) | 388

징벌과 자책 390 | 회개, 하나님의 자녀의 특징 394 | 심판의 메시지 398 | 회개 이후의 징벌의 문제 399 |

## 제91장 현명한 결정 (II) | 403

자기에 대한 심판 404 | 죄의 고백 407 | 용서의 간청과 징계 409 | 하나님의 의로우심을 인정함 411 | 현명한 선택 413 |

## 제92장 효과적인 중재 | 418

하나님 앞에 선 중재자 420 | 엄중한 심판 421 | 후회하시는 하나님 423 | 심판을 이기는 긍휼 428 | 목숨을 건 중재 430 |

## 제93장 위대한 보상 | 433

중재자의 자세 435 | 제단을 세우라는 명령 439 | 타작마당, 용

서와 화해의 장소 440 | 순종하는 회개자 442 | 성전 터에 대한 계시 445 |

## 제94장 뜨거운 찬양 | 447

용기와 겸손 448 | 성전 터의 매입 450 | 제사와 잔치 454 | 믿음으로 쓴 찬양의 시 456 | 영원한 감사의 대상 459 |

## 제95장 마지막 날들 (I) | 462

아도니야의 반란 464 | 반역에 가담한 요압과 아비아달 467 | 나단의 개입 469 | 신속한 조치 472 | 솔로몬이 왕이 됨 474 |

## 제96장 마지막 날들 (II) | 477

성전 건축을 위한 준비 479 | 솔로몬에게 준 명령 480 | 대적들과 관련해 내린 명령 483 | 방백들에게 내린 명령 486 | 성전 봉사를 위한 규례의 제정 487 | 성전 설계도의 위탁 488 | 회중에게 내린 명령 488 | 복된 죽음 490 |

# 제6부

# 회복

# 65

## 므비보셋에 대한 잘못된 판단

사무엘하 16장

"인간이기에 실수한다." 옳은 말이다. 그러나 그것이 실수를 용서해 주지는 않는다. 특히 우리가 그 실수 때문에 동료 인간을 부당하게 정죄할 때는 더욱 그렇다. 알다시피, 겉모양은 기만적이다. 따라서 올바른 판단을 하기 위해서는 표면 밑을 들여다 볼 필요가 있다. 험담을 믿어서는 안 된다. 사실 그것은 가장 경계해야 할 대상이다. 누군가에 대한 비난은 그것이 두 사람 이상의 믿을 만한 증인들의 입에서 나올 경우에만 귀를 기울여야 한다. 그때조차 타당한 검증절차를 거쳐야 한다. 그래서 비난을 받는 사람이 자신이 무슨 이유로 비난을 받고 있는지 알게 하고, 그로 하여금 자신을 변호하고 그 비난에 대해 공박할 기회를 얻게 해야 한다. 완전한 겁쟁이들이나 사람의 등 뒤에서 혹은 어둠에 숨어서 칼을 휘두른다. 우리가 따라야 할 안전한 법칙은, 당신이 그 사람 앞에서라면 말하기를 두려워할, 그리고 자신의 말을 충분히 입증할 준비가 되어 있지 않은 말을 그 사람 뒤에서 하지 않는 것이다. 아, 이 악한 세대에 이 법칙은 얼마나 자주 깨지는가! 사람들은 늘 다른 사람들에 대해 최선이 아니라 최악의 것을 상상하고 믿으려 한다. 이 전염병에서 벗어난 사람들은 거의 없다.

### 타인에 대한 평가의 위험성

"외모로 판단하지 말고 공의롭게 판단하라"(요 7:24). 이 말씀의 맥락에 주목할 필요가 있다. 예수님이 안식일에 한 남자를 치유하셨다. 그러자 그분의 적들―그들은 늘 그분을 비난할 구실을 찾고 있었다―이 분개했다. 그분은 그들이 중요하게 여기던 것을 거칠게 무시하셨다. 즉 그분은 안식일을 거룩하게 지키는 방식에 대해 그들이 갖고 있는 생각과 완전히 어긋나는 방식으로 행동하셨다. 그러자 그들은 즉시 자기들 멋대로 구주께서 안식일을 모독했다는 성급한 결론을 내렸다. 그리스도께서는 그들의 판단이 자의적이며 피상적이라고 지적하셨다. 어떤 일에 대한 입장은 환경에 따라 달라진다. 가령 갓난아이에게 할례를 주는 제8일째 되는 날이 안식일일 경우가 그렇다(23절). 어떤 행위의 가치를 결정하는 것은 그 행위의 동기다. 그리고 다른 사람들의 동기에 대해 추측하는 것은 사악한 짓이다. 더구나 율법의 권세가 우리의 혈관 속을 흐르는 인간적인 친절이라는 혈액을 응고시키거나 우리로 하여금 인간의 고통에 대해 둔감해 시게 해서는 안 된다.

"외모로 판단하지 말고 공의롭게 판단하라." 이것은 오늘날 우리가 유념해야 할 말이 아닌가? 우리가 조심해야 할 이중의 위험이 존재한다. 첫째는 다른 사람들에 대해, 특히 스스로 그리스도인이라고 고백하는 사람들에 대해 너무 호의적인 판단을 내리는 것이다. 말은 믿을 게 못되며, 사람들의 감정의 분출은 실제에 대한 징표가 될 수 없다. 어떤 이가 자신을 그리스도인이라고 부르고 진지하게 그렇게 믿는다고 해서 그가 그리스도인이 되는 것은 아니다. 그가 성경을 많이 읽고, 정기적으로 예배에 참석하고, 건전한 도덕심을 갖고 있다는 사실이 곧 그가 거듭났음을 보여 주는 증거가 되지는 않는다. "아무에게나 경솔히 안수하지 말라"(딤전 5:22). 누군가를 그리스도 안에 있는 형제 혹은 자매라고 부르기 전에 그에게 중생의 징표가 있는지 살펴보라. 그렇게 하지 않는다면, 우리는 양의 탈을 쓴 이리에게 속게 될 것이다.

다른 한편, 우리에게는 다른 사람들을 너무 나쁘게 평가하고 참된 것을 거짓으로 여기며 비난할 실제적인 위험이 있다. 어떤 사람을 그가 한 말 한 마디 때문에 비난하지 말라. 그가 당신에게 아첨하거나 알랑거리지 않았다는 이유로 그를 냉대해서는 안 된다. 우리는 모든 이가 우리와 동일한 말씨를 사용하거나 모든 문제를 우리와 동일한 입장에서 볼 것을 기대해서는 안 된다. 종종 우락부락한 표정 밑에 친절한 심장이 뛰고 있는 경우가 있다. 얕은 물은 재잘거리지만 깊은 물은 고요히 흐른다. 모두가 다섯 달란트를 받은 것은 아니다. 다른 이들은 당신이 즐기는 기회와 특권들을 갖고 있지 않을 수도 있다. 단 한 번 실수한 것 때문에 친구를 멀리하지 말라. 그가 당신에게 보였던 대체적인 행동 방식을 염두에 두라. 당신이 용서받기를 바라는 것만큼 당신도 용서할 준비를 하라. 당신 안에도 다른 이들의 감정을 해칠 만한 것들이 여전히 많다는 사실을 기억하라. 잘못된 일을 당할 때, 그 일에 대한 판단을 하기 전에 그 문제를 놓고 기도하라. 많은 이들이 성급한 결정을 한 후에 고통스럽게 후회한다. 모든 상황을 고려하라. 그리고 "외모로 판단하지 말고 공의롭게 판단하라."

## 신령하지 않은 자의 판단

내가 이 장을 이런 말들로 시작하는 이유는, 이제부터 살필 구절들(삼하 16:1-4)이 우리에게 다윗이 그를 사랑했던 사람을 치명적일

정도로 잘못 판단했던 사건을 보여 주기 때문이다. 다윗은 변명의 여지가 없을 만큼 "외모"에 영향을 받았다. 그는 그 자리에 없는 누군가에 대한 확인되지 않은 중상에 귀를 기울였다. 그는 비난을 받는 자에게 자신을 변호할 기회조차 주지 않은 채 즉각 최악의 상황을 믿었다. 그때 비난을 받았던 자는 다윗이 과거에 큰 친절을 베풀었던 사람이었는데, 이제 그의 종이 다윗에게 그에 관해 악한 보고를 했다. 그러자 다윗은 그 보고를 그대로 믿고서 그 종의 주인이 반역자가 되었다고 결론을 내렸다. 인간의 본성이 통탄할 만큼 변덕스러우며, 그로 인해 종종 친절을 베풀었던 사람이 가장 조악한 배은망덕을 경험하는 것은 사실이다. 그러나 모든 사람이 다 그렇게 감사할 줄 모르고 반역적인 것은 아니다. 우리는 어떤 이들의 사악한 모습을 보고서 모든 사람에 대해 편견을 가져서는 안 된다. 우리는 모든 사람을 공평하게 대해야 하고 공의롭게 판단해야 한다. 그러나 간혹 우리가 누군가에게 속고 부당한 대우를 당한 후에도 여전히 그에 대해 공정하고 자비로운 태도를 취할 수 있는 것은 오직 하나님의 은혜로만 가능하다. 우리는 그것을 겸손하고 간절하게 구해야 한다.

훗날 다윗은 자기가 속았다는 사실을 알았고(삼하 19:24-30), 자신의 성급한 판결을 뒤집었다. 그러나 그것은 그가 므비보셋을 안타까울 만큼 잘못 판단하고 그에게 부당한 편견을 보였다는 사실을 없애 주지는 못했다. 그리고 이 사건이 성경에 기록된 것은, 여러 가지 다른 사건들과 마찬가지로, 우리에게 가르침과 경고를 주기 위해서다. 그러나 우리가 다른 사람들에게 좋은 의미로든 나쁜 의미로든 속아야 할 이유는 없다. "신령한 자는 모든 것을 판단한다"(고전 2:15). 아, 여기에 우리의 문제의 원인이 있다. 우리가 그토록 자주 "외모"를 따라 판단하고 옳지 않은 판단을 하는 이유는 우리가 신령하지 않기 때문이다. 황달에 걸린 눈은 사물들의 색깔을 제대로 보지 못한다. 중생한 자가 육신을 따라 살아갈 때, 그는 중생하지 못한 자와 마찬가지로 쉽게 속는다. 그리고 바로 이것이, 우리가 곧 살펴보겠지만, 다윗의 안타까운 잘못의 원인이었다.

## 잘못된 길

"다윗이 마루턱을 조금 지나니 므비보셋의 종 시바가 안장 지운 두 나귀에 떡 이백 개와 건포도 백 송이와 여름 과일 백 개와 포도주 한 가죽부대를 싣고 다윗을 맞는지라"(삼하 16:1). 이 구절에 나타나는 지형에 대한 언급은 사무엘하 15장 30절 및 32절과 연결된다. 예루살렘을 떠난 다윗과 그의 소수의 추종자들은 기드론 시내를 건너 감람산으로 올라갔다. 그들은 바후림을 향해 나아가고 있었다(5절). 바후림은 감람산에서 여리고로 이어지는 내리막길에 있는 저지대(低地帶) 마을이었다. 마침내 그들은 요단강 건너편에 있는 마하나임에

캠프를 차렸다. 그러므로 그들은 사울이 속해 있던 베냐민 지파에게 할당된 지역(수 18:11-28)을 통과하고 있었던 셈이고, 그 길은 그가 가기에는 너무나 위험한 길이었다! 이것이 우리가 신중하게 생각해야 할 첫 번째 요점이다. 왜냐하면 이것은 우리에게 현재 사건의 내석 의미를 이해하기 위한 열쇠들 중 하나를 제공하기 때문이다.

하나님의 말씀 안에 의미가 없는 것은 아무것도 없다. 지형에 대한 설명조차, 만약 우리가 그것을 찾기 위한 수고를 하려고만 한다면, 종종 가치 있는 영적 교훈을 제공하는 아주 중요한 내용들을 포함하고 있다. 우리가 여기에서 하고자 하는 것이 바로 그런 수고다. 왜냐하면 성령께서는 우리에게 다윗이 취한 길의 방향이 그의 이후의 행위에 대한 단서를 제공한다는 것에 대해 아무런 직접적인 암시도 제공하시지 않기 때문이다. 다윗이 사울 지파의 영토를 향해 나아갔다는 것은 그가 (예표적으로) 적의 땅 안으로 들어가고 있었음을 의미한다. 만약 당신이 이것을 무리한 결론으로 여긴다면, 나는 당신에게 본문 5절의 하반절에 유념할 것을 권한다. 거기에서 우리는 분명히 다음과 같은 말씀을 읽는다. "거기서 사울의 친족 한 사람이 나오니 게라의 아들이요 이름은 시므이라 그가 나오면서 계속하여 저주하고" 독자들이여, 적의 땅 안으로 들어가는 것은 우리가 그에게 우리를 속일 기회를 제공하고(고후 2:11) 우리를 그의 손아귀에 넘겨주는 것을 의미한다. 그리고 그의 손아귀에 잡혀 있을 때 우리는 판단력을 잃기 때문에 올바른 판단을 할 수 없게 된다.

그러나 여기에는, 만약 우리가 이 사건을 그것의 참된 견지에서 바라보고자 한다면, 우리가 주목해야 할 또 다른 사소하지만 중요한 내용이 있다. 우리의 본문은 "그리고"(And, 삼하 16:1, KJV, 한글 성경에는 번역되어 있지 않다-역주)라는 단어로 시작된다. 얼핏 보면 그것은 평범하고 사소한 것으로 보일 수도 있다. 그러나 그 단어는 우리가 이제부터 살피고자 하는 내용에서 중요한 연결고리의 역할을 한다. 이 "그리고"는 우리가 사무엘하 16장 서두에 기록된 내용을 15장 말미에 기록된 내용과 연결시켜야 한다는 것을 알려 준다. 그리고 거기에서 우리는 다윗이 제사장들에게 (그들이 실제로는 다윗의 첩자임에도) 압살롬 앞에서 그의 신실한 종인 체하라고 조언하며 부정직한 속임수를 쓰는 모습을 살펴보았다. 거기에서 다윗은 "아히도벨의 모략을 폐하게"(삼하 15:34) 하기 위해 그 자신의 인간적인 수단을 사용하며 인간적인 힘에 의지해 행동하고 있었다. 그는 자신이 그 목적을 위해 드렸던 기도(15:31)에 여호와께서 응답해 주실 때까지 기다리지 않았던 것이다.

독자들이여, 바로 여기에 우리를 위한 아주 중요한 실제적 가르침이 들어 있다. 만약 우리가 겉모습에 현혹되지 않고 의로운 판단을 내리고자 한다면, 우리는 다윗이 했던 것과 같은 잘못을 저지르지 말아야 한다. 이상에서 살펴 본 두 가지 소소한 내용들이 어째서 그가 므비보셋에 대해 그토록 안타까울 정도로 잘못된 판단을 내렸는지를 설명해 준다. 그러므로 만약 우리가 올바른 판단력을 얻어 말만 매끄러운 사기꾼들에게 속지 않고 겉보기에 우리에게 친절을 베푸는 자들에게 현혹되지 않으려면, 우리는 육신이 아니라 성령을 따라 살아야 하고, 의의 길을 걸어야 하며, 적의 영토 안으로 들어가지 말아야 한다. 위에서 말했듯이, 만약 우리가 다윗과 동일한 실수를 해서 다른 이들에 대해 잘못된 판단을 내린다면, 그것은 우리의 허물이 될 것이다. "눈은 몸의 등불이니 그러므로 네 눈이 성하면 온 몸이 밝을 것이요"(마 6:22).

## 시바의 야심

"다윗이 마루턱을 조금 지나니 므비보셋의 종 시바가 안장 지운 두 나귀에 떡 이백 개와 건포도 백 송이와 여름 과일 백 개와 포도주 한 가죽부대를 싣고 다윗을 맞는지라"(삼하 16:1). 앞의 몇 장(章)들을 읽지 않은 독자들은 사무엘하 9장으로 돌아가 보면 좋을 것이다. 거기에는 이들 두 사람에 관해 적지 않은 분량의 이야기가 기록되어 있다. 므비보셋은 다윗의 대적이었던 사울의 손자였다. 그러나 다윗은 그가 요나단의 아들이라는 이유로(4:4) 그에게 큰 친절을 베풀었다. 전에 다윗은 요나단과 더불어 자기가 영원히 그의 집안에 대해 인자함을 끊어 버리지 않겠노라고 언약을 맺은 바 있었다(삼상 20:11-17). 그리고 우리는 사무엘하 9장에서 다음과 같이 읽는다. "왕이 사울의 시종 시바를 불러 그에게 이르되 사울과 그의 온 집에 속한 것은 내가 다 네 주인의 아들에게 주었노니 너와 네 아들들과 네 종들은 그를 위하여 땅을 갈고 거두어 네 주인의 아들에게 양식을 대주어 먹게 하라 그러나 네 주인의 아들 므비보셋은 항상 내 상에서 떡을 먹으리라 하니라 시바는 아들이 열다섯 명이요 종이 스무 명이라"(9-10절).

시바는 얼마간 중요한 신분을 지녔던 사람으로 보인다. 왜냐하면 당시에 그는 스무 명의 종들을 소유하고 있었기 때문이다. 그러나 다윗은 그들과 그들의 아들들에게 므비보셋을 섬기라고 명령했다. 바로 이것이 본문에 기록된 사건에서 그가 보인 행동을 설명해 준다. 시바는 므비보셋의 막대한 재산의 관리자가 되는 것으로 만족하지 못했고, 스스로 그것의 주인이 되기를 바랐던 것이다. 그리고 탐욕은 다른 모든 죄들의 어미다. 여기서도 마찬가지였다. 악한 욕망에 휘둘린 시바는 아주 비열한 반역 행위를 부끄러워하지 않았다. 그는 이제 자기의 악한 계획을 추진하기 위한 좋은 기회가 왔다고 결론을 내렸다. 그는 뱀 같은 교활함으로 자신의 계획을 추진하는 동안 자신이 그 일에서 성공하리라고 분명하게 믿은 것 같다. 그러나 "악인이 이긴다는 자랑도 잠시요 경건하지 못한 자의 즐거움도 잠깐이다"(욥 20:5). 그 말씀은 이 경우에도 들어맞았다.

시바는 다윗으로부터 자기 주인의 재산을 얻어내기로 결심했다. 그렇게만 된다면 그는 현재의 싸움에서 누가 이기든 상관이 없었다. 그러나 그 목적을 이루기 위해서는 두 가지가 필요했다. 첫째, 시바 자신이 왕에게 호의를 얻어야 했다. 그리고 둘째, 므비보셋이 결정적으로 왕의 신망을 잃어야 했다. 본문의 서두는 시바가 첫 번째 사항을 이행하기 위해 취한 방식을 보여 준다. 그는 정교하게 준비한 선물을 갖고서 도망 중인 왕과 그의 무리들을 만났다. 그 만남은 적절하게 선택된 시점에 이루어졌다. 시바는 자신이 다윗의 대의(大義)에 충성할 뿐 아니라 그의 안녕에 대해 크게 걱정하고 있는 체했다. 그러나 토마스 스콧(Thomas Scott)이 말하듯이, "이기적인 사람들은 종종 자신의 유익을 위해 다른 이의 재산을 제공하는 일에 매우 관대하다." 그러나 다른 한편으로 이 사건을 하나님 편에서 볼 경우, 우리는 여기에서 하나님이 그분 자신의 사람들에게 제공하시는 자비를 발견할 수 있다. 그분은 그런 일을 하실 때 까마귀를 동원해 그들을 먹이기도 하신다(왕상 17:4).

## 시바의 아첨과 중상

"왕이 시바에게 이르되 네가 무슨 뜻으로 이것을 가져왔느냐 하니"(삼하 16:2a). 다윗은 습관적으로 조심스러운 사람이었다. 그리고 이처럼 중대한 시기에는 더욱 그렇게 할 필요가 있었다. 그의 망나니 아들은 수많은 추종자들을 확보하고 그를 향해 반역의 기치를 들었다. 그리고 아히도벨 같은 인물조차 그의 편으로 넘어갔다. 그렇기에 왕은 이제 자기가 누구를 믿어야 할지 알지 못했다. 그러나 우리는 이런 슬픈 상황에 처했을 때라도—물론 아주 조심스러운 태도를 지니기는 해야 하겠지만—모든 사람을 최악의 상태로 불신해서는 안 된다. 우리는 인간의 본성에 대한 모든 확신을 잃는 것과 인간을 맹목적으로 믿어서 협잡꾼들이 우리를 속이도록 만드는 것 사이에서 중용을 지킬 수 있다. 그렇기에 다윗은 시바의 선물을 즉시 받아들이지 않고 다음과 같이 자문했던 것이다. "이것은 교묘한 덫인가, 아니면 친절한 마음을 품은 자가 베푸는 관대함인가?"

"시바가 이르되 나귀는 왕의 가족들이 타게 하고 떡과 과일은 청년들이 먹게 하고 포도주는 들에서 피곤한 자들에게 마시게 하려 함이니이다"(삼하 16:2b). 이것은 사악한 시바가 다윗에게 알랑거리기 위해 사용한 수단이었다. "사람의 선물은 그의 길을 넓게 하며 또 존귀한 자 앞으로 그를 인도하느니라"(잠 18:16). 매튜 헨리(Matthew Henry)는 다음과 같이 옳게 물었다. "이 세상에서 얻을 이익에 대한 전망이 인간을 관대하게 만들어 풍요로워지게 하는 것인가, 아니면 의인이 부활할 때 얻게 될 풍성한 보상에 대한 믿음이 우리를 가난한 자들을 향해 자애로워지도록 만드는 것인가?" 이것이야말로 우리가 이 구절을 통해 얻어야 할 실제적 교훈이다. "내가 너희에게 말하노니 불의의 재물로 친구를 사귀라 그리하면 그 재물이 없어질 때에 그들이 너희를 영주할 처소로 영접하리라"(눅 16:9).

"왕이 이르되 네 주인의 아들이 어디 있느냐 하니 시바가 왕께 아뢰되 예루살렘에 있는데 그가 말하기를 이스라엘 족속이 오늘 내 아버지의 나라를 내게 돌리리라 하나이다 하는지라"(삼하 16:3). 교묘한 말로 다윗의 비위를 맞춘 시바는-사실 다윗은 감정적으로 크게 동요한 상태였기에 조그만 친절에도 특별하게 영향을 받았다 -이제 자기 주인에 대한 험담을 통해 다윗이 그에게 등을 돌리도록 만들었다. 시바는 다윗에게 자기의 주인인 므비보셋을 배은망덕하고 반역적이며 탐욕스러운 인물로 묘사했다. 주인과 여주인들이 얼마나 자주 그들의 종들의 거짓말 때문에 부당하게 고통을 당하는가! "악인은 사람의 품에서 뇌물을 받고 재판을 굽게 하느니라"(잠 17:23). "다윗이 시바가 사악한 자라는 사실을 몰랐던 것은 사실이다. 그의 예기치 않았던 친절은 거의 모든 사람들의 손이 공포에 질려 마비되었던 때, 혹은 다른 모든 손들이 그를 향해 적의를 품고 무장을 하고 있던 때에 다가왔기 때문이다. 의심할 바 없이 그때 그가 잠시 멈춰서 성급하게 판단하는 잘못을 하지 않으려면 아주 큰 냉정함이 필요했을 것이다. 그러나 다윗은 왕이었고, 따라서 현명하게 조심해야 할 의무가 있었다"(B. W. Newton).

## 성급한 판단

"왕이 시바에게 이르되 므비보셋에게 있는 것이 다 네 것이니라 하니라"(삼하 16:4a). 다윗은 그 악한 중상을 믿었고, 추가적인 질문이나 고려 없이 므비보셋을 정죄했고, 그의 재산을 몰수해서 그의 종에게 넘겨 주었다. 이것은 우리를 위한 얼마나 엄중한 경고인가! 우리는 우리가 듣는 것을 확인하고 사물의 실체적 진실에 도달하기 위해 얼마간의 수고를 해야만 한다. 오래 전에 누군가가 적절하게 말했듯이, "하나님이 우리에게 두 개의 귀를 주신 것은 두 방향으로 듣게 하시기 위함이다." 그렇게 한다면, 이 경우에서처럼 조만간 진실이 밝혀질 것이다. 마침내 다윗이 승리를 거두고 예루살렘으로 돌아왔을 때, 므비보셋은 그를 만나 자신을 변호할 기회를 얻었다. 그때 왕은 자기가 그토록 성급한 판단을 했던 것에 대해 그리고 그에 대한 악한 보고를 믿고 그에게 그토록 잔인한 일을 했던 것에 대해 크게 비통함을 느껴야 했다!

"시바가 이르되 내가 절하나이다 내 주 왕이여 내가 왕 앞에서 은혜를 입게 하옵소서 하니라"(삼하 16:4b). 그렇다, 말은 믿을 게 못되며, 험담하는 자들은 대개 아첨하는 자들이다. 시바가 도망 중인 왕을 따라 나서지 않았던 것에 주목하라! 아니다, 그는 그렇게 하기에는 자신에 대한 생각이 너무 많았다. 그리고 결국 그는 압살롬의 반역이 어떻게 귀결되든 상관없이 자신이 안전을 누릴 수 있는 길을 택했다. "분명히 그는 압살롬이 성공할 경우 고통을 겪지 않을 요량으로 시므이와 베냐민 지파 사람들에게로 물러나 그들과 함께 자신의 이익을 도모했다. 왜냐하면 그는 다윗이 귀환했을 때 시무이-그는 다윗을 저주했던 자였나-가 이끄는 환영 행렬에 섞여 있었기 때문이다[삼하 19:17]"(B. W. Newton). 그러므로, 다윗이 예루살렘으로 돌아왔을 때, 시바는 왕의 적들의 편에 속해 있었고, 반면에 므비보셋은 왕의 충실한 백성들 편에 속해 있었다.

# 66
## 시므이의 저주

사무엘하 16장

앞에서 나는 우리가 예루살렘에서 도망치는 다윗을 "뉘우치는 참회자"라는 견지에서 바라볼 필요가 있음을 강조했다. 다윗이 자신에게 반기를 든 압살롬에 맞서서 자신의 위치를 고수하려 하지 않았던 것은 그의 도덕적 약함 때문이 아니라 영적 강함 때문이었다. 분명히 이 사건에 앞서 다윗은 오랫동안 그의 기운을 소진시키는 질병 때문에 고통을 당했다. 그리고 아마도 그로 인해 그는 압살롬의 반역을 시작 단계에서 저지하지 못했을 것이다. 그러나 그는 반역이 절정에 달했을 무렵에는 건강을 회복했다. 그러나 다윗은 자기 아들의 반역에서 자신이 밧세바와 우리아에게 저지른 무서운 죄에 대한

하나님의 의로운 보복을 보았고, 그로 인해 그분의 강한 손길 아래에
서 자신을 낮췄다. 그는 하나님의 도덕적 통치의 방식을 시인했다.
그는 여호와의 섭리에 맞서 불평하면서 그분의 둥근 방패를 향해
자신을 내던지는 대신, 그분의 징계의 회초리 아래에서 온유하게
머리를 조아렸다. 이것은 제 철에 나오는 사랑스러운 "의의 열매"(약
3:18; 빌 1:11)였고, 또한 하나님께 용납될 수 있는 "회개에 합당한
열매"(마 3:8)였다.

다윗을 겸손한 참회자로 바라볼 때 우리는 사무엘하 15장과 16
장에 기록된 내용들을 이해하기 위한 열쇠를 얻을 수 있다. 그의
죄가 그를 찾아내 이스라엘의 거룩하신 분 앞으로 데려갔다. 그리고
그는 그분 앞에서 머리를 조아리고 그분의 책망을 온유하게 받아들
였다. 그가 자신에게 충실한 추종자들에게 예루살렘으로 돌아가라
고, 그리고 그렇게 함으로써 자기 혼자 고통을 겪도록 내버려 두라고
명령한 것은 바로 그런 이유 때문이었다. 그가 제사장들에게 언약궤
를 예루살렘으로 돌려보내라고 명령했던 것 역시 그런 마음 때문이
었다. 그는 자신이 도망하면서 언약궤를 대동하는 것이 아주 부당하
다고 느꼈던 것이다. 그는 겸손한 참회자의 심정으로 기드론 시내를
건넜고 맨발로 눈물을 흘리며 감람산을 올랐다. 그리고 이제 그는
하나님 앞에서 우는 자의 모습으로 광야를 향해 나아갔다. 우리는
이 모든 것을 앞에서 살펴보았다. 그러나 나는 여기에서 그것을

되풀이할 필요가 있다고 느낀다. 왜냐하면 다른 무엇보다도 바로 그것이 우리가 지금부터 살피려고 하는 사건에서 드러나는 그의 놀라운 태도를 설명해 주기 때문이다.

**회개하는 자의 자세**

도망 중인 왕과 그의 소수의 추종자들이 요단강으로 이어지는 계곡을 따라 내려가기 시작했을 때, 사울 집안에 속한 시므이라는 사람이 다가와 다윗이 저지른 적이 없는 무서운 죄를 그에게 덮어씌우면서 그를 향해 저주를 퍼부었다. 아무런 저항도 받지 않자 그 사악한 자는 다윗과 그를 수행하던 이들을 향해 돌을 던지기 시작했다. 사실 다윗은 그런 조롱을 못들은 체하고 지나갈 사람이 아니었다. 그렇다면 어째서 지금 그는 그런 조롱을 침묵하며 견디고 있는 것일까? 다윗의 수행원들 중 하나인 아비새가 자기 주인에게 그 자를 죽여 그런 모욕에 대해 복수할 수 있게 해달라고 요구했다. 그러나 다윗은 그를 막았고 시므이가 그 터무니없는 행동을 계속하도록 내버려 두었다. 그러나 더 이상한 것은 다윗이 이 치욕적인 경험을 하나님이 주시는 것으로 여겼다는 것이다. 그는 다음과 같이 말했다. "여호와께서 그에게 다윗을 저주하라 하심이니"(삼하 16:10). 이것은 아주 중대한 문제, 즉 하나님을 악과 관계시키는 문제를 제기하는 말이었다. 다윗은 경솔하고 악한 것은 아니지만 매우 엄중하고 무거운 진리에 대해 말했다.

"다윗은 모든 상황 속에서 하나님을 보았고, 겸손하고 경외하는 마음으로 그분께 순종했다. 그에게 문제가 되는 것은 시므이가 아니라 하나님이었다. 아비새는 사람만 보았고 그 자를 적절하게 처리하고 싶어 했다. 그것은 마치 훗날의 베드로가 그가 사랑하는 주님을 잡으러 온 살인자들의 무리에 맞서 그분을 지키려고 했던 것과 같았다. 베드로와 아비새 모두 표면에서 살았고 이차적 원인들만 보았을 뿐이다. 그러나 주 예수님은 성부 하나님에 대한 가장 깊은 순종 속에서 살고 계셨다. '아버지께서 주신 잔을 내가 마시지 아니하겠느냐'[요 18:11]. 바로 이것이 그분에게 다른 모든 것을 능가하는 힘을 제공했다. 그분은 도구를 넘어서 하나님을, 즉 자신이 마셔야 할 잔을 넘어서 그 잔을 채우고 계신 손길을 보았던 것이다. 그 도구가 유다이든, 가야바이든, 혹은 빌라도이든 상관없었다. 그분은 그 모든 도구들 안에서 '아버지께서 주신 잔'을 볼 수 있었다. 다윗도 마찬가지였다. 그는 그의 눈을 단지 명령을 이행하고 있을 뿐인 대리인들 위로 들어올렸다. 그는 곧장 하나님을 바라보았고, 맨발로 그리고 머리를 가린 채 그분 앞에서 몸을 낮췄다. '여호와께서 그에게 다윗을 저주하라 하심이니.' 그것으로 충분했다.

"아마도 우리는 다른 무엇보다도 우리의 매일의 삶의 모든 환경

속에서 하나님의 임재와 그분이 우리의 영혼을 다루시는 일을 이해하는 데서 많이 실패할 것이다. 우리는 계속해서 이차적 원인들을 바라봄으로써 덫에 걸린다. 우리는 모든 일 안에서 하나님을 깨닫지 못한다. 그렇기에 사탄이 우리를 이긴다. 아침부터 밤까지 일어나는 사건들 중 우리가 그 안에서 하나님의 음성을 듣지 못하거나 그분의 손길을 보지 못하는 경우는 없다는 사실에 더욱 민감해지기를! 그럴 경우 우리는 사람과 사물들을 우리의 아버지의 손에 있는 여러 대리인과 도구들로, 또한 아버지의 잔에 들어 있는 여러 가지 요소들로 볼 수 있게 된다. 그럴 경우 우리의 마음은 엄숙해지고, 우리의 정신은 침착해지고, 우리의 마음은 차분해진다. 그럴 경우 우리는 아비새처럼 '이 죽은 개가 어찌 내 주 왕을 저주하리이까 청하건대 내가 건너가서 그의 머리를 베게 하소서'라고 말하지 않을 것이다. 또 우리는 베드로처럼 흥분해서 칼을 뽑지 않을 것이다. 감정적이고 그릇된 판단을 했던 이들 두 사람은 그들의 주인들보다 얼마나 열등했는가! 베드로가 뽑았던 칼날의 소리는 그의 주인의 귀를 거슬리고 그의 정신에 고통을 주었을 것이다! 아비새의 말은 그 온유하고 순종적인 다윗에게 상처를 주었을 것이다! 하나님이 그의 영혼을 엄중하고 분명하게 다루신다면, 다윗이 자신을 지켜낼 수 있겠는가? 분명히 그러지 못할 것이다. 그는 감히 하나님의 손에서 빠져나오려고 하지 않았다. 그는 사나 죽으나 그분의 것이었다 – 왕으로서든 추방자로서든 상관없이. 아, 복된 순종이여!"(C. H. M.).

## 저주를 퍼붓는 시므이

"다윗 왕이 바후림에 이르매 거기서 사울의 친족 한 사람이 나오니 게라의 아들이요 이름은 시므이라 그가 나오면서 계속하여 저주하고"(삼하 16:5). 이것은 우리가 앞 구절에서 살폈던 내용과 얼마나 크게 대조되는가! 거기에서 우리는 위선적인 시바가 다윗에게 은혜를 얻기 위해 알랑거리는 모습을 보았다. 그리고 여기에서 우리는 시므이가 왕을 저주하고 그를 향해 "사악한 자여"(7절)라고 비난하는 모습을 본다. 시바는 다윗에게 정교하게 준비한 선물을 제공했고, 반면에 시므이는 그에게 돌을 던지고 먼지를 날렸다(13절). 전자의 아첨에 대해 다윗은 안타깝게도 므비보셋을 잘못 판단하는 것으로 대응했다. 반면에 후자의 비난에 대해 그는 온유하게 하나님 앞에서 머리를 숙였다. 아, 독자들이여, 그리스도인들은 세상의 미소를 그것의 찡그림보다 훨씬 더 두려워해야 할 충분한 이유를 갖고 있다.

"다윗 왕이 바후림에 이르매 거기서 사울의 친족 한 사람이 나오니 게라의 아들이요 이름은 시므이라 그가 나오면서 계속하여 저주하고" 사무엘상이 이 어두운 장면을 위한 배경을 제공한다. 사울은 이스라엘의 왕이었다. 그리고 그가 죽은 후에는 왕좌를 그의 후손에게 물려주기 위한 끈질긴 노력들이 있었다(삼하 2:8-31). 그러나 사울 집안이 계속해서 이스라엘을 다스리게 하려던 아브넬의 노력과 이스보셋의 결심은 여호와의 섭리에 대한 직접적인 도전이었다(삼상 16:1-13; 삼하 2:4). 시므이는 하나님이 정하신 일을 무시했고, 그의 마음은 다윗에 대한 적대감으로 가득 찼다. 그는 부당하게도 다윗을 왕좌를 강탈한 자로 간주했다. 시므이는 다윗이 권력을 쥐고 있을 동안에는, 비록 그때도 지금처럼 그를 증오했음에도, 감히 공개적으로 그를 저주하지 못했다. 그러나 다윗이 압살롬을 피해 달아나고 있는 지금, 그는 기꺼이 그를 향해 자신의 적의를 쏟아냈다. 그가 왕이 처한 곤경을 이용하고 있는 것은 그가 얼마나 천박한 인간인지를 보여 준다.

"또 다윗과 다윗 왕의 모든 신하들을 향하여 돌을 던지니 그때에 모든 백성과 용사들은 다 왕의 좌우에 있었더라"(삼하 16:6). 시므이의 마음속에 들어 있던 지독한 증오가 한껏 분출했다. 그는 잔인할 만큼 격렬하게 왕을 저주했고, 그를 향해 노발대발하며 돌을 던지고 먼지를 날렸다. 그는 산비탈 위 바위들 사이에서 넘어지고 구르면서 산골짜기 낮은 쪽을 걷고 있는 적은 무리의 사람들과 보조를 맞춰가며 그들에게 저주를 퍼부었다. 그러나 여기에서 잠시 사무엘서에서 이미 바후림이라는 지명이 언급된 적이 있다는 사실에 주목해 보자(삼하 3:16과 그 맥락을 보라). 다윗은 자기가 빼앗아 온 미갈의 남편이 바로 그 장소까지 그녀를 따라왔다가 울면서 홀로 돌아갔던 사건을 기억했을까? 나는 그것에 대해 확신하지 못한다. 그러나 훗날에 일어난 보다 악한 행위에 대한 기억이 그의 영혼을 억누르고 그로 하여금 이런 포악한 모욕에 온유하게 순종하도록 만들었다는 것은 확신한다.

### 비열한 왜곡

"시므이가 저주하는 가운데 이와 같이 말하니라 피를 흘린 자여 사악한 자여 가거라 가거라 사울의 족속의 모든 피를 여호와께서 네게로 돌리셨도다 그를 이어서 네가 왕이 되었으나 여호와께서 나라를 네 아들 압살롬의 손에 넘기셨도다 보라 너는 피를 흘린 자이므로 화를 자초하였느니라 하는지라"(삼하 16:7-8). 만약 우리가 이 장들에서 제시되는 서로 다른 장면들이 갖고 있는 다양한 의미들을 이해하려면, 우리는 그 장면들을 여러 가지 각도에서 살펴 볼 필요가 있다. 계속되는 사건들을 살피는 과정에서 우리는 바로 그 점에 유념해야 한다. 시므이는 다윗을 징계하기 위한 여호와의 도구로, 또한 사자처럼 포효하는 - 앞 장에서 살폈듯이 다윗이 적의 영토에 발을 들여놓았기에 그를 향해 포효하는 - 마귀의 표상으로 간주되어야 할 뿐 아니라, 또한 그리스도를 중상하고 박해했던 자들에 대한 예표로도 간주되어야 한다.

갓 태어난 아기 예수의 부모들이 그분을 성전에서 하나님께 바쳤을 때, 늙은 시몬은 예언의 영에 감동을 받아 다음과 같이 말했다. "보라 이는 이스라엘 중 많은 사람을 패하거나 흥하게 하며 비방을 받는 표적이 되기 위하여 세움을 받았고 또 칼이 네 마음을 찌르듯 하리니 이는 여러 사람의 마음의 생각을 드러내려 함이니라"(눅 2:34-35). 다윗의 대형(對型, Antitype)이신 분에 대한 이와 같은 예언의 말들은 참으로 그 예표(豫表, Type) 안에서 예시되었다. 다윗의 변화무쌍한 삶 전체를 통해, 그러나 특히 지금 우리가 살피고 있는 그의 삶의 이 시기에, 다윗의 다양한 경험들은 "여러 사람의 마음의 생각을 드러내는" 유인(誘因)의 역할을 한다. 표면 아래에 감춰져 있던 많은 것들이 드러나야 했다. 이때 마음을 다해 그에게 충성했던 자들은 이제 확실하게 그의 일관된 지지자와 신실한 친구들로 밝혀졌다. 그의 "용사들"은 그의 운명이 그토록 처참하게 바뀌었음에도 여전히 그의 곁에 머물렀다. 이제 누가 참으로 그를 사랑하는지-마리아와 마르다 그리고 복음서에 나오는 사도들처럼-가 분명해졌다. 반면에 위선자들-유다의 예표인 아히도벨 같은-과 지독한 적들은 공개적으로 그를 비난하고 정죄했다. 그리고 이것은 훗날 우리 주님의 몫이기도 했다.

이 경우에 시므이의 행동은 극도로 천하고 악했다. 첫째, 그것은 여호와의 분명한 명령에 대한 직접적인 도전이었다. "너는 재판장을 모독하지 말며 백성의 지도자를 저주하지 말지니라"(출 22:28). "심중에라도 왕을 저주하지 말라"(전 10:20). 둘째, 시므이가 다윗의 슬픔의 잔이 가득 채워질 때까지 기다렸다가 그의 슬픔을 더하기 위해 그를 향해 적의를 드러낸 것은 말할 수 없을 만큼 비루한 짓이었다. "무릇 그들이 주께서 치신 자를 핍박하며 주께서 상하게 하신 자의 슬픔을 말하였사오니"(시 69:26). 셋째, 그가 퍼붓고 있는 비난은 완전히 잘못된 것이었고 가장 명백한 증거에도 반하는 것이었다. 다윗은 사울을 죽이기는커녕 그의 목숨이 자신의 손에 달려 있던 때에 거듭해서 그를 살려 주었다. 그는 사울이 죽었을 때 그와 멀리 떨어져 있었고, 그의 죽음의 소식이 들려 왔을 때 그를 위해 한탄했다(삼하 1:12).

"시므이가 저주하는 가운데 이와 같이 말하니라 피를 흘린 자여 사악한 자여 가거라 가거라 사울의 족속의 모든 피를 여호와께서 네게로 돌리셨도다 그를 이어서 네가 왕이 되었으나 여호와께서 나라를 네 아들 압살롬의 손에 넘기셨도다 보라 너는 피를 흘린 자이므로 화를 자초하였느니라 하는지라"(삼하 16:7-8). 이것은 사악한 자가 여호와의 거룩한 이름을 언급하는 것을 보여 주는 얼마나 엄중한 경우인가! 이것은 우리에게 그리스도의 이름을 사용하는 모든 자들이 다 "불의에서 떠나는"(딤후 2:19) 것은 아님을 보여 주는 하나의 경고일 수 있다. 시므이가 다윗에 대한 하나님의 섭리를 어떻게 해석하고 있는지에 주목하라. 그것은 우리에게 사악한 자들은 옳고 그름을 자신들의 이기심을 따라 판정하기 때문에 하나님의 심판 역시 자기들에게 유리한 대로 해석한다는 것을 보여 준다. 우리가 하나님께서 다른 이들을 다루시는 문제를 이론화하려고 하는 어리석음의 죄를 짓지 않게 되기를!

### 징계에 대한 순응

"스루야의 아들 아비새가 왕께 여짜오되 이 죽은 개가 어찌 내 주 왕을 저주하리이까 청하건대 내가 건너가서 그의 머리를 베게 하소서 하니 왕이 이르되 스루야의 아들들아 내가 너희와 무슨 상관이 있느냐 그가 저주하는 것은 여호와께서 그에게 다윗을 저주하라 하심이니 네가 어찌 그리하였느냐 할 자가 누구겠느냐 하고"(삼하 16:9-10). 여기에서 다시 예표가 대형 속으로 통합된다. 그것도 두 가지 측면에서 그렇다. 첫째, 다윗의 헌신적인 추종자들 중 한 사람에게서 나온 그 제안은ー그것은 의도는 좋으나 매우 인간적인 것이었다ー그리스도의 제자들이 그분을 받아들이지 않은 자들과 관련해 주님께 "주여, 우리가 하늘에서 불을 내리라고 하여 마치 엘리야가 한 것처럼 그들을 살라버리기를 원하시나이까"(눅 9:54, KJV-역주) 하고 묻는 장면을 상기시킨다. 그리스도께서 그들에게 "너희는 아직 너희가 어떤 영을 지녔는지 알지 못하고 있도다"(55절, KJV-역주)라고 대답하셨듯이, 다윗 역시 아비새를 만류했다. 이것은 그가 시므이가 말하는 것처럼 "피를 흘린 자"(삼하 16:8)가 아님을 보여 주는 분명한 증거였다. 둘째, 다윗은 욕설을 욕설로 되갚기를 거부했다. 이것은 우리가 따라야 할 모범을 남기시면서 "욕을 당하시되 맞대어 욕하지 아니하시고 고난을 당하시되 위협하지 아니하시고 오직 공의로 심판하시는 이에게 부탁하셨던"(벧전 2:23) 주님의 모습을 상기시킨다. 그러나 이제는 본문의 예표적 의미를 탐구하는 데서 돌아서서 본문의 실제적 교훈을 살펴보자.

다윗은 비록 사울의 피에 대해서는 책임이 없었으나 우리아의 피에 대해서는 책임이 있었다. 그는 그 사실을 잘 알고 있었기에 하나님의 의로운 징계에 순응했고 시므이를 용서했다. 압살롬과 시므이는 모두-비록 그들의 행위 자체는 그들의 것이었을지라도-다윗을 징계하시는 하나님의 손 안에 있는 도구들이었다. 이와 비슷한 경우가 아론에게서 나타난다. 그는 자기 아들들의 죽음이라는 무서운 시련하에서 금송아지를 만들었던 자신의 큰 악을 기억했다(레 10:1-3). 그리고 그는 자신이 그보다 더 심한 심판을 받아 마땅하다는 것을 알고서 잠잠했다.

"왕이 이르되 스루야의 아들들아 내가 너희와 무슨 상관이 있느냐 그가 저주하는 것은 여호와께서 그에게 다윗을 저주하라 하심이니 네가 어찌 그리하였느냐 할 자가 누구겠느냐 하고"(삼하 16:10). 다윗은 이 경험 속에서 자신이 밧세바와 우리아에게 저지른 죄로 인해 자신을 벌하시는 하나님의 손길을 보았다. 시므이는 하늘로부터 다윗을 저주하라는 위임을 받았다. 그러나 그것이 그의 행위를 정당화해 주거나 그의 죄책을 없애 주지는 않는다. 이것은 마치 그리스도를 십자가에 못 박은 자들이 "하나님의 권능과 뜻대로 이루려고 예정하신 그것을 행하려고"(행 4:28) 그렇게 했을지라도 죄책에서 자유롭지 못한 것과 마찬가지다. 하나님은 이 세상에서 일어나는 모든 일들을 미리 정하신다. 그러나 이것은 그분이 자기만족에 빠진 사람들의 사악함을 인정하신다거나 그들이 저지르는 악을 묵인하신다는 의미가 아니다. 참으로 그렇지 않다. 많은 이들이 하나님을 "죄의 조성자"(the Author of sin)로 명백히 규정하고자 하는 열심 때문에 그분이 "죄에 대해 명령하시는 분"(the Ordainer and Order of sin)이심을 부인해 왔다. 인간은 그분의 방식을 이해하거나 그분이 어떤 행위의 조성자이시지만 그 행위의 악함에 대해서는 책임이 없으시다는 사실을 이해하지 못한다. 따라서 그들은 마치 물질계에서 바람과 물결들이 하나님에 의해 지배되듯이 죄 역시 하나님의 절대적인 통제하에 있으며 그분의 도덕적 통치에 굴복한다는 중요한 진리를 인정하지 않는다.

분명히 이 주제는 어렵다. 그리고, 만약 할 수 있다면, 나는 앞으로 이 주제에 관해 보다 길게 설명할 수 있기를 바란다. 그러나 나는 여기에서는 〈웨스트민스터 신앙고백〉(the Westminster Confession)의 한 구절을 인용하는 것으로 만족하고자 한다. "하나님의 전능하신 능력, 측량할 수 없는 지혜, 그리고 무한하신 선이 그의 섭리에 크게 나타나므로, 섭리는 심지어 최초의 타락과, 천사들과 사람들의 다른 모든 죄들에까지 미치는데, 단순한 허용에 의해서가 아니고 그와 함께 자신의 거룩한 목적들을 위해 다양한 처리 방식으로 지극히 지혜롭고 강력하게 그것들을 제한하시고 다른 경우들에는 그것들을 정하시고 통치하심으로써다. 그러나 그 죄악성은 오직 피조물로부터 나오며 하나님께로부터 나오지 않으니, 그는 지극히 거룩하고 의로우셔서 죄의 조성자나 승인자이시지도 않고 이실 수도 없다"(5장 4절). 하나님의 거룩하심은 그분이 악한 인간들의 행위를 지도하시는 것을 통해 훼손되지 않는다. 이것은 마치 햇빛이 더러운 습지 위로 내리쪼인다고 해서 더러워지지 않는 것과 마찬가지다. 시므이의 마음을 가득 채운 증오는 그 자신에게 속해 있었으나, 그 증오가 그토록 명백하게 다윗을 향하고 그런 방식과 그런 시기에 그런 식으로 분명하게 드러난 것은 하나님이 하신 일이었다.

"또 다윗이 아비새와 모든 신하들에게 이르되 내 몸에서 난 아들도 내 생명을 해하려 하거든 하물며 이 베냐민 사람이랴 여호와께서 그에게 명령하신 것이니 그가 저주하게 버려두라 혹시 여호와께서 나의 원통함을 감찰하시리니 오늘 그 저주 때문에 여호와께서 선으로 내게 갚아 주시리라 하고"(삼하 16:11-12). 여기에서 우리가 숙고해야 할 두 가지 사항이 제기된다. 첫째, 다윗은 압살롬이 자기를 향해 일으킨 반란이라는 보다 큰 시련을 떠올리며 시므이가 자기를 저주하는 보다 작은 시련 앞에서 침묵했다. 둘째, 그는 하나님이 이 시련을 궁극적으로 자기를 위한 선이 되게 하실 가능성을 생각하며 위로를 찾았다. 이 사건의 실제적 가치는 그것이 성도가 극심한 시련 앞에서 어떻게 행동하고 자신을 위로할 것이냐 하는 문제와 관련해 소중한 교훈들을 포함하고 있다는 사실에 있다. 그 교훈들을 요약해 보자. 첫째, 다윗은 자신의 죄가 자신이 받고 있는 것보다 더 심한 징벌을 받아야 마땅하다고 생각하면서 자신을 위로했다. 둘째, 그는 자신을 괴롭히는 도구들 너머에 계신 하나님의 공의의 손길을 바라보았다. 셋째, 그는 보다 심각한 고통에 대해 생각하면서 보다 사소한 고통을 하찮은 것으로 여겼다. 넷째, 그는 하나님이 악을 통해 선을 이루시리라는 소망을 가졌다. 우리 역시 그렇게 할 수 있도록 하나님께서 우리에게 은혜를 베푸시기를!

# 67

# 어려운 시절의 친구들 (I)

사무엘하 16-17장

이어지는 장들에서 우리는 점차 어두워져가는 장면 한 가운데서 때로 그 장면 위에 그늘을 지우는 어둠을 뚫고 몇 줄기의 햇살이 비춰 나오는 것을 보게 된다. 이후의 내용은 주로 다윗의 적들의 행동과 관련되어 있다. 그러나 때로 이곳저곳에서 우리는 다윗의 친구들의 친절한 행동들을 발견한다. 타락한 인간의 부패가 거듭해서 제시된다. 그리고 우리는 인간의 무도함이 위로부터 오는 능력에 의해 즉각 제어되지 않을 경우 얼마나 무서울 만큼 깊어질 수 있는지 보게 된다. 공의로우신 하나님은 마귀가 불순종한 자녀들 안에서 자유롭게 역사하도록 허락하신다(엡 2:2). 왜냐하면 처음부터 인간은 고의적으로 창조주께 충성하기보다는 마귀의 권세에 굴복하는 쪽을 택했기 때문이다. 생명보다 죽음을 그리고 자유보다 속박을 좋아하는 인간은 그로 인한 결과를 맛볼 수밖에 없다. 그럼에도 전능하신 분은 사탄을 이기시고 그의 분노를 오히려 자신의 목적에 맞도록 이용하신다. "진실로 사람의 노여움은 주를 찬송하게 될 것이요 그 남은 노여움은 주께서 금하시리이다"(시 76:10). 이것은 우리가 이제부터 살피려 하는 여러 장면들을 통해 거듭해서 놀랍게 예시된다.

타락한 인간 본성의 부패는 매력적인 주제가 아니다. 그럼에도 그것은 우리가 우리의 안팎에서 매일 마주하는 엄중한 사실이다. 더구나 그것 이상으로 우리 주변에 넘치고 있는 무서운 악을 설명해 줄 만한 것은 아무것도 없다. 부패한 나무가 낳을 수 있는 것은 부패한 열매뿐이다. 참으로 우리를 놀라게 하는 것은 죄가 인간의 삶 속에서 낳는 수많은 결과들이 아니라, 오히려 그렇게 많은 더러운 꽃들과 꽃봉오리들이 더 성장하지 않고 사라져버린다는 사실이다. 이따금 하나님은 무도한 괴물들이 아무런 방해도 받지 않은 채 그들의 길을 달려가도록 허락하신다. 그것은 우리에게 하나님이 아담의 후손들을 전적으로 그들 자신에게 내맡기실 경우 악한 인간들이 얼마나 무섭게 될 수 있는지 그리고 어떤 일이 벌어질 수 있는지를 보여 주시기 위함이다. 만약 하나님이 그분을 증오하는 자들의 입에 재갈을 물리시지 않는다면, 그리고 바람과 물결을 다스리시듯 그들의 적의를 제어하시지 않는다면, 아히도벨과 압살롬이 보여 준 것과 같은 행동은 우리 주변에서 얼마든 되풀이 될 수 있다.

그러나 하나님이 인간을 다루시는 일은 그분이 인간의 악함을 제어하시는 것에 국한되지 않는다. 그분은 또한 타락한 이 세상을 하나님의 백성들이 살아갈 만한 곳으로 만드는 일을 하신다. 그분은 모든 것이 합력하여 선을 이루게 하신다(롬 8:28). 그분의 영광과 인간의 유익은 분리할 수 없을 만큼 서로 결합되어 있다. 성도가 중생하지 못한 자들의 손에서 어떤 자비나 공의나 친절을 얻는 것은 전적으로 주님의 은혜와 권능 덕분이다. 신자가 때로 하나님에 대한 사랑을 갖고 있지 않은 자들에게서 후한 대접을 받는 것은 하나님이 사막에 오아시스를 만들어 놓으신 것 못지않게 그분의 능력의 산물이자 놀라운 일이다. 때로 주님께서 "이리가 어린 양과 함께 살며 표범이 어린 염소와 함께 누우며 송아지와 어린 사자와 살진 짐승이 함께"(사 11:6) 있게 하실 때가 있다. 때로 그분이 까마귀를 시켜 그분의 종들을 먹이게 하시는 때가 있다(왕상 17:6). 그러나 하나님이 사용하기를 기뻐하시는 도구가 무엇이든, 신자들의 입에서 나오는 말은 다음과 같아야 한다. "주께서 내 원수의 목전에서 내게 상을 차려 주시고 기름을 내 머리에 부으셨으니 내 잔이 넘치나이다"(시 23:5).

그렇기에 우리는 다윗의 적들이 그에게 가한 고통과 시련의 한 가운데서 하나님이 다른 사람들을 움직여 그와 그의 사람들에게 제공하셨던 구호와 친절한 도움들을 목격하게 된다. 이것은 하나님의 복된 아들의 경우에도 마찬가지였다. 우리는 성경에서 한편으로는 "인자는 머리 둘 곳이 없다 하시더라"(마 8:20)라는 말씀을 읽고, 다른 한편으로는 "여러 여자가 함께 하여 자기들의 소유로 그들을 섬기더라"(눅 8:3)라는 말씀을 읽는다. 이것은 사도 바울의 삶에서도 마찬가지였다. 그와 관련해 우리는 한편으로는 그가 때로 "수고하며 애쓰고 여러 번 자지 못하고 주리며 목마르고 여러 번 굶고 춥고 헐벗었노라"(고후 11:27)라는 말씀을 읽고, 다른 한편으로는 "비가 오고 날이 차매 원주민들이 우리에게 특별한 동정을 하여 불을 피워 우리를 다 영접하더라 … 후한 예로 우리를 대접하고 떠날 때에 우리 쓸 것을 배에 실었더라"(행 28:2, 10)라는 말씀을 읽는다. 이것은 우리의 삶에서도 마찬가지 아닌가? 의심할 바 없이 그렇다. 우리의 삶 속에는 달콤함과 고통이 그리고 실망과 유쾌한 놀람이 뒤섞여 있다. "형통한 날에는 기뻐하고 곤고한 날에는 되돌아 보아라 이 두 가지를 하나님이 병행하게 하사 사람이 그의 장래 일을 능히 헤아려 알지 못하게 하셨느니라"(전 7:14).

## 후새의 위장 침투

"왕과 그와 함께 있는 백성들이 다 피곤하여 한 곳에 이르러 거기서 쉬니라"(삼하 16:14). 이 구절에 나오는 "거기"는 "바후림"(5절)이었다. 다윗과 그의 소수의 추종자들은 예루살렘을 떠난 후 길고 험난한 여행을 거쳐 겨우 캠프를 마련하고 아주 긴요한 휴식을 취했다. 그와 동시에 "압살롬과 모든 이스라엘 백성들이 예루살렘에 이르고 아히도벨도 그와 함께 이르렀다"(15절). 이것은 다윗과 그의 수행원들이 압살롬이 언제라도 왕도(王都)를 차지하도록 길을 활짝 열어놓았기 때문이었다. 그를 가로막을 자는 아무도 없었다. 따라서 그는 예루살렘으로 왔고, 의심할 바 없이 자신이 거둔 그 최초의 성공 때문에 의기양양해져서 이제 곧 온 나라가 자신의 것이 되리라고 생각했다. "하나님은 사악한 자들이 그들의 사악한 계획을 수행하며 기대 이상으로 성공을 거두게 하신다. 이것은 그들이 맛볼 실망을 더 심각하고 치욕적으로 만들게 하시기 위함이다"(Matthew Henry).

"다윗의 친구 아렉 사람 후새가 압살롬에게 나갈 때에 그에게 말하기를 왕이여 만세, 왕이여 만세 하니 압살롬이 후새에게 이르되 이것이 네가 친구를 후대하는 것이냐 네가 어찌하여 네 친구와 함께 가지 아니하였느냐 하니 후새가 압살롬에게 이르되 그렇지 아니하니이다 내가 여호와와 이 백성 모든 이스라엘의 택한 자에게 속하여 그와 함께 있을 것이니이다 또 내가 이제 누구를 섬기리이까 그의 아들이 아니니이까 내가 전에 왕의 아버지를 섬긴 것 같이 왕을 섬기리이다 하니라"(삼하 16:16-19). 이것은 우리가 앞에서 보았던 이야기(삼하 15:32-37)의 후속편이다. 후새는 다윗을 섬기고 돕기 위해 그 자신을 위험에 빠뜨리면서 사자의 굴속으로 들어갔다. 이 경우에 그가 취한 행동은 문제를 제기한다. 그리고 그 문제에 대해 주석가들의 의견은 크게 갈린다. 어떤 이들은 "사랑과 전쟁에서는 모든 것이 용납된다"라는 세속적 원리에 기초해 후새가 이렇게 자신을 위장한 것을 정당하게 여긴다. 그러나 다른 이들은 무조건 그를 새빨간 거짓말쟁이로 여겨 비난한다. 그리고 어떤 이들은 혼란스러워하며 판단을 유보하고 있다.

다음 사항을 지적해 보자. 우선 후새는 "왕 압살롬이여 만세"라고 말하지 않았다. 또 그는 다윗에 대한 그의 불충에 관해 도전적인 질문을 받았을 때 "내가 당신의 아버지를 섬겼듯이 이제는 당신과 당신의 뜻만을 섬기겠나이다"라고 대답하지 않았다. 그의 대답은 모호했고 이중적해석이 가능했다. 그러나 그것은 얼마간 그의 잘못을 완화시켜 주기는 하나 어떤 식으로도 그를 깨끗하게 해 주지는 않는다. 왜냐하면 그의 말은 사람들을 오도하기 위한 것이고, 따라서 그는 불성실이라는 죄책으로부터 자유로울 수 없기 때문이다. 그의 의도가 선했다는 것과 그의 노력이 성공을 거뒀다는 것은 어떤 식으로도 그의 혐의를 풀어주지 못한다. "결과"는 무언가의 옳고 그름을 판단하기 위한 기준이 아니다. 이것이 지금 우리가 고찰하고 있는 문제의 "인간적 측면"이라는 것에 유념하라. 이 문제를 하나님의 측면에서 볼 경우, 우리는 하나님께서 압살롬으로 하여금 그의 오만한 마음 때문에 기만을 당하게 하시는 것을 볼 수 있다. 그는 다윗의 가장 좋은 친구들이 자기를 너무나 좋아해서 기꺼이 자기가 치켜든 반역의 깃발 아래로 모이고 있다고 상상했다. 그렇기에 그는 후새의 말을 자기 멋대로 해석했다.

위의 사건이 성경에 기록된 것은 우리가 그것을 모방하게 하기 위함이 아니라 우리에게 경고가 되게 하기 위함이다. 그것은 어떤 행위가 하나님 보시기에 옳은 것이 되려면 선한 동기 이상의 무언가가 필요하다는 것을 보여 준다. 이것은 우리가 고려해야 할 중요한 원리다. 왜냐하면 오늘날 적지 않은 사람들이 "그래, 그의 의도는 좋은 것이었어"라고 말하면서 잘못된 많은 일들을 용서하고 있기 때문이다. 종종 동기가 어떤 행위의 가치를 결정하는 것은 사실이지만, 그럼에도 우리는 여전히 다른 원칙과 고려 사항들에 의해 규제될 필요가 있다. 우리는 우리의 좋은 의도를 실천에 옮기는 과정에서 올바른 수단을 사용해야 한다. 부모가 자신의 굶주리는 아이들을 위해 음식을 구하는 것은 칭찬 받을 만한 일이다. 그러나 그(혹은 그)녀는 음식을 훔쳐서는 안 된다. 바로 그것이 후새가 실패했던 일이다. 다윗을 돕고자 하는 그의 갈망이 그가 위선자의 역할을 한 것을 정당화해 줄 수는 없다. "우리가 세상에서 특별히 너희에 대하여 하나님의 거룩함과 진실함으로 행하되 육체의 지혜로 하지 아니하고 하나님의 은혜로 행함은 우리 양심이 증언하는 바니 이것이 우리의 자랑이라"(고후 1:12). 이것이야말로 그리스도인들이 따라야 할 기준이다. 잘못 행동하는 것은 결코 옳은 일이 아니다.

이 원칙은 신자들이 모든 문제와 위급한 상황에 빠졌을 때 해야 할 일은 기도뿐이라는 것을 의미한다. 즉 신자들은 겸손하고 신뢰에 찬 확신을 갖고서 그 어떤 문제도 어려워하지 않으시는 분께 자신의 상황을 아룀으로써 그분께서 우리를 위해 그분이 보시기에 최선의 방법을 택하시게 해야 한다. 처음에 다윗은 그렇게 했다(삼하 15:31). 그러나 나중에 그는 스스로 인간적인 수단에 의존함으로써 그 원칙을 깨뜨리고 말았다(15:34). 더 나아가기 전에 우리는 압살롬이 후새에게 했던 도전적인 말을 보다 높은 의미에서 우리가 유념해야 할 것으로 삼아 우리의 마음에 새길 필요가 있다. "자기를 숭배하는 자들은 자기들에게 아첨하는 자들에게 쉽사리 속는다. 그러나 그들은 다른 이들 안에 있는 잘못들—사실 그들 자신이야말로 그런 잘못에 대해 그들보다 훨씬 큰 죄책을 갖고 있다—을 쉽게 식별하며, 그런 것들에 대해 놀라움을 표시하는 경향이 있다. 어느 열성적인 그리스도의 제자가 분명한 악을 행할 때면, 방탕한 자들조차 놀라며 소리친다. '이것이 네가 친구를 후대하는 것이냐.' 아, 그러나 구주께서는 우리가 부끄럽고 혼란스러워질 정도로 우리들 각자에게 얼마나 자주 이런 말씀을 하시는가! 또 우리는 얼마나 자주 우리 자신을 제어해야 하고, 크게 겸손해질 정도로 우리의 배은망덕함을 기억해야 하는가!"(Thomas Scott). 그리스도에 대한 불충은 우리의 가장 좋은 친구를 후대하지 않는 것이다. 이것은 얼마나 실제적인 설교의 주제가 되는가!

## 아히도벨의 계략

앞 장에서 이미 우리는 사무엘하 16장 말미에 기록되어 있는 몸서리나는 사건(16:20-22 참조)에 대해 언급한 바 있다. 그러므로 여기에서는 그것에 대해 아주 짧게 서술하는 것으로 만족하자. "압살롬이 아히도벨에게 이르되 너는 어떻게 행할 계략을 우리에게 가르치라 하니"(삼하 16:20). 첫째, 우리는 압살롬이 언약궤―다윗은 그것을 예루살렘으로 돌려보냈다―를 수종하는 자들에게 조언을 구하지 않은 것에 주목해야 한다. 그는 여호와의 뜻에 관심이 없었다. 그는 그의 삶 전체를 통해 이교도로서 그리고 뻔뻔스러운 반역자로서 행동했을 뿐이다. 둘째, 아히도벨이 압살롬에게 그토록 악하게 행동하게 하면서 품었던 분명한 의도는―매튜 헨리는 이때 그가 "하나님께"(삼하 16:23)가 아니라 "사탄의 신탁에" 물었던 것이라고 적절하게 지적한 바 있다―자기의 새 주인이 다윗에게 용서를 받을 수 있는 가능성을 완전히 소멸시키는 것이었다. 셋째, 그러나 그 장면 뒤에는 자신의 말씀을 이루면서(삼하 12:11), 또한 다윗이 행한 악한 일 때문에-그가 여러 명의 아내들 외에도 "첩들"을 소유했다는 것은 그 시편 기자에게 불명예를 초래하는 행위였다-그를 징계하면서 모든 상황을 지배하시는 하나님의 손길이 있었다.

"아히도벨이 또 압살롬에게 이르되 이제 내가 사람 만 이천 명을 택하게 하소서 오늘 밤에 내가 일어나서 다윗의 뒤를 추적하여 그가 곤하고 힘이 빠졌을 때에 기습하여 그를 무섭게 하면 그와 함께 있는 모든 백성이 도망하리니 내가 다윗 왕만 쳐죽이고 모든 백성이 당신께 돌아오게 하리니 모든 사람이 돌아오기는 왕이 찾는 이 사람에게 달렸음이라 그리하면 모든 백성이 평안하리이다 하니"(삼하 17:1-3). 이 악한 제안은 개인적인 원한의 감정 때문에 촉발된 것일 수 있다. 왜냐하면, 앞에서 지적했듯이, 밧세바는 아히도벨의 손녀였고, 그러므로 그는 개인적으로 자기 집안에 행해진 잘못된 일에 대해 복수하기를 갈망했을 것이기 때문이다. 그러나 사정이 그렇든 아니든 상관없이, 사려 깊은 사람인 아히도벨은 이 상황에서 일을 지체하는 것은 위험하며, 따라서 만약 압살롬이 진정으로 그의 길에서 다윗을 제거하기를 바란다면 자기 아버지와 그의 추종자들이 지치고 낙담해 있을 때 신속하게 공격을 감행해야 한다는 사실을 즉각 인식했을 것이다.

그때 사악한 압살롬 주위에 있던 자들은 그의 탐욕을 만족시키려면 그가 다윗을 죽이고 그의 왕좌를 차지하는 것 외에는 다른 방법이 없다는 것을 분명히 알고 있었다. 따라서 이제 결정해야 할 유일한 문제는 그 비열한 계획을 이루기 위한 최선의 방법을 찾는 것뿐이었다. 그렇기에 마침내 아히도벨이 압살롬에게 사악한 조언을 했을 때 그의 주변에 있는 사람들 중 거룩한 두려움에 빠져 손을 들어 올리거나 그 방법의 조악한 부당함에 대해 반대한 사람은 아무도 없었다. 얼마 전 압살롬 자신이 죄를 짓고 도망쳤을 때, 다윗은 그가 죽어야 마땅했음에도 그를 추방 상태에 남아 있게 했다. 그리고 더 나아가 그가 돌아오기를 바랐다. 그러나 압살롬은 그런 부모자식 간의 생래적인 애정마저 완전히 결여하고 있었고 완전히 배은망덕했기에 자기 아버지 다윗의 피를 보고자 했다. 독자들이여, 하나님이 우리를 전적으로 우리 자신에게 맡겨두실 때 우리가 (당신이나 나 역시 예외가 아니다) 어떤 상태가 될 수 있는지 보라. 타락한 인간의 완전한 부패라는 엄중한 진리를 부인하는 자들은 아주 멀리 나가 길을 잃고 있는 셈이다!

아히도벨이 제안한 계획은 압살롬처럼 교활한 사람에게는 충분히 매력적인 것이었다. 백성들을 대량으로 학살하는 것은 그를 위해서도 좋은 일이 아니었다. 그런 식으로 자신의 병력을 불필요하게 약화시키기에는 블레셋 사람들이 너무 가까이 있었고 그 숫자도 너무 많았기 때문이다. 왕만 쳐 죽인다면, 그의 추종자들에게서 항복을 얻어내기는 쉬울 것이다. "목자를 쳐라, 그러면 양들이 흩어질 것이고, 쉽게 그것들을 먹어치울 수 있을 것이다." 바로 이것이 아히도벨의 계획이었다. 어떤 이들은 이것이 가야바가 제안했던 방식과 아주 닮았다고 지적해 왔다. "한 사람이 백성을 위하여 죽어서 온 민족이 망하지 않게 되는 것이 너희에게 유익한 줄을 생각하지 아니하는도다"(요 11:50). 그리스도의 다른 적들의 말 역시 마찬가지였다. "이는 상속자니 자 죽이자 그러면 그 유산이 우리 것이 되리라"(막 12:7).

"압살롬과 이스라엘 장로들이 다 그 말을 옳게 여기더라"(삼하 17:4). 하나님의 기름 부음을 받은 자를 "쳐죽이자"는 아히도벨의 냉혹한 계획이 갖고 있는 절망적인 사악함은 압살롬의 마음을 두려움으로 채우기는커녕 그의 기꺼운 승인을 얻어냈다. "의인의 길은 돋는 햇살 같아서 크게 빛나 한낮의 광명에 이른다"(잠 4:18). 그러나 사악한 사람들과 유혹자들이 더욱더 악해진다는 것 역시 동일하게 사실이다. 떨어지는 돌은 타성을 얻는다. 그리고 그것이 언덕 밑으로 더 많이 굴러갈수록, 그것의 속도 역시 그만큼 더 커진다. 자기를 마귀에게 완전히 팔아넘긴 자들의 상황 역시 마찬가지다. 마귀는 자신의 가련한 희생자에게 쉼을 허락하지 않고, 오히려 그로 하여금 죄에 죄를 더하게 함으로써 결국 그의 죄의 잔이 넘치도록 만든다. 사탄은 무자비한 십장(什長)이다. 그는 자기의 종들에게 계속해서 더 많은 벽돌을 찍어내라고 요구한다. 우리는 그런 악한 자로부터 구원을 얻기 위해 얼마나 간절히 기도해야 하는가!

## 하나님의 개입

"압살롬이 이르되 아렉 사람 후새도 부르라 우리가 이제 그의 말도 듣자 하니라"(삼하 17:5). 이것은 아주 놀랍다. 앞에서 압살롬은 아히도벨의 사악한 조언을 즉각 따랐다(16:22). 그런데 어째서 이번에는 그렇게 하지 않은 것인가? 그는 그 제안을 옳게 여겼다(4절). 그럼에도 그는 머뭇거렸고 다윗의 숨은 친구였던 후새에게 조언을 구했다. 후새가 먼저 움직여 자신을 내세웠던 게 아니었다. 압살롬이 먼저 나서서 그의 의견을 구했다. 이것은 "왕의 마음이 여호와의 손에 있음이 마치 봇물과 같아서 그가 임의로 인도하시느니라"(잠 21:1)라는 말씀에 대한 얼마나 확실한 증거인가! "주께서 이미 압살롬이 재앙을 당하게 하시려고, 아히도벨의 좋은 모략을 좌절시키셨다"(삼하 17:14, 표준새번역 – 역주). 그러나 그분은 그 일을 물리력을 동원해서가 아니라 자연법의 역사를 통해 이루셨다. 압살롬은 자기 마음에 떠오른 생각을 아주 자유롭게 따르는 듯 보였다. 그럼에도 이때 그도 모르게 그를 지배하고 있던 것은 하나님의 손길이었다. 인간은 오직 하나님의 뜻의 범위 안에서만 자유롭게 움직일 수 있다.

다윗의 추종자들이 그를 섬길 기회를 얻은 것은 바로 이런 중차

대한 시기, 즉 다윗의 운명이 이제 끝난 것이나 다름없어 보이던 때였다. 하나님은 얼마나 복되게 우리의 삶에 시기적절하게 개입하시는가! 그분은 결코 너무 이르거나 너무 늦으시는 적이 없다. 종종 우리가 주님이 굼뜨시다고 생각하는 것은 우리가 불신앙이나 자기 뜻 때문에 안달하거나 조바심을 내기 때문이다. 종종 하나님이 기다리시는 것은 우리에게 은혜를 베풀려 하시기 때문이다(사 30:18). 또 그것은 우리를 막다른 골목으로 몰아붙여 구원이 오직 그분에게서 온다는 사실을 보다 분명하게 드러내려 하시기 위함이다. 다른 경우에 그분은 그분의 백성의 적들이 보다 크게 원통해 하고 실망하게 하시기 위해 그 백성을 위한 개입을 늦추기도 하신다. 후새는 이 중차대한 시점에 다윗을 실망시키지 않았다. 오히려 그는 현명하고 그럴싸한 말로 압살롬의 마음을 바꿔 그 도망자 왕에 대한 즉각적인 공격을 늦추도록 만들었다. 이로써 그는 그의 목적을 이룰 수 있었다. 왜냐하면 압살롬 편의 지체는 다윗에게 그의 지친 추종자들을 쉬게 하고, 그의 병력을 더하고, 그들을 가장 유리한 지점에 위치시킬 기회를 제공했기 때문이다.

## 68

# 어려운 시절의 친구들 (II)

사무엘하 16-17장

주권자이신 하나님은 자신의 영원한 계획을 이루시면서, 자신의 백성들의 영적이고 일시적인 필요들을 채워 주시면서, 그리고 그 백성들을 그들의 적들로부터 구해 내시면서 자신이 원하시는 바에 따라 대리인들을 사용하기도 하시고 또는 그들의 도움 없이 행동하기도 하신다. 그분이 이런저런 수단들에 구애받지 않으신다는 것은, 그분이 광야에서 이백만 명의 이스라엘 백성들에게 하늘로부터 오는 떡을 제공하시면서 사십 년 동안이나 그들을 먹이신 일과, 성경에 기록된 또 다른 중요한 사건들을 통해 분명하게 드러난다. 그럼에도, 대개 그분은 자신의 영원한 섭리를 이루시는 과정에서 여러 가지 수단들을 사용하기를 기뻐하신다. 때로 그 수단들은 연약한 자들, 즉 자기들이 의도하는 목표를 이루기에는 터무니없이 부족한 자들일 경우가 있다. 이것은 우리에게 그들의 충분성은 그들을 사용하기로 작정하신 분 안에 있음을 보여 주기 위함이다. 하나님이 인간을 대리자로 사용하실 때 종종 그들의 부적당함과 무가치함이 분명하게 드러나는 경우가 있다. 이것은 우리가 그 대리인들이 아니라 그들 안에 자신의 보화를 집어넣으신 분께 영광을 돌리게 하기 위함이다. 만약 우리가 이 원리를 분명하게 깨닫지 못한다면, 우리는 하나님이 고용하신 도구들 안에서 발견되는 명백한 잘못들에 쉽사리 걸려 넘어질 수 있다.

이 세상에서 하나님을 향해 완벽했던 종은 한 분뿐이었다. 그분의 놀라운 탁월함은 다른 모든 이들의 무수히 많은 불완전함 때문에 더욱 분명하게 드러난다. 그러나 우리는 하나님이 사용하시는 자들의 결함들을 찾아내 그것들에 대해 생각하는 것을 기뻐해서는 안 된다. 죄로 가득 찬 우리가 누구이기에 다른 이들에게 돌을 던질 수 있겠는가? 다른 한편, 우리는 성경에 기록되어 있는바 하나님이 다양하게 사용하셨던 사람들이 저지른 잘못들을 우리가 그 뒤로 숨어 자신의 죄를 변명하기 위한 방패로 삼아서는 안 된다. 이런 분명한 원리에 유념하는 것은 하나님의 종들에게 실제적 어려움을 제기한다. 그들은 성경의 인물들의 잘못을 자신들을 위한 경고로 삼아야 한다. 아, 그러나 그렇게 하는 과정에서 종종 그들은 자기들을 정죄할 이유를 발견한다. 하지만, 만약 그것이 참으로 그들을 하나님 앞에서 겸비하게 만든다면, 그것은 그들에게 유익하다.

이제 우리는 하나님이 자신의 종을 그의 적들의 살의에 찬 계획으로부터 구원해 내시는 과정에서 사용하신 수단들에 대해 고찰할 것이다. 사울의 왕궁에 다윗을 위해 탄원하고 그에게 자기 아버지의 계획을 알려 주었던 요나단이 있었던 것처럼, 이제 하나님은 압살롬의 사령부 안에 후새를 두시고 그로 하여금 다윗을 돕고 그에게 임박한 일들을 통지하게 하셨다. 다윗에게 이런 중요한 소식들을 전달할 믿을 만한 전령들은 두 명의 제사장이었다. 그들은 다윗이 자신에게 힘을 보태게 하기 위해 예루살렘으로 돌려보낸 자들이었다(삼하 15:35-36). 그들은 예루살렘 바깥에 있는 에노로겔에 머물렀는데, 거기에는 그들과 후새 사이를 오가며 소식을 전하던 한 여종이 있었다(삼하 17:17). 그러나 그런 접촉이 완성되려면 또 다른 연결고리가 필요했다. 그 두 명의 제사장들이 그들의 임무를 위해 출발했을 때 그들은 압살롬의 종들에게 발각되어 쫓기기 시작했다(18절). 그러나 그때 그들을 위한 보호자가 나타났고, 그로 인해 그들은 압살롬의 종들의 추격에서 벗어날 수 있었다(18-19절). 그렇게 해서 이 한 사건에서 하나님은 한 명의 탁월한 정치인, 두 명의 제사장들, 한 여종, 그리고 한 농부와 그의 아내를 사용하신 셈이었다.

## 후새의 의견을 묻는 압살롬

"후새가 압살롬에게 이르매 압살롬이 그에게 말하여 이르되 아히도벨이 이러이러하게 말하니 우리가 그 말대로 행하랴 그렇지 아니하거든 너는 말하라 하니 후새가 압살롬에게 이르되 이번에는 아히도벨이 베푼 계략이 좋지 아니하니이다 하고"(삼하 17:5-6). 우리는 "그때에 아히도벨이 베푸는 계략은 사람이 하나님께 물어서 받은 말씀과 같은 것이라 아히도벨의 모든 계략은 다윗에게나 압살롬에게나 그와 같이 여겨졌더라"(삼하 16:23)는 사실을 잊지 말아야 한다.

그렇다면 압살롬이 즉각 그의 조언을 따라 행동하지 않고 후새의 의견을 구했던 것은 참으로 놀라운 일이 아닌가? 이것은 아히도벨이 제안한 계획을 "압살롬과 이스라엘 장로들이 다 그 말을 옳게 여겼던 것"(삼하 17:4)을 감안한다면 더욱 그러하다. 이에 대한 만족할 만한 설명은 단 하나뿐이다. 그것은 하나님께서 그렇게 섭리하셨다는 것이다! 독자들이여, 이것은 고대 역사 속에서 발생한 하나의 사건에 불과한 것이 아니다. 이것은 하나님이 오늘날 세상 나라들의 일을 통제하시는 방식에 대한 본보기를 제공한다. 우리는 압살롬처럼 모든 생래적 애정을 결여하고, 불경건하고, 무자비하고, 부도덕한 자들이 자기들의 힘으로 한 나라나 국가들 사이의 문제를 다루는 높은 자리에 오른 경우들을 보아 오지 않았는가!

그렇다, 독자들이여, 성령께서 사무엘하 17장에 기록해 놓으신 사건은 수천 년 전에 발생한 단순한 사건 이상의 훨씬 더 큰 의미를 지니고 있다. 기름 부음을 받은 눈을 가진 자들은 그 사건 안에서 그리고 그 사건을 통해서 세상의 정치적 문제들에 하늘의 빛이 비추는 것을 식별할 수 있을 것이다. 참으로 하나님은 영적 요소들과 천상의 일들을 다스리시듯 입법부 안에서 그리고 통치자들과 외교관들의 은밀한 회담 안에서도 세상만사를 다스리신다. 그분은 그들의 이기적인 계획들을 다스리시고 다른 이들의 대책들 역시 지배하신다. 그것은 오래 전 예루살렘에서도 마찬가지였다. 그것은 또한 오늘날의 런던, 워싱턴, 파리, 모스크바, 베를린, 그리고 로마에서도 마찬가지다. 성령께서 이 사건을 소멸할 수 없는 성경 안에 기록해 두신 것은 이후의 모든 세대에 속한 하나님의 백성들이 "지극히 높으신 이가 사람의 나라를 다스리시며 자기의 뜻대로 그것을 누구에게든지 주시며 또 지극히 천한 자를 그 위에 세우시는 줄을"(단 4:17) 알게 하시기 위함이다. 아, 오늘날 강단에 선 자들의 무지와 불충 때문에 얼마나 많은 이들이 이런 위로가 되는 확신을 얻지 못하고 있는가!

하나님의 말씀은 살아 있는 말씀이지 오래 전에 발생한 일들에 대한 쓸모없는 기록이 아니다. 만약 우리가 그것의 빛이 우리의 삶의 신비와 "땅의 어두운 곳"(시 74:20)에 비추게 하지 않는다면, 그것은 우리에게 돌이킬 수 없을 만큼 심각한 손실이 된다. 그리고 확실히 정치인들과 외교관들의 은밀한 회담 장소보다 더 어두운 곳은 존재하지 않는다. 하나님은 그분의 요구와 그분의 백성들의 이익이 완전히 무시되거나 조악하게 도전을 받는 곳에서 "사람의 나라를 다스리시며 자기의 뜻대로 그것을 누구에게든지 주시며 또 지극히 천한 자를 그 위에 세우신다"(단 4:17). 지존자는 어느 곳에서든 늘 탁월하시고 자신의 방법을 갖고 계시다. 사람들이 그들의 악한 계획과 탐욕스러운 생각 속으로 빠져드는 것은 오직 그분이 허락하시는 것만큼만 가능하다. 한편으로는 오늘날의 독재자들에게 무고한 피를 흘릴 것을 촉구하는 아히도벨 같은 피에 굶주린 자들(군사 지도자들)이 있으나, 다른 한편으로 하나님께서는 조심스럽게 행동할 것을 조언함으로써 그런 피흘림을 억제하는 (비록 그들의 이름이 신문지상에 나타나지 않을지는 모르나) 후새 같은 사람들을 일으키신다. 그리고 하나님은 그런 이들의 조언을 통해 앞 사람들의 보다 극단적인 방법들을 제어하시고 완화하신다. 심판의 날에 우리는 사무엘하 17장에 기록된 일이 이 세상의 정치 안에서, 특히 유럽의 정치 안에서 얼마나 자주 되풀이되었는지 알게 될 것이다.

## 후새의 반대

"후새가 압살롬에게 이르되 이번에는 아히도벨이 베푼 계략이 좋지 아니하니이다 하고"(삼하 17:7). 후새는 심각한 시험에 빠졌다. 첫째, 압살롬은 후새가 처음으로 자기에게 모습을 보였을 때 이미 그의 충성에 대해 얼마간 의심을 표명한 바 있었다(16:17). 둘째, 이미 아히도벨이 모든 이들에게 찬성을 얻은 계획을 제안해 놓은 상태였다. 그리고 셋째, 아히도벨의 계획에 대해 비판하는 것은 자신에 대한 압살롬의 의심을 증폭시킬 가능성이 컸다. 그러나 그는 자신의 주장을 고집했고, 자신을 위태롭게 하면서까지 다윗을 이롭게 하기 위해 자기가 할 수 있는 일을 했다. 그는 앞으로 나서서 담대하게 자기의 라이벌의 계획에 대해 도전했다. 그러나 그는 신중하게 "이번에는"이라는 말을 사용함으로써 공격의 수위를 낮췄다. 그의 말은 신중하게 선택되었다. 그는 "그런 계획은 완전히 미친 짓이다"라고 말하지 않고 다만 "그것은 좋지 않다"라고 말했을 뿐이다. 꼭 필요한 것 이상으로 거친 말을 하는 것은 현명한 일이 아니다. 그렇게 해서 압살롬은 자신의 참모들의 의견이 일치하지 않음을 알게 되었다. 인간의 문제에서 어떤 균형이 유지되는 것은 이런 식의 견해와 정책의 다양성을 통해서다.

"또 후새가 말하되 왕도 아시거니와 왕의 아버지와 그의 추종자들은 용사라 그들은 들에 있는 곰이 새끼를 빼앗긴 것 같이 격분하였고 왕의 부친은 전쟁에 익숙한 사람인즉 백성과 함께 자지 아니하고"(삼하 17:8). 이런 말로써 후새는 아주 교묘하게 아히도벨이 그의 일을 심각하게 오판하고 있다고 주장했다. 그가 "내가 다윗 왕만 처 죽이고"(삼하 17:2)라고 선언한 것은 경솔하고 오만한 짓이다. 그런 일은 아히도벨이 생각하는 것만큼 간단한 일이 아니기 때문이다. 다윗은 호락호락한 군주가 아니다. 그는 전쟁터에서 잔뼈가 굵은 용기 있고 경험 많은 사람이다. 더구나 그에게는 그를 따르는 용맹한 전사들이 있다. 그들은 자기들이 사랑하는 주군이 예루살렘에서 도망쳐야 했던 수치스러운 일 때문에 잔뜩 분개하고 있었고, 그가 적들에게 살해되도록 수수방관하지 않을 것이다. 따라서 압살롬은 잠시 숨을 돌리고 그 상황의 무서울 만큼 실제적인 어려움에 대해 냉정하게 평가해야 한다. 왜냐하면 적의 힘을 과소평가하는 것은 종종 치명적인 실수가 되기 때문이다. 우리가 늘 취해야 할 신중한 태도는 먼저 앉아서 그 비용을 계산하는 것이다(눅 14:28). 성급하고 신중하지 못한 방법을 따르는 것은 실패를 자초할 가능성이 크다. 그러나 이 열띤 시대에 신중하고 조심성 있게 행동하고 맹목적으로 앞을 향해 돌진하지 않기 위해서는 많은 은혜가 필요하다.

"지금 그가 어느 굴에나 어느 곳에 숨어 있으리니 혹 무리 중에 몇이 먼저 엎드러지면 그 소문을 듣는 자가 말하기를 압살롬을 따르는 자 가운데에서 패함을 당하였다 할지라"(삼하 17:9). 도망중에 있는 왕은 일신의 편안함을 추구하는 인물이 아니다. 그는 "백성과 함께 자지 아니하고"(8절), 노련한 전사답게 교묘한 책략을 써서 어느 잘 선택된 매복지에 누워 있을 것이다. 그리고 거기에서 불시에 튀어나와 아히도벨의 군사들 몇 사람을 죽일 것이다. 그럴 경우 압살롬의 계획은 심각하게 손상을 입을 것이다. 왜냐하면 다윗이 전쟁터에서 승리자가 되었다는 소식이 즉시 퍼져나갈 것이기 때문이다. 이것이 우리에게 제시하는 실제적인 교훈은 우리는 우리의 영적 대적들의 힘과 간교함을 과소평가하는 어리석음에 빠지지 말아야 하며, 그들을 정복하기 위한 최선의 방법을 신중하게 모색해야 한다는 것이다. 우리의 욕망은 종종 그 모습을 숨기고 있다가 전혀 예상치 못한 때 느닷없이 튀어나온다. 사탄은 대개 뜻밖의 장소에서 우리를 습격한다. 그는 우리보다 훨씬 많은 경험을 갖고 있다. 따라서 그가 우리를 심각하게 정복하지 못하게 하려면, 우리는 조심스럽게 걸어갈 필요가 있다.

"비록 그가 사자 같은 마음을 가진 용사의 아들일지라도 낙심하리니 이는 이스라엘 무리가 왕의 아버지는 영웅이요 그의 추종자들도 용사인 줄 앎이니이다"(삼하 17:10). 여기에서 후새는 자기가 앞 구절에서 언급한 일이 발생할 경우 그로 인해 필연적으로 뒤따를 일을 거론하며 압살롬을 압박하고 있다. 다윗이 매복지에서 튀어나와 아히도벨이 이끄는 수색대의 초병들을 죽이는 데 성공할 경우— 그런 일은 골리앗을 정복할 만큼 교활한 적과 맞서는 때에는 얼마든 일어날 수 있다—뒤따라 일어날 일은 오직 하나뿐이다. 그것은 바로 다윗을 잡으러 보낸 군사들 전체가 혼란에 빠지는 것이다. 아히도벨이 이끄는 경험 없는 군사들은, 비록 수적으로 우세일지라도, 자기들이 더 이상 왕의 용사들과는 상대가 되지 않는다고 느낄 것이고, 결국 완전히 낙담하게 될 것이다. 그리고 그것은, 조금만 생각해 봐도 분명하게 알 수 있듯이, 압살롬에게 치명적인 일이 될 것이다. 인간의 본성은 변덕스럽다. 그리고 군중 속에 섞여 있는 사람들은 개인들보다 훨씬 쉽게 이리저리 동요할 수 있다. 대중의 의견을 바꾸는 것은 어렵지 않다.

**후새의 제안**

"나는 이렇게 계략을 세웠나이다 온 이스라엘을 단부터 브엘세바까지 바닷가의 많은 모래 같이 당신께로 모으고 친히 전장에 나가시고"(삼하 17:11). 이것은 앞의 전제들로부터 끌어낼 수 있는 유일한 논리적 대안이다. 아히도벨이 요구했던 "사람 만 이천 명"(17:1)은 다윗 같은 지휘관과 그가 지휘하고 있는 유명한 용사들과 맞서기에는 턱없이 부족하다. 압살롬은 온 나라의 군사들을 다 동원해 병력의 숫자로 그의 아버지를 압도해야 한다.

후새는 압살롬에게 총동원령을 내리라고 혹은 압도적인 숫자의 병력을 모으라고 조언하면서 시간을 벌고 있었다. 그가 압살롬을 설득해 자기가 돕고 있는 사람에 대한 군사 행동을 늦추면 늦출수록, 그의 실제 목표는 더 잘 달성되는 셈이었다. 압살롬이 행동을 늦출수록, 다윗은 예루살렘으로부터 더 멀어지고, 병력을 증강시키고, 다가올 싸움에서 보다 유리한 위치를 택할 수 있을 것이기 때문이다. 후새의 모든 계획은 "오늘 밤에 내가 일어나서 다윗의 뒤를 추적하여"라는 아히도벨의 계획을 무력화시키는 것이었다. 자신의 주장을 더 강화하기 위해 후새는 압살롬이 "친히 전장에 나갈 것"을 제안했다. 이것은 압살롬에게 직접 명예로운 자리를 차지하고 스스로 자신의 사람들을 이끌라고 권고하는 말이었다. 이로써 그는 간접적으로 아히도벨의 계획은 단지 그 자신의 목적(사적인 복수)과 자신의 개인적 영광을 염두에 둔 것이라고 암시했다. 아히도벨이 했던 "내가 일어나서," "[내가] 기습하여," "내가 다윗 왕만 쳐 죽이고"(1, 2절)라는 말에 주목하라. 후새는 자기가 상대하고 있는 자가 어떤 사람인지 알고 있었기에 그의 오만한 마음에 호소했던 것이다.

곧 살펴보겠지만, 압살롬이 목숨을 잃은 것은 바로 이 제안 때문이었다. 만약 그가 아히도벨의 조언을 따랐다면, 그는 예루살렘에 남았을 것이다. 그러나 그는 직접 싸움에 임하라는 후새의 조언을 받아들임으로써 자신의 죽음을 향해 나아갔다. "하나님은 교활한 자의 계교를 꺾으사 그들의 손이 성공하지 못하게 하시며 지혜로운 자가 자기의 계략에 빠지게 하시며 간교한 자의 계략을 무너뜨리신다"(욥 5:12-13)! 의심할 바 없이 압살롬은 이 경험 많은 참모들 모두로부터 조언을 얻음으로써 자신의 신중함을 자랑하려 했을 것이다. 그러나 그것은 그를 파멸로 인도하고 말았다. 후새의 제안은 그의 허영심에 호소했다. 그는 그 허영심에 굴복했고, 그로 인해 우리는 "교만은 패망의 선봉이요"(잠 16:18)라는 말씀이 참되다는 것을 깨닫게 된다. 독자들이여, 설령 하나님이 당신을 어느 비천한 환경에 그리고 낮은 자리에 처하게 하실지라도, 당신보다 나은 상황에 있는 자들을 부러워하거나 세상적 위엄과 인간적 명예를 탐하지 말라.

"우리가 그 만날 만한 곳에서 그를 기습하기를 이슬이 땅에 내림같이 우리가 그의 위에 덮여 그와 그 함께 있는 모든 사람을 하나도 남겨 두지 아니할 것이요"(삼하 17:12). 이것은 앞 구절에서 제시된 계획을 완성한다. 그 계획이란, 막대한 숫자의 병력으로 다윗과 그의 추종자들을 덮쳐서 그들을 전멸시킨다는 것이었다. 그처럼 많은 수의 병력을 확보한다면 다윗 편의 그 어떤 전략이나 용맹도 소용없을 것이다. 이런 조언은 압살롬에게 호소하기 위해 잘 계산된 것이었으나, 또한 생각 없는 군중들을 향한 것이기도 했다. 그들에게는 아무런 위험도 없을 것이다. 사실 그런 계획은 그 어떤 위험도 없이 성공을 보장할 것처럼 보였다. "숫자가 많으면 안전하다"라는 말은 그들에게 위로가 될 만한 슬로건이었다. 후새가 교묘하게 복수형 주어를 사용하고 있는 것에 주목하라. "우리가 … 그를 기습하기를"

과 "우리가 그의 위에 덮여"는 아히도벨이 사용했던 세 차례의 "내가"라는 말과 날카롭게 대조된다.

"또 만일 그가 어느 성에 들었으면 온 이스라엘이 밧줄을 가져다가 그 성을 강으로 쓸어들여서 그곳에 작은 돌 하나도 보이지 아니하게 할 것이니이다 하매"(삼하 17:13). 후새는 모든 가능한 반대에 대해 문을 닫아걸고자 했다. 설령 다윗과 그의 추종자들이 어느 굴이나 숲에 숨지 않고(9절) 어느 성읍에서 피난처를 얻어 그곳을 요새화할지라도, 우리가 많은 군사를 동원해 그를 치러가는 한, 그것은 아무 문제가 되지 않는다. 우리는 억지로 우리 병사들로 하여금 그 성 안으로 진입하게 하지 않고, 병력을 총동원해 그 성과 그 안에 있는 사람들을 강으로 쓸어넣을 것이다. 물론 이것은 진지하게 한 말이 아니라 폭소를 유발하려는 것이었다. 그것은 단지 다윗은 어떤 식으로도 압살롬의 군대에게 반항하거나 그들을 피해 달아날 수 없으리라는 의미였다.

"압살롬과 온 이스라엘 사람들이 이르되 아렉 사람 후새의 계략은 아히도벨의 계략보다 낫다 하니 이는 여호와께서 압살롬에게 화를 내리려 하사 아히도벨의 좋은 계략을 물리치라고 명령하셨음이더라"(삼하 17:14). 이 구절의 후반부가 전반부를 설명한다. 아히도벨의 신중한 조언은 거부되었고, 후새의 그럴듯하지만 어리석은—

그토록 시간을 지체했기에 어리석은-계략이 채택되었다. 오늘날 국가의 문제들에서도 동일한 일이 동일한 이유로 수없이 반복된다. 왕들의 회의에서 그리고 입법부 안에서 종종 어리석음이 지혜를 이기는 일이 벌어진다. 어째서인가? 그것은 하나님께서 나라들에게 그들의 죄가 초래한 복수를 당하게 하시기 위해 그들로 하여금 건전한 조언을 거부하게 하시기 때문이다. 하나님이 그분의 섭리로 세상을 다스리시는 방식이 그러하다. 만약 하나님이 어떤 나라를 벌하기로 작정하신다면, 설령 신중한 의원들과 현명한 외교관들이 지혜로운 방책을 제시할지라도, 떠버리 광신자들이 일어나 가장 현명한 자들의 모임에서 궤변을 늘어놓기 마련이다.

## 69

# 마하나임에 머뭄

**사무엘하 17장**

앞에서 우리는 하나님께서 아히도벨이 압살롬에게 제안한 모략을 뒤엎기 위해 다윗의 친구 후새를 사용하셨던 것에 대해 살펴보았다. 이것은 도망 중인 왕에게 약간의 쉴 틈을 제공해 주었다. 후새는 즉시 자기의 주인에게 자신의 계획이 성공했음을 알리기 위한 절차에 착수했다(삼하 17:15-16). 전령 역할을 하던 두 명의 제사장은 바후림에 있는 어느 농부의 집에 숨어야 했고, 그 농부의 아내가 찧은 곡식으로 덮어 놓은 우물 안에 머물러야 했다. 하나님의 종들이 적들을 피해 숨기 위해 얼마나 이상하고 예상치 못한 장소에 머물러야 했는지는 심판의 날에나 완전히 알려질 것이다. 말이 난 김에 말인데, 우리는 이 사건이 우리에게 가르쳐 주는 것에 유념해야 한다. 즉 우리는 서둘거나 잘난 척하지 말고 늘 하나님이 은혜를 통해 제공하시는 적법한 수단들을 이용해야 한다. 참된 신앙은 결코 광신이나 운명론에 떨어지지 않고 우리로 하여금 신중하게 그리고 좋은 판단에 기초해 행동하도록 만든다.

그 두 명의 전령이 그렇게 조심했던 것은 다행이었다. 왜냐하면 그들은 그들이 숨어 있는 집까지 추적을 당했기 때문이다. 다행히 그 집 여주인이 발뺌을 하는 바람에 적들은 엉뚱한 곳으로 발길을 돌렸다. "그들이 간 후에 두 사람이 우물에서 올라와서 다윗 왕에게 가서 다윗 왕에게 말하여 이르되 당신들은 일어나 빨리 물을 건너가소서 아히도벨이 당신들을 해하려고 이러이러하게 계략을 세웠나이다 다윗이 일어나 모든 백성과 함께 요단을 건널새 새벽까지 한 사람도 요단을 건너지 못한 자가 없었더라"(삼하 17:21-22). "이것은 자신의 종과 그 종의 친구들에 대한 하나님의 섭리적 돌보심을 보여 주는 한 예다. 그로 인해 그들 중 하나도 무리 전체와 분리되어 죽거나 버려지지 않았다. 그리고 그는 이 점에서 그리스도의 예표다. 그분은 자기의 참된 추종자들 중 아무도 잃어버리지 않으신다"(Thomas Scott). 이에 대한 대형(對型)을 살피려면 요한복음 18장 8-9절을 보라.

## 성막을 향한 갈망

다윗이 시편 42편과 43편을 쓴 것은 거의 틀림없이 이때였을 것이다. 그 시편들은 그가 공적인 은혜의 수단(성막-역주)이 제공하는 유익과 축복을 빼앗긴 때 쓰였다. 그는 그 수단을 잃어버린 것을 매우 안타까워했다(시 42:4). 그러나 그는 하나님께 소망을 두고 그분에게 간절히 탄원하면서 자기가 언젠가 다시 기쁨과 감사의 소리를 내며 하나님의 거룩한 전에 들어가는 것을 허락받게 되기를 기대했다(43:3, 4). 이 시편들은 우리에게 다윗이 이 무렵에 어떤 내면의 고통을 겪었는지 그리고 그가 하나님을 굳게 의지하기 위해 얼마나 끈질기게 노력했는지를 가장 복된 방식으로 보여 준다. 또 그것들은 우리에게 다윗이, 비록 극심한 시련 때문에 인내의 한계를 넘어설 만큼 압박을 받고 있는 도망자 신세였음에도, 여호와와의 교제를 유지하고 있었음을 보여 준다. 또한 그것들은 신자가 모든 곤경의 순간에 얼마나 큰 것을 의지할 수 있는지를 보여 준다. 가련한 세상 사람들은 그런 사실에 대해 완전히 낯설어 한다. 그것은 부드러운 자비와 큰 연민을 갖고 계신 분, 그리고 우리가 그분께 우리의 짐을 맡길 때 우리를 붙들어 주시겠다고 약속하신 분(시 55:22)께 우리의 마음을 털어놓는 특권이다.

시편 42편의 처음 두 구절은 예배의 장소에서 하나님과 교제하는 것에 대한 간절한 영적 갈망을 표현한다. 우리는 우리가 그런 특권을 빼앗길 때만 그것을 우리에게 마땅한 방식으로 평가할 수 있다. 이것은 마치 목이 타는 자만이 물 한 잔의 가치를 소중하게 여기는 것이나 마찬가지다. 3절에서 그는 여호와께 자신이 불경한 적들의 조롱을 얼마나 뼈아프게 느끼고 있는지에 대해 말씀드린다. 이어서 그는 현재의 상태와 생생하게 대조되는 이전의 경험, 즉 자신이 왕이었음에도 여러 사람들과 더불어 성막을 향해 나아가 하나님을 찬양하는 일에 동참했던 일을 회상한다. 그는 자신의 낙담한 마음에 도전하면서 자기의 영혼을 추스르려 한다. 그러나 그는 곧 다시 낙심하며 다음과 같이 외친다. "내 하나님이여 내 영혼이 내 속에서 낙심이 되므로"(6절). 이어서 그는 다음과 같이 덧붙인다. "내가 요단 땅과 헤르몬과 미살 산에서 주를 기억하나이다." 그렇다, 그는 공적 은혜의 수단과 단절되어 극심한 시련으로 인해 괴로워하면서도 그의 가장 좋은 친구가 되시는 분을 잊지 않았다.

나머지 구절들에서 우리는 그 시편 기자가 하나님께 자신의 짐을 완전히 내려놓는 것을 발견한다. 스펄전(Spurgeon)이 말했듯이, "여호와께 우리가 어떻게 느끼고 있는지 말씀드리는 것은 잘하는 일이다. 그런 고백은 분명하게 드릴수록 더 좋다. 다윗은 마치 아픈 아이가 자기 엄마에게 투정하듯 말한다. 그리고 우리는 그를 본받아야 한다." 시편 43편은 42편과 너무나 밀접하게 관련되어 있어서 오래된 사본들 중에는 그것들을 하나로 엮어놓은 것들이 있을 정도다. 그 둘이 같은 시기에 쓰였다는 사실은 3절과 4절을 통해 분명하게 드러난다. 시편 43편에서 우리는 다윗이 하나님께 자기를 위해 "경건하지 아니한 나라에 대하여 내 송사를 변호하시며 간사하고 불의한 자에게서 나를 건지소서"(1절)라고 탄원하는 모습을 발견한다. 여기에서 "간사하고 불의한 자"란 아히도벨이나 압살롬 혹은 그 둘 모두를 가리키는 말이다. 그는 자신의 낙심과 불신앙에 대해 괴로워하고(2절), 다시 자기에게 하나님의 임재와 신실하심을 보여 주시기를 기도하고(3절), 자기가 하나님의 집으로 돌아가는 구원을 얻게 해 주시기를 간구하고(4절), 결국 모든 것이 잘 되리라는 확신을 표명하며 글을 맺는다(5절).

### 아히도벨의 자살

"아히도벨이 자기 계략이 시행되지 못함을 보고 나귀에 안장을 지우고 일어나 고향으로 돌아가 자기 집에 이르러 집을 정리하고 스스로 목매어 죽으매 그의 조상의 묘에 장사되니라"(삼하 17:23). 이것은 말할 수 없을 만큼 엄중하다. 여기에는 앞의 내용과 크게 대조되는 것이 제시된다. 앞 절에서 우리는 다윗과 그의 사람들이 후새의 도움을 통해 일시적으로 구출되었던 것을 보았다. 그리고 여기에서 우리는 그의 주된 적이 그 자신의 미친 행동을 통해 스스로 영원한 파멸 속으로 자신을 내던지는 모습을 본다. "아히도벨"이라는 이름이 "어리석은 자의 형제"를 의미한다는 것은 충분히 의미심장하다. 그리고 자살이라는 죄를 짓는 자들보다 어리석은 자는 있을 수 없다. 아히도벨은 일시적 충동 때문에 이런 용서받을 수 없는 죄를 지었던 것이 아니다. 그는 충분한 숙고 끝에 그 일을 수행하기 위해 자기 집으로 돌아갔다. 그는 정신이 나갔던 게 아니다. 왜냐하면 그는 자살을 감행하기 전에 자신과 자기 가족의 일들을 적절하게 정리했기 때문이다.

그러나 아히도벨은 어째서 그런 절망적인 방법을 택했던 것일까? 아, 독자들이여, 여기에는 우리가 그것에 비추어 우리 자신의 마음을 살필 필요가 있는 무언가가 있다. 그가 맹목적으로 사랑했던 것은 이제 잿더미가 되었다. 그렇기에 이제 그는 더 이상 삶에 흥미를 가질 수 없었다. 그는 그가 신들만큼이나 소중히 여기던 것을 빼앗겼다. 그가 가장 좋아하던 것이 사라졌다. 그러므로 그의 성전은 폐허 속에 버려진 것이나 다름없었다. 우리는 앞에서 다음과 같은 구절을 읽었다. "그때에 아히도벨이 베푸는 계략은 사람이 하나님께 물어서 받은 말씀과 같은 것이라 아히도벨의 모든 계략은 다윗에게나 압살롬에게나 그와 같이 여겨졌더라"(삼하 16:23). 그러나 이제 사람들이 그의 계략보다 후새의 조언을 더 좋아했다. 그가 그의 정치적 안목과 국가의 문제들을 해결하면서 보인 지혜 때문에 누렸던 높은 명망은 그의 삶의 모든 것이었다. 그리고 압살롬이 그의 조언을 무시했을 때(17:14), 그의 오만한 마음은 그 상황을 견딜 수 없었다. 다윗의 왕위를 찬탈한 자에게 무시되는 것은 이제 그가 "과거의 사람"이 되었다는 것을 의미했다. 사람들 앞에서 그런 식의 대접을 받는 것은 오랫동안 사람들에게 영웅처럼 간주되었던 자에게는 너무나 치욕스러운 일이었다.

우리는 사울에게서 사탄이 준 동일한 교만을 보지 않았는가? 사무엘이 그에게 여호와께서 그를 버리셨다고 선언했을 때 그가 보인 반응이 어떠했는가? "내가 범죄하였을지라도 이제 청하옵나니 내 백성의 장로들 앞과 이스라엘 앞에서 나를 높이사 나와 함께 돌아가서 내가 당신의 하나님 여호와께 경배하게 하소서 하더라"(삼상 15:30). 아, 그에게 가장 소중한 것은 하나님의 인정이 아니라 사람들의 칭송이었다. 아히도벨 역시 마찬가지였다. 그의 명민함에 견딜 수 없는 오점이 찍혔다. 그리고 그의 교만한 마음은 자신이 후새보다 못한 역할을 한다는 생각을 견딜 수 없었다. 이것은 다음과 같은 권면의 말씀을 얼마나 강조해 주는가! "여호와께서 이와 같이 말씀하시되 지혜로운 자는 그의 지혜를 자랑하지 말라 용사는 그의 용맹을 자랑하지 말라 부자는 그의 부함을 자랑하지 말라 자랑하는 자는 이것으로 자랑할지니 곧 명철하여 나를 아는 것과 나 여호와는 사랑과 정의와 공의를 땅에 행하는 자인 줄 깨닫는 것이라 나는 이 일을 기뻐하노라 여호와의 말씀이니라"(렘 9:23-24). 아히도벨이 그런 종말을 맞은 것을 통해 드러나는 하나님의 공의에 주목하라. 그는 다윗을 난폭하게 죽일 계획을 세웠으나, 오히려 "그의 재앙은 자기 머리로 돌아가고 그의 포악은 자기 정수리에 내리리로다"(시 7:16)라는 말씀이 성취되었다.

오, 참으로 우리는 이것에 유념하면서 우리의 마음을 정직하게 살피고 실제로 그것이 주로 무엇에 의존하고 있는지 확인해 볼 필요가 있다! 모르드개가 대궐 문에 앉아 있는 동안 하만이 했던 일은(에 6) 우리에게 그 사악한 원리에 대한 또 다른 예를 보여 준다. 이 모든 것은 우리에게 얼마나 엄중한 교훈이 되는가! 독자들이여, 혹시 당신은 세상의 우상-그것이 부이든, 명예든, 혹은 사랑하는 사람이든-을 갖고 있는가? 당신의 영혼의 덩굴손이 그것과 너무 뒤엉겨 있어서 만약 그것이 훼손되면 당신의 삶 자체가 훼손되고, 만약 그것을 빼앗긴다면 더 이상 살 가치가 없다고 느끼는 우상을 갖고 있는가? 당신의 주된 열정은 어디를 향하고 있는가? 그것은 무엇을 중심으로 삼고 있는가? 그것은 시간과 감각에 속한 어떤 대상인가, 아니면 영원하고 불변하시는 분이신가? 우리는 매일 어떤 보화를 축적하고 있는가? 그것은 우리가 인간의 손이나 죽음의 손에 의해 빼앗길 수 있는 것인가, 아니면 하늘에 있는 영원한 것인가? 주님 앞에서 이 질문에 대답해 보라.

## 마하나임으로

"이에 다윗은 마하나임에 이르고"(삼하 17:24a). 마하나임은 갓 지파에 속한 레위인들의 도시들 중 하나였다(수 13:26). 우리는 창세기 32장을 통해 이 장소에 얼마나 성스러운 기억들이 관련되어 있는지 발견할 수 있을 것이다. 야곱이 오랫동안 라반의 집에서 머물다가 고향으로 돌아오던 중에 머물렀던 곳이 바로 이곳이었다. 당시 그는 에서와의 비우호적인 만남을 향해 나아가던 중이었다. 그러나 그는 그곳에서 하나님의 사자들과 만났다. 신앙의 분별력을 지닌 야곱은 이것을 주님께로부터 온 좋은 징조로 여겼다. 그 사자들을 본 그는 "이는 하나님의 군대라 하고 그 땅 이름을 마하나임이라 하였더"(창 32:2). 만약 하나님이 그를 위하신다면, 누가 그를 대적할 수 있겠는가! 그러므로 이제 다윗은 그곳에 자신의 사령부를 차렸다. 그리고 그곳에서 자신의 병력을 증강하고 반역도와 맞서 싸울 군대를 모았다.

끔직한 불행의 충격이 그를 소진시켰을 무렵, 다윗은 요단강을 안전하게 건너 그의 병력과 함께 바산의 고지대에 오르는 데 성공했다. 그리고 그로 인해 그의 정신은 크게 고양되었다. 시편 42편과 43편은 이 무렵에 절망과 소망 사이에 벌어졌던 그의 내적 싸움을 반영하고 있다. 그리고 우리가 보았듯이 결국 소망이 승리를 거뒀다.

마하나임에 도착한 후 그는 분명한 입장을 취하기로 결심했다. 의심할 바 없이 그 장소와 결부된 거룩한 기억들이 그의 마음에 힘을 주었을 것이다. 그리고 아히도벨이 압살롬의 무리에서 떠나 자살했다는 소식이 전해졌을 때 그는 여호와께서 자신의 적들의 편에 계시지 않다는 결론을 내릴 만한 충분한 이유를 갖게 되었다. 점차 시간이 흐름에 따라, 반역의 지도자들의 힘이 떨어지고 있다는 것과 예리한 통찰력을 지녔던 아히도벨의 예측처럼 실제적 싸움의 중단 상태가 반역자들 편의 성공의 기회를 줄이고 있다는 사실이 분명해졌다.

"이에 다윗은 마하나임에 이르고 압살롬은 모든 이스라엘 사람과 함께 요단을 건너니라 … 이에 이스라엘 무리와 압살롬이 길르앗 땅에 진 치니라"(삼하 17:24, 26). 마침내 반역자 압살롬은 그의 악한 계획을 이행하기로 결심했다. 그는 자기 아버지를 예루살렘에서 쫓아내 그의 왕국의 가장 구석진 곳까지 내몬 것으로 만족하지 못했다. 그를 만족시킬 수 있는 것은 오직 다윗을 이 세상으로부터 제거하는 것뿐이었다. 사탄이 자기에게 완전히 굴복한 자를 얼마나 무섭게 휘두를 수 있는지 보라! 압살롬은 대역죄를 짓고 있었다. 강한 열망과 잔혹한 마음을 지녔던 그는 자기 아버지의 목숨을 거두기로 작정했다. 그의 끔찍한 음모는 이제 그 정점을 향해 치달았다. 그는 다윗과 맞서 전투 대형을 형성했다. 그는 기꺼이 자기 아버지를 죽이고, 자신의 손을 그토록 오랫동안 자기를 참아 주었던 사랑 많은 자기 아버지의 피로 더럽히고자 했다.

"압살롬이 아마사로 요압을 대신하여 군지휘관으로 삼으니라 아마사는 이스라엘 사람 이드라라 하는 자의 아들이라 이드라가 나하스의 딸 아비갈과 동침하여 그를 낳았으며 아비갈은 요압의 어머니 스루야의 동생이더라"(삼하 17:25). 이스라엘 군의 총사령관 요압은 그의 주군 곁을 지키고 있었다. 따라서 압살롬은 어쩔 수 없이 자기 군대를 통솔할 새로운 장수를 임명해야 했다. 그러나 사악한 자는 모든 것을 자기 마음대로 하도록 허락받지 못한다. 대개 하나님의 섭리가 그들의 길 위에 장애물을 설치하기 때문이다. 이 구절의 내용을 해독하는 데는 약간의 어려움이 따른다. 난외주가 암시하듯이, 압살롬이 자기 군대의 장관으로 임명한 자의 아비는 원래 "이스마엘 사람 예데"(Jether an Ishmaelite)였다. 그는 다윗의 이복 누이를 유혹한 자로 그런 직책에 적합한 인물이었다! 나중에 그는 "이스라엘 사람 이드라"로 알려졌는데, 이에 대해 매튜 헨리는 그가 "귀화한 자였다"고 주장했다. 어쨌거나 압살롬이 그런 인물을 택한 것은 그의 부패한 특성과 완전히 일치하는 것이었다.

## 심은 대로 거둠

"다윗이 마하나임에 이르렀을 때에 암몬 족속에게 속한 랍바 사람 나하스의 아들 소비와 로데발 사람 암미엘의 아들 마길과 로글림 길르앗 사람 바르실래가 침상과 대야와 질그릇과 밀과 보리와 밀가루와 볶은 곡식과 콩과 팥과 볶은 녹두와 꿀과 버터와 양과 치즈를 가져다가 다윗과 그와 함께 한 백성에게 먹게 하였으니 이는 그들 생각에 백성이 들에서 시장하고 곤하고 목마르겠다 함이더라"(삼하 17:27-29). 여기에서 다시 상황이 바뀐다. 그리고 우리의 관심은 다윗의 적들의 적의로부터 그의 친구들의 친절로 향한다. 참으로 이 장(章)들에는 생생한 대조가 넘쳐난다! 그리고 이것은 우리의 모든 세상적 삶에서도 마찬가지 아닌가? 하기야 사탄에 의해 지배되지만 하나님에 의해 더 크게 지배되고 있는 이 세상의 삶이 어찌 달리 될 수 있겠는가?

이때 다윗에게 풍성한 선물을 제공한 것으로 언급되는 세 사람과 관련된 놀랍고도 감동적인 이야기들이 있다. "나하스의 아들 소비"는 다윗이 "내가 나하스의 아들 하눈에게 은총을 베풀되 그의 아버지가 내게 은총을 베푼 것 같이 하리라"(삼하 10:2)고 말했던 하눈의 형제였다. 따라서 지금 다윗은 그가 전에 그 이방인에게 베풀었던 은총을 되받고 있는 셈이었다. 아, 하나님은 우리에게 "구제를 좋아하는 자는 풍족하여질 것이요 남을 윤택하게 하는 자는 자기도 윤택하여지리라"(잠 11:25)고 약속하시지 않았는가! "로데발 사람 암미엘의 아들 마길"은 므비보셋에게 숨을 곳을 제공했던 자였다(삼하 9:5).

다윗은 므비보셋이 자기 식탁에서 먹도록 함으로써 마길을 므비보셋을 부양하는 일에서 해방시켜 준 바 있다(9:11). 그리고 이제 마길은 다윗에게 먹을 것을 제공함으로써 감사를 표현하고 있다. 우리는 성경에서 "바르실래"와 관련해 다음과 같은 내용을 읽는다. "바르실래는 매우 늙어 나이가 팔십 세라"(19:32). 그럼에도 그는 다윗의 필요를 채워 주지 못할 만큼 늙지는 않았다. 그는 이후에 다시 우리 앞에 나타날 것이다.

오랜 행군으로 지치고 당면한 문제 때문에 제대로 먹지 못했던 다윗과 그의 추종자들에게 이렇듯 풍성한 선물이 주어졌다. 매튜 헨리가 지적했듯이, "그는 그것들을 강제로 기부 받거나 약탈한 것이 아니었다. 오히려 그것은 다윗에 대한 그들의 충직한 애정과 그의 통치에 대한 확고한 지지와 그의 현재 상태에 대한 그들의 진지한 관심과 그들의 선한 뜻에 대한 징표였다. 그들은 그것을 전에 그가 행한 일에 대한 보답으로 가져왔던 것이다." 그러므로 우리는 할 수 있는 한 곤경에 빠진 모든 이들에게 관대하게 손을 내미는 것을 배우자. 특히 크게 슬퍼하고 있는 큰 인물들과 보다 나은 대접을 받아야 마땅한 선한 이들에게 그렇게 하자.

하나님께서 자기 백성들이 그들과 아주 가까운 자들에게 거부될 때 낯선 이들을 움직여 그들을 위로하게 하시는 경우가 얼마나 많은가! 인간의 일에 대한 하나님의 다스림 안에는 눈에 띨 만큼 잘 예시되는 보상의 법칙이 있다. 상실과 얻음 그리고 비통한 실망과 즐거운 놀람 사이에서 놀랄 만큼 적절한 균형이 이루어진다. 냉혹한 바로가 히브리인들의 아이들을 죽이기로 결정했지만, 그의 딸은 모세를 돌보는 역할을 맡았다. 엘리야는 아합과 이세벨의 분노를 피해 팔레스타인 지역을 떠나 도망쳐야 했으나, 사렙다의 한 과부는 기꺼이 자기에게 남은 마지막 음식을 그에게 제공했다. 예수 그리스도의 부모들은 찢어지게 가난했으나, 동방에서 온 박사들이 그들에게 황금을 선물함으로써 애굽으로 도망가서 살 수 있었다. 사람의 적이 그의 집안에 있을지라도, 그는 가장 기대하지 않은 곳에서 친구들을 만날 수 있다. 그러므로 나쁜 일에 대해 부적절할 만큼 심각하게 생각하지 말고, 좋은 일에 대해 감사하는 것을 잊지 말자.

70

# 압살롬의 죽음 (I)

사무엘하 18장

"악인이 이긴다는 자랑도 잠시요 경건하지 못한 자의 즐거움도 잠깐이니라"(욥 20:5). 인간적이고 일시적인 기준으로도 그 정도라면, 영원의 빛에 비추어 본다면 얼마나 더 그러하겠는가! 아, 그러나 우리의 마음은 "결코 끝나지 않는 미래" — 우리는 그 안에서 하나님의 복된 승인하에서 즐기거나 그분의 두려운 저주하에서 영원히 고통을 당할 것이다 — 에 관한 말할 수 없을 만큼 엄중한 생각에 의해서도 크게 영향을 받지 않는다. 만약 그것의 결과가 전능자의 영원한 찡그림이라면, 사람들의 미소와 칭찬이 우리에게 무슨 가치가 있는가? 죄의 쾌락은 잠시뿐이나(히 11:25), 하나님의 의로운 손 안에 있는 기쁨은 영원하다(시 16:11). 만약 인간이 온 세상을 얻고도 그의 영혼을 잃는다면, 그것이 그에게 무슨 유익이 되겠는가? 그러나 오늘날에는 그 옛날의 에서처럼 하늘의 축복보다 팥죽 한 그릇을 소중히 여기는 자들이 얼마나 많은가? 또 그 옛날의 아합처럼 일시적 쾌락이나 명예를 얻기 위해 악한 일을 행하는 자들이 얼마나 많은가?

"악인이 이긴다는 자랑도 잠시요" 그렇다, 그리고 그것은 다윗의 사악한 아들의 경우를 통해 분명하게 입증되었다. 압살롬은 신중하게 계획을 세웠고, 그것을 열정적으로 그리고 아무런 양심의 가책 없이 이행했다(삼하 15:1, 2, 5). 그는 야비하게도 자기 아버지의 질병을 이용해 왕의 백성들 중 많은 사람들의 마음을 훔쳤다. 그는 왕국을 탐했고 이제 스스로 왕좌를 차지하기로 결심했다(15:10). 그는 예루살렘에서 병력을 모았고, 강력한 아히도벨로 하여금 자신을 위해 계략을 꾸미게 했다. 그는 냉혹하게도 자신의 야망을 위해 자기 아버지의 목숨을 희생시키기로 결심했고, 이제 직접 자기 아버지의 목숨을 거두기 위해 군대를 이끌고 나섰다(17:24). 그의 승리는 보장된 듯 보였다. 그러나 그는 자신도 모르게 그리고 예측하지도 못한 채 자기 자신의 비극적인 그러나 그렇게 되어야 마땅한 죽음을 향해 나아가고 있었다.

## 결전을 위한 준비

"다윗은 자기와 함께 있는 백성을 점검하여 보고, 그들 위에 천부장들과 백부장들을 세웠다"(삼하 18:1, 표준새번역 – 역주). 아히도벨이 예측했듯이, 압살롬의 지체는 다윗에게 그의 병력을 크게 증대시킬 기회를 제공했다. 비록 아주 많은 이들이 반역자 편에 가담했음에도, 분명히 이스라엘 전역에는 여전히 다윗에게 충성하는 이들이 많이 있었다. 그리고 반역의 소식이 퍼져나가자, 의심할 것 없이, 그들 중 많은 이들이 도망중인 왕을 돕기 위해 무기를 들고 나섰다. 이 무렵에 그의 군대가 크게 강화되었다는 사실은 이 구절의 맥락을 통해 분명하게 드러난다. 이제 다윗은 최상의 전투력 확보를 위해 자신의 증원부대를 소집하고 정렬했다. 그는 얼마간 그의 삶의 초기의 열정을 지니고 칼을 찼다. 그리고 그의 눈에서는 확고한 용기를 보여 주는 빛이 새어나왔다.

이때 다윗이 앞으로 있을 싸움의 결과가 어떠할지에 대해 두려워하지 않았다는 것은 아주 분명해 보인다. 그는 자신의 일을 하나님께 맡겼고, 확신을 갖고서 임박한 싸움이 시작되기를 기다렸다. "아히도벨의 모략을 어리석게 하옵소서"(삼하 15:31)라는 그의 기도에 대한 하나님의 놀라운 응답은 틀림없이 그의 믿음을 크게 강화시켰을 것이다. 시편 42편과 43편(그것들은 이 시기에 쓰였다) 말미에 실려 있는 다윗의 말은 그가 살아 계신 하나님에 대해 품었던 소망을 보여 준다. 그러나 우리는 그의 그런 강력한 신앙이 게으름이나 부주의함을 낳지 않았음에 주목할 필요가 있다. 다윗은 부지런히 그리고 지혜롭게 행동했다. 그는 자기 병사들을 점호하고, 최상의 전투력을 유지하기 위해 질서 있게 배치하고, 가장 경험 많은 장수들의 명령을 받게 했다. 성공을 얻기 위해 모든 적법하고 신중한 수단들을 활용하는 것은 우리의 책임이다. 그렇게 하지 않는 것은 신앙이 아니라 뻔뻔스러운 것이다.

"다윗이 그의 백성을 내보낼새 삼분의 일은 요압의 휘하에, 삼분의 일은 스루야의 아들 요압의 동생 아비새의 휘하에 넘기고 삼분의 일은 가드 사람 잇대의 휘하에 넘기고"(삼하 18:2a). 해 아래에 새로운 것이 없다는 말은 얼마나 옳은가! 다윗의 군사적 전략은 오늘날의 그것과 동일한 방식을 따라 세워졌다. 다윗은 자기 병력을 중앙군과 좌우편 군대로 삼등분했다. "왕이 백성에게 이르되 나도 반드시 너희와 함께 나가리라 하니"(삼하 18:2b). 다윗은 용기가 없는 자가 아니었다. 그는 자기 사람들과 어떤 위험이라도 함께할 준비가 되어 있었고 기꺼이 그렇게 하려고 했다. 그러나 나는 이 구절에는 이런 말을 통해 드러나는 그의 용맹함 이상의 무언가가 있다고 믿는다. 그가 싸움 현장에 있고자 했던 것은 자기가 결정적인 순간에 분노한 군사들로부터 자신의 엇나간 아들을 구하지 못할까 염려했기 때문이 아니었겠는가? 그렇다, 우리는 여기에서 단순히 왕의 고결함뿐 아니라 아비의 마음도 엿볼 수 있다.

## 출전을 만류하는 백성들

"왕이 백성에게 이르되 나도 반드시 너희와 함께 나가리라 하니." 그의 마음은 여전히 압살롬을 향해 있었고, 자신이 싸움 현장에 있는 것이 그를 보호할 수 있으리라고 판단했다. 그는 아비의 감정을 포기하기에는 너무나 부드러운-비록 그것이 자기에게 맞서 반역을 일으킨 자를 향한 것일지라도-마음을 갖고 있었다. 그러나 나는 이때 다윗을 자극했던 보다 깊은 특성을 지닌 무언가가 있지 않았나 하는 생각을 한다. 그가 직접 싸움터에 나가려고 했던 것은 이스라엘에 그 모든 문제를 초래한 것이 자신의 죄라는 것을 알았기 때문이다. 그리고 그는 너무나 고귀한 마음을 갖고 있었기에 그 싸움의 가장 위험한 최전선에는 바로 자신이 있어야 한다고 생각했던 것이다. 독자들은 내가 앞선 몇 장들에서 계속해서 지적했던 것을 잊지 말기 바란다. 그것은 우리가 이 사건 전체를 통해 다윗을 "겸손한 참회자"(the humble penitent)로 보아야 한다는 것이었다. 바로 그것이 이후의 여러 가지 내용을 이해하기 위한 열쇠를 제공한다.

"백성들이 이르되 왕은 나가지 마소서 우리가 도망할지라도 그들은 우리에게 마음을 쓰지 아니할 터이요 우리가 절반이나 죽을지라도 우리에게 마음을 쓰지 아니할 터이라 왕은 우리 만 명보다 중하시오니 왕은 성읍에 계시다가 우리를 도우심이 좋으니이다 하니라"(삼하 18:3). 이것은 참으로 아름답다! 다윗은 자기의 충실한 추종자들에게 자신의 애정을 보였다. 그리고 이제 그들이 그에 대한 자신들의 애정을 보인다. 그들은 자기들이 사랑하는 왕이 스스로 위험한 장소로 가겠다고 하는 말을 들으려 하지 않았다. 그들은 그를 얼마나 높이 존경했던 것인가! 또 그들이 그렇게 했던 것은 얼마나 정당한 일이었던가! 다윗은 사람들을 훌륭하게 통솔할 수 있는 자질뿐 아니라 그를 가장 잘 아는 사람들의 마음을 사로잡을 수 있는 자질까지도 갖고 있었다. 그가 사람들에게서 받았던 깊은 존경은 훗날 거듭해서 예시되었다. 그가 블레셋과의 전투에서 자기 목숨을 위험에 빠뜨리고자 했을 때, 그의 사람들이 그에게 맹세하며 말했다. "왕은 다시 우리와 함께 전장에 나가지 마옵소서 이스라엘의 등불이 꺼지지 말게 하옵소서"(삼하 21:17). 그는 그들의 "등불", 그들의 영혼을 고무하는 자, 그들의 기쁨, 하나님과 사람 모두에게서 높임과 사랑을 받는 자였던 것이다.

"왕이 그들에게 이르되 너희가 좋게 여기는 대로 내가 행하리라 하고 문 곁에 왕이 서매 모든 백성이 백 명씩 천 명씩 대를 지어 나가는지라"(삼하 18:4). "그가 예비 병력과 함께 성읍에 머물면서 필요할 때 그들에게 보충병을 보내는 것이 그들에게 더 도움이 될 수 있었다. 그것은 위험한 일은 아니었으나 싸움터에 나간 군인들에게 실제적 도움이 될 수 있는 일이었다. 왕은 그들의 주장을 받아들여 자신의 계획을 바꿨다. 자신의 결심을 완강하게 고집하는 것은 지혜로운 태도가 아니다. 오히려 다른 사람들-설령 그것이 우리보다 못한 사람들에게서 오는 것일지라도-의 조언에 귀를 기울이고 그것이 선하게 보일 때 그 조언을 따르는 것이야말로 지혜로운 태도다. 그러나, 신중한 사람들이 그것을 눈치 채든 그렇지 않든 상관없이, 다윗이 전장에 나가지 않게 된 것은 하나님의 섭리의 결과였다. 왜냐하면 만약 그가 전장에 나갔더라면, 그는 그의 유약함 때문에 하나님이 멸하기로 작정하신 압살롬의 목숨을 구하기 위해 개입했을 것이 분명하기 때문이다"(Matthew Henry).

개인적으로 나는 다윗의 이런 순응을 징계를 당하는 그의 마음을 보여 주는 또 다른 징표로 여긴다. 회개하는 마음을 갖지 못하는 것만큼 거만함을 강화하고 부풀리는 것이 없듯이 그런 마음을 갖는 것만큼 사람을 겸손하고 온유하게 만드는 것도 없다. 자신의 잘못과 실패에 대해 눈이 먼 사람은 다른 이들의 조언에 귀를 기울일 준비가 되어 있지 않다. 완고한 자아를 지닌 자는 자기를 주장하며 동료들의 감정이나 소망에 대해 둔감하다. 그러나 다윗은 자신의 과거의 죄에 대해 슬퍼하고 있었기에 자기 부하들의 바람을 온순하게 수용할 수 있었다. 그는 성문 곁에서 자신의 군대가 에브라임 수풀로 싸우러 나가는 모습을 지켜보았다. 그에게 그 싸움은 그 결과가 승리이든 패배이든 상관없이 동일하게 많은 의미가 있었다. 결과가 어느 쪽이든, 그 싸움의 원인은 그 자신의 잘못된 행위에까지 추적되어야 했다. 그곳에 서 있는 동안 그는 자신에게 헌신했던 한 부하가 자신의 모략에 의해 죽임을 당해 쓰러졌던 또 다른 전투(삼하 11:24)에 대한 슬픈 기억에 잠겨야 했다.

## 압살롬을 걱정함

"왕이 요압과 아비새와 잇대에게 명령하여 이르되 나를 위하여 젊은 압살롬을 너그러이 대우하라 하니 왕이 압살롬을 위하여 모든 군지휘관에게 명령할 때에 백성들이 다 들으니라"(삼하 18:5). 다윗은 엇나간 자식에 대한 사랑이 너무나 컸기에 이런 상황에서조차 그 아들을 죽음에서 구하고자 했다. 그는 압살롬이 자신의 목숨과 왕위를 노렸던, 그리고 무도한 배은망덕과 냉혹한 잔인성과 철저한 사악함과 사탄의 흑심의 화신(化身)으로서 도저히 용서받을 수 없는 반역자라는 사실을 알고 있었다. 그는 가장 악한 반역을 행한 자였고, 따라서 그의 목숨은 정의로운 법에 의해 박탈당해야 마땅했다. 그럼에도 다윗의 마음은 그 아들에게 머물러 있었다. 성경에서 인간의 애정의 깊이와 힘을 이보다 더 생생하게 보여 주는, 또한 완전히 무가치한 자에 대한 사랑을 이보다 더 감동적으로 보여 주는 다른 경우는 없다. 그러므로 이것은 우리의 생각을 보다 높고 순결한 사랑으로 향하게 하기 위한 것이 아니겠는가!

그렇다, 이 늙은 아비를 보라. 그는 자기 집에서 쫓겨나고, 백성들 앞에서 수치를 당하고, 자기가 그토록 용서하고 높여 주었던 아들의 살의에 찬 증오 때문에 마음 깊은 곳까지 상처를 받았음에도, 여전히 그 무가치하고 마귀에 휘둘리고 있는 아들을 사랑하면서 그를 그에게 합당한 임박한 죽음에서 구해내고자 애쓰고 있다. 그러나 그것은, 설령 그것이 제 아무리 놀라울지라도, 그리스도의 놀라운 사랑에 대한 희미한 그림자에 불과하다. 그분의 사랑은 그분을 움직여 그분의 백성들─그들은 완전히 타락하고 부패했으며 그들 자신의 죄 안에서 죽어 있었다─에게 마음을 쓰시게 했다. 하나님은 그분의 아들의 죽음을 통해 우리를 향한 자신의 사랑을 보여 주셨다(롬 5:8). 그리고 그분이 십자가에 달리신 것은 그 반역적이고 불경한 우리들 때문이었다. 아무것도 그 사랑에서 우리를 분리시킬 수 없다─아무것도. "예수께서 자기가 세상을 떠나 아버지께로 돌아가실 때가 이른 줄 아시고 세상에 있는 자기 사람들을 사랑하시되 끝까지 사랑하시니라"(요 13:1). 참으로, 그런 사랑은 "지식을 초월하는"(엡 3:19, 표준새번역─역주) 사랑이다.

## 승리

"이에 백성이 이스라엘을 치러 들로 나가서 에브라임 수풀에서 싸우더니"(삼하 18:6). 이 진술은 주석가들에게 문젯거리를 제공해 왔다. 어떤 이들은 불손하게도 성경을 기록한 자가 실수를 했다고 말하기까지 했다. 우리가 보았듯이, 다윗과 압살롬 모두 요단강을 건넜고, 따라서 지금 그들은 모두 "길르앗 땅"에 있었다(삼하 17:22, 26). 길르앗은 요단강 동편에 있었다. 그리고 에브라임 수풀은 요단강 서편에 있었다. 그렇기에 어떤 회의주의자들은 다음과 같이 묻는다. "이 싸움이 에브라임 수풀에서 발생했다는 것이 말이 되는가?" 그렇다면 이 이야기를 전하는 자가 지형을 착각했던 것일까? 절대 그렇지 않다. 그런 주장은 성스러운 역사에 대한 비판자들의 무지를 드러내는 것에 불과하다.

우리는 이 "심각한 문제"에 대한 해답을 찾기 위해 성경 밖으로 나갈 필요가 없다. 사사기 12장으로 돌아가 보면, 우리는 거기에서 에브라임 사람들이 길르앗 땅에 있는 입다를 공격했던 사건을 발견할 수 있다. 그들은 입다가 암몬을 성공적으로 공격할 때 자기들을 초대하지 않은 것을 자기들에 대한 모독으로 여겼다. 입다는 잔뜩 화가 난 그들을 달래려 했으나 실패했다. 그로 인해 "요단 강 나루턱"(삿 12:5)에서 싸움이 벌어졌고, 그때 그 싸움에서 에브라임 사람들 사만 이천 명이 죽임을 당했다. 그리고 그런 무서운 학살 사건에 기념비가 빠지는 경우는 없다. 그리고 그들의 무덤 곧 그 부족의 피밭에 적절한 이름이 "에브라임의 수풀" 외에 달리 뭐가 있겠는가! 그것은 길르앗 땅에 있었다!

잠시 전투가 격렬했으나 곧 결과가 나왔다. 반역자들이 크게 패했다. "거기서 이스라엘 백성이 다윗의 부하들에게 패하매 그 날 그곳에서 전사자가 많아 이만 명에 이르렀고 그 땅에서 사면으로 퍼져 싸웠으므로 그 날에 수풀에서 죽은 자가 칼에 죽은 자보다 많았더라"(삼하 18:7-8). "이제 그들은 자기들이 적법한 군주에 맞서 일으켰던 반역, 그의 선한 통치를 불편하게 여겼던 것, 그토록 훌륭한 통치자에게 비열하게 배은망덕했던 것 때문에 정당하게 고통을 당했다. 그리고 입맞춤과 포옹으로 자기들을 파멸 속으로 몰아넣은 왕위 찬탈자를 위해 무기를 든 결과가 무엇인지 알게 되었다. 그들이 그에게서 얻으리라고 기대했던 보상과 승진과 좋은 날들은 어디에 있는가? 이제 그들은 여호와와 그의 기름 부음 받은 자에게 맞서고 그분의 손을 깨뜨리려 했던 일의 결과가 무엇인지 알게 되었다"(Matthew Henry).

이제 여호와께서 어느 편에 계신지가 아주 분명하게 드러났다. 반역자 편에 속한 자들은 모두 혼란과 파멸에 빠졌다. 기름 부음 받은 눈을 가진 이들은 이보다 앞선 사건의 경우에서처럼 여기에서도 분명하게 하나님의 손길을 식별할 수 있을 것이다. 그 앞선 사건은 기브온에서 있었다(수 10:11). 거기에서는 "큰 우박 덩이"가 칼보다 더 많은 자를 삼켰고, 여기에서는 "수풀"이 칼보다 더 많은 자를 삼켰다(삼하 18:8b절의 KJV 원문은 "그 날에 수풀이 삼킨 자가 칼에 죽은 자보다 많았더라"[and the wood devoured more people that day than the sword devoured]로 되어 있다 – 역주). 그것에 대해서는 아무런 상세한 설명이 없다. 따라서 우리가 그 숲에 만연해 있던 것이 구덩이였는지, 늪이었는지, 아니면 야생 동물이었는지 추측하는 것은 쓸데없는 일이다. 우리로서는 그들과 맞서 싸우신 분이 하나님 자신이셨다는 사실로 만족해야 한다. 그분은 그들보다 훨씬 적은 병력으로 그들을 정복하셨고, 그로 인해 그들은 칼을 피해 달아나던 중에 그분의 파괴적인 섭리의 힘에 의해 쫓겼던 것이다. 그럼에도 이스라엘 백성에 대한 그런 대규모 학살은, 그들 주변의 적들을 고려한다면, 다윗의 왕국에 임한 심각한 재앙이었다.

## 나뭇가지에 매달린 압살롬

그러는 동안 그 반역의 주모자는 어찌되었는가? 아, 그는 별도로 처리되었다. 그것도 하나님의 손길을 보다 분명하게 보여 주는 방식으로 처리되었다. 그는 공개적인 볼거리가 되었다. "압살롬이 다윗의 부하들과 마주치니라 압살롬이 노새를 탔는데 그 노새가 큰 상수리나무 번성한 가지 아래로 지날 때에 압살롬의 머리가 그 상수리나무에 걸리매 그가 공중과 그 땅 사이에 달리고 그가 탔던 노새는 그 아래로 빠져나간지라"(삼하 18:9). 이 나뭇가지는 마치 거인의 손처럼 압살롬의 목 혹은 그의 무성한 머리칼(삼하 14:26)을 굳게 잡아챘다. 그리고 그가 탔던 짐승은 마치 무거운 짐을 벗어버려 기쁘다는 듯 그를 그곳에 버려둔 채 달려 나갔다. 압살롬은 나뭇가지에 매달렸다. 그는 하늘과 땅 어디에도 적합하지 않은 자처럼 허공에 매달렸다. 이 놀라운 섭리를 보라. "나무에 달린 자마다 저주 아래에 있는 자라"(갈 3:13)! 그는 수치스러운 물건처럼 공포에 질린 채 그곳에 매달려 있었다. 그는 자기를 구원할 수도, 달아날 수도, 싸울 수도 없었다. 그는 꽤 오랜 시간 동안 그런 무서운 상태로 남아 공포 속에서 자기에게 합당한 운명을 기다려야 했다.

그에게는 자신의 죄에 대해 생각하고 하나님과 평화를 이룰 충분한 기회가 제공되었다. 그러나, 아, 성경이 우리에게 알려 주는 한, 그의 편에서 일어난 회개는 없었다. 성경에는 그가 자신이 살기에도 혹은 죽기에도 부적합하다고 느꼈다고 암시하는 아무런 표현도 나오지 않는다. 하나님이 이세벨에 관해 "내가 그에게 회개할 기회를 주었으되 자기의 음행을 회개하고자 하지 아니하는도다"(계 2:21)라고 선포하셨던 것처럼, 압살롬의 생명 역시 몇 시간 동안 연장되었다. 하지만 우리는 그가 거룩하신 하나님 앞으로 소환되기 전에 그분께 자신의 무서운 죄를 고백했다는 그 어떤 암시도 얻지 못한다. 아니다, 그의 머릿속에는 하나님을 위한 자리가 아예 없었다. 그는 살았을 때처럼 죽을 때도 여전히 반항적이고 회개하지 않은 상태로 남아 있었다. 그의 아버지의 사랑과 눈물과 기도는 쓸모없었다. 압살롬의 경우는 우리가 성경 안에서 만날 수 있는 타락한 인간의 본성에 관한 가장 어두운 모습들 중 하나다.

나뭇가지에 매달린 압살롬의 모습보다 더 우울하고 비극적인 장면을 상상하는 것은 불가능하다. 그는 동료들에게 버림받았다. 그들은 하나 같이 그를 방치했다. 그는 하나님께 버림받았다. 그의 죄의 잔이 채워졌기 때문이다. 그는 자책에 빠졌다. 비록 완전히 냉혹하고 파렴치한 자였으나 그는 이제 가장 어두운 생각에 빠지지 않을 수 없었다. 그 상태에서 빠져나올 수 없었던 그는 누군가 다가와서 그의 비참한 삶을 끝내줄 때까지 여러 시간 동안 기다려야 했다. 이것은 오늘날의 젊은이들을 향한 말할 수 없을 만큼 엄중한 교훈이다! 압살롬의 끔찍한 최후는 부모에게 반역하는 자들에 대한 여호와의 혐오를 분명하게 보여 준다! 하나님의 말씀은 우리에게 "아비의 훈계를 업신여기는 자"(잠 15:5)와 "자기의 아비나 어미를 저주하는 자"(20:20)는 미련한 자라고 말씀한다. 또한 "아비를 조롱하며 어미 순종하기를 싫어하는 자의 눈은 골짜기의 까마귀에게

쪼이고 독수리 새끼에게 먹히리라"(30:17)고 말씀한다.

그의 시간은 이제 거의 끝나가고 있었다. "한 사람이 보고 요압에게 알려 이르되 내가 보니 압살롬이 상수리나무에 달렸더이다 하니"(삼하 18:10). 그 사람은 압살롬의 비극적인 상황을 보았으나 그를 구하려고 하지 않았고 그 사실을 요압에게 보고했다. "요압이 그 알린 사람에게 이르되 네가 보고 어찌하여 당장에 쳐서 땅에 떨어뜨리지 아니하였느냐 내가 네게 은 열 개와 띠 하나를 주었으리라 하는지라 그 사람이 요압에게 대답하되 내가 내 손에 은 천 개를 받는다 할지라도 나는 왕의 아들에게 손을 대지 아니하겠나이다 우리가 들었거니와 왕이 당신과 아비새와 잇대에게 명령하여 이르시기를 삼가 누구든지 젊은 압살롬을 해하지 말라 하셨나이다"(삼하 18:11-12). 반역하는 자들이 많은 오늘날 이 사람이 자신의 주군에게 순종하는 모습은 환영할 만한 대조가 된다. 그러나 우리는 이 장을 여기에서 끝내야 한다.

# 71

## 압살롬의 죽음 (II)

사무엘하 18장

우리는 앞 장을 압살롬이 상수리나무에 매달려 빠져나오지 못하는 장면에서 마쳤다. 그의 곤경은 참으로 절망스러운 것이었다. 그의 모든 추종자들이 그를 버렸기 때문이다. 그 결과는 어찌 되었는가? 다윗은 자신의 장수들에게 분명한 지침을 내렸다. "나를 위하여 젊은 압살롬을 너그러이 대우하라"(삼하 18:5). 이 명령 속에서 우리는 군주의 불굴의 성실함보다는 맹목적인 사랑에 빠진 아비의 약함이 드러나는 것을 보게 된다. 그가 그런 반역자를 용서하려 했던 것은 그의 왕국의 유익을 위한 것이 아니었다. 왜냐하면 아무도 압살롬이 또 다른 문제를 일으키지 않으리라고 보장할 수 없었기 때문이다.

정념(情念)이 정의(正義)의 요구들을 무효화해서는 안 된다. 그러나 후자가 전자의 갈망과 충돌할 경우 종종 후자를 이행하기가 쉽지 않다. 아비로서의 감정에 굴복해 자기 부하들에게 그런 명령을 내린 다윗은 결코 제기되지 말았어야 할 문제를 제기했다.

"한 사람이 보고 요압에게 알려 이르되 내가 보니 압살롬이 상수리나무에 달렸더이다 하니"(삼하 18:10). 주석가들은 이 구절에 기록된 내용과 이어지는 내용들을 서로 아주 다르게 평가하고 있다. 어떤 이들은 이 사람이 자기 손으로 문제를 해결하고 세상에서 그런 악한 자를 제거하지 않으며 보였던 소심함을 비난한다. 다른 이들은 정반대의 극단으로 나아가 그가 요압이 압살롬을 죽이는 것을 주저하지 않으리라는 것을 알고서도 비열하게도 그에게 압살롬의 상황을 알린 것을 비난한다. 개인적으로 나는 그가 이런 중도를 택한 것이 옳은 일이었다고 여긴다. 병사인 그가 왕의 명령을 거스르고 마치 자신이 공적인 집행자처럼 행동하는 것은 옳지 않다. 또한 그가 자신의 사령관에게 왕의 대적이 처한 무력한 상황에 대해 보고하지 않는 것 역시 옳지 않다. 이 모든 것은 내가 앞 문단 말미에서 말했던 내용을 예시한다.

"요압이 그 알린 사람에게 이르되 네가 보고 어찌하여 당장에 쳐서 땅에 떨어뜨리지 아니하였느냐 내가 네게 은 열 개와 띠 하나를 주었으리라 하는지라"(삼하 18:11). 요압이 이런 말을 충동적으로 했다는 것은 분명하다. 왜냐하면 잠시 후 요압은 그 사람이 하는 대답을 듣고는 더 이상 그를 비난하지 않았기 때문이다. 요압은 다윗의 명령이 그 사람에게 초래한 곤경을 깨닫지 못했다. 혹은 아마도 그는 체질적으로 다른 사람들을 제어하고 있는 세심한 그리고 주저하는 마음을 이해하지 못했을 수도 있다. 이런 추측은 이후의 내용에 비추어 볼 때 더욱 가능성이 있어 보인다. 요압이 한 말은 조악하고 돈이면 뭐든지 하는 자의 마음을 얼마나 잘 보여 주는가! 그는 금전적인 보상이 있다면 누구든 냉혹하게 압살롬을 살해할 수 있는 것처럼 말했다. 그런 조악한 물질주의자가 다른 이들의 보다 훌륭한 감정을 제대로 평가하기를 기대하기는 어려운 일이다.

"그 사람이 요압에게 대답하되 내가 내 손에 은 천 개를 받는다 할지라도 나는 왕의 아들에게 손을 대지 아니하겠나이다 우리가 들었거니와 왕이 당신과 아비새와 잇대에게 명령하여 이르시기를 삼가 누구든지 젊은 압살롬을 해하지 말라 하셨나이다 아무 일도 왕 앞에는 숨길 수 없나니 내가 만일 거역하여 그의 생명을 해하였더라면 당신도 나를 대적하였으리이다 하니"(삼하 18:12-13). 이름이 밝혀지지 않은 이 사람은 그 거친 요압의 말에 겁을 먹지 않았다. 오히려 그는 담대하게 자기의 입장을 유지했고 자신이 어째서 그렇게 행동했는지에 대해 솔직하게 말했다. 비록 다윗 왕이 그의 신하들에게 준 명령이 적법한 것은 아니었지만, 그럼에도 이 사람은 자신의 주군의 권위를 존중했다. 더구나, 그가 예리하게 지적했듯이, 만약 그의 행동에 대한 벌이 생명을 잃는 것이라면, 설령 그가 압살롬을 죽여 큰 보상을 받을지라도, 그게 그에게 무슨 소용이 있겠는가? 이것은 반박할 수 없는 논거였기에 요압은 자기에게는 지체할 틈이 없다며 서둘러 그 대화를 중단했다.

## 요압의 인물됨

"요압이 이르되 나는 너와 같이 지체할 수 없다 하고 손에 작은 창 셋을 가지고 가서 상수리나무 가운데서 아직 살아 있는 압살롬의 심장을 찌르니"(삼하 18:14). 요압은 이후의 장들에서도 다시 우리 앞에 나타날 것이다. 그러나 지금이야말로 그의 인물됨에 대해 몇 마디 해야 할 적기(適期)로 보인다. 누군가 다음과 같이 적절하게 말한 바 있다. "요압은 다윗의 추종자들과 가장 가까운 참모들 중에서도 으뜸가는 인물이었다. 그는 다윗이 동굴에 있을 때부터 그의 곁에 있었다. 요나단이 사울의 왕궁에 머무는 동안, 요압은 광야에서 다윗과 함께 온갖 역경과 위험을 무릅썼다. 이후의 모든 위험 속에서 그는 사자처럼 굳건히 그의 곁을 지켰다. 그리고 겉으로 드러나는 섬김이라는 측면에서 본다면, 다윗은 그만한 다른 신하를 갖지 못한 게 분명했다. 그러나 다윗을 올바로 섬기려면 단순히 그의 직위에 대해 존경을 표하는 것만이 아니라 그 직위를 지닌 자의 인물됨을 이해할 필요가 있었다. 또한 그의 직위 때문이 아니라 그 자신 때문에 그를 사랑할 필요가 있었다. 그리고 그가 다윗을 실제적으로 섬기려면 무엇보다도 하나님을 존경하고 그분에게 존경어린 순종을 바쳐야 한다는 것을 알아야 할 필요가 있었다."(B. W. Newton).

우리가 어떤 이를 개인으로서 그의 탁월함에 대해 아무런 존경심도 갖지 않은 채 단지 그가 가진 직위 때문에 섬기는 것은 가능한 일이다. 그럴 경우 우리의 섬김은, 그것이 얼마나 정력적인지와 상관없이, 아마도 그 원인을 자기의 이익에서 찾을 수 있을 것이다. 그리고 그 섬김의 과정은 자기 뜻과 교만이라는 특징을 지니게 될 것이다. 요압의 경우가 그러했다. 그는 다윗의 왕좌를 유지하는 일에 열심이었다. 그러나 또한 그는 자신의 개인적 이익을 유지하는 데 민감했다. 그는 왕관이 다윗의 이마에 놓여 있는 것이 좋다고 여겼다. 왜냐하면 그렇게 될 때 그 자신이 번성할 수 있었기 때문이다. 다윗이 그의 바람을 아무리 분명하고 명확하게 밝혔을지라도, 요압은 기회가 왔을 때, 즉 그렇게 함으로써 왕좌의 안정성을 위태롭게 하지 않으면서도 자신의 목적을 달성할 수 있었을 때, 왕의 감정을 해치고 그의 뜻에 반하는 일을 서슴없이 행했다. 그 과정에서 요압은 다윗도 그리고 하나님도 두려워하지 않았다.

성경의 이야기들을 신중하게 읽는 사람이라면 누구나 다윗이 그의 통치 후반에 단지 명목상의 왕에 불과했음을 인식할 수 있을 것이다. 그는 그의 군대장관인 요압의 힘에 철저히 짓눌렸던 것으로 보인다. 한편으로 다윗은 그를 신뢰하기에는 너무나 의심이 많았다. 그리고 다른 한편으로 그는 그를 해고하기에는 너무나 약했다. 요압이 자신의 주군을 그렇게 절대적으로 통제할 수 있었던 원인을 추적하는 것은 흥미롭기도 하고 교훈적이기도 하다. 그러나 그것은 결코 복잡한 작업이 아니다. "아침이 되매 다윗이 편지를 써서 우리아의 손에 들려 요압에게 보내니 그 편지에 써서 이르기를 너희가 우리아를 맹렬한 싸움에 앞세워 두고 너희는 뒤로 물러가서 그로 맞아 죽게 하라 하였더라"(삼하 11:14-15). 다윗은 요압을 우리아에 관한 자신의 음모의 동반자와 은밀한 대리인으로 삼음으로써 자기 자신을 그의 손에 넘기고 말았다. 그 치명적인 편지를 통해 그는 자신의 자유를 박탈해 그것을 그 파렴치한 공모자에게 넘겼던 것이다.

기질상 요압은 모험적이고 정력적인 사람이었다. 그는 무법한 시절의 용맹한 전사였다. 다윗의 통치 초기에 사울 집안을 추종하는 도당들의 세력은 너무나 강했다. 그로 인해 그는 왕좌를 자신의 것으로 주장하거나 자기 마음대로 부하들을 임명하기도 어려웠다. 요압은 유능한 전사였다. 그는 때로 다윗의 명예를 해쳐가면서까지 사적인 복수를 함으로써 다윗의 마음을 초조하게 만들기도 했다. 그러나 그는 다윗이 제거하기에는 너무나 강력한 인물이었다. 그럼에도 그 무렵에 다윗은 입을 열어 그가 아브넬을 살해한 것을 비난하기를 두려워하지 않았다. 그는 요압에게 "옷을 찢고 굵은 베를 띠고 아브넬 앞에서 애도하라"(삼하 3:31)고 강요함으로써 자신의 권위를 공공연히 행사했다. 이것은 아브넬처럼 오만한 마음을 지닌 자에게는 아주 치욕적인 경험이었고, 다윗이야말로 그가 다스리는 영토 안에서 최고 권력자임을 분명하게 드러내 주는 사건이었다.

## 방자한 요압

상황은 다윗으로 하여금 계속해서 이 유명한 전사를 고용하도록 강요했다. 그러나 다윗은 그의 통치 초기에는 이 오만한 신하에게 제압되지 않았다. 오히려 다윗의 힘은 점점 강력해졌고, 사울의 잔당들은 흩어졌으며, 그는 명목상이 아니라 실제로도 이스라엘의 왕이 되었다. 따라서 다윗의 왕좌는 법으로뿐 아니라 여론에 의해서도 뒷받침되었고, 우리는 다음과 같은 말씀을 듣는 지경에 이른다. "온 백성이 보고 기뻐하며 왕이 무슨 일을 하든지 무리가 다 기뻐하므로"(삼하 3:36). 결과적으로 그는 이제 스스로 통치할 수 있는 상태가 되었고 그렇게 했다. 왜냐하면 얼마 후 우리는 그가 그 자신의 결단으로 요압을 자기 군대의 사령관으로 임명하는 모습을 보게 되기 때문이다. 그가 그렇게 한 이유는 분명했다. 요압은 다윗이 시온

성을 공격하면서 "누구든지 수로로 올라와 다윗의 혼이 미워하는 여부스인들과 절름발이와 소경을 치는 자는 우두머리와 대장이 되리라"(삼하 5:8, KJV, "Whosoever getteth up to the gutter … he shall be chief and captain - 역주)고 약속했고, 요압은 그 말을 따라 행동한 첫 번째 사람이었기 때문이다.

우리가 사무엘하 8장과 10장을 면밀히 읽는다면, 우리는 이 시기에 다윗이 아무런 제약이나 경쟁자 없이 통치했다는 것을 알 수 있을 것이다. 거기에는 다윗이 그의 생애의 밝은 시기에 이룬 위업들, 나라 밖에서 떨쳤던 그의 용맹과 나라 안에서 펼쳤던 강력한 정책, 그가 자신의 나라에 불어넣은 힘, 그리고 그가 이웃 나라들로부터 받았던 존경 등이 상세히 서술되어 있다. 그러나 그후 그는 무서운 타락에 빠졌고, 그 악한 씨앗으로부터 아주 비통한 열매를 거둬야 했다. 그 이후 우리는 요압이 점차적으로 전에는 갖고 있지 않았던 권력을 얻어가는 모습을 보게 된다. 그는 점차 자기의 계획에 맞춰 다윗의 명령을 이행하기도 하고 무시하기도 하면서 문제를 제멋대로 처리했고, 결국, 나중에 살펴보겠지만, 다윗과 그의 적법한 후계자에 맞서 모반을 일으킬 정도가 되었다(왕상 1:1-7 참조).

사무엘하 14장에 기록된 사건은 내가 위에서 지적한 내용을 잘 예시한다. 거기에서 우리는 다윗의 손이 묶여 있는 것과, 이 압제자에게서 벗어나려는 그의 모든 노력이 미약했을 뿐 아니라 효과도 없었던 것과, 압살롬에 대한 그의 징계가 성공적으로 저항에 부닥친 것을 보았다. 압살롬을 추방지에서 불러와야 한다고 외쳤던 사람은, 비록 드고아 과부의 입을 빌리기는 했으나, 요압이었다. 왕이 의심이 나서 물었다. "이 모든 일에 요압이 너와 함께 하였느냐"(삼하 14:19). 그럼에도 그는 그의 뜻에 굴복했다. 요압 편의 이런 움직임은 왕을 곤경에 빠뜨림으로써 백성들로부터 좋지 않은 평가를 받게 하려는 목적 때문이었던 것으로 보인다. 확실히 그는, 이후의 일이 분명하게 보여 주듯이, 압살롬에게 아무런 애정도 갖고 있지 않았다.

압살롬의 반역 기간 중에 요압은, 우리가 예상할 수 있듯이, 다윗에게 충성했다. 그는 다윗의 정권을 전복시켜 다른 정권이 들어서게 하려는 그 어떤 의도도 갖고 있지 않았다. 요압은 압살롬이 어떤 마음을 갖고 있는지 아주 잘 알고 있었다. 그렇기에 그는 온 힘을 다해 그에게 저항하려 했다. 그는 이스라엘에서 현재의 정권이 지속되기를, 그것도 다윗에 의해 지속되기를 바랐다. 그럼에도 그가 압살롬과 맞서 싸운 것은 다윗에 대한 사랑 때문이 아니었다. 이것은 그가 다윗이 그의 장수들에게 내렸던 분명한 명령, 즉 "나를 위하여 젊은 압살롬을 너그러이 대우하라"(삼하 18:5)는 명령을 드러내놓고 거역하는 것을 통해 분명하게 드러난다. 요압은 그 명령에 유의하지 않았다. 왜냐하면 그는 다윗의 명령에 대해 아무런 존경심도 갖고 있지 않았기 때문이다. 그가 이 명령을 위반한 것보다 더 고의적인 일은 있을 수 없었다. 아마도 이것은 그가 저지른 가장 오만한 짓이었으리라. 그가 압살롬에게 자비를 베풀라는 다윗의 명령을 잊은 것은 격렬한 전투 때문이 아니었다. 오히려 그는 압살롬이 무력하게 매달려 있는 곳으로 다가가 아주 냉혹하고 신중하게 그를 살해했던 것이다.

아니다, 만약 요압이 다윗을 사랑하고 그를 친구로서 존중했다면, 그는 결코 다윗의 마음의 고뇌를 그토록 거칠게 조롱하고 그로 하여금 "내 아들 압살롬아 내 아들 내 아들 압살롬아 차라리 내가 너를 대신하여 죽었더면, 압살롬 내 아들아 내 아들아"(삼하 18:33) 하며 부르짖게 만들지 않았을 것이다. 그가 이 타락한 반역의 주모자를 제거함으로써 초래한 공적 유익이 무엇이든, 다윗의 은밀한 죄책을 공유하고 있는 그가 이제 더 이상 다윗을 고려하지 않고 있다는 사실은 분명해졌다. 그는 자기가 갖고 있던 세 개의 작은 창으로 압살롬의 심장을 찌른 후 태연한 얼굴로 돌아갔다. 그리고 다윗은 자기 아들의 죽음을 슬퍼하며 울었다. 곧 살펴보겠지만, 이 사건은 앞선 사건의 일부다. 오만하고 무자비한 요압이 있다. 그리고 한때 나라를 지배했으나 이제는 영적으로 쇠약해지고 고통 때문에 길들여진 다윗이 있다. 그 강력했던 자가 얼마나 비참하게 무너졌는가! 그의 욕망과 그가 흘린 피가 그를 얼마나 깊은 개인적 슬픔과 공적

치욕 속으로 몰아넣었는가?

## 반역의 결말

"그들이 압살롬을 옮겨다가 수풀 가운데 큰 구멍에 그를 던지고 그 위에 매우 큰 돌무더기를 쌓으니라 온 이스라엘 무리가 각기 장막으로 도망하니라"(삼하 18:17). 이것은 얼마나 처참한 결말인가! 그는 나무에 매달렸고, 추종자들에게 버림 받았고, 요압에 의해 죽임을 당했다. 그리고 이제 그의 시신은 아주 크게 조롱당했다. 그는 왕의 아들로서 명예롭게 매장되기는커녕 죄인으로서 치욕스럽게 처리되었다. 사람들이 그를 큰 구멍에 던진 것은 그들이 그의 시신을 어떻게 평가하고 있는지를 보여 주는 것이었다. 반면에 그들이 그의 시신 위에 큰 돌무더기를 쌓은 것은 그가 반역하는 아들로서 돌에 맞아죽어야 마땅했음을 의미한다(신 21:18, 21).

"압살롬이 살았을 때에 자기를 위하여 한 비석을 마련하여 세웠으니 이는 그가 자기 이름을 전할 아들이 내게 없다고 말하였음이더라 그러므로 자기 이름을 기념하여 그 비석에 이름을 붙였으며 그 비석이 왕의 골짜기에 있고 이제까지 그것을 압살롬의 기념비라 일컫더라"(삼하 18:18). 이 두 구절(17절과 18절 - 역주)은 얼마나 놀랍고 엄중한 대조를 이루며, 또 "무릇 자기를 높이는 자는 낮아지고 자기를 낮추는 자는 높아지리라"(눅 14:11)라는 원칙에 대한 얼마나 강력한 본보기를 제공하는가! 그 원칙은 하만과 느브갓네살의 이야기에서도 적용되었고, 여기에서도 마찬가지였다. 압살롬에게는 아들이 셋 있었다(삼하 14:27). 그러나 그들은 모두 자기들의 아비보다 먼저 세상을 떠났다. 그렇기에 압살롬은 스스로 자기의 이름을 기릴 비석을 세워 자신에 대한 기억을 남기고자 했다. 그리고 의심할 바 없이 그는 자신의 몸이 그 비석 곁에 묻히기를 바랐을 것이다. 아, 하나님의 승인을 얻기 위해 아무런 노력도 하지 않는 사람들이 미래 세대의 사람들에게 주목을 받고자 하는 것은 얼마나 허망한 일인가! 그러나 압살롬의 계획은 죽어서까지도 방해를 받았다. 그가 묻힌 곳을 알려 주는 유일한 표시는 그의 사악함을 기념하는 커다란 돌무더기뿐이었으니 말이다.

## 아히마아스의 지혜

"사독의 아들 아히마아스가 이르되 청하건대 내가 빨리 왕에게 가서 여호와께서 왕의 원수 갚아 주신 소식을 전하게 하소서"(삼하 18:19). 아히마아스는 제사장 사독의 아들이었고(삼하 15:27), 다윗에게 깊이 헌신하고 있는 자였다. 그는 압살롬의 계획을 다윗에게 알려 주기 위해 목숨을 걸었던 두 사람 중 하나였다(17:17-21). 그가 경건한 자였다는 사실은 그가 이 경우에 사용한 말을 통해 암시된다. 왜냐하면 그는 요압이 이 싸움을 승리로 이끈 것을 축하하며 그에게 아첨하기보다는 그 성공을 여호와의 덕분으로 돌리고 있기 때문이다. 오늘날 우리는 승리의 열기 속에서 얼마나 자주 하나님을 잊는가, 또 오만한 자들은 얼마나 자주 "새 노래로 여호와께 찬송하라 그는 기이한 일을 행하사 그의 오른손과 거룩한 팔로 자기를 위하여 구원을 베푸셨음이로다"(시 98:1)라고 외치기는커녕 자기들의 적이 패한 것이 자기들의 힘과 부지런함과 재능 때문이라고 여기는가! 그러나 그런 경우에 하나님의 종들은 목소리를 높여 영광이 오직 하나님께만 속해 있다는 진리를 널리 알려야 한다.

"요압이 그에게 이르되 너는 오늘 소식을 전하는 자가 되지 말고 다른 날에 전할 것이니라 왕의 아들이 죽었나니 네가 오늘 소식을 전하지 못하리라 하고"(삼하 18:20). 이어지는 내용에 비추어 볼 때, 요압이 아히마아스의 요청을 거절한 이유가 무엇인지 규명하는 것은 쉽지 않다. 왜냐하면 그는 곧 다른 사람에게 왕에게 가서 그가 본 것을 알리라고 명령했고, 아히마아스가 재차 동일한 요청을 하자 잠시 머뭇거린 후 그렇게 하도록 허락했기 때문이다. 요압이 아히마아스의 목숨에 대해 염려했고, 그가 하찮게 죽기에는 너무 아까운 사람이라고 생각했을 가능성이 있다. 왜냐하면 요압에게 선택된 전령—그는 "구스 사람"(21절)이었다—은 에디오피아인, 즉 아프리카 출신 노예였기 때문이다. 요압은 다윗이 충동적이며 쉽게 폭발하는 사람이라는 것을 알고 있었고, 사울의 사망 소식을 전했던 자가 당한 일을 기억하고 있었다(삼하 1:15). 그렇기에 그는 아마도 다윗에게 압살롬의 사망 소식을 전하는 자에게도 비슷한 운명이 닥치리라고 생각했던 것 같다.

"사독의 아들 아히마아스가 다시 요압에게 이르되 청하건대 아무쪼록 내가 또한 구스 사람의 뒤를 따라 달려가게 하소서 하니 요압이 이르되 내 아들아 너는 왜 달려가려 하느냐 이 소식으로 말미암아서는 너는 상을 받지 못하리라 하되"(삼하 18:22). 이 구절에 대한 난외주는 내가 위에서 말한 내용을 분명하게 확증하는 듯 보인다. 아히마아스가 한 "아무쪼록"(22a절)이라는 말은 문자적으로는 "어찌되든"이라는 말로 번역될 수 있다. 이것은 그가 왕의 진노를 일으키는 위험을 무릅쓰고서라도 기꺼이 사실을 알리겠다는 결의에 대한 표현이다. "내 아들아 너는 왜 달려가려 하느냐"(22b절)라는 요압의 말은 그가 얼마간 아히마아스를 존중하고 있음을 보여 준다. 그리고 "너는 준비된 소식도 없으면서"(22c절, KJV, thous hast no tidings ready - 역주)라는 말은 문자적으로는 "좋은 소식도 없으면서"(no tidings convenient)로 번역될 수 있다. 이것은 요압이 아히마아스를 낙담시켜 다윗에게 환영받지 못한 소식을 전달하는 자의 역할을 맡지 않게 하려는 것이었다. 그렇다면 우리는 "어째서 아히마아스가 이런 무서운 소식을 전하는 자의 역할을 그토록 열심히 떠맡으려 했었는가"

하고 물을 수밖에 없다. 나는 그것은 그가 다윗에게 너무나 헌신했기에 가능한 한 재치 있게 다윗이 입을 충격을 완화시키려 했기 때문이라고 믿는다. 실제로 그는 그렇게 했다. 그는 퉁명스럽게 압살롬이 살해되었다고 불쑥 말하지 않고, "왕의 하나님 여호와를 찬양하리로소이다 그의 손을 들어 내 주 왕을 대적하는 자들을 넘겨 주셨나이다"(삼하 18:28)라고 말했다.

## 72

# 과도한 슬픔 (I)

사무엘하 18장

　인간은 영뿐 아니라 마음도 소유하고 있는 복합적인 존재다. 하나님은 그에게 이성적인 원리뿐 아니라 감정적인 본성도 주셨다. 어떤 사람 안에서는 열정이 보다 강하게 나타나고, 다른 사람 안에서는 지적 능력이 보다 우세하다. 그러나 어느 쪽이든 우리는 그것들 각각의 역할과 상호 작용 사이에서 균형을 유지하기 위해 애써야 한다. 감정이 우리를 압도하게 해서는 안 된다. 왜냐하면 그럴 경우 우리는 명확한 사고와 신중한 행동을 할 수 없게 되기 때문이다. 반면에 우리의 감정이 완전히 메말라서도 안 된다. 그럴 경우 우리는 딱딱한 냉소주의자나 차가운 지적 기계로 전락할 것이기 때문이다.

쾌락주의와 금욕주의 사이에 적절한 타협점이 있다. 그러나 그것은 계속적인 조심과 자기 훈련을 통해서만 얻을 수 있다. 만약 우리가 과도한 열정에 정복당하지 않고 오히려 그것을 정복하고자 한다면, 우리는 그것을 적절하게 관리할 필요가 있다.

금욕주의 혹은 우리의 감정의 완전한 억압은 성경의 가르침을 통해 그 어떤 지지도 얻지 못한다. 성경의 저자가 우리에게 감정적인 본성을 주신 분이심을 감안한다면, 그런 일이 어떻게 가능하겠는가! 하나님의 말씀과 그분의 작품은 서로 모순되지 않는다. 우리는 성경에 실려 있는 완전한 인간(the Perfect Man)이셨던 분과 관련된 이야기에서 그분이 나사로의 무덤 곁에서 우시고 예루살렘의 멸망을 예견하며 탄식하셨던 이야기를 읽는다. 안면(顏面)에 마음에서 우러나오는 웃음과 누관(淚管)에 의해서만 움직이는 근육들을 만드신 분은 그 근육들 각각이 그것들에 적합한 때에 사용되게 하셨다. 육체적으로 건강한 땀을 흘릴 수 없는 이들은 무더운 날씨에 자유롭게 땀을 흘리는 이들보다 훨씬 더 큰 고통을 당한다. 또 큰 슬픔을 당했을 때 울지 못하는 사람들은 그들의 머릿속에서 무언가가 철컥하고 닫히는 위험을 초래한다. 웃음과 눈물은 자연의 안전밸브다. 그것들은 마치 뇌우(雷雨)가 대기의 무거운 전기적 성격을 해소시켜 주듯이 과도한 긴장을 완화시켜 준다.

## 과도한 애정의 문제

그럼에도 우리의 감정은 훈련되고 제어되어야 한다. "모든 지킬 만한 것 중에 더욱 네 마음을 지키라"(잠 4:23). 그런 일에서 가장 중요한 것은 우리의 열정과 감정을 다스리는 것이다. 즉 분노를 제어하고, 성마름을 가라앉히고, 탐욕을 통제하고, 슬픔과 기쁨을 조율하는 것이다. 우리가 "죽이라"는 명령을 받은 것들 중 하나는 "과도한 애정"(골 3:5, inordinate affection, KJV - 역주)이다. 거기에는 경건하지 않은 욕망뿐 아니라 적법한 것들에 대한 과도한 갈망까지 포함된다. "위의 것을 생각하고 땅의 것을 생각하지 말라"(골 3:2). 이것은 우리가 세상에 속한 것을 사랑하는 것이 잘못이라는 뜻이 아니다. 오히려 이것은 그런 사랑이 하나님에 대한 그리고 영적인 것에 대한 사랑에 의해 제어되고 그것에 종속되어야 한다는 뜻이다. 우리의 외적인 삶뿐 아니라 내적인 삶에도 책임이 뒤따라야 한다.

결혼식이나 아기가 태어났을 때 기뻐하고 즐거워하는 것은 적절한 일이다. 반면에 사랑하는 사람이 죽었을 때 슬퍼하며 우는 것 역시 자연스러운 일이다. 그러나 그런 경우에도 우리는 우리의 감정을 적절하게 제어할 필요가 있다. 한편으로 우리는 "떨며 즐거워할지어다"(시 2:11)라는 명령을 받고 있는 반면, 다른 한편으로는 "소망 없는 다른 이와 같이 슬퍼하지 말라"(살전 4:13)는 권면을 받고 있다.

분명히 이것은 복잡한 주제이지만, 또한 실제적 중요성을 갖고 있는 주제이기도 하다. 절제되지 않은 슬픔은 절제되지 않은 기쁨만큼이나 정당화될 수 없다. 우리는 기쁨을 초래하는 일에서만큼이나 슬픔을 초래하는 일에서도 하나님의 손길을 보아야 한다. 만약 그분이 주시는 분이라면, 그분은 또한 거둬가는 분이시기도 하다. 우리의 마음이 이 사실을 인식하면 할수록, 우리는 통제되지 않은 열정에 굴복해 적절한 한계를 넘어서는 일을 하지 않을 것이다.

하나님이 과도한 슬픔에 주의하신다는 사실은 사울을 위해 울었던 사무엘의 경우를 통해 잘 드러난다. 사무엘은 우리가 성경에서 찾아볼 수 있는 가장 밝은 인물들 중 하나다. 그럼에도 그 역시 이 점에서 실패했다. 하나님께서 사울의 왕직을 빼앗기로 작정하셨다는 생각은 그 선지자의 마음을 크게 괴롭혔다. 그리고 그로 인해 그는 밤새도록 사울을 위해 부르짖었다(삼상 15:11). 그는 그렇게 계속 탄식하다가 하늘의 비난을 듣고서야 눈물을 그쳤다. "여호와께서 사무엘에게 이르시되 내가 이미 사울을 버려 이스라엘 왕이 되지 못하게 하였거늘 네가 그를 위하여 언제까지 슬퍼하겠느냐"(삼상 16:1a). 만약 그런 슬픔이 하나님께 용납될 수 있었다면, 분명히 그분은 그런 이유로 그를 비난하지 않으셨을 것이다! 이 사건은 우리에게 교훈과 경고가 되기 위해 기록된 것이다.

## 감정을 다스리는 방법

대개 비상시는 우리 안에 들어 있는 것이 백일하에 드러나는 때가 된다. 한 인물의 성격이 드러나는 것은 평범한 일상생활에서가 아니라 위기의 때다. 이것은 위기가 그 사람을 변화시키거나 만든다는 의미가 아니라, 위기가 그 사람이 받은 유익한 훈련이나 그가 그런 훈련을 받지 못해 지니고 있는 약점을 드러낼 기회를 제공한다는 뜻이다. 그러므로 어떤 이가 어떤 특별한 경험 때문에 크게 동요할 때 그에게 자신을 다스리라고 명령하는 것은 거의 혹은 전혀 소용이 없다. 왜냐하면 매일 자신을 다스리는 법을 익히지 않은 사람은 특별한 상황하에서 그렇게 행동할 수 없기 때문이다. 바로 거기에 "특별히 열정적인 성격을 지니고 있는 내가 어떻게 과도한 기쁨이나 슬픔을 피할 수 있는가"라는 질문에 대한 답이 있다. 사람은 자신의 성향을 바꾸지 못한다. 그러나, 만약 그가 그런 목적을 위해 수고한다면, 그는 그것을 크게 누그러뜨릴 수 있다.

"노하기를 더디하는 자는 용사보다 낫고 자기의 마음을 다스리는 자는 성을 빼앗는 자보다 나으니라"(잠 16:32). 여기에서 내가 살피려 하는 것은 그렇게 우리의 마음을 다스리는 문제다. 즉 그런 필요를 인식하는 마음과 그 마음을 작동시켜 우리의 감정을 다스리고자 하는 의지에 대한 것이다. 과도한 슬픔은 과도한 애정의 결과다.

따라서 우리는 우리의 애정을 면밀히 살피고 그것을 초래한 이유를 제시할 필요가 있다. 만약 우리가 삶의 위기에서 우리 자신을 다스리고자 한다면, 우리는 매일 자신을 훈련하고 사소한 일들에서 우리의 감정을 다스려야 한다. 작은 가지가 굽어 있으면, 큰 가지도 굽는다. 우리가 자신의 열정이 마구 내달리도록 내버려 두는 기간이 길면 길수록, 그만큼 우리는 그것을 통제하기가 어려워진다. 아이에게 자신을 통제하고 모든 일에서 절제하도록 훈련을 시키는 부모는 많은 것을 이룰 수 있다.

독자들은 우리 앞에 놓인 이야기의 실제적 중요성을 깨닫지 못하는가? 얼마나 많은 이들이 그들에게 닥친 슬픈 일이나 재앙 때문에 완전히 정신을 놓아버리는가? 그리고 이것은 어째서 그런 것인가? 그것은 그들이 자기를 통제하지 못하기 때문이다. 그들은 자신들의 감정을 다스리는 법을 배운 적이 없다. 그러나 우리는 우리의 마음을 다스릴 수 있다. 확실히 그렇다. 그러나 그것은 즉시 혹은 산발적인 노력을 통해서가 아니라, 매일의 그리고 엄격한 훈련을 통해서만 가능하다. 그러므로 당신의 갈망에 주의하고 그것들이 금지된 것들을 향해 분출할 때 즉시 그것들을 제어하는 습관을 지니라. 자신의 감정을 살피고 그런 감정들이 나타난 이유를 찾아보라. 그것들이 이 세상에 있는 그 무엇에든 너무 깊이 달라붙지 않게 조심하라. 당신이 무언가를 크게 높이면 높일수록 그것을 잃었을 때 더 날카로운 고통을 느끼게 되리라는 것을 기억하라. 부드럽고 덤덤한 성향을 개발하기 위해 애쓰라. 그리고 감정이 격해질 경우, 그런 사소한 것은 당신이 그것 때문에 당황해야 할 만한 가치가 없다고 여기라. 바울은 다음과 같이 말할 수 있었다. "모든 것이 내게 가하나 내가 무엇에든지 얽매이지 아니하리라"(고전 6:120).

    우리 앞에 제시된 내용이 얼마나 적절한지는 우리가 다시 다윗의 이야기를 살필 때 분명하게 드러날 것이다. 앞장에서 우리는 다윗이 군사들을 싸움터로 내보내면서 자신의 장수들에게 "나를 위하여 젊은 압살롬을 너그러이 대우하라"(삼하 18:5)고 명령하는 것에 대해 살펴보았다. 여기에서 우리는 두 가지 사항에 주의할 필요가 있다. 첫째, 다윗은 그 싸움의 결과에 대해 아무런 염려도 하지 않았다. 그는 그 싸움의 결과가 자신에게 불리한 것이 되리라는 두려움을 갖고 있지 않았다. 앞 장에서 지적했듯이, 이 시기에 쓰인 시편 42편과 43편은 다윗이 그의 낙심과 의심을 극복했고, 다시 하나님에 대한 확신을 갖게 되었음을 보여 준다. 둘째, 여기에서 우리는 다시 한 번 자식에 대한 맹목적인 사랑에 빠진 아비의 모습을 발견한다. 다윗은 압살롬을 "젊은 압살롬"이라고 부를 뿐 아니라(사실 당시에 그는 이미 적어도 네 명의 자녀들을 두고 있었다: 14:27), 자신의 장수들에게 적절하지 않은 명령을 내림으로써 자신의 감정이 의(義)의 요구를 앞서게 만들었다.

## 애타는 기다림

"때에 다윗이 두 문 사이에 앉아 있더라 파수꾼이 성 문 위층에 올라가서 눈을 들어 보니 어떤 사람이 홀로 달려오는지라"(삼하 18:24). 이 얼마나 애처로운 장면인가! 늙은 왕이자 수심 깊은 아비인 다윗이 애타게 소식을 기다리고 있다. 마음 깊은 곳에서 그는 하나님의 섭리가 자신이 너무 약해서 악을 행한 자에게 내리지 못했던 의로운 징벌을 수행하시리라는 것을 알았을 것이 틀림없다. 그럼에도 그는 여전히 그 죄인이 징벌을 면하기를 헛되이 바라고 있었다. 그곳에 앉아 여러 시간 동안 생각에 잠겨 있는 동안 그는 자기가 지은 죄에 대해 생각했을 것이다. 또 그는 바로 그 죄가 이 불행한 싸움, 즉 이스라엘을 두 개의 적대적인 분파로 영구히 분열시킬 수 있는 심각한 싸움의 원인이었다고 생각했을 것이다. 만약 우리가 앞을 내다보고 우리의 행동의 결과를 예측하기만 한다면, 우리는 틀림없이 그런 미친 그리고 죄악된 길로 접어드는 일 앞에서 주저하게 될 것이다.

"파수꾼이 외쳐 왕께 아뢰매 왕이 이르되 그가 만일 혼자면 그의 입에 소식이 있으리라 할 때에 그가 점점 가까이 오니라 파수꾼이 본즉 한 사람이 또 달려오는지라 파수꾼이 문지기에게 외쳐 이르되 보라 한 사람이 또 혼자 달려온다 하니 왕이 이르되 그도 소식을 가져오느니라"(삼하 18:25-26). 왕은 이제 곧 기다리던 소식을 듣게 될 것이고, 가장 좋은 소식과 가장 나쁜 소식을 듣게 될 것이다. 성벽에 앉은 파수꾼이 한 사람이 달려오고 있다고, 그리고 이어서 또 다른 한 사람이 달려오고 있다고 보고했을 때, 다윗은 자기 군대가 패하지 않았다는 것을 알았다. 왜냐하면 그런 경우라면 그의 군사들이 혼란에 빠져 이리저리 흩어진 채 적들 앞에서 내달렸을 것이기 때문이다. 그 두 사람은 왕에게 특별한 소식을 가져온 자들이 분명했다. 하나님은 이스라엘 백성이 말(馬)을 키우는 것을 금하셨고, 그렇기에 전령들은 자기들의 발로 달려야 했다.

"파수꾼이 이르되 내가 보기에는 앞선 사람의 달음질이 사독의 아들 아히마아스의 달음질과 같으니이다 하니 왕이 이르되 그는 좋은 사람이니 좋은 소식을 가져오느니라 하니라"(삼하 18:27). 요압은 먼저 구스 사람을 보냈으나, 그 후에 아히마아스의 집요한 요구를 받아들여 그 역시 왕에게로 보냈다(22절). 아히마아스는 지름길을 택했고, 그 결과 "구스 사람보다 앞질러 갔다"(23절). 제사장의 아들이 달려오고 있다는 소식을 들은 다윗은 그가 좋은 소식을 전하러 왔다고 생각했다. 다른 저자들이 지적했듯이, 이것은 한 가지 중요한 원리를 보여 준다. 좋은 소식을 전하는 자들은 그들 자신이 좋은 사람들이어야 한다. 아, 그동안 복음을 선포하는 많은 이들의 삶이 일관성이 없고 세속적인 까닭에 얼마나 해로운 일들이 일어나고 복음이 조롱을 받아 왔던가! 그리스도의 종들이 자신들이 설교하는 대로 실천하는 것, 그리고 고결하고 의로운 삶을 삶으로써 그들의 말을 듣는 사람들로부터 확고한 신뢰를 얻는 것은 얼마나 필요한 일인가! "범사에 네 자신이 선한 일의 본을 보이며 교훈에 부패하지 아니함과 단정함과 책망할 것이 없는 바른 말을 하게 하라 이는 대적하는 자로 하여금 부끄러워 우리를 악하다 할 것이 없게 하려 함이라"(딛 2:7-8).

"아히마아스가 외쳐 왕께 아뢰되 평강하옵소서 하고 왕 앞에서 얼굴을 땅에 대고 절하며 이르되 왕의 하나님 여호와를 찬양하리로소이다 그의 손을 들어 내 주 왕을 대적하는 자들을 넘겨 주셨나이다 하니"(삼하 18:28). 참으로 이 사람은 "하나님을 두려워하며 왕을 존대하는"(벧전 2:17) "좋은 사람"(27절)이었다. 첫째, 그가 한 "모든 것이 잘됐습니다"("all is well", KJV - 역주)라는 말은 다윗에게 그의 군대가 성공을 거뒀음을 알리기 위한 것이었다. 이어서 그는 자신의 주군에게 절을 하고, 승리를 주신 하나님께 영광을 돌렸다. 이것은 경건하고도 신중한 태도였다. 왜냐하면 그의 말은 다윗의 마음을 압살롬으로부터 여호와께로 - 그분은 자비롭게 개입하셔서 그의 적들을 물리쳐 주셨다 - 돌리기 위해 계산된 말이었기 때문이다. 여기에는 누군가에게 그가 사랑하는 사람의 사망 소식을 알려야 하는 사람들이 유념해야 할 아주 중요한 교훈이 들어 있다. 슬픔에 잠긴 사람의 마음을 오직 그분의 손 안에서만 "사망에서 벗어남"(시 68:20)이 가능한 분에게 돌리라.

"왕이 이르되 젊은 압살롬은 잘 있느냐 하니라 아히마아스가 대답하되 요압이 왕의 종 나를 보낼 때에 크게 소동하는 것을 보았사오나 무슨 일인지 알지 못하였나이다 하니 왕이 이르되 물러나 거기 서 있으라 하매 물러나서 서 있더라"(삼하 18:29-30). 다윗의 질문은 그가 자기 나라의 안녕보다 자기의 사악한 아들의 안녕에 대해 더 염려하고 있음을 보여 준다. 그것은 의심할 바 없이 자연스러운 것이었다. 그럼에도 그것은 심각한 실패였다. 공적 책임을 맡은 자들은 종종 그들 자신의 사적인 감정과 이익을 밀쳐 두어야 한다. 아히마아스는 왕에게 즉답을 하지 않았다. 그는 다윗을 너무나 사랑했고, 의심할 바 없이, 가능한 한 그의 감정을 상하게 하지 않으려 했다. 그러나 그가 그런 식으로 말을 얼버무린 것은 어떤 식으로든 변명의 여지가 없다. 우리는 어떤 상황에서도 거짓말을 해서는 안 된다. 설령 그것이 근심에 가득 찬 사람의 긴장을 해소하거나 사랑하는 사람을 잃은 자를 위로하려는 것일지라도 그러하다.

"구스 사람이 이르러 말하되 내 주 왕께 아뢸 소식이 있나이다 여호와께서 오늘 왕을 대적하던 모든 원수를 갚으셨나이다 하니 왕이 구스 사람에게 묻되 젊은 압살롬은 잘 있느냐 구스 사람이 대답하되 내 주 왕의 원수와 일어나서 왕을 대적하는 자들은 다 그 청년과 같이 되기를 원하나이다 하니"(삼하 18:31-32). 이제 두 번째 전령이 도착해 아히마아스가 한 말, 즉 여호와께서 왕을 위해 은혜를 베푸셨다는 말을 확증해 주었다. 그의 말 역시, 비록 첫 번째 사람의 그것처럼 열정적이지는 않았지만, 경건한 것이었다. 그러나 그의 말 역시 모호했기에 다윗은 자기 아들에 대한 질문을 반복해야 했다. 그리고 이제 그의 질문은 분명한 답을 얻었다 — 비록 그것이 가슴 아픈 내용을 현명하게 감추기는 했을지라도 말이다. 구스 사람은 요압이 압살롬의 심장에 창을 찔러 넣은 것에 대해서는 언급하지 않았고, 그의 시체가 구덩이에 던져져 큰 돌무더기로 덮인 것에 대해서도 말하지 않았다. 다만 그는 압살롬이 이제 무덤에 묻혔기에 더 이상 왕국에 대해 아무런 해도 끼칠 수 없다는 것을 암시했을 뿐이다. 그리고 그는 다른 모든 반역자들 역시 그렇게 되기를 바란다고 충성스럽게 말했다.

### 과도하게 슬퍼하는 죄

"왕의 마음이 심히 아파 문 위층으로 올라가서 우니라 그가 올라갈 때에 말하기를 내 아들 압살롬아 내 아들 내 아들 압살롬아 차라리 내가 너를 대신하여 죽었더면, 압살롬 내 아들아 내 아들아 하였더라"(삼하 18:33). 그의 왕국이 보존된 것에 대한 감사는 그의 엇나간 자식의 죽음에 대한 과도한 슬픔에 의해 완전히 삼켜지고 말았다. 아마도 이것은 가슴 아픈 일을 당한 사람의 마음에서 우러나왔던 가장 애처로운 탄식들 중 하나일 것이다. 그럼에도 그 과도함과 경건치 못함은 결코 옹호될 수 없다. 압살롬에 대한 다윗의 과도한 애정은 이제 과도한 슬픔을 통해 표현되었다. 그의 정념은 그를 완전히 무너뜨렸고, 그로 인해 이제 그는 지각없고 경솔한 말을 쏟아냈다. 의심할 바 없이 그의 슬픔은 압살롬의 영혼이 파멸했다는 인식 때문에 더욱 통절한 것이 되었을 것이다. 그는 압살롬이 하나님과 화해를 시도했다는 그 어떤 암시도 얻지 못했기 때문이다. 그럼에도 그런 인식은 어떤 식으로도 그렇게 과도한 감정의 폭발을 정당화해 주지 못한다.

매튜 헨리가 다윗이 지은 이 죄를 다음과 같이 솜씨 있게 분석하고 요약한 바 있다. "그는 다음과 같은 이유 때문에 비난 받아 마땅하다. 첫째, 아무리 잘나고 기지에 넘쳤을지라도 하나님과 사람들 모두에게서 정당하게 버림 받은 타락한 자식에게 그토록 큰 애정을 보였기 때문이다. 둘째, 그가 말없이 따라야 마땅한 하나님의 섭리에 대해서뿐 아니라, 그가 존중하고 동의해야 마땅한 하나님의 심판에 대해 불평했기 때문이다. 빌닷이 하는 말을 들어 보라. '하나님이 어찌 정의를 굽게 하시겠으며 전능하신 이가 어찌 공의를 굽게 하시겠는가 네 자녀들이 주께 죄를 지었으므로 주께서 그들을 그 죄에 버려두셨나니'[욥 8:3-4. 레 10:3 참고]. 셋째, 왕인 그가 그것에 대한 집행의 책임을 지고 있으며 다른 공적 이익과 더불어 그 어떤 생래적 애정보다 우선시해야 할 국가의 공의에 반대했기 때문이다. 넷째, 자신과 자신의 가족과 나라가 압살롬의 사악한 계획으로부터 구원을 얻은 은혜를 마치 그것이 압살롬의 목숨을 대가로 치러야 하는 것이라면 은혜도 아니요 감사할 것도 아니라는 식으로 경멸했기 때문이다. 다섯째, 강렬한 정념에 빠져들어 무분별하게 말했기 때문이다. 이제 그는 그가 다른 자식의 죽음 앞에서 취했던 이성적 태도('내가 다시 돌아오게 할 수 있느냐'[삼하 12:23]) 혹은 '내가 내 입에 재갈을 먹이리라'[시 39:1]고 말하며 보였던 결단, 그리고 '내 영혼으로 고요하고 평온하게 하기를 젖 뗀 아이가 그의 어머니 품에 있음 같게 하였나니'[시 131:2]라고 노래하며 보였던 태도)를 잊었다."

이 사건이 제공하는 실제적 경고는 분명하다. 다윗은 압살롬에 대한 과도한 애정 때문에 자신에게 주어진 공적 의무를 수행하지 못했다. 첫째, 그는 압살롬이 암논을 죽인 것에 대해 하나님의 법이 정한 형벌을 집행하지 않았다. 둘째, 그는 압살롬을 추방지에서 불러오도록 허락했다. 하나님의 요구는 모든 생래적 성향보다 우선되어야 한다. 하나님의 영광에 대한 관심이 아니라 인간적인 정념이 다윗을 움직여 그의 아들을 불러오게 했던 것이다. 이스라엘의 최고 치안판사인 그가 자기 아들의 극악무도한 범죄를 묵인했던 것이다. 그의 과도한 애정은 이런 과도한 슬픔으로 끝났다. 우리는 과도한 애정, 엇나가는 자식들의 응석을 받아 주는 것, 그리고 고통과 압박의 상황에서 감정을 폭발하는 것 등에 조심하고 그것들과 맞서기 위해 기도할 필요가 있다. 우리는 우리에게 아주 소중한 것을 빼앗길 때 더욱 엄격하게 자신을 돌아볼 필요가 있다. 욥과 더불어 "주신 이도 여호와시오 거두신 이도 여호와시오니 여호와의 이름이 찬송을 받으실지니이다"(욥 1:21)라고 말하기 위해서는 큰 은혜가 필요하다.

# 73

## 과도한 슬픔 (II)

사무엘하 19장

앞 장에서 우리는 요압이 보낸 전령들이 다윗에게 끼친 영향에 대해 살펴보았다. 그 특별 전령들이 압살롬의 패배와 죽음에 대한 소식을 알리자마자 다윗은 크게 낙심해 비통한 탄식을 쏟아냈다. 의심할 바 없이 이것은 자연스러운 일이었고 예상할 수 있는 일이었다. 왜냐하면 그 반역자는, 비록 완전히 무가치한 자이기는 하나, 그의 아들이었기 때문이다. 그러나 일순간 슬픔이 터져 나오는 것은 용서할 수 있는 일이지만, 과도한 슬픔에 빠지는 것은 그렇지 않다. 이 주제에 관해 쓰는 동안 나는 독자들이 잘못된 결론을 내리지 않도록 조심하려고 한다. 과도한 슬픔이란 우리가 크게 흔들려 그

속으로 떨어질 수 있는 깊은 슬픔 혹은 눈물을 많이 흘리는 것을 의미하지 않는다. 왜냐하면 그런 것은 대개 개인적 기질이나 건강 상태와 관련된 문제이기 때문이다.

과도한 슬픔이란, 우리가 자신에 대한 통제력을 완전히 상실해 이성적 존재가 되지 못할 정도로 감정을 분출하는 것, 그리고 절제되지 않은 표현을 통해 여호와를 진노케 하고 그분을 두려워하는 자들의 마음에 상처를 주는 것을 가리킨다. 특히 그리스도인들은 하나님께 대한 불순종의 기미를 지닌 모든 일을 억제함으로써 다른 이들 앞에서 절제의 모범을 보여야 한다. 다시 말하지만, 우리가 어떤 슬픔에 압도되어 우리의 의무를 수행하지 못하게 될 때, 우리는 과도하게 슬퍼하는 죄는 짓는 것이다. 특히 이것은 공적 지위를 갖고 있는 자들에게 해당된다. 그들은 다른 이들에 대한 책임이 있고 그들에게 영향을 주기 때문이다. 다윗은 그런 점에서 실패했다. 그는 자신의 감정을 격하게 드러내고, 절제되지 않은 말을 사용하고, 하나님의 섭리에 맞서는 죄를 지었다.

## 슬픔으로 인한 의무의 방기

때가 되어 요압과 승리를 거둔 그의 군대가 마하나임에 도착했다. 그들은 왕의 축하와 추가적인 지시를 받으리라고 기대했다. 그러나 다윗은 그들이 자신과 자신의 왕국을 위해 수행한 중대한 봉사에 대해 따뜻한 감사를 표명하기는커녕 그들로 하여금 왕이 자기들이 한 일을 유감스러워하고 있다는 결론을 내리게끔 행동했다. 결과적으로 승리를 축하하는 즐거운 소동은커녕 군사들의 사기가 크게 저하되었다. 다윗은 자신의 왕국이 은혜를 통해 보존된 것에 감사하기는커녕 자신의 엇나간 자식의 죽음에 대한 슬픔에 완전히 압도되어 다른 모든 것을 잊고 말았다. 이제 우리는 그것이 낳은 개탄스러운 결과들을 살펴볼 것이다.

"어떤 사람이 요압에게 아뢰되 왕이 압살롬을 위하여 울며 슬퍼하시나이다 하니 왕이 그 아들을 위하여 슬퍼한다 함이 그 날에 백성들에게 들리매 그 날의 승리가 모든 백성에게 슬픔이 된지라 그 날에 백성들이 싸움에 쫓겨 부끄러워 도망함 같이 가만히 성읍으로 들어가니라 왕이 그의 얼굴을 가리고 큰 소리로 부르되 내 아들 압살롬아 압살롬아 내 아들아 내 아들아 하니"(삼하 19:1-4). "어떤 격렬한 감정—슬픔도 예외가 되지 않는다—에 대한 과도한 탐닉은 하나님을 진노케 해드릴 뿐 아니라 동료 인간들로 하여금 그들의 현실적인 문제들과 관련해 무분별하게 행동하도록 만든다. 우리를 충성스럽게 섬기는 자들은 우리가 그들에게 기쁜 표정을 지어 보이고 그들이 한 일에 대해 감사하기를 기대한다. 그리고 많은 이들은 어떤 큰 보상보다도 상급자들의 미소와 친절한 말 한 마디 때문에 더 많은 일을 행한다. 그리고 만약 상급자들이 자신들을 못마땅하게 여기고 있다고 느낄 경우, 그들은 크게 슬퍼하고 낙담한다"(Thomas Scott).

지금은 다윗이 사적인 슬픔에 빠질 때가 아니었다. 그는 공적 유익을 위해 속히 슬픔을 떨치고 일어나 강력하게 국정을 처리해야 했다. 그는 즉각적이고 단호한 행동을 요구하는 아주 심각하고 중차대한 상황에 직면해 있었다. 압살롬의 반역은 왕국을 쪼개놓았다. 따라서 다시 평안과 통일을 회복하기 위해서는 신중한 정책을 신속하게 수행하는 것이 꼭 필요했다. 반역은 광범위하게 진행되었고, 다윗의 왕좌는 그 근본까지 흔들렸다. 왕 자신이 예루살렘에서 도망쳐야 했고 그의 백성들은 이익과 충성 사이에서 분열되었다. 그러나 하나님이 은혜롭게 개입하심으로써 대적은 살해되고 그의 군대는 완전히 패해 도망쳤다. 그러므로 지금은 다윗이 자신의 권위를 주장하고, 사람들에게 여호와의 영광스러운 이름을 찬양하게 하고, 문제들을 해결하고, 상황을 최대한 이용해 모든 것을 자신에게 유리하게 만들어야 할 시점이었다.

압살롬과 그의 군대가 패배했다는 소식을 들었을 때 다윗이 마땅히 취해야 했던 현명한 행동은 즉시 예루살렘으로 돌아가는 것이었다. 그는 반역자들이 혼란에 빠져 있는 동안에 그리고 그들이 다시

세를 규합하기 전에 왕도(王都)에서 다시 한 번 왕이 주관하는 회의를 열어야 했다. 그것은 상식적인 신중함만 갖고 있는 사람이라도 반드시 해야 할 일이었다. 반역자들을 위협하고 국가의 통일을 회복하기 위해 달리 해야 할 그 어떤 시급한 일이 있겠는가? 그러나 슬픔이 그를 마비시키고 말았다. 슬픔은 그의 판단력을 흐려놓았고, 그의 에너지를 고갈시켰고, 그로 하여금 지각없이 행동하도록 만들었다. 그가 지금보다 더 자기 군사들의 마음을 붙잡을 필요가 있었던 때는 없었다. 그들의 존경과 애정을 확보하는 것은 그의 유익을 위해 필수적인 일이었다. 그러나 그는 과도한 슬픔에 굴복함으로써 자신의 가장 강력한 지지자들의 사기를 꺾었을 뿐 아니라, 마치 자기가 그들이 수행한 일을 못마땅하게 여기고 있다는 인상을 주었다.

"어떤 사람이 요압에게 아뢰되 왕이 압살롬을 위하여 울며 슬퍼하시나이다 하니 왕이 그 아들을 위하여 슬퍼한다 함이 그 날에 백성들에게 들리매 그 날의 승리가 모든 백성에게 슬픔이 된지라"(삼하 19:1-2). "백성들은 그들의 왕이 하는 말과 행동에 특별한 관심을 갖는다. 우리가 사람들에게 더 많은 관심을 받을수록, 또 우리의 영향력이 클수록, 우리는 그만큼 더 현명하게 말하고 행동해야 하며, 또한 우리의 격한 감정을 엄격하게 다스려야 한다"(Matthew Henry). 마땅히 다윗은 자신이 그처럼 무가치하고 사악한 아들에 대해 슬퍼하는 것을 부끄러워하고 그 슬픔을 누그러뜨리고 숨겨야 했다. 그의 백성들이 어떻게 반응했는지 주목하라. "그날에 백성들이 싸움에 쫓겨 부끄러워 도망함 같이 가만히 성읍으로 들어가니라"(3절). 그들은 자기들의 군주에 대한 존경 때문에 그가 슬퍼하고 있는 동안 즐거워하지 않으려 했다. 그러나 그들은 그를 위한 자기들의 노력이 아주 하찮게 여겨지고 있다는 느낌을 받았을 것이 틀림없다.

"왕이 그의 얼굴을 가리고 큰 소리로 부르되 내 아들 압살롬아 압살롬아 내 아들아 내 아들아 하니"(삼하 19:4). 이것은 다윗이 그의 군대가 돌아온 후에 보였던 고뇌의 첫 번째 격발이 아니었다. 오히려 그것은 그가 계속해서 자신의 슬픔을 끌어안고 있음을 보여 주는 것이었다. 다윗은 완전히 슬픔에 압도되어 그 시점에서 긴급하게 요구되는 일과 자기 백성들의 필요에 대해 무감각해지고 말았다. 바로 그것이 과도한 슬픔이 만들어 내는 현상이다. 그것은 사람을 완전히 자신에게 몰입하게 함으로써 다른 이들의 관심사를 무시하도록 만든다. 그것은 우리를 자신의 의무를 수행하는 데 완전히 부적합하게 만든다. 그것은 또한 우리가 하나님을 보지 못하게 함으로써 전적으로 자신의 절망적인 상황에 몰입하게 만든다. 그러나 그럴 경우에 오히려 우리는 성경에서 자주 반복되어 나타나는 "강하고 담대하라"는 명령에 유의하고 그것을 따라 행동해야 한다. 과도한 슬픔은 죽은 자를 살려내지 못한다. 오히려 그것은 산 자에게 치명적인 상처를 준다.

## 비난과 순응

다윗의 행위는 여호와를 진노케 했다. 따라서 그분은 달갑지 않은 도구를 사용해 그의 책임을 새롭게 일깨워주셨다. 우리는 요압이 다윗을 비난하며 했던 말을 그런 시각에서 살펴볼 필요가 있다. "사람의 행위가 여호와를 기쁘시게 하면 그 사람의 원수라도 그와 더불어 화목하게 하시느니라"(잠 16:7). 그렇다, 그분이 그렇게 "하신다." 왜냐하면 우리의 적들은 우리의 가장 좋은 친구들과 마찬가지로 지존자의 직접적인 통제하에 있기 때문이다. 적들이 우리에게 가하는 공격이 필연적으로 우리가 하나님의 마음을 상하게 해드렸음을 보여 주는 징표인 것은 아니다. 하지만 때로 그럴 수 있다. 그러므로 우리가 늘 우리에 대한 적들의 공격을 우리를 향한 하나님의 징계의 회초리로 여기면서 자신의 길을 살피고 자신을 판단하는 것은 지혜로운 일이다. 하나님은 아비멜렉이 이삭과 더불어 평화를 누리게 하셨고 (창 26:26-30), 에서가 야곱과 더불어 화해하게 하셨다(창 33). 그렇다면 그분은 다윗을 향한 요압의 마음도 쉽게 누그러뜨리실 수 있었을 것이다. 그럼에도 그분이 그렇게 하시지 않은 것은 그분이 다윗의 과도한 슬픔에 대해 진노하고 계셨음을 암시한다.

"요압이 집에 들어가서 왕께 말씀 드리되 왕께서 오늘 왕의 생명과 왕의 자녀의 생명과 처첩과 비빈들의 생명을 구원한 모든 부하들의 얼굴을 부끄럽게 하시니 이는 왕께서 미워하는 자는 사랑하시며 사랑하는 자는 미워하시고 오늘 지휘관들과 부하들을 멸시하심을 나타내심이라 오늘 내가 깨달으니 만일 압살롬이 살고 오늘 우리가 다 죽었더면 왕이 마땅히 여기실 뻔하였나이다"(삼하 19:5-6). 앞 장에서 지적했듯이, 요압은 그의 생애 말년에 다윗에 대해 우호적인 태도를 보이지 않았다. 그리고, 비록 그가 다윗 군대의 사령관으로 일하기는 했으나, 그를 움직인 것은 왕에 대한 충성이 아니라 자신의 이익이었다. 그렇기에 그는 즉시 오만한 자세를 취했고, 다윗의 감정을 용납하지 않으면서 그의 이기심과 무기력을 강력하게 질타했다. 그가 다윗의 부적절한 행동을 질책한 것은 정당한 일이었다. 그러나 그것은 어떤 식으로도 그의 오만함과 무례함을 정당화해 주지 않는다. 비록 요압이 한 말은 큰 힘을 발휘했으나, 그럼에도 그는 자신의 주군에게 합당한 존경을 보이는 일에서 실패했다.

"이제 곧 일어나 나가 왕의 부하들의 마음을 위로하여 말씀하옵소서 내가 여호와를 두고 맹세하옵나니 왕이 만일 나가지 아니하시면 오늘 밤에 한 사람도 왕과 함께 머물지 아니할지라 그리하면 그 화가 왕이 젊었을 때부터 지금까지 당하신 모든 화보다 더욱 심하리이다 하니"(삼하 19:7). 그것은 비록 거칠기는 했으나 이때 다윗이 해야 할 일을 분명히 밝혀 주는 말이었다. 그는 즉시 그의 목숨을 보존하기 위해 자신들의 목숨을 걸었던 충성스러운 군사들 앞에 모습을 드러내야 했다. 이제라도 그는 더 이상 지체하지 말고 떨치고 일어나, 사람들 앞에 모습을 드러내고, 그들의 성공을 축하하고, 그들의 봉사에 진심으로 감사해야 했다. 아무리 고통스럽더라도 그런 일은 무시되어서는 안 되었다. 만약 그것이 무시된다면, 추가적인 그리고 이전보다 더 나쁜 반란이 일어날 심각한 위험이 있었다. 만약 다윗이 계속해서 자기 본위의 배은망덕에 빠져 있다면, 그는 그의 가장 충성스러운 지지자들의 존경을 잃게 될 것이고, 자신의 권리를 증진시키기 위해 필요한 수단을 갖지 못하게 될 것이다. 때로 하나님은 거친 손길을 사용해 우리를 무기력 상태에서 일으키신다. 그리고 우리는 그분께서 우리가 그렇게 할 수 있도록 충분히 배려하시는 것에 대해 감사드려야 한다.

요압은 다윗에게 백성들의 요구를 전달했다. 그리고 다윗은 적절하게 자리에서 일어섰다. 그는 자기가 받은 조언에 대해 화를 내거나 그것을 거부하지 않고 즉시 그 조언을 따라 행동하며 적절한 태도를 취했다. "왕이 일어나 성문에 앉으매 어떤 사람이 모든 백성에게 말하되 왕이 문에 앉아 계신다 하니 모든 백성이 왕 앞으로 나아오니라 이스라엘은 이미 각기 장막으로 도망하였더라"(삼하 19:8). 현명한 사람은, 그것을 제공한 사람이 누구든 혹은 그것이 아무리 불친절하게 주어졌든 상관없이, 좋은 충고로부터 유익을 얻고자 한다. 우편배달부의 용모나 태도가 마음에 들지 않는다고 그가 전달한 중요한 편지를 거부할 사람이 있겠는가? "어떤 잘못에 대해 지적을 받을 경우, 우리는 설령 그 지적이 우리의 하급자로부터 무례하고 거칠게 왔을지라도 마땅히 그것을 고쳐야 한다"(Matthew Henry). 다윗이 "의인이 나를 칠지라도 은혜로 여기며 책망할지라도 머리의 기름 같이 여겨서 내 머리가 이를 거절하지 아니할지라 그들의 재난 중에도 내가 항상 기도하리로다"(시 141:5)라고 썼을 때, 그는 바로 이 사건을 회상하고 있지 않았을까?

## 백성들 사이의 소동

"이스라엘 모든 지파 백성들이 변론하여 이르되 왕이 우리를 원수의 손에서 구원하여 내셨고 또 우리를 블레셋 사람들의 손에서 구원하셨으나 이제 압살롬을 피하여 그 땅에서 나가셨고 우리가 기름을 부어 우리를 다스리게 한 압살롬은 싸움에서 죽었거늘 이제 너희가 어찌하여 왕을 도로 모셔 올 일에 잠잠하고 있느냐 하니라"(삼하 19:9-10). 이 구절은 요압의 개입이 얼마나 적시에 이루어졌는지 그리고 현재 이스라엘 왕국이 얼마나 개탄스러운 상황에 빠져 있는지를 분명하게 보여 준다. 스스로 분열하는 집은 서지 못한다. 강력하고 신속한 수단이 필요했다. 많은 백성들은 왕이 돌아오기를 바라고 있었다. 그러나 그들은 말만 했을 뿐 왕에게 전령을 보내 예루살렘으로 돌아오라고 촉구하는 일은 꾸물거리고 있었다. 대개 그렇다.

우리에게 우호적인 사람들은 우리를 위해 행동할 힘을 갖고 있지 않은 경우가 많다.

이스라엘 백성들은 자신들이 처한 곤경을 인식하고 있었다. 그들은 유능한 통치자를 갖고 있지 않았다. 의심할 바 없이 다윗은 최고의 자격을 갖추고 있었다. 그는 이미 자신이 용맹하고 유능한 지도자임을 입증했다. 그는 이스라엘 백성들을 그들의 강력한 적들의 손에서 구해낸 바 있었다. 그러나 그의 아들이 반역자가 되고 그의 백성들 중 많은 이들이 그 반역자의 편에 가담했을 때, 그는 도망칠 수밖에 없었다. 그러나 이제 압살롬은 죽었고, 그의 군대는 패주했다. 그로 인해 분쟁이 일어났다. 아마도 이스라엘 백성들은 그들의 장로들이 먼저 일어나 다윗에게 연락을 취하고 자신들의 잘못에 대한 후회와 새로운 충성의 메시지를 전하지 않는 것을 비난했을 것이다. 반면에 장로들은 백성들이 최근에 왕에게 불충했던 것을 두고 그들을 비난했을 것이다. 그들은 상호간의 그런 맞비난을 통해 더욱 혼란스러워졌을 뿐 다윗을 왕도로 모셔오기 위한 그 어떤 실제적인 노력도 하지 않았다.

## 화해를 위한 제안

"다윗 왕이 사독과 아비아달 두 제사장에게 소식을 전하여 이르되 너희는 유다 장로들에게 말하여 이르기를 왕의 말씀이 온 이스라엘이 왕을 왕궁으로 도로 모셔오자 하는 말이 왕께 들렸거늘 너희는 어찌하여 왕을 궁으로 모시는 일에 나중이 되느냐 너희는 내 형제요 내 골육이거늘 너희는 어찌하여 왕을 도로 모셔오는 일에 나중이 되리요 하셨다 하고"(삼하 19:11-12). 다윗은 이스라엘 전역에 걸쳐 자신에 대한 우호적인 여론이 존재한다는 소식을 들었을 때 자신의 부족의 장로들에게 책임을 맡겼다. "우리가 친절을 기대할 만한 충분한 이유를 갖고 있는 자들로부터 늘 그것을 받는 것은 아니다"(Matthew Henry). 아, 그 말은 얼마나 진실된가! 우리는 우리와 가장 가까운 사람들 그리고 우리가 그들에게 가장 큰 권리를 주장할 수 있는 사람들이 가장 먼저 우리를 넘어뜨리고 가장 나중에야 우리를 돕는 것을 얼마나 자주 경험하는가! 아마도 성경에 이 사건이 기록된 주된 이유는 우리가 우리의 영적 형제들로부터 많은 것을 기대해서는 안 된다는 경고를 주기 위함일 것이다. 적게 기대할수록 실망도 적어질 것이다.

다윗 자신의 지파인 유대 지파가 그 일에 대해 진취적인 태도를 보이지 않았다는 사실은 그들 역시 최근의 반역에 깊이 관여했음을 암시한다. 그리고 이제 그들은 왕에게 적절한 제안을 하는 일에서 지나치게 여유를 부렸거나, 아니면 자기들이 너무나 악하게 압살롬의 편에 가담하는 잘못을 저질렀기에 그의 호의를 다시 얻을 가능성이 없다고 두려워했던 것 같다. 다윗은 신중하고 경건하게 제사장 가문에 속한 두 사람을 시켜 유다 장로들과 협상을 시도했다. 하나님을 경외하는 자들인 사독과 아비아달은 왕에게는 신임을 받고 백성들 대부분에게서는 존경을 받는 인물들이었다. 그러므로 왕이든 백성이든 그들이 자기들의 이익을 위해 일하는 것은 아닌가 하고 의심하지 않았다. 우리가 그들의 의로움 때문에 사람들로부터 존경을 받고 있는 이들과 교제하면서 어떤 중재가 필요할 경우 그들의 도움을 받는 것은 현명하고도 유익한 일이다.

"너희는 또 아마사에게 이르기를 너는 내 골육이 아니냐 네가 요압을 이어서 항상 내 앞에서 지휘관이 되지 아니하면 하나님이 내게 벌 위에 벌을 내리시기를 바라노라 하셨다 하라 하여"(삼하 19:13). 아마사는 다윗의 여동생의 아들이었는데(대상 2:17), 압살롬은 그를 반역군의 사령관으로 삼았다(삼하 17:25). 그러므로 그는 다윗이 자기편으로 만들기를 바라던 유력한 집단의 지도자였던 셈이다. 더구나 다윗은 가능하기만 하다면 오만하고 견디기 힘든 요압의 힘을 빼앗고자 했다. 그러나 그가 자신의 그런 계획을 드러낸 것은 현명하지 못한 일이었다. 왜냐하면, 비록 아마사가 다윗의 제안을 받아들였지만, 그는 자신이 책임을 맡은 첫 번째 군사작전을 수행하던 중에 요압에게 살해되었기 때문이다(삼하 20:10). 아마사에게 특별한 통지를 함으로써, 즉 그를 자신의 골육으로 지칭하고 만약 그가 자기

편에 가담한다면 모든 군대의 지휘관으로 삼겠다고 약속함으로써, 다윗은 이미 자기가 자신에게 극악한 일을 행한 자들을 용서할 준비가 되어 있다는 분명한 암시를 준 셈이다.

"[그가] 모든 유다 사람들의 마음을 하나 같이 기울게 하매 그들이 왕께 전갈을 보내어 이르되 당신께서는 모든 부하들과 더불어 돌아오소서 한지라"(삼하 19:14). 여기에서 "그"(He, KJV, 한글 성경에는 번역되어 있지 않다 - 역주)가 다윗을 가리키는지, 아마사를 가리키는지, 혹은 여호와를 가리키는지에 대해 여러 가지 서로 다른 의견들이 있다. 개인적으로 나는 그것이 여호와를 가리키는 것이라고 믿는다. 그 이유는 다음과 같다. 첫째, 13절에서 "하나님"이 직접 언급되고 있기 때문이다. 둘째, 만약 그것이 다윗을 가리키는 것이라면, 다음 문장은 "그들이 그에게['왕께'가 아니라 - 역주] 전갈을 보내어"가 되어야 했을 것이기 때문이다. 셋째, 우리는 아마사가 "모든 유다 사람들"에게 영향을 줄만큼 충분히 유명하거나 영향력이 있었다고 생각할 이유를 갖고 있지 않기 때문이다. 그리고 마지막으로, 사람의 마음을 정하시는 것은 오직 하나님만 갖고 계신 특권이기 때문이다(잠 21:11). 의심할 바 없이 하나님은 제사장들과 아마사의 설득을 통해 그들에게 영향을 끼치셨다. 그럼에도 백성들이 그렇게 자발적으로 뜻을 한데 모은 것은 모든 피조물을 주관하시는 분의 덕분으로 간주되어야 한다.

"왕이 돌아와 요단에 이르매"(삼하 19:15). 다윗은 백성들이 진심으로 자신의 귀환을 바란다고 확신하기 전까지 움직이려 하지 않았다. 그는 자기를 환영하지 않는 자들의 왕이 되기를 원하지 않았다. 여기에서 우리는 한 가지 중요한 예표적 진리를 볼 수 있다. "우리 주 예수님은 그분을 자신의 마음의 보좌로 모셔 들이는 자들만을 다스리실 것이고 초대받기 전에는 다스리지 않으실 것이다. 그분은 그의 권능의 날에 우리의 마음을 굴복시켜 자신의 뜻에 즐거이 헌신하게 하시고, 그 후에 원수들 중에서 다스리실 것이다[시 110:2-3]"(Matthew Henry).

… 74

# 요단강가로 돌아옴

사무엘하 19장

많은 이들이 살아가는 과정에서 당혹스러운 미로에 빠진다. 그 길의 뒤틀림과 구부러짐, 높고 낮음, 그리고 전진과 후퇴 등은 인간의 지혜로 풀기에는 너무 곤혹스럽다. 어떤 이들의 삶이 세상의 풍파에서 벗어나 있는 것은 사실이다. 그들의 삶에는 위험한 일이나 복잡한 일이 없다. 그러나 다른 이들의 삶은 아주 다를 수 있다. 그들의 삶은 이리저리 흔들릴 수 있다. 그러나 성경에 비추어 본다면, 그런 삶은 놀랄 만한 것이 아니다. 믿음의 족장들의 삶에 대해 읽을 때 우리는 그들이 자주 그들의 천막을 철거하고, 이 장소에서 저 장소로 옮겨가고, 갔던 길을 되돌아오는 모습을 발견한다. 그런 측면에서 본다면, 다윗의 삶 역시 예외가 아니었다. 하나님의 자녀들은 자신이 갔던 길을 되돌아오거나 몇 달 전 혹은 몇 해 전에 떠났던 곳으로 되돌아올지라도 그것을 아주 이상한 일로 여기지 말아야 한다.

성도가 삶의 낯선 부침 속에서 "여호와께서 사람의 걸음을 정하신다"(시 37:23)는 확신을 갖는 것은 얼마나 위로가 되는 일인가! 아, 성령의 영감을 받아 이 말을 쓴 사람은 다름 아닌 다윗이었다. 그는 세상만사를 예정하시는 하나님이 이 세상에서 자신의 모든 삶의 과정을 미리 정하시고 그렇게 되도록 명령하셨다는 것을 인정했다. 믿음으로 이 웅장한 진리를 붙드는 자는 행복하다, 아주 행복하다. 변덕스러운 운명이나 이해 못할 운이 아니라 가장 현명하시고 사랑이 많으신 하나님 아버지가 우리의 삶의 과정을 정하신다고 확신하는 것은 그렇게 믿는 자들의 마음에 다른 아무것도 제공할 수 없는 평안과 안정을 가져다준다. 그것은 실망감을 누그러뜨리고, 슬픔 가운데서 위로를 제공하며, 내면의 격정을 가라앉힌다. 그럼에도 우리 안에서 평화로운 의의 열매가 맺어지는 것은 오직 믿음이 작동할 때뿐이다. 불신앙의 악한 마음을 지닌 자는 그런 위로를 빼앗기고 결국 그의 어둠을 쫓아낼 그 어떤 빛도 갖고 있지 않은 가련한 세상 사람들과 동일한 수준으로 떨어지고 만다.

## 어둠 속을 비추는 빛

앞 장들에서 우리는 다윗이 예루살렘에서 요단강가로, 그리고 거기에서 다시 마하나임으로 옮겨갔던 슬픈 사건들에 대해 살펴보았다. 그리고 이제 우리는 여기에서 그가 그 길을 되돌아오는 보다 밝은 이야기에 대해 살펴보려 한다. 여기에서 제시되는 대조는 참으로 놀랍다. 그것은 우리에게 길고 음울한 겨울을 지낸 후 맞이하는 반가운 봄과 쾌적한 여름을 떠오리게 한다. 많은 이들이 계절과 삶의 서로 다른 단계 및 경험들 사이에 존재하는 유비에 대해 자주 생각해 왔다. 그렇다고 그것이 지나치게 잦은 것은 아니었다. 왜냐하면 우리가 그런 유비를 통해 배워야 할 유익한 교훈들이 아주 많기 때문이다. 우울하고 화를 잘 내는 사람들은 슬프고 칙칙한 것에 대해 자주 생각하는 경향이 있다. 그것은 마치 뜨거운 열기 때문에 고통을 겪은 이들이 여름이 끝날 때 기뻐하는 것과도 같다. 반면에 다른 이들은 즐겁고 기쁜 것들에 대해서만 생각하면서 심각하고 냉정하고 엄중한 현실을 마주하기를 거부하기로 결심한 자들도 있다. 이것은 마치 어떤 이들이 비가 햇살만큼이나 필요하다는 사실을 깨닫지 못한 채 늘 날씨가 우중충하다고 불평하는 것이나 마찬가지다.

그리스도인의 경험에 대해 설명하고자 하는 설교자들의 상황도 마찬가지다. 한 신자의 내적 경험 혹은 그런 경험을 이루는 요소들에 대해 설명하고자 하는 이들 중 어떤 이들은 부적절할 만큼 과도하게 신자의 확신과 평안과 기쁨에 대해서만 이야기한다. 반면에 다른 이들은 신자의 고통스러운 싸움과 패배 그리고 의심과 두려움만을 과도하게 강조한다. 전자나 후자 모두 해롭다. 왜냐하면 그럴 경우에는 어느 쪽이든 진리의 한 측면만 강조하는 셈이 되기 때문이다. 전자는 다윗이 예루살렘에서 요단강가로 도망쳤던 일과 다시 그곳에서 마하나임으로 옮겨갔던 일들을 신속하게 건너뛴다. 반면에 후자는 그가 추방지에서 왕도로 되돌아오는 보다 즐거운 일에 대해 충분히 상술하지 않는다. 우리는 그런 일방적인 태도를 피하고 균형을 유지할 필요가 있다. 그렇게 할 때 우리는 우리가 겪는 삶의 각 단계들에 대해 동등하게 감사할 수 있고, 또한 하나님이 우리에게 겪게 하시는 다양한 삶의 경험들로부터 유익을 얻어낼 수 있다.

그동안 다윗이 음울하고 비극적인 시기를 지내왔다면, 이제 그는 얼마간 즐겁고 만족스러운 경험을 하게 될 것이다. 그동안 그가 자기 백성들 중 일부에게서 배은망덕하고 부당한 비난을 받았다면, 이제 그는 그의 다른 백성들로부터 충심어린 환영과 정중한 존경을 받게 될 것이다. 여론의 흐름은 얼마나 쉽게 변하는가! 한 순간 "진실로 이 사람은 살인한 자로다"라고 외치던 자들이 다음 순간 마음을 바꾸고 "그는 신이라" 하고 말하는 게 사람들이다(행 28:4-6). 이것은 우리에게 그 어떤 피조물에게도 의지하지 말라는 경고를 제공한다!

우리는 하나님께서 누군가로 하여금 우리에게 호의를 베풀게 하실 때 마땅히 그분께 감사해야 한다. 사람들이 우리에게 호의를 보이다가 적대적이 되는 경우가 있고, 때로는 그 반대의 경우도 있다. 우리가 이제부터 살피려고 하는 사건이 바로, 삶의 그런 단계에 대한 것이다.

## 유다 지파의 선수

"왕이 돌아와 요단에 이르매"(삼하 19:15a). 그가 마지막으로 그 강가에 섰던 때 이후로 상황이 얼마나 크게 달라졌는가! 그때 그는 수많은 유대 지파 사람들의 마음을 훔친 압살롬을 피해 달아나고 있었다. 그리고 이제 그 반역자는 죽었고, 하나님은 다윗에게 그 지파 사람들의 애정을 회복시켜 주셨다. 그로 인해 유다 지파의 모든 사람들이 그에게 사람을 보내 "당신께서는 모든 부하들과 더불어 돌아오소서"(14절)라는 말을 전했다. 하나님이 자기와 함께 계시다는 것과 자기가 백성들의 충성에 의지할 수 있음을 확신한 다윗은 임시 진영이 있던 마하나임을 떠나 그 유명한 강가로 나아갔다. 그가 이처럼 천천히 행동한 것은 부분적으로는 정말로 백성들이 자기가 그들을 다스려 주기를 바라는지 알아봄으로써 자신의 입지에 대한 확신을 얻고자 했기 때문이다. 그는 군대의 힘이 아니라 백성들의 바람에 의지해 자신의 지위를 회복하고자 했던 것이다.

"유다 족속이 왕을 맞아 요단을 건너가게 하려고 길갈로 오니라"(삼하 19:15b). 다윗이 사독과 아비아달을 돌려보내 자신에 대한 유다 장로들의 태도를 알아보게 했던 것을 떠올려 보자(11-12절). 그가 다른 지파의 우두머리들과도 협의하지 않은 것은 참으로 애석한 일이었다. "만약 그들이 그들의 형제들과 협의해 함께 행동했다면 훨씬 좋았을 것이다. 그랬더라면 이후의 여러 가지 나쁜 결과들을 막을 수도 있었을 것이다"(Thomas Scott). 비록 그것이 시간을 좀더 늦추는 것이 되었을지라도, 이스라엘 여러 지파들이 함께 행동했더라면 훨씬 더 만족스러운 결과를 얻을 수 있었을 것이다. 편파적인 태도로 얻을 수 있는 것은 아무것도 없다. 무시된 자들은 슬픔을 곱씹고, 조만간 불만을 드러내고, 결국 문제를 야기하기 마련이다. 이스라엘 백성들의 경우가 그러했다. 그 후 1백년도 지나지 않아 이스라엘의 열 부족이 이스라엘 왕국으로부터 갈라져나갔고 다시는 되돌아오지 않았다.

"유다 족속이 왕을 맞아 요단을 건너가게 하려고 길갈로 오니라." 유다 지파 사람들이 다윗을 맞으러 온 장소는 기념할 만한 사건들과 연관되어 있었다. 그곳은 여호수아가 여호와의 명령을 받아 광야에서 태어난 이스라엘 사람들에게 할례를 행함으로써 그들에게서 "애굽의 수치"를 떠나가게 했던 곳이었다(수 5:2-9). 그곳이 그런 이름을 얻은 것 역시 그 사건 때문이었다. 왜냐하면 "길갈"이란 "떨어져 나가다"를 의미하기 때문이다. 그 선택된 장소는 얼마나 적절했는가! 왜냐하면 유다 족속이 다윗에 대한 충성을 새롭게 다짐했을 때 그들의 불충으로 인한 불명예가 그들에게서 떨어져나갔기 때문이다. 전에 우리는 싱경에서 다음과 산이 읽은 적이 있다. "사무엘이 백성에게 이르되 오라 우리가 길갈로 가서 나라를 새롭게 하자"(삼상 11:14). 그렇게 역사는 실질적으로 반복된다.

## 시므이와 시바의 마중

"바후림에 있는 베냐민 사람 게라의 아들 시므이가 급히 유다 사람과 함께 다윗 왕을 맞으러 내려올 때에"(삼하 19:16). 때로 우리는 낙심으로 가득 찬 삶의 한가운데서 유쾌한 놀람을 경험한다! 시므이는 다윗을 환영하러 나온 사람들 가운데 섞여 있으리라고는 도저히 기대할 수 없는 인물이었다. 그는 다윗이 예루살렘을 떠날 때 그를 비난하고 저주했던 자이기 때문이다(삼하 16:5-6). 주석가들은 이때 시므이가 다윗에게 보인 우호적인 태도는 인간적인 신중함이나 자기 보존의 본능에 불과하다고 여긴다. 그러나 나는 그런 해석이 크게 잘못되었다고 여긴다. 사실 이때 그는 목숨의 위협을 느끼고 있는 사람처럼 보이지 않는다. 다음 절에서 우리는 그가 베냐민 사람 천 명과 동행했다는 내용을 읽기 때문이다(17절). 아니다, 나는 본문 14절에 비추어 이것을 어떤 사람이 주님을 기쁘게 해드릴 때 그분이 그의 적들로 하여금 그와 더불어 화평하게 하시는 것에 대한 또 다른 실례라고 믿는다.

"베냐민 사람 천 명이 그와 함께 하고 사울 집안의 종 시바도 그의 아들 열다섯과 종 스무 명과 더불어 그와 함께 하여 요단 강을 밟고 건너 왕 앞으로 나아오니라"(삼하 19:17). 매튜 헨리가 잘 지적했듯이, "아마도 여호수아가 요단강을 건넌 이후로 사람들이 지금보다 더 엄숙하게 그리고 이보다 더 특별한 사건과 더불어 그 강을 건넌 적은 없었을 것이다." 이때 거짓말쟁이 시바가 다윗에게 경의를 표하는 것은 시므이가 그랬던 것만큼이나 놀라운 일이었다. 왜냐하면 시므이가 더러운 혀를 놀려 다윗을 비난했다면, 시바는 그에게 사악한 거짓말을 하면서 선량한 사람에 대해 나쁘게 말했기 때문이다(삼하 16:1-4). 의심할 바 없이 그는 므비보셋이 왕에게 잘못을 깨닫게 하기 전에 자신에 대한 왕의 호의를 보다 굳건히 하고자 했을 것이다.

"왕의 가족을 건너가게 하며 왕이 좋게 여기는 대로 쓰게 하려 하여 나룻배로 건너가니"(삼하 19:18a). "이것은 성경에서 강을 건너는 배가 언급되는 유일한 경우다. 성경에는 강을 건너는 다리가 언급되는 경우가 없다. 그 당시 사람들은 대개 강을 걸어서 건넜다"(Thomas Scott). "왕이 요단을 건너가게 할 때에 게라의 아들 시므이가 왕 앞에 엎드려"(삼하 19:18b). 여기에서 우리는 하나님의 권능에 대한 중요한 예시를 발견한다. 그분에게는 어려운 일이 아무것도 없다. 그분은 가장 반역적인 마음을 가진 자라도 얼마든지 제압하실 수 있다. 성령께서는 타락한 자들 안에서도 놀라운 역사를 일으키시고 그들을 세워하실 수 있다. 그렇지 않다면, 그분에게 선택받은 자들은 이 세상에서 살아갈 수 없을 것이다. 그러나 오늘날에는 성도들조차 이런 사실을 제대로 인식하는 경우가 거의 없다. 그들은 자신들의 적들의 증오를 누그러뜨리시고 다른 이들로 하여금 자기들에게 우호적이고 친절한 태도를 보이게 하시는 하나님의 손길을 거의 깨닫지 못한다. 인간의 삶의 모든 분야에서 하나님을 제외시키고자 하는 무신론의 정신이 이 악한 세대에게 점점 더 큰 영향을 주고 있다.

### 용서를 간청하는 시므이

"왕께 아뢰되 내 주여 원하건대 내게 죄를 돌리지 마옵소서 내 주 왕께서 예루살렘에서 나오시던 날에 종의 패역한 일을 기억하지 마시오며 왕의 마음에 두지 마옵소서 왕의 종 내가 범죄한 줄 아옵기에 오늘 요셉의 온 족속 중 내가 먼저 내려와서 내 주 왕을 영접하나이다 하니"(삼하 19:19-20). 우리는 이 사건에서 다윗의 위대한 후손이자 주님이신 분의 자비 앞에 자신을 내던지며 회개하는 죄인의 예표적 모습을 볼 수 있다. 우리가 참된 회개가 일어나는 곳에서 볼 수 있는 것이 바로 그런 것이다. "악인은 그의 길을, 불의한 자는 그의 생각을 버리고 여호와께로 돌아오라 그리하면 그가 긍휼히 여기시리라 우리 하나님께로 돌아오라 그가 너그럽게 용서하시리라"(사 55:7). 지금 시므이가 따르는 과정이 바로 그것이었다. 그는 반역적인 행동을 그쳤고, 다윗과 맞서기 위해 들었던 무기를 내려놓았고, 자기가 저지른 악한 죄를 시인했고, 왕의 발 앞에 엎드렸고, 자기가 기꺼이 그의 왕권에 복속하리라고 공언했다. 구원의 자비는 다른 방식으로는 얻을 수 없다. 완전한 "돌아섬"이 있어야 한다. 뉘우침과 고백은 그리스도에 대한 믿음만큼이나 꼭 필요한 요소다.

독자들이여, 당신은 그리스도의 주권에 진실로 항복한 적이 있는가? 만약 그런 적이 없다면, 당신이 무엇을 믿든, 혹은 아무리 정통신앙을 고백하든, 당신은 여전히 당신의 죄 가운데 있는 것이며 영원한 파멸의 길 위에 서 있는 셈이다. 간청하건대, 이 점에서 실수하지 말라. 당신은 자신의 영혼을 살피면서 당신이 품고 있는 구원에 대한 소망의 근거가 무엇인지를 철저히 조사해 볼 필요가 있다. 만약 당신이 자기를 즐겁게 하는 삶을 살고 그리스도의 명령에 순종하지 않는다면, 당신은 그분에 대해 공개적으로 반역하고 있는 셈이다. 세상적이고 인간적인 만족이라는 옛 삶으로부터의 단절, 그리스도를 통한 하나님과의 새로운 관계 속으로 들어가는 것, 그리고 성령의 뜻에 복종하고 당신의 모든 행위를 그 명령에 따라 행하는 것이 필요하다. 당신은 자신을 위해 살거나, 아니면 하나님을 섬기고 그분을 기쁘게 해드리기 위해 노력하거나 할 수 있다. 그리고 당신은 지금 당신이 어느 길을 따르고 있는지 분명하게 알고 있다. 주일에는 신앙심 깊은 사람처럼 지내지만 다른 엿새 동안에는 불신앙적인 삶을 사는 것은 아무 소용이 없다. 다윗은 주님으로부터 놀라운 긍휼을 얻었다. 그리고 이제 그는 그 가련한 시므이에게 긍휼을 베풀었다. 그리고 이에 대한 보상으로 그는 하나님으로부터 추가적인 긍휼을 얻게 될 것이다.

"스루야의 아들 아비새가 대답하여 이르되 시므이가 여호와의 기름 부으신 자를 저주하였으니 그로 말미암아 죽어야 마땅하지 아니하니이까 하니라"(삼하 19:21). 아비새는 오만한 요압의 동생이었고 자기 형의 횡포한 성격을 그대로 갖고 있었다. 그는 시므이가 다윗을 비난했을 때 그를 죽이겠노라고 공언했던 자였다(삼하 16:9). 자비는 그의 본성과는 거리가 멀었다. 시므이가 지금 공개적으로 자신의 잘못을 시인하고 왕의 용서를 구하고 있음에도, 스루야의 아들은 그의 피를 원했다. 그러나 우리는 이것을 죄인들이 하나님 앞에서 그들의 참된 위치에 서려고 할 때마다 그들에게 반대하는 이들이 있었다는 원리(눅 9:42과 15:2 등 참고)에 대한 예증으로 보아서는 안 된다. 하나님의 은혜를 지나치게 강조할 경우 구원의 길이 너무 쉬워진다고 불평하는 자들이 있는 반면, 하나님의 의와 그리스도의 요구를 적절히 강조하는 것은 행위를 통한 구원을 되풀이해 가르치는 것이라고 주장하는 이들도 있다.

"다윗이 이르되 스루야의 아들들아 내가 너희와 무슨 상관이 있기에 너희가 오늘 나의 원수가 되느냐 오늘 어찌하여 이스라엘 가운데에서 사람을 죽이겠느냐 내가 오늘 이스라엘의 왕이 된 것을 내가 알지 못하리요 하고 왕이 시므이에게 이르되 네가 죽지 아니하리라 하고 그에게 맹세하니라"(삼하 19:22-23). 다윗이 아비새의 악한 제안을 얼마나 혐오했는지에 주목하는 것은 참으로 복되다. 스루야의 그 아들―그의 마음은 하나님 앞에서 깨진 적이 없었기에 그분의 연민을 결여하고 있었다―은 지금이 순전한 정의를 수행할 때가 아니라는 사실을 알아차리기에는 너무나 눈이 멀어 있었다. 그러나 다윗은 그렇지 않았다. "긍휼히 여기는 자는 복이 있나니 그들이 긍휼히 여김을 받을 것이다"(마 5:7). 다음의 엄중한 말씀을 무시하지 말라. "너희가 사람의 잘못을 용서하면 너희 하늘 아버지께서도 너희 잘못을 용서하시려니와 너희가 사람의 잘못을 용서하지 아니하면 너희 아버지께서도 너희 잘못을 용서하지 아니하시리라"(마 6:14-15). 하나님이 자기 백성에게 은혜를 베푸시는 것은 그들 자신이 은혜롭게 되게 하시기 위함이다. 즉 그들로 하여금 하나님 자신을 반영하는 자들이 되게 하시기 위함이다.

## 용서받은 자의 용서

여기에서 우리의 영웅을 움직였던 사랑스러운 정신에 대해 조금 더 생각해 보자. 사무엘상과 사무엘하의 앞부분에서 우리는 "다윗을 향한" 하나님의 은혜에 대해 살펴보았다. 그 은혜는 그를 택하고, 높이고, 용서하고, 보호해 주었다. 또 우리는 "다윗 안에서" 작동하는 하나님의 은혜를 살펴보았다. 그 은혜는 그의 삶의 일반적인 법칙이었다. 그리고 이제 그 은혜는 하나님이 그를 다루시는 방식의 특징이 되었던 것처럼 그가 다른 이들을 다루는 방식의 특징이 되었다. 부르심을 받아 은총을 얻은 그는 다른 이들에게 은총을 베풀었다. 그는 비난을 받았을 때 되받아 비난하지 않았다(삼상 17:28). 그는 박해를 받았을 때 위협하지 않았고 오히려 그 박해를 감내했다(삼상 19:21). 우리는 그가 자신을 높이거나 명예를 구했다는 이야기를 듣지 못한다. 사울이 죽었다는 소식을 들었을 때 그는 기뻐하는 대신 울었다. 우리는 그가 아브넬과 이스보셋의 죽음 앞에서 슬퍼하며 금식했다는 말을 듣는다. 정도의 차이는 있으나 이것은 모든 그리스도인들과 관련해서도 마찬가지다. 그들 안에는 밉살스러운 육신의 일들에도 불구하고 귀한 성령의 열매들 역시 존재한다. 그것들은 늘 다른 이들의 눈에 보이거나 우리 자신에게 인식되지는 않을지라도 하나님의 눈에는 보이고 그분께 승인된다.

이것이 하나님의 마음에 맞는 자의 모습이었다. 그는 그가 관여했던 모든 일에서—한동안 사탄에게 휘둘렸던 때를 제외하고—자기 권력의 확대나 설욕(雪辱)을 추구하지 않았고 오히려 은혜롭고 친절하게 다른 이들을 섬겼다. 이에 대한 가장 복된 예는 사무엘하 9장에서 나타난다. 그는 "사랑을 받는 자녀와 같이"(엡 5:1) 하나님을 본받는 자가 되려 했다. 아비새가 에누리 없는 의를 수행하고자 했을 때도 마찬가지였다. 여호와의 마음 안에서 그를 향한 심판보다 긍휼이 앞섰던 것처럼, 다윗의 마음 안에서도 그와 동일한 현상이 나타났다. 은혜로우신 하나님은 그가 우리아에게 저지른 통탄스러운 죄를 용서해 주셨을 뿐 아니라, 이제 그를 압살롬의 살의에 찬 계획으로부터도 구해 주셨다. 그러니 그런 그가 어떻게 자신의 가장 비열한 적의 죽음에 동의할 수 있겠는가! 아, 독자들이여, 하나님의 은혜는 죄를 용서할 뿐 아니라, 또한 죄인들을 변화시킨다. 그것은 사자를 길들이고 늑대를 온순하게 만든다.

그러나 우리는 여기에서 다시 한 번 다윗을 넘어 그가 그토록 탁월하게 예표하고 있는 복된 분에게 주목할 필요가 있다. 우리는 우리 앞에 놓인 사건을 통해 복음에 대한 사랑스러운 예표를 얻는다. 복음의 웅대한 진리는 "그리스도께서 죄인들을 받으신다"는 것이다. 그렇다, 그분은 자신의 최악의 적들에게 자비를 베푸실 뿐 아니라, 그들을 환영하시고 값없이 용서하신다. 그럼에도 그들은 그분께 구해야 하고, 그분의 주권에 복종해야 하고, 회개자의 모습으로 먼지를 뒤집어 쓴 채 그분 앞으로 나아가 자신들의 죄를 고백하고 자신들을 그분의 통치적 긍휼에 맡겨야 한다. 그것이 시무이가 한 일이었다. 그는 다윗꼐 회해하기로 결심했고, 그에게 나아갔고, 그 앞에서 절했다. 그리고 우리는 다윗이 그를 향해 "네가 죽지 아니하리라"고 말하는 소리를 듣는다. 그리고 독자들이여, 이것은 왕 중의 왕께서 당신에게 하실 말씀이기도 하다. 만약 당신이 그분을 향해 들었던 무기를 내려놓고 그분을 믿기만 한다면 말이다. 하나님의 영이 믿지 않는 독자들을 은혜롭게 어루만지셔서 그들 역시 그렇게 할 수 있게 되기를!

# 75

## 복위 (I)

사무엘하 19장

계속해서 다윗이 마하나임에서 요단강가로 그리고 거기에서 다시 예루살렘으로 돌아가는 과정을 추적해 보자. 그의 운명의 변화를 암시하는 여러 가지 사건들이 일어났다. 역경의 시기에 왕을 저버렸던 많은 이들이 그가 형통하는 지금 다시 그의 곁으로 모여들었다. 그러나 그들 모두가 형편이 좋을 때만의 친구들이었던 것은 아니다. 어떤 이들은 그에게 역경이 닥쳤을 때 실제적으로 그를 섬겼다. 방해를 받았기에 그렇게 할 수 없었던 이들은 그럼에도 여전히 그에게 충성을 다했고 그가 추방지로부터 돌아올 때가 되자 그를 맞으러 나갔다. 이런 사건들 각각은 그 자체로 매력적이다. 앞 장 말미에서 우리는 우리의 영웅이 자기를 저주했던 시무이에게 굉장한 관용을 베푼 것을 살펴보았다. 그리고 이제 우리는 그의 지혜와 충성에 대해 살필 것이다.

## 므비보셋의 마중과 해명

"사울의 손자 므비보셋이 내려와 왕을 맞으니 그는 왕이 떠난 날부터 평안히 돌아오는 날까지 그의 발을 맵시 내지 아니하며 그의 수염을 깎지 아니하며 옷을 빨지 아니하였더라"(삼하 19:24). 이것은 놀랄 만큼 감동적이다. 므비보셋이 다윗의 대적이었던 사울의 손자였음을 기억하라. 그는 그의 아비인 요나단 때문에 다윗에게서 큰 은총을 입어 그의 식탁에서 먹을 수 있게 되었다(삼하 9). 므비보셋은 양쪽 발을 다 저는 절름발이었다(삼하 4:4; 9:3). 다윗이 곤경에 처했을 때 그는 정성을 다해 유용한 선물을 준비한 후 자기 종에게 자신이 도망하는 왕에게 타고 갈 수 있도록 노새 위에 안장을 얹으라고 명령했다. 그러나 그의 종 시바는 그 명령에 순종하는 대신 자기가 그 노새를 타고 왕에게 나아가 마치 그 선물을 자기가 준비한 것인 양 제공하고 자기 주인을 극악하게 중상했다(삼하 16:1-4). 예루살렘을 떠나 있는 동안 다윗은 므비보셋의 충성에 대해 오해할 수밖에 없었다. 그러나 이제 진실이 밝혀지게 되었다.

본문 24절에 므비보셋과 관련해 기록된 내용은 다윗이 거부와 수치를 당하던 시기에 그가 다윗을 향해 품었던 마음을 분명하게 보여 준다. 다윗의 슬픈 상황에 대한 그의 안타까움은 너무나 실제적이고 컸기에 그는 자신을 완전히 잊을 정도가 되었다. 그는 자신의 처지를 살피려 하는 대신 다윗의 부재를 진심으로 슬퍼했다. 그의 이런 모습은 아름답다. 그리고 이것은 우리에게 교훈이 되기 위해 기록된 것이다. 구약 성경에 실려 있는 모든 이야기들은 우리가 그것을 볼 눈과 받아들일 마음만 갖고 있다면 우리를 위한 교훈을 갖고 있다. 이 사건에 내포된 오늘날의 신자들을 위한 실제적인 교훈은 그리스도가 하신 다음과 같은 말씀 안에서 찾아볼 수 있다. "혼인집 손님들이 신랑과 함께 있을 동안에 슬퍼할 수 있느냐 그러나 신랑을 빼앗길 날이 이르리니 그때에는 금식할 것이니라"(마 9:15). 우리가 우리의 왕이 부재하는 동안 슬퍼하는 것은 적절한 일이다! 사도가 고린도 교인들을 향해 "너희가 이미 배부르며 이미 풍성하며 우리 없이도 왕이 되었도다"(고전 4:8)라고 비난하는 것에 주목하라.

다윗은 그에게 "네가 어찌하여 나와 함께 가지 아니하였더냐" 하고 물었다. 먼저 다윗이 그를 혐오하며 그에게 등을 돌리고 그의 말을 듣지 않으려 하지 않았던 것에 주목하라. 아마도 다윗은 시바가 자기에게 심어 준 잘못된 인상 때문에 그가 자기를 마중 나온 것을 보고 놀랐을 것이다. 그러나 므비보셋의 현재의 모습은 아주 다른 인상을 주었기에 다윗은 그에게 사정을 설명하고 자기를 변호할 기회를 주었다. 여기에는 우리가 유념해야 할 중요한 교훈이 있다. 우리는 늘 공정하고 불편부당하기 위해 애써야 한다. 그리고 기꺼이 양쪽 모두의 의견에 귀를 기울여야 한다. 누군가가 다른 이의 등 뒤에서 한 말만 듣고서 당사자와 얼굴을 맞대고 그 자신의 설명을 들으려 하지 않는 것은 아주 부당한 일이다.

므비보셋은 자기에게 주어진 기회를 기쁘게 활용했고 사실을 있는 그대로 진술했다(삼하 19:25-26). 그는 가장 존경어린 그리고 애정이 깃든 언어를 사용하며 말했다. 이것은 우리가 그와 유사한 상황에 처할 때 유념해야 할 좋은 본보기다. 우리는 우리에 대한 악한 소문을 믿으려 했던 사람을 강하게 비난하거나 심판하는 것을 통해서는 아무것도 얻을 수 없고, 그럴 경우 상황은 나아지기는커녕 더 나빠질 뿐이다. "내 주 왕께서는 하나님의 사자와 같으시니 왕의 처분대로 하옵소서"(삼하 19:27). 이 말로써 므비보셋은 자신이 다윗의 지혜와 공의로움을 믿는다는 사실을 드러냈다. 그는 일단 자신의 주군이 양편 모두의 말을 듣고 그 상황의 시비를 가리기 위한 시간을 가졌다는 사실만으로 만족했다. 이제 그는 더 이상 거짓말 때문에 억울함을 당하지는 않을 것이다. 그렇기에 그는 자기의 문제를 다윗의 손에 맡기는 것을 두려워하지 않았다.

다음으로 므비보셋은 자신과 자신의 가족이 완전히 무가치한 자들임을 시인하고 자기에게 베풀어졌던 큰 은혜를 인정했다. "내 아버지의 온 집이 내 주 왕 앞에서는 다만 죽을 사람이 되지 아니하였나이까 그러나 종을 왕의 상에서 음식 먹는 자 가운데에 두셨사오니 내게 아직 무슨 공의가 있어서 다시 왕께 부르짖을 수 있사오리이까 하나이다"(삼하 19:28). "이것은 시바가 했던 말이 터무니없는 것이었음을 보여 준다. 사람이 얼마나 어리석어야 왕에게서 그토록 귀하게 그리고 행복하게 대접을 받고 있으면서 그보다 더 좋은 것을 얻고자 할 수 있겠는가?"(Matthew Henry). 이것은 강력한 논리였다. 므비보셋은 왕의 관대함 때문에 이미 많은 것을 받고 있었다. 그러니 그런 상태의 그가 무엇 때문에 왕국을 탐냈겠는가? 그는 조롱당하지 않았고 유산이 없는 것도 아니었다. 왕의 가족의 일원이 된 그가 일부러 왕의 진노를 초래하는 것은 완전히 미친 짓이나 다름없는 것이었으리라. 그러나 므비보셋은 더 이상 자신을 변호하려 하지 않았다.

## 이상한 명령과 보응

"왕이 그에게 이르되 네가 어찌하여 또 네 일을 말하느냐 내가 이르노니 너는 시바와 밭을 나누라 하니"(삼하 19:29). 주석가들이 이 구절이 갖고 있는 의미를 완전히 놓치고 있는 것은 이상한 일이다. 그들은 다윗이 므비보셋의 말을 완전히 믿지 못했다고 여기는데,

그것은 사실 그들 자신이 그 말이 설득력이 약하고 불만족스럽다고 여기는 것이나 다름없다. 그러므로 나는 우리가 이 구절에 대해 좀더 생각해 볼 필요가 있다고 느낀다. 첫째, 이때 다윗이 한 말은 자신이 앞서 내렸던 결정은 변할 수 없고 자신이 내린 판결은 지속되어야 한다는 뜻이 아니었다. 내가 그렇게 주장하는 이유는 단순하지만 확실하다. 다윗은 전에 그런 명령을 내린 적이 없었기 때문이다! 므비보셋의 종 시바가 왕을 속였던 때로 돌아가 본다면, 우리는 그때 다윗이 다음과 같이 말했음을 발견하게 될 것이다. "므비보셋에게 있는 것이 다 네 것이니라"(삼하 16:4).

그러므로 지금 다윗은 그때 자기가 내렸던 명령을 다시 확언하고 있는 게 아니다. 그렇다면 우리는 지금 그가 하는 말을 어떻게 이해해야 하는가? 그는 시바와 므비보셋의 서로 충돌하는 말 때문에 헷갈려서 어느 쪽을 믿어야 할지 몰라 일종의 타협책으로 땅을 나눠 가지라고 제안하고 있는 것인가? 절대로 아니다. 왜냐하면 그것은 그들 모두에게 아주 부당한 일이 될 것이기 때문이다. 그렇다면 무엇인가? 다음과 같다. 즉 다윗은 그 말을 아주 엄격한 의미로 했던 것이 아니라, 므비보셋의 마음을 시험하고 자신에 대한 그의 애정을 확인하기 위해 했던 것이다. 만약 므비보셋이 교활하고 욕심 많은 자라면 다음과 같이 외칠 것이다. "좋습니다, 좋아요. 아주 만족할 만한 처사이십니다." 그러나 참으로 다윗에게 헌신했던 므비보셋은 그렇게 말하지 않았다.

우리는 두 명의 창녀가 솔로몬에게 제시했던 당혹스러운 상황을 통해 이와 비슷한 경우를 보지 않는가? 그 두 여인은 각기 아이를 낳았다. 그 중 한 여인이 아이를 끼고 자다가 질식시켜 죽이고 말았다. 그리고 그 여인은 살아 있는 아기를 훔쳤다. 그 두 여인이 왕에게 왔을 때, 그들은 각자 자기가 그 살아 있는 아기의 엄마라고 주장했다. 그때 솔로몬이 그녀들에게 뭐라고 말했던가? "산 아이를 둘로 나누어 반은 이 여자에게 주고 반은 저 여자에게 주라"(왕상 3:25). 바로 다윗이 므비보셋에게 했던 제안과 같은 것이었다! 그리고 그 제안은 어떤 결과를 낳았는가? 사기꾼은 기꺼이 그 제안에 동의했으나, 그 산 아기의 실제 엄마는 즉각 소리쳤다. "내 주여 산 아이를 그에게 주시고 아무쪼록 죽이지 마옵소서"(26절). 이후의 결과가 보여 주듯이, 여기서도 마찬가지였다.

"므비보셋이 왕께 아뢰되 내 주 왕께서 평안히 왕궁에 돌아오시게 되었으니 그로 그 전부를 차지하게 하옵소서 하니라"(삼하 19:30). 이것은 그가 다윗에 대해 품고 있는 거짓과 사심 없는 사랑을 얼마나 분명하게 보여 주는가! 그가 바라는 모든 것은 다윗과의 교제뿐이었다. 왕이 복위되기만 한다면, 다른 것은 아무래도 상관없었다. 므비보셋에게는 다윗과 함께 있는 것이 집이나 땅을 소유하는 것보다 훨씬 더 좋은 일이었다. 훗날의 한 사건이 므비보셋이 왕의 호의를 잃지 않았음을 확증해 주었다. 기브온 사람들을 죽인 죄에 대한 보응을 위해 사울의 자손들 일곱 사람이 살해당했을 때와 관련해 성경은 분명하게 다음과 같이 기록하고 있다. "그러나 다윗과 사울의 아들 요나단 사이에 서로 여호와를 두고 맹세한 것이 있으므로 왕이 사울의 손자 요나단의 아들 므비보셋은 아꼈다"(삼하 21:7)! 그렇다면 그 사악한 시바는 어찌되었는가? 그는 시므이처럼 벌을 받지 않은 채 자기 길을 가도록 허락받았다. 다윗은 자신이 복위된 것에 대한 감사의 표시로 자기에게 상처를 주었던 자들을 은혜롭게 용서해 주었던 것이다.

### 늙은 바르실래의 배웅

"길르앗 사람 바르실래가 왕이 요단을 건너가게 하려고 로글림에서 내려와 함께 요단에 이르니 바르실래는 매우 늙어 나이가 팔십 세라 그는 큰 부자이므로 왕이 마하나임에 머물 때에 그가 왕을 공궤하였더라"(삼하 19:31-32). 이 사람이 곤고한 상황에 처한 다윗을 도왔던 것에 대해서는 사무엘하 17장 말미에서 이미 살펴본 바 있다. 의심할 바 없이 바르실래가 다윗과 그의 추종자들을 그렇게 섬긴 일은 굉장한 위험을 자초하는 것이었다. 왜냐하면 만약 그 싸움에서 압살롬이 이길 경우, 그는 그가 한 일 때문에 극심한 고통을 당할 것이 분명했기 때문이다. 그러므로 여기에서 그가 연약한 몸을 이끌고 와서 그의 사랑하는 군주가 요단강을 건너는 것을 돕는 모습을 보는 것은 감동적이다.

"왕이 바르실래에게 이르되 너는 나와 함께 건너가자 예루살렘에서 내가 너를 공궤하리라"(삼하 19:33). 왕은 그 늙은 신하의 충성과 관대함과 환송에 대해 깊이 감사했다. 그리고 그가 자신의 복위를 축하하는 잔치에 참여하기를 바랐다. 그러나 바르실래는 다른 생각을 갖고 있었다. 그는 자기처럼 죽음이 가까운 사람은 잔치자리의 흥겨움보다는 좀더 진지하고 엄숙한 일에 몰두해야 한다고 생각했다. 그리고 그것은 옳은 생각이었다. 금식해야 할 때가 있듯이 잔치해야 할 때가 있는 것은 사실이다. 그러나 잔치는 죽음의 문턱에 선 사람이 할 일은 아니다. 연로한 자는 인간적 쾌락을 적절하게 처리하고 자신의 생각과 애정을 이 세상이 제공하는 최고의 것 이상의 지속적이고 영원한 것에 두어야 한다.

"청하건대 당신의 종을 돌려보내옵소서 내가 내 고향 부모의 묘 곁에서 죽으려 하나이다 그러나 왕의 종 김함이 여기 있사오니 청하건대 그가 내 주 왕과 함께 건너가게 하시옵고 왕의 처분대로 그에게 베푸소서 하니라"(삼하 19:37). 분명히 김함은 그의 아들이나 손자들 중 하나였을 것이다. 바르실래는 떠오르는 세대에 대해 비뚤

어진 태도를 갖고 있는 엄격한 냉소주의자가 아니었다. "연로한 자들은 젊은이들을 시기하지 말아야 한다. 그들 자신이 과거에 젊은이들이 지금 누리고 있는 기쁨을 누렸기 때문이다. 또 그들은 젊은이들에게 지금 자기들처럼 물러나라고 강요해서도 안 된다"(Matthew Henry). 경험이 많은 자들은 한편으로는 젊은이들이 육신의 어리석음과 이 세상의 덫에 빠지지 않도록 경고하고 지켜 주어야 한다. 하지만 다른 한편으로 그들은 젊은이들에게서 자기들이 과거에 누렸던 적법한 즐거움들을 빼앗으려 하는 극단에 빠지지도 말아야 한다. 우리가 우리의 책임하에 있는 자들을 보호한다는 그럴듯한 구실을 내세워 이기적이고 심술궂게 되는 것은 아주 쉬운 일이다. 그것이 우리가 다윗의 초대에 대한 바르실래의 반응을 통해 배워야 할 교훈이다.

## 보답

"왕이 대답하되 김함이 나와 함께 건너가리니 나는 네가 좋아하는 대로 그에게 베풀겠고 또 네가 내게 구하는 것은 다 너를 위하여 시행하리라 하니라"(삼하 19:38). 다윗은 바르실래의 제안을 즉각 받아들였다. 그는 그의 친절에 보답하기를 갈망하고 있었기 때문이다. 우리가 곤경에 처했을 때 우리에게 호의를 베풀었던 자들의 자녀를 최선을 다해 돕는 것은 우리의 의무다. 늙은 다윗이 솔로몬에게 유지를 내릴 때 바르실래의 후손들에 대해 특별히 언급하는 모습은 아름답다. "마땅히 길르앗 바르실래의 아들들에게 은총을 베풀어 그들이 네 상에서 먹는 자 중에 참여하게 하라 내가 네 형 압살롬의 낯을 피하여 도망할 때에 그들에 내게 나왔느니라"(왕상 2:7). 이후의 일들이 보여 주듯이, 이것이 다윗이 한 전부가 아니었다.

블런트(J. J. Blunt)는 그의 놀라운 소책자 『성경의 일치』(*Scripture Coincidences*)에서 김함이라는 이름이 (진리의 인을 지니고 있는 말씀 속에 들어 있는 수많은 유사한 언급들에 공통되는 우발적인 방식으로) 선지자 예레미야의 입을 통해 언급되는 것을 지적한다. 이런 언급은 성경이 하나님의 영감으로 쓰였음을 주장하는 그 어떤 외적 증거보다도 강력한 확신을 제공한다. 성경에서는 아무런 고안이나 공모 없이 완전한 조화를 보여 주는 특정한 사건들에 대한 언급을 통해 주목할 만한 정확한 일치가 나타나는 때가 있다. 우리가 보았듯이, 김함은 다윗을 따라 예루살렘으로 왔다. 그러나 우리는 다윗이 그에게 자기 식탁에서 먹을 자리를 주고 솔로몬에게 그를 돌봐 주라고 권하는 것 외에는 그를 위해 무엇을 했는지 알지 못한다. 구약성경의 역사서들에서 그는 더 이상 언급되지 않는다. 그러나 예레미야 41장에서 그의 이름이 다시 한 번 나타난다. 거기에는 느브갓네살이 유대 총독으로 임명해 그 지역에 대한 책임을 맡겼던 그다랴의 살해 사건 이야기가 나온다. 자기들이 저지른 죄의 결과를 두려워하고 갈대아인들의 복숙가 시작되리라고 예상한 유대인들은 도망칠 준비를 했다. "애굽으로 가려고 떠나 베들레헴 근처에 있는 게룻김함에 머물렀으니"(렘 41:17, "게룻김함"은 개역성경 난외주에는 "김함의 여관"으로, KJV에는 본문에 "김함의 서주시"로 번역되어 있다 - 역주).

"김함의 거주지였던 베들레헴 근처의 이 땅에 대한 언급보다 더 우연한 것을 상상하기란 불가능하다. 그러나 그것은 약 4백여 년 전에 다윗이 바르실래에게 했던 말의 내용과 아주 잘 들어맞는다! 바로 그 베들레헴에서 출생한 다윗이 자신이 곤경에 처했을 때 자기와 자기의 추종자들의 목숨을 구해 준 사람의 자손에게 개인적인 혹은 왕으로서의 호의의 징표로서 아주 기꺼이 그 땅 전체 혹은 그것의 일부를 제공했다는 것, 그리고 그것이 예레미야가 그것에 대해 언급했던 날까지 김함 가족의 소유로 남아 있었고 그의 이름을 따라 불렸다는 것 이상으로 그럴 듯한 설명이 있을 수 있겠는가?"(J. J. Blunt).

## 유다와 이스라엘의 분열

"왕이 길갈로 건너오고 김함도 함께 건너오니 온 유다 백성과 이스라엘 백성의 절반이나 왕과 함께 건너니라 온 이스라엘 사람이 왕께 나아와 왕께 아뢰되 우리 형제 유다 사람들이 어찌 왕을 도둑하여 왕과 왕의 집안과 왕을 따르는 모든 사람을 인도하여 요단을 건너가게 하였나이까 하매"(삼하 19:40-41). 다윗이 요단강을 다 건넜을 무렵에 이스라엘의 여러 장로들과 백성들이 그를 맞으러 나왔으나 이미 상황이 끝났음을 알게 되었다. 유다의 관리들이 나머지 열 지파에게 자기들의 의도를 알리지 않은 채 그 일에서 선수를 쳤던 것이다. 그 일은 다른 지파 사람들에게 큰 공분을 일으켰다. 왜냐하면 그들은 자기들이 경시되었으며, 왕에 대한 충성과 관련해 심각한 비난에 직면하게 되었다고 생각했기 때문이다.

"모든 유다 사람이 이스라엘 사람에게 대답하되 왕은 우리의 종친인 까닭이라 너희가 어찌 이 일에 대하여 분 내느냐 우리가 왕의 것을 조금이라도 얻어먹었느냐 왕께서 우리에게 선물로 주신 것이 있느냐 이스라엘 사람이 유다 사람에게 대답하여 이르되 우리는 왕에 대하여 열 몫을 가졌으니 다윗에게 대하여 너희보다 더욱 관계가 있거늘 너희가 어찌 우리를 멸시하여 우리 왕을 모셔 오는 일에 먼저 우리와 의논하지 아니하였느냐 하나 유다 사람의 말이 이스라엘 사람의 말보다 더 강경하였더라"(삼하 19:42-43). 아, 가련한 인간의 본성이라니! 만약 이 이스라엘 사람들이 진심으로 왕이 명예롭게 되기를 바랐던 것이라면, 어째서 다른 이들이 자기들보다 먼저 그 일을 행한 것을 두고 그토록 화를 냈던 것일까? 오, 오만과 질투로부터 얼마나 큰 불행이 나타나는가! 얼마나 많은 이들이 아무것도 아닌 멸시에 얼마나 크게 분노하는가! 우리는 우리 자신의 오만함을 크게 경계해야 하고, 다른 이들의 오만함을 비난하는 일을 피해야 한다. 그러나 이 장을 마무리하면서 우리 앞에 펼쳐진 사건에 내포된 보다 깊은 의미에 주목해 보자.

"그러나 여기에서 다시 우리는 다윗의 후손이자 주님이셨던 분의 눈부시게 아름다운 성격과 그분의 나라에 대한 몇 가지 암시를 얻을 수 있다. 성부에 의해 그분의 거룩한 시온 산성을 다스릴 왕으로 기름 부음을 받으신 분은 기꺼워하는 백성들, 즉 그분의 백성이 되는 것을 자신들의 특권으로 여기는 이들을 다스리신다. 사실 한때 그들은 반역자들이었다. [그리고 그들의 동료들은 반역 가운데서 멸망했다.] 그러나 그들은 자기들이 처한 위험을 인식했을 때조차 그분께 복종하는 것을 두려워하거나 꺼려했다. 그러다가 그분의 사역자들이 서로 협력하게 하는 성령의 영향력을 통해 그들에게 그분의 부드러운 사랑과 용서와 고양[高揚]에 대한 그분의 약속을 제시함으로써 그들의 마음을 누그러뜨려 자신들에 대한 그분의 통치를 겸손하게 받아들이게 했다. 그리고 그 후에 그분은 기꺼이 그들을 용서하고 용납하셨다. 그분은 어떤 이유로도 자신에게 자비를 탄원하는 죄인들을 내던지시거나 밀어내지 않으실 것이다. 그분은 그분에 대한 사랑 때문에 그분의 종들을 공궤하는 자들에게 보답하실 것이다. 그분은 그들에게 자신의 거룩한 성에서 자리를 얻게 하실 것이다. 아, 다음의 말을 덧붙여야 하는 것은 안타까운 일이다. 즉 왕 자신이 풍성한 궁휼을 베풀고 있는 동안에도, 그의 백성임을 자처하는 이들 중 많은 이들은 서로 질투하고 불화하며 지극히 사소한 문제들로 싸운다. 그리고 그것은 큰 선을 가로막고 굉장한 불행을 초래한다"(Thomas Scott).

# 76

# 복위 (II)

사무엘하 20장

압살롬의 반역과 죽음으로 인한 다윗의 슬픔을 상쇄해 줄 만한 것들이 적지는 않았다. 이미 보았듯이, 그의 예루살렘으로의 귀환은 분명히 그의 마음에 만족과 기쁨을 가져다주었을 것이다. 자기에 대한 시므이의 극적인 태도 변화, 결국 므비보셋이 자기에게 진실했었다는 사실의 발견, 늙은 신하 바르실래의 애정 어린 경의, 그리고 유다의 장로들과 백성들의 환영 등은 추방지에서 돌아오는 왕을 고무하고 격려하기에 충분했다. 상황은 분명하게 나아지고 있는 듯 보였다. 그리고 맑은 하늘에서 햇빛이 쏟아지고 있는 듯 보였다. 그렇다, 그러나 구름은 큰 비가 내린 후에도 되돌아온다. 여기에서도 마찬가지였다. 다윗의 지평선 위로 갑자기 어두운 구름 한 점이 일어나 또 다른 폭풍이 올 것을 암시하면서 그를 크게 불안하게 만들었다.

이스라엘 열 지파의 지도자들이 길갈에서 다윗을 만났다. 그리고 그들과 유다 지파 사람들 사이에서 분쟁이 일어났다. 이것은 옥에 티였다. 그 두 무리 사이에서 왕을 모셔오는 문제와 관련해 어리석은 논쟁이 일어났다. "그 영광의 순간에 그들 사이에서 분쟁이 벌어졌다. 그것은 어느 쪽이 다윗에 대해 더 많은 권리가 있느냐 하는 문제와 관련되어 있었다. 이스라엘의 장로들은 '우리의 수가 더 크다'고 말했다. 유다의 장로들은 '우리가 그와 더 가깝다'고 말했다. 혹자는 다윗이 자기 백성들이 누가 더 그를 사랑하는지, 그리고 누가 먼저 그에게 경의를 표해야 하는지 하는 문제를 놓고 싸우는 모습을 보며 아주 안심하고 행복했으리라고 생각할지도 모른다. 그러나 그 분쟁은 또 다른 반역의 원인이 되었다"(Matthew Henry). 다윗의 한 가지 시련이 끝나자마자 또 다른 시련이 일어났다. 그리고 그것은 앞선 시련의 잿더미 위에서 나타났다.

## 얄팍한 충성 맹세

아, 독자들이여, 우리는 우리가 이 세상에서 이런 저런 형태의 문제들 없이 살아가리라고 기대해서는 안 된다. 심지어 하나님의 섭리가 우리에게 미소를 지을 때라도 그러하다. 머지않아 우리는 "이 세상은 우리가 쉴 곳이 아니다"라는 거친 진리를 떠올리게 될 것이다. 그것은 지금 우리의 영웅의 경험에서도 마찬가지였다. 그는 승리의 한 가운데에서 자신의 지도급 백성들 사이에서 소란이 일어나는 것을 목격해야 했다. 그리고 그것은 곧 그의 왕국에 대한 전복의 위협으로 바뀌었다. 이 세상에 안전한 것은 아무것도 없다. 그리고, 만약 우리가 이 세상의 무언가에 희망을 걸고 피조물 안에서 만족을 얻고자 한다면, 그것은 확실한 절망을 자초하는 것에 불과하다. 해 아래에 있는 모든 것은 "다 헛되어 바람을 잡으려는 것"과 같다(전 1:14). 그러나 우리는 이 우울한 진리를 실제로 믿으려 하지 않는다. 그러나 결국 우리는 그것이 진리임을 알게 된다.

우리는 앞 장을 사무엘하 19장에 기록된 사건의 예표적 의미에 주목하는 인용문과 더불어 마쳤다. 사무엘하 20장의 서두는 그와 동일한 생각을 입증하는 것으로 간주될 수 있다. 우리는 고백을 통해 이 세상에 있는 그리스도의 가시적인 왕국 안으로 들어갈 수 있다. 그러나 우리 중에는 알곡만이 아니라 가라지도, 좋은 고기만이 아니라 나쁜 고기도, 그리고 지혜로운 처녀들뿐 아니라 어리석은 처녀들도 있다(마 13, 25). 이것은 다가오는 심판의 날에 분명하게 밝혀질 것이다. 그러나 이 세상에서도 하나님은 때로 신앙을 고백하는 자들이 시험에 처하게 하시고 그로 인해 거짓 신자들이 드러나게 하신다. 바로 그것이 우리가 이제부터 살피려고 하는 사건의 섭리적 의미다. 이스라엘 사람들은 다윗에게 충성하고 헌신하는 것처럼 보였다. 너무나 그러했기에 그들은 유다 지파 사람들이 자기들과 상의하지 않고서 왕을 모셔오는 일에 선수를 친 것에 상처를 받을 정도였다.

그러나 그들의 마음의 실제 상태는 너무나 신속하게 드러나고 말았다. 아주 사소한 문제가 다윗에 대한 그들의 애정을 식혔을 뿐 아니라 완전히 증발되게 만들었다. 한 사람이 일어나 "이스라엘아 각각 장막으로 돌아가라"(삼하 20:1)고 말하자마자 그들은 즉시 그 말에 반응하며 자기들이 공언했던 충성을 내던져버렸다. 그들의 충성에 대한 공언에는 아무런 실제성도 없었다. 그들은 선택의 기회가 왔을 때 하나님의 마음에 합한 자 대신 어느 "불량배"를 택했다. 이것은 훗날 이스라엘 사람들이 보여 준 모습을 얼마나 잘 상기시켜 주는가! 그들은 처음에는 "호산나 다윗의 자손이여 찬송하리로다 주의 이름으로 오시는 이여"(마 21:9)라고 외쳤으나, 얼마 후 문제가 발생하자 거리낌 없이 그리스도가 아닌 바라바를 택했다. 그리고 그때 이후, 특히 시험과 박해의 때에, 기독교 신앙을 큰소리로 공언했던 이들 중 얼마나 많은 이들이 그 신앙보다는 이 세상과 자신의 인간적인 안전을 택했던가!

## 세바의 선동

"마침 거기에 불량배 하나가 있으니 그의 이름은 세바인데 베냐민 사람 비그리의 아들이었더라 그가 나팔을 불며 이르되 우리는 다윗과 나눌 분깃이 없으며 이새의 아들에게서 받을 유산이 우리에게 없도다 이스라엘아 각각 장막으로 돌아가라 하매"(삼하 20:1). 아, 다윗을 맞으러 나와 그에게 경배했던 행복한 군중들 속에 분쟁의 나팔을 불 준비가 된 불량배가 섞여 있었다. 사탄은 자신의 악한 계획을 촉진하기 위해서는 하나님의 백성들 사이에 분열을 일으키는 것보다 더 좋은 것이 없다는 사실을 아주 잘 알고 있다. 우리가 그런 일에 대해 좀더 조심하지 않는 것은 슬픈 일이다. 왜냐하면 우리는 그의 책략에 대해 무지하지 않기 때문이다. 그리고 우리가 조심한다는 것은 계속해서 우리 자신의 오만과 질투심을 죽이는 것을 의미한다. 오만과 질투심이야말로, "너희가 어찌 우리를 멸시하여 … 먼저 우리와 의논하지 아니하였느냐"(삼하 19:43b)라는 말을 통해 분명하게 드러나는 것처럼, 문제를 발생시키는 악한 뿌리다.

"유다 사람들의 말이 이스라엘 사람의 말보다 더 강경하였더라"(삼하 19:43c). 이것은 불에 기름을 붓는 꼴이었다. "유순한 대답은 분노를 쉬게 하여도 과격한 말은 노를 격동하느니라"(잠 15:1).

이스라엘 지도자들 사이에 질투의 영이 활동하고 있었다면, 유다 장로들의 마음속에서는 오만함의 영이 활동중이었음이 분명하다. 그리고 그 두 가지 악한 영이 충돌하자 즉시 분노와 분쟁이 일어났다. 하나님 자신이 유다 사람들의 강경한 말에 주목하시고 그것을 그분의 성경 안에 기록해 두신 것은 아주 엄중하다. 이것은 그분이 우리에게 그분을 진노케 하는 말에 대해 경고를 주시기 위해 기록해 두신 것이다. 우리는 하나님이 우리의 입에 보초를 세우시고 우리의 입술의 문이 악한 것을 내뱉지 못하게 해 주시기를 간구할 필요가 있다.

"마침 거기에 불량배 하나가 있으니 그의 이름은 세바인데 베냐민 사람 비그리의 아들이었더라 그가 나팔을 불며 이르되 우리는 다윗과 나눌 분깃이 없으며 이새의 아들에게서 받을 유산이 우리에게 없도다." 세바는 이새의 아들이 왕이 되었을 때 유다 지파에게 명예가 돌아간 것을 비통하게 시샘했던 사울의 지파 곧 베냐민 지파에 속한 자였다. 베냐민 사람들은 하나님의 명령에 실제로 복종한 적이 없었다. 이것의 보다 깊은 의미를 깨닫는 것은 어려운 일이 아니다. 다윗의 대형(對型, Antitype)이신 분에게 맞서는 뱀의 후손들 안에는 그분에 대한 영구적인 적의(敵意)가 존재한다. 그리스도의 나라의 이 신비로우나 분명한 모습은 다윗에 대한 사울 집안의 지속적인 반대 – 먼저는 사울 자신의, 다음으로는 이스보셋의(삼하 2:8;

3:1), 그리고 이제는 세바의-를 통해 아주 분명하게 예시된다. 그러나 다윗이 그 모든 적들을 분명하게 제압했듯이, 그리스도 역시 그분의 모든 적들을 물리치실 것이다.

"그가 나팔을 불며 이르되 우리는 다윗과 나눌 분깃이 없으며 이새의 아들에게서 받을 유산이 우리에게 없도다 이스라엘아 각각 장막으로 돌아가라 하매." 악한 마음을 지닌 자가 상황을 어떻게 잘못 해석하는지, 또 그가 그렇게 하고자 결심할 때 그런 일이 얼마나 쉽게 이루어질 수 있는지 보라. 유다 지파 사람들은 "왕은 우리의 종친인 까닭이라"(삼하 19:42)고 말했다. 그러나 지금 이 불량배는 그 말을 "우리는 다윗과 나눌 분깃이 없으며 이새의 아들에게서 받을 유산이 없다"라고 왜곡해서 해석했다. 유다 지파 사람들의 말이 전혀 그런 의미가 아니었음에도 말이다. 그러므로 우리는 드러내지 않고 우리를 미워하는 자들이 우리가 말하거나 쓴 내용에 대해 완전히 다른 의미를 부여할지라도 그것에 대해 놀라서는 안 된다. 역사는 가장 순진한 진술들이 조악하게 왜곡되어 분쟁과 피흘림의 도구가 되었던 사건들로 가득 차 있다. 이것은 우리 주 예수님의 경우에도 마찬가지였다. 요한복음 2장 19-21절을 보라. 또 마태복음 27장과 26장 61-62절을 비교해 보라. 제자는 그의 주인만큼만 되면 족하다. 그러나 그리스도인들은 사탄의 악한 도구가 되지 않기 위해 부지런히 조심할 필요가 있다.

## 선동의 결과

"이스라엘아 각각 장막으로 돌아가라." 이것은 이스라엘에게 다윗에 대한 그들의 충성과 사랑을 입증할 시험거리가 되었다. 그리고 그 결과는 그들이 얼마나 변덕스럽고 거짓된 자들이었는지를 즉시 분명하게 보여 주었다. "이에 온 이스라엘 사람들이 다윗 따르기를 그치고 올라가 비그리의 아들 세바를 따르나"(삼하 20:2a). 그들은 다윗에게 돌아와 충성을 맹세한 직후에 다시 그것을 저버렸다. 인간의 본성은 얼마나 믿기 어려우며, 인간을 믿는 자들은 얼마나 어리석은 것인가! 우리는 얼마나 극단적인 피조물인가! 오늘은 모세를 구원자로 칭송하다가 다음 날에는 그가 약속한 구원이 예상했던 것만큼 쉽고 빠르게 이루어지지 않는다고 그를 비난하니 말이다. 즉 애굽의 고역에서 해방된 것을 크게 기뻐하다가, 얼마 후 다시 그리로 돌아가기를 바라니 말이다. 그토록 불안정하고 믿을 수 없는 피조물을 단단히 붙잡아 매려면 얼마나 큰 은혜가 필요한가!

"이에 온 이스라엘 사람들이 다윗 따르기를 그치고 올라가 비그리의 아들 세바를 따르나." 성경에는 다윗이 이스라엘과 유다의 장로들 사이에서 벌어진 논쟁에 개입했는지, 혹은 그가 그 문제를 해결하기 위해 어떤 시도를 했는지에 대해서는 아무것도 기록되어 있지 않다. 만약 그가 그렇게 했다면, 그는 이스라엘의 장로들에게 확신을 주는 데 완전히 실패한 것으로 보인다. 왜냐하면 그들은 그를 따라 예루살렘으로 돌아가는 것을 거절했을 뿐 아니라, 그를 자기들의 왕으로 인정하는 것 자체를 거부했기 때문이다. 아니다, 그 이상이었다. 그들은 다윗과 맞설 그들 자신의 왕을 세우기로 결정했다. 그렇게 해서 다윗의 왕국의 기초가 다시금 위협받게 되었다. 다윗은 하나님의 은혜로 압살롬의 반역으로부터 구원을 얻자마자 이제 다시 세바의 반역과 마주하게 되었다. 이것은 다윗의 영적 후손들의 경험에서도 마찬가지 아닌가? 그들이 한 가지 욕망이나 죄를 정복하자마자, 또 다른 욕망이나 죄가 그들을 향해 추악한 머리를 들어올리니 말이다.

"유다 사람들은 그들의 왕과 합하여 요단에서 예루살렘까지 따르니라"(삼하 20:2b). 백성들 대부분이 다윗에게 등을 돌렸을 때조차 그를 버리기를 거부하고 그에게 충성을 바쳤던 사람들이 있음을 발견하는 것은 복되다. 그렇게 해서 이 시험은 다윗에게 거짓으로 충성했던 사람들을 밝혀냈을 뿐 아니라 또한 진실로 충성하는 사람들이 누구인지를 알려 주었다. 그러면 다윗에게 견고하게 붙어있던 자들은 누구였는가? 그 자신의 지파 사람들이었다. 즉 혈연에 의해 그와 관련되어 있던 자들이었다. 이것의 예표적 의미는 분명하다. 비록 시험의 때에 다윗의 대형이셨던 분의 깃발을 저버린 사람들이 많을지라도, 사탄이 꼬여서 배교하게 할 수 없는 남은 자들, 즉 그리스도와 영적으로 형제가 된 자들이 늘 있게 마련이다. 여기에서 그것이 얼마나 아름답게 예시되고 있는가!

"다윗이 예루살렘 본궁에 이르러 전에 머물러 왕궁을 지키게 한 후궁 열 명을 잡아 별실에 가두고 먹을 것만 주고 그들에게 관계하지 아니하니 그들이 죽는 날까지 갇혀서 생과부로 지내니라"(삼하 20:3). 여기에서 우리는 다윗이 극심한 징계를 통해 얻은 수확들 중 하나를 보게 된다. 앞 장들에서 보았듯이, 다윗은 하나님의 법에 맞서서 처첩들을 많이 두었다. 그리고 훗날 그들은 그에게 슬픔과 수치가 되었다(삼하 15:16; 16:21, 22). 종종 하나님은 우리가 우리의 우상들을 기꺼이 포기하게 하시기 전에 우리를 극심하게 다루신다. 우리가 그 후로 더 이상은 다윗과 관련해 처첩에 관한 이야기를 듣지 않게 된 것은 좋은 일이다. 그러나 훗날 그 악한 일-그것은 그가 자기 가족 앞에 세운 본보기였다-이 그의 아들 솔로몬에 의해 되풀이되는 것은 엄중하다. 오, 모든 부모들이 그들의 죄가 그들의 후손들에게 임하리라는 하나님의 위협에 대해 좀더 유의하기를!

### 요압을 제거하기 위한 시도

"왕이 아마사에게 이르되 너는 나를 위하여 삼 일 내로 유다 사람을 큰 소리로 불러 모으고 너도 여기 있으라 하니라"(삼하 20:4).

비록 유다 사람들이 왕에게 반역한 열 지파 사람들의 악한 예를 따르지는 않았지만, 이 구절에 비추어 볼 때 그들 중 많은 이들이 더 이상 다윗과 함께 머물지 않았던 것 같다. 아마도 그들은 자기들의 집으로 돌아갔을 것이다. 이 상황을 고려할 때, 그들은 자기들의 주군의 체제가 심각하게 위협 받았을 때 그들 자신의 안락과 안전을 우선시했던 것으로 보인다. "그들은 왕의 승리에 동참하는 일에는 앞장섰으나 그를 위한 싸움에서는 뒤로 물러섰다. 대부분의 사람들이 신앙만큼이나 충성을 사랑한다. 그러나 그것은 값싸고 쉬운 충성일 경우에 한한다. 많은 이들이 자기들이 그리스도와 가까운 것을 자랑하지만 그분을 위해 위험을 감내하는 것은 아주 싫어한다"(Matthew Henry). 다른 한편으로 우리는 주님의 백성들이 모든 동물들 중 가장 소심한 것들 중 하나인 "양"으로 불리는 것이 아무 이유가 없는 것이 아님을 잊지 말아야 한다.

"왕이 아마사에게 이르되 너는 나를 위하여 삼 일 내로 유다 사람을 큰 소리로 불러 모으고 너도 여기 있으라 하니라." 이것은 세바의 반역 앞에서 다윗이 느꼈던 불안과 그가 그 반역을 제압하기 위해 강력하고도 즉각적인 조치를 취하기로 결심했음을 보여 준다. 지적해 두어야 할 것은, 아마사가 다윗과 맞섰던 압살롬 군대의 사령관이었다는 점이다(삼하 17:25). 그는 다윗이 요압을 대신해 자기 군대의 사령관으로 삼으려 했던 인물이었다(19:13). 그리고 세바의 반역은 그의 그런 계획을 이행할 기회를 제공해 주었다. 아마사가 이스라엘 사람이었음에도 반역자들에게 합류하지 않았던 것은 그가 이미 왕의 계획에 대해 통지를 받았기 때문이었을 것이다. 그는 자신의 지위를 높이고 더 큰 군사적 명예를 얻을 기회를 얻었다. 그러나, 우리가 곧 알게 되겠지만, 그는 이 새로운 지위를 받아들이면서 그 자신의 사형집행 영장에 서명을 했을 뿐이다. 이 세상의 명예란 그렇게 불완전하다.

다윗의 선택이 현명한 것이었는지 아니면 생각이 부족했던 것이었는지에 대해서는 생각해 볼 여지가 많다. 아마사는 압살롬의 휘하에서 유력한 지위를 갖고 있었다. 따라서 요압이 성공적으로 지휘했던 사람들이 최근까지 자기들의 왕의 적이었던 자에게 순종할 마음을 품으리라고 기대하기는 어려운 일이었다. 아마사가 왕의 명령을 이행하는 데 지체하거나 성공하지 못한 것은 아마도 거의 틀림없이 그런 이유 때문이었을 것이다. 왜냐하면 우리는 다음과 같은 말씀을 읽기 때문이다. "아마사가 유다 사람을 모으러 가더니 왕이 정한 기일에 지체된지라"(삼하 20:5). 토마스 스콧(Thomas Scott)이 말하듯이, "유다 사람들은 자기들의 왕에 관해 논쟁하는 데는 열심이었으나 아마사 휘하에서 싸우는 데서는 그렇지 않아 보였다." 이것은 아마사에게 엄중한 경고를 제공했다. 그러나 그는 오만한 마음 때문에 그 경고에 주의하지 않았다.

"다윗이 이에 아비새에게 이르되 이제 비그리의 아들 세바가 압살롬보다 우리를 더 해하리니 너는 네 주의 부하들을 데리고 그의 뒤를 쫓아가라 그가 견고한 성읍에 들어가 우리들을 피할까 염려하노라 하매"(삼하 20:6). 세바가 이스라엘 사람들에게 굉장한 영향력을 갖고 있다는 것은 이미 분명하게 입증되었다. 그러므로 다윗은 세바가 그의 계획을 성숙시킬 시간을 얻는다면 아주 심각한 문제가 발생하리라고 생각할 충분한 이유를 갖고 있었다. 그가 아마사에게 내린 명령은 그가 이스라엘 사람들의 계획이 발아 단계에 있을 때 그 싹을 잘라냄으로써 또한 그들에게 강력한 군대를 파견함으로써 반역자들을 좌절시키기로 결심했음을 보여 준다. 아마사가 즉시 군대를 소집하는 일에 실패한 것 때문에 안달이 난 다윗은 이제 아비새에게 정규군을 통솔하라는 명령을 내렸다. 이것은 그가 요압을 좌천시키기로 결심했음을 보여 준다.

"요압을 따르는 자들과 그렛 사람들과 블렛 사람들과 모든 용사들이 다 아비새를 따라 비그리의 아들 세바를 뒤쫓으려고 예루살렘에서 나와"(삼하 20:7). 나는 이것이 앞 절에 나오는 "네 주의 부하들"이라는 말이 전에 요압이 지휘했던 경험 많은 전사들을 의미하는 것임을 보여 주는 것으로 여긴다. 이 경우에 다윗은, 비록 요압을 활용할 의도는 없었지만, 기꺼이 그가 훈련시켰던 사람들을 활용하고자 했다. 아비새는 검증된 강력한 장수였으며 요압의 형제였다.

다윗의 계획을 이행하기 위한 모든 준비가 된 듯 보였다. 그러나 그것은 사람이 계획할지라도 하나님이 그것을 무위로 돌리실 수 있다는 사실만 한 번 더 확인하는 셈이 되고 말았다. 종종 위대한 사람들-심지어 왕들까지-도 그들이 세운 계획이 뒤틀리는 경험을 하고 자기들이 왕 중의 왕이신 분의 뜻에 복속되어 있음을 알게 된다. 상황이 그런 것이 우리에게는 얼마나 감사한 일인가! 주님께서 그분의 무한한 지혜로 우리를 다스리시니 말이다.

"기브온 큰 바위 곁에 이르매 아마사가 맞으러 오니"(삼하 20:8a). 이곳은 다윗의 부대들이 회합하기로 약속했던 장소로 보인다. 이제 아마사는 자기가 소집한 사람들을 이끌고 도착해, 즉시 그 군대의 사령관 자리를 차지했다. 그러나 그의 군사적 영광의 순간은 지극히 짧았다. 왜냐하면 그는 그의 야망의 정점에 서자마자 잔혹하게 살해되어 자신의 피속에서 뒹굴어야 했기 때문이다. "세상에서의 명예와 승진은 헛되다. 그것들은 너무 많은 질투와 적의를 초래하기에 우리의 불확실한 삶에 그 어떤 추가적인 안정도 제공하지 못한다. 우리가 오직 하나님으로부터 오는 명예만을 갈망하게 되기를!"(Thomas Scott).

# 77

# 어그러진 계획

사무엘하 20장

앞에서 우리는 요압이 거칠고 고분고분하지 않은 정신의 소유자이며 기본적으로 사악하고 파렴치한 자였음을 지적한 바 있다. 일단 다윗이 그의 수중에 들어오자-다윗은 우리아를 죽이는 일을 은밀하게 그에게 맡김으로써 그런 상태에 떨어졌다-그는 모든 일을 점점 더 자기 마음대로 하면서 왕의 명령을 자기에게 유리한 대로 이행하기도 하고 무시하기도 했다. 극도로 오만하고 무자비한 사람이었던 요압은 자신을 가로막는 그 어떤 것도 용납하려 하지 않았다. 모든 생래적 감정을 결여하고 하나님도 사람도 두려워하지 않았던 그는 자기의 길을 가로막는 자를 제거하는 일을 주저하지 않았다.

그의 오만함, 반역적 성향, 그리고 잔인성은 이제 우리가 살피려고 하는 사건을 통해 무서울 만큼 분명하게 드러난다. 우리는 이 사건을 불쾌한 것으로 치부하고 지나갈지 모르나, 그것은 엄연히 성경에 기록되어 있고, 따라서 우리에게 필요한 메시지를 포함하고 있는 것이 분명하다.

또 우리는 다윗이 요압에게서 군대의 사령관 자리를 빼앗음으로써 그의 권력을 박탈하기 위한 결정적인 시도를 했던 것에 대해 자세히 살펴보았다. 그러나 다윗의 계획은 성경에 기록된 가장 사악한 행위들 중 하나 때문에 어그러지고 말았다. 요압은 새로 임명된 사령관에게 인사하는 체하면서 그의 배를 칼로 찔렀다. 그런 잔학한 행위는 생각이 많은 이들을 동요하게 만들고 어째서 하나님이 그런 포악한 행위가 일어나도록 허락하시는지에 대해 의구심을 갖게 만든다. 참으로 이것은 하나님의 섭리가 갖고 있는 어두운 신비들 중 하나다. 어째서 주님은 그토록 사악한 괴물들이 이 세상에서 살아가도록 허락하시는 것일까? 신앙을 가진 자는 그분이 어떤 충분한 이유를 갖고 계실 것이라고 믿는다. 비록 종종 "하나님께서 사람의 말에 대답하지 않으실지라도"(욥 33:13), 그럼에도 그분의 말씀은 인간사에 대한 그분의 통치적 처리를 규제하는 일반 원칙을 얼마간 분명하게 보여 준다.

## 의로운 섭리

우리가 하나님은 모든 것이 합력하여 선을 이루게 하신다는 것(롬 8:28)을 인식한다면, 하나님의 섭리의 신비를 이해하는 데 큰 도움이 될 것이다. 이런저런 사건들을 그 자체로만 살펴본다면, 그것들은 아주 잘못된 것으로 보인다. 그러나 우리가 그것들을 그것들보다 앞선 사건이나 그로 인한 결과에 비추어 살필 수 있다면, 그것들의 의미가 훨씬 더 분명하게 드러날 것이다. 삶의 독립된 파편들은 의미가 없고, 당혹스럽고, 놀랍다. 그러나 그것들을 한데 모아 보라. 그러면 그것들은 어떤 의도와 목적을 드러낼 것이다. 현재의 많은 사건들이 과거에 그것들보다 앞선 사건들 안에서 설명을 얻는다. 또한 현재의 여러 가지 혼란들 역시 미래에 있을 결과에 비추어 본다면 이해할 만한 것이 된다. "예수께서 대답하여 이르시되 내가 하는 것을 네가 지금은 알지 못하나 이 후에는 알리라"(요 13:7). 만약 이런 원리들을 좀더 마음에 새긴다면, 우리는 놀라운 일들 앞에서 당혹감을 덜 느끼게 될 것이다.

우리 앞에 있는 사건이 그것에 대한 적절한 예가 될 수 있다. 아마사에 대한 잔혹한 살해 사건은 그 자체로만 본다면 놀랄 만하다. 어째서 하나님은 그가 그토록 끔찍한 최후를 맞게 하셨는가? 그러나 그것을 다른 사건들과의 관계라는 측면에서 본다면, 또 그것을 인과

응보라는 냉혹하지만 의로운 원리에 비추어 본다면, 우리는 하나님으로서는 요압을 이용해 다윗의 계획을 어그러뜨리셔야 할 충분한 이유를 갖고 계셨다는 것과, 또 그런 죽음을 맞은 아마사가 그에게 합당한 것을 받았다는 것을 알 수 있을 것이다. 만약 이것이 증명될 수 있다면, 우리는 이 혐오스러운 사건이 성경에 기록되어 있는 이유를 보다 분명히 이해할 수 있을 것이다. 하나님이 이 비극이 일어나도록 허락하신 충분한 이유를 갖고 계시다면, 우리는 그분이 오늘날 이 세상에서 우리에게 혼란스럽고 소름끼치게 느껴지는 일들을 통해 그분 자신의 지혜로운 목적을 수행하고 계시다는 사실을 보다 잘 확신할 수 있을 것이다.

하나님이 야곱으로 하여금 그의 사랑하는 아들 요셉의 운명에 관해 그토록 비열한 거짓 보고를 받게 하신 데에는 그럴 만한 이유가 있었다(창 37:31-35). 그는 자기가 자기 아버지 이삭을 속이면서 뿌렸던 씨앗의 열매를 거두고 있었던 것이다(창 27). 하나님이 애굽 사람들로 하여금 히브리 사람들을 그토록 잔인하게 다루게 하셨던 데에는 그럴 만한 이유가 있었다(출 1, 5). 그들은 히브리 사람들이 그들을 더럽혔던 이방의 가증한 것들을 버리라는 주님의 명령에 유의하지 않고 우상을 숭배했던 것에 대한 징벌의 도구였다(겔 20:7-8). 하나님이 도엑으로 하여금 팔십오 명이나 되는 제사장 가족들을 잔혹하게 죽이게 하신 데에는 그럴 만한 이유가 있었다(삼하 22:18). 그것은 그분이 엘리의 집안에 대해 선포하셨던 엄중한 심판의 시행이었다(삼상 2:31-36; 3:12-16). 하나님이 이 기독교 시대에 유대인들이 다른 그 어느 민족들보다 더 많은 증오와 박해를 겪게 하시는 데에는 그럴 만한 이유가 있다. 그리스도의 십자가 처형의 죄책이 그들과 그들의 자손들에게 있는 것이다(마 27:25).

## 징벌적 정의

"까닭 없는 저주는 아무에게도 미치지 않는다"(잠 26:2, 표준새번역 – 역주). 하나님은 절대적 통치자이시며 그분이 기뻐하시는 대로 공의나 자비를 베푸시지만, 그렇다고 그분이 아무 원칙 없이 행동하시는 것은 아니다. 그분은 절대로 무고한 자를 벌하시거나, 죄 지은 자를 아무런 배상 없이, 즉 대속 없이 용서하시지 않는다. 그러므로 우리는 어떤 이에게 하나님의 저주가 임할 때 거기에는 어떤 타당한 이유가 있다고 확신해도 좋다. 그러나, 독자들이여, 내 말을 오해하지 말라! 내가 말하고자 하는 것은 우리 중 누구라도 우리 자신이나 우리의 동료에게 임하는 재앙 뒤에 있는 이유 혹은 이유들을 확인할 수 있다는 의미가 아니다. 오히려 하나님의 섭리의 비밀들을 설명하는 것은 완전히 우리의 능력 밖에 있다. 그리고 우리가 다른 이에게 어떤 고통이 임하는 이유에 대해 말하는 것은 지극히 뻔뻔스러운 일이다. 욥기는 그런 일에 대해 큰소리로 경고한다.

아니다, 내가 말하고자 하는 것은 역사 속에서 나타난 가장 신비로운 하나님의 섭리와 가장 끔찍한 사건들 - 그것들이 개인들과만 관계가 있든 아니면 나라들과도 관계가 있든 간에 - 에는 그럴 만한 어떤 이유가 있다는 것, 즉 하나님은 그분이 행하거나 허락하시는 모든 일에 대해 충분히 그럴 만한 이유를 갖고 계시다는 점을 지적하는 것이다. 그리고 그분은 은혜롭게도 이것을 그분의 말씀을 통해서 - 연이은 사건들에서 나타나는 원인과 결과의 분명한 연관성을 보여 주심으로써 - 분명하게 하셨다. 참으로 그분은 모든 경우에 그렇게 하시지는 않는다. 왜냐하면 하나님이 우리에게 그분의 말씀을 주신 것은 자신의 특성이나 행위에 대해 변명하시거나 우리의 호기심을 만족시키시기 위함이 아니기 때문이다. 그러므로 우리는 성경은 우리에게 하나님은 우리가 가장 신뢰할 만한 분이시며, 따라서 우리는 그의 믿음이 그 누구도 경험하지 못했던 방식과 강도로 시험을 받았던 자와 더불어 "그분이 나를 죽이신다 해도 나는 그분을 신뢰할 것이네"(욥 13:15, 우리말성경 - 역주)라고 말해야 한다는 것을 보여 준다고 말하는 것으로 만족해야 한다.

내가 이런 말을 하는 까닭은 때로 이 세상에서 벌어지는 충격적인 일들에 너무 크게 압도당해서 믿음을 잃어버리는 이들이 있기 때문이다. 그들은 하나님은 그런 일들과 아무 상관이 없다고 공언하는 것은 그런 문제에 대해 해답을 제공하기는커녕 심각한 오류에 불과하다는 것을 알고 있다. 그런 일은 하나님이 사악한 자들을 지금도 다스리고 통제하신다는 사실까지 부인하는 것에 불과하다. 아니다, 그들은 하나님이 실제로 그런 난폭한 일들을 허락하신다는 사실을 알기에 그것을 그분의 계시된 특성과 조화시키기 어렵다고 느낀다. 나는 지금까지 독자들에게 몇 가지 두드러진 사건들에 주목하게 했는데, 그것은 우리가 그것들을 어떤 일반 원리에 대한 본보기로 간주해야 하기 때문이다. 징벌적 정의는 하나님의 완전하심을 보여 주는 특성들 중 하나다. 종종 우리는 너무 근시안적이어서 그런 정의의 작동을 감지하지 못한다. 그럼에도 우리는 그런 정의가 작동한다는 사실에 대해 분명한 확신을 가질 수 있다. 그리고 그런 정의가 전지하신 분에 의해 통제되는 한, 우리는 그것이 잘못될 수 없다고 믿을 수 있다.

### 요압의 아마사 살해

앞 장에서 중단했던 이야기로 돌아가 보자. "기브온 큰 바위 곁에 이르매 아마사가 맞으러 오니"(삼하 20:8a). 다윗이 예루살렘으로 귀환하는 이야기와 관련해 그가 요단강을 건너자마자 유다와 이스라엘의 장로들 사이에 날카로운 분쟁이 일어났던 것을 기억하기 바란다. 경쟁심과 질투심이라는 낡은 정신이 격동했고, 사울 지파에 속한 세바라는 자가 그 상황을 이용해 이스라엘에 속한 자들에게 다윗을 따르는 일을 그만두라고 요구했다. 그는 한동안 그렇게 선동하는 일에 성공했다. 왜냐하면 우리는 다음과 같은 구절을 읽기 때문이다. "이에 온 이스라엘 사람들이 다윗 따르기를 그치고 올라가 비그리의 아들 세바를 따랐다"(2절). 이것은 가장 심각한 결과를 낳을 수 있었다. 그리고 만약 세바의 계획이 초기에 통제되지 않는다면, 다윗은 또 다른 반역에 직면해야 할 참이었다.

다윗은 그 상황의 위험성을 인식했고, 즉시 그것에 맞서기 위한 조치를 취했다. 그는 이것이 요압을 자기 군대의 사령관 자리에서 제거하기 위해 세웠던 계획을 실천에 옮길 기회라고 느꼈다. 그는 아마사에게 "너는 나를 위하여 삼 일 내로 유다 사람을 큰 소리로 불러 모으고 너도 여기 있으라"(4절) 하고 말했다. 그러나 우리가 이미 보았듯이, 그 일은 얼마간 지체되었다. 그러자 다윗은 아비새에게 "이제 비그리의 아들 세바가 압살롬보다 우리를 더 해하리니 너는 네 주의 부하들을 데리고 그의 뒤를 쫓아가라 그가 견고한 성읍에 들어가 우리들을 피할까 염려하노라"(6절) 하고 말했다. 그리고 이어서 우리는 다음과 같은 말을 듣는다. "요압을 따르는 자들과 그렛 사람들과 블렛 사람들과 모든 용사들이 다 아비새를 따라 비그리의 아들 세바를 뒤쫓으려고 예루살렘에서 나와"(7절). 그들은 앞으로 나아갔다. 그리고 분명히 "기브온 큰 바위"는 다윗의 군대의 결집지였을 것이다. 왜냐하면 그들이 "기브온 큰 바위 곁에 이르매 아마사가 맞으러" 나왔기 때문이다. 이로써 우리는 아마사가 소집한 사람들이 아비새가 이끌고 온 군대와 합류했고, 아마사가 다윗의 명령을 따라 그 원정대 전체의 책임을 맡게 되었다고 이해할 수 있다.

"그때에 요압이 군복을 입고 띠를 띠고 칼집에 꽂은 칼을 허리에 맸는데 그가 나아갈 때에 칼이 빠져 떨어졌더라"(삼하 20:8b). 요압은 사병 신분으로 군사들 사이에 섞여 있었던 것으로 보인다. 그는 자신이 새로운 결정에 기꺼이 순종하고, 다윗의 대의를 위한 열정으로 충만하고, 또 다른 반란을 방지하는 일에서 자신의 몫을 감당할 준비가 되어 있는 체했다. 그러나 겉모습은 종종 기만적이다. 사실 요압은 자기가 당한 불명예스러운 일에 대해 복수하고 자기를 대신해 군대의 사령관으로 임명된 자를 암살하기로 결심하고 있었다. 그가 새로운 사령관을 맞으러 나아갈 때 그의 칼이 칼집에서 떨어졌다. 그리고 그는 칼이 땅에 떨어지는 것을 막기 위해 왼손으로 그것을 붙들었다. 칼이 칼집에서 떨어진 것은 우연으로 보일 수도 있으나, 이후에 벌어진 일은 그것이 계획된 것이었고 요압의 악한 계획을 감추기 위한 교묘한 장치였음을 보여 준다.

"요압이 아마사에게 이르되 내 형은 평안하냐 하며 오른손으로 아마사의 수염을 잡고 그와 입을 맞추려는 체하매 아마사가 요압의 손에 있는 칼은 주의하지 아니한지라 요압이 칼로 그의 배를 찌르매 그의 창자가 땅에 쏟아지니 그를 다시 치지 아니하여도 죽으니라"(삼하 20:9-10a). 여기에서 요압의 실제 성격이 얼마나 잘 드러나는가! 그는 불충실하고, 무례하고, 뻔뻔하고, 완전히 굳은 마음을 지닌 자였다. 아마사는 그의 사촌이었으나, 이 냉혹한 철면피에게 그런 혈연관계는 아무런 의미도 없었다. 분명히 아마사는 왕에 의해 그의 군대를 통솔하도록 임명을 받았다. 그러나 요압에게 왕의 권위 따위는 전혀 중요하지 않았다. 더구나 그는 그런 끔찍한 죄를 온 군사들 앞에서 저질렀다. 그는 그 군사들이 어떻게 생각할지에 대해 염려하지 않았고, 그들이 무슨 일을 할지에 대해 두려워하지도 않았다. 철저히 무법하고 반항적이었던 그는 조금도 주저하지 않고 제멋대로 문제를 처리했고 자기의 길을 가로막는 자를 짓밟았다.

## 인과응보

이것을 하나의 고립된 사건을 볼 때, 거기에는 아주 무서운 죄악이 들어 있다. 자신의 의무를 이행하던 한 사람이 아무런 경고도 받지 못한 채 잔혹하게 살해되었다. 그리고 그것은 거룩하신 하나님이 허락하신 일이었다. 왜냐하면 하나님은, 만약 그렇게 하는 것을 기뻐하기만 하셨다면, 틀림없이 그 일을 막으실 수 있었을 것이기 때문이다. 그렇다면 어째서 그분은 다윗의 계획이 그토록 조악하게 어그러지게 하셨던 것인가? 또 어째서 요압은 아마사를 살해하도록 허락받았던 것인가? 그 두 가지 질문은 서로 아주 다르며, 따라서 분리해서 생각해 보아야 한다. 이 주제는 말할 수 없이 엄중하다. 그러나 앞서 일어난 사건들이 이 어두운 장면 위로 빛을 던져 준다. 다윗이 우리아를 죽게 한 후 하나님은 그에게 다음과 같이 말씀하셨다. "칼이 네 집에서 영원토록 떠나지 아니하리라"(삼하 12:10). 그리고 아마사는 다윗의 조카였다(삼하 17:25; 대상 2:13, 16 참고). "너희 죄가 반드시 너희를 찾아낼 줄 알라"(민 32:23). 죄가 다윗을 찾아냈다 — 밧세바가 낳은 아이의 죽음에서, 다말의 강간에서, 암논의 살해에서, 압살롬의 죽음에서, 그리고 이제 아마사의 살해에서.

그렇다면 아마사 자신에 대해서는 어떻게 말해야 하는가? 아, 그는 왕에게 흔들림 없이 충성한 자였는가? 결코 아니다, 그것과는 거리가 한참 멀다. 그의 뿌리는 어떠한가? 그의 부모들은 경건했던가? 그래서 주님의 은혜가 그 후손들에게 내리기를 기대할 만했던가? 그 질문에 대한 대답 역시 "아니다"이다. "압살롬이 아마사로 요압을 대신하여 군지휘관으로 삼으니라"(삼하 17:25). 그렇게 해서 아마사는 가장 결정적인 위기의 순간에 다윗의 기대를 저버리고, 그와 맞서는 일에서 적극적이고 분명한 역할을 맡았다. 그리고 이제 그가 살해되었다, 왕을 위해 싸웠던 자에 의해 정당하게 살해되었다. 사무엘하 17장 25절은 또한 다음과 같이 전한다. "아마사는 이스라엘 사람 이드라 하는 자의 아들이라 이드라가 나하스의 딸 아비갈과 동침하여 그를 낳았으며 아비갈은 요압의 어머니 스루야의 동생이더라." 우리는 여기에서 다시 부모의 죄가 그 자녀에게 임하는 것을 볼 수 있다. 그러므로, 비록 이 사건은 몸서리나는 것이기는 하나, 우리는 그 안에서 하나님의 의로운 심판을 볼 수 있다.

"요압과 그의 동생 아비새가 비그리의 아들 세바를 뒤쫓을새 요압의 청년 중 하나가 아마사 곁에 서서 이르되 요압을 좋아하는 자가 누구이며 요압을 따라 다윗을 위하는 자는 누구냐 하니"(삼하 20:10b-11). 이것은 다윗에게 충성하는 요압의 지도를 따라야 한다고 주장하는 체 하면서 실제로는 요압의 복수극을 정당화하려는 말장난이었다. 사람들은 얼마나 자주 자기들이 의로운 목적을 추구한다는 느낌을 지닌 채 악한 일을 따르도록 유혹을 받는가! 이 병사들은 방금 전에 요압이 왕이 군대를 통솔하도록 임명한 자를 살해하는 것을 목격했다. 그런 상태에서 그들이 그 살인자를 따르는 것이 어떻게 다윗을 위하는 것이 될 수 있겠는가? 그러나 스스로 생각하는 사람은 거의 없다. 그리고 도덕적 원리의 통제를 받는 자들은 그보다 더 없다. 대부분의 사람들은 재잘거리는 혀를 가진 자들이나 강압적인 지도자들이 하는 말을 받아들이면서 그 말에 쉽게 굴복할 뿐이다.

"아마사가 길 가운데 피 속에 놓여 있는지라 그 청년이 모든 백성이 서 있는 것을 보고 아마사를 큰길에서부터 밭으로 옮겼으나 거기에 이르는 자도 다 멈추어 서는 것을 보고 옷을 그 위에 덮으니라 아마사를 큰길에서 옮겨가매 사람들이 다 요압을 따라 비그리의 아들 세바를 뒤쫓아가니라"(삼하 20:12-13). 비록 아무도 그 냉혹한 살인자에게 손을 들어 반대하지 못했으나, 그곳에 있던 사람들은 그 희생된 자의 시신이 대로에서 치워지고 그 위에 옷을 덮어 가리어질 때까지 자기들이 섰던 곳에 머무를 만큼의 예의는 갖고 있었다. 그 일이 끝나자 그들은 모두 요압을 따라나섰다. 그는 성급하고 오만한 자였으나, 군사들의 눈에는 여전히 용맹한 전사였고, 그 사실이 그의 큰 죄악을 덮었다. 더구나 지금 그는 그들의 왕의 대적인 세바를 추격하고 있지 않은가? 그러므로 그가 아주 크게 잘못한 일은 없다. 역사가 풍성하게 증거하듯이, 종종 대다수의 사람들은 그런 피상적인 논리를 편다. 그러나 믿음을 지닌 자들은 사건들 뒤에서 모든 것이 합력하여 선을 이루게 하시는 하나님을 식별한다.

## 반역의 진압

그러는 동안 세바는 아벨이라는 "성읍" 혹은 요새화된 마을로 도망쳤다(삼하 20:15). 요압과 그의 군사들은 그곳을 포위한 후 그 성벽을 쳐서 헐고자 했다. 그때 그 성에 살던 한 지혜로운 여자가 나와 요압에게 그 성읍에 대한 불필요한 파괴와 그곳 주민들에 대한 학살 의도에 대해 항의하며 그런 일을 하는 것은 "여호와의 기업을 삼키는 것"임을 상기시켰다(19절). 요압은 즉시 그 여자에게 자기가 원하는 것은 다윗의 대적을 사로잡는 것뿐임을 밝히고, 만약 그들이 그 불량배를 넘겨주기만 한다면 군사들은 철수할 것이라고 확언했다. 그로 인해 세바는 성읍의 주민들에 의해 처형되었고 그의 머리는 성 밖으로 내던져졌다. 그리고 그렇게 해서 여호와의 기름 부음을 받은 자에 맞서 일어섰던 자들 중 또 한 사람이 파멸했다. "포악한 자는 재앙이 따라서 패망하게 하리이다"(시 140:11b).

우리는 이 경우에 요압이 아벨의 여인의 현명한 조언을 기꺼이 따랐던 것을 그의 거친 성격을 상쇄해 주는 것으로 여겨서는 안 되며, 내가 앞에서 그의 대체적인 성격에 관해 했던 말과 모순되는 것으로 여겨서는 더더욱 안 된다. 요압은 그 성읍 주민들에 대해 개인적인 원한을 갖고 있지 않았다. 만약 그랬다면, 그는 그들에게 거친 행동을 했을 것이다. 더구나 그 무고한 이스라엘 사람들을 대량으로 학살하는 것은 분명히 이스라엘 왕국의 이익에 반하는 것이었다. 그리고 요압은 그런 큰 실수를 저지르기에는 너무나 정치적인 사람이었다. "요압이 나팔을 불매 무리가 흩어져 성읍에서 물러나 각기 장막으로 돌아가고 요압은 예루살렘으로 돌아와 왕에게 나아가니라"(삼하 20:22b). 자기가 저지른 죄에 대해 무감각하고 왕에 대해 자신이 갖고 있는 지배력을 의식하고 있던 요압은 자신의 주군과 마주하는 것을 두려워하지 않았다. 그렇게 해서 다윗의 계획은 어그러지고 말았다. 그리고 그 사실을 특별히 강조하려는 것처럼, 이 장은 다음과 같은 말로 마무리된다. "요압은 이스라엘 온 군대의 지휘관이 되고…"(삼하 20:23a).

제7부

# 감사의 노래

# 78
# 올바른 일 처리 (I)

사무엘하 21장

아마사의 죽음과 이스라엘을 덮친 기근 사이에는 공통적인 것이 많지 않아 보인다. 그러나 사무엘하 20장과 21장의 내용이 서로 분명하게 관련되어 있다는 것은 21장 맨 앞에 나오는 "그 후에"(Then, KJV, 한글 성경에는 번역되어 있지 않다 – 역주)라는 단어로 인해 분명하게 암시된다. 그 관련성이 무엇인지는 조금만 생각해 보아도 분명하게 드러난다. 지금 우리 앞에 있는 내용은 내가 앞 장에서 전개했던 중요한 생각에 대한 추가적인 증거를 제시한다. 여기에서 다시 작용하고 있는 것은 하나님의 "징벌적 정의"다. 앞 장에서 그것은 개인과 관련되어 있었으나, 여기에서는 한 나라 전체에 영향을 주고 있다.

여기에서 우리는 이 세상에 대한 하나님의 통치라는 주제와 관련해 소중한 깨달음을 얻을 수 있다. 왜냐하면 여기에서 우리는 하나님이 어떻게 이 세상의 구체적인 역사를 온전하게 지배하고 계신지에 대해서뿐 아니라 그분의 행위를 규제하는 도덕적 원리들에 대해서도 알게 되기 때문이다. 그분의 통치는 변덕스러운 것이기는커녕 분명한 계획과 방법에 의해 규제된다. 이런 사실에 대한 이해야말로 우리에게 역사의 근본 원리를 이해하기 위한 핵심적 요소를 제공한다.

## 문제와 기도

"다윗의 시대에 해를 거듭하여 삼 년 기근이 있으므로"(삼하 21:1a). 가뭄과 기근이 닥쳐올 때 과학자들과 다른 유식한 체하는 사람들은 세계적인 혼란, 태양의 흑점, 천문학적 주기의 순환 등에 관해 떠들어댄다. 그러나 그리스도인들은 그 모든 이차적 원인들을 넘어서 그 모든 일을 이끌어가시는 이 세상의 창조주께 주목한다. 그러므로 가장 단순한 신자가 이 세상의 석학들 중에서도 가장 유식한 자가 갖지 못한 빛을 지닌다. 그들과 그들을 따르는 모든 자들은 그들의 생각에서 하나님을 배제한다. 그렇기에 그들 안에 있는 빛은 꺼지고, 그로 인해 그들의 어둠은 더욱더 커진다. 믿음의 눈을 지닌 자들만이 모든 일 안에서 주님의 손길을 발견한다. 그리고 믿음을 발휘하는 자는 그의 마음 안에 만족할 만한 쉼터를 얻는다.

"다윗이 여호와 앞에 간구하매"(삼하 21:1b). 현명한 자는 자신의 지혜에 의지하는 경향이 있다. 그러나 다윗은 자기보다 앞서 살았던 애굽과 바벨론의 군주들처럼 천문학자나 점쟁이들을 불러오지 않았다. 그가 살아 계신 하나님과 교제하고 있는 한 그럴 필요가 없었다. 그러나 그가 상황이 지극히 절망적이 될 때까지 그분에게 묻지 않고 기다린 것은 안타까운 일이다. 다윗은 문제가 일어났을 때 여호와께 간구함으로써 우리가 따라야 할 본보기를 남겼다. 문제를 보내신 분만이 그것을 제거하실 수 있다. 그리고 설령 그분이 그것을 제거하기를 기뻐하지 않으실지라도, 그분은 우리에게 그 문제에 대응하는 가장 좋은 방법을 보여 주실 수 있다. 그분은 다윗에게 그렇게 하셨다. 그리고 그분은 우리에게도 그렇게 하실 것이다. 만약 우리가 그분을 올바로 찾기만 한다면, 즉 겸손히 회개하면서 믿는 마음을 갖고 찾기만 한다면 말이다.

문제는 제멋대로 찾아오지 않는다. 가련한 세상 사람들은 자기들의 "불운"에 대해 말한다. 그러나 우리 믿는 자들은 좀더 하나님을 명예롭게 해드리는 말을 사용해야 한다. 우리는 우리가 처한 모든 상황을 정하시고 우리의 삶의 모든 세세한 일들을 통제하시는 분이 우리의 "아버지"이심을 알아야 한다. 그러므로 기근이 닥쳐올 때 — 그것이 영적인 것이든 경제적인 것이든 — 주님을 찾아가 그분께 "무슨 까닭으로 나와 더불어 변론하시는지 내게 알게 하옵소서"(욥 10:2)

라고 구하는 것은 우리의 특권인 동시에 의무다. 우리에게서 하나님의 미소가 철회될 때 우리는 즉시 우리에게 무엇이 잘못되었는지 추적해 보아야 한다. 물론 그분의 은혜는 그분이 베푸시는 물질적 축복으로 측량되어서는 안 된다. 또한 그분이 그런 은혜를 거둬가시는 것이 곧 그분의 진노를 의미하는 것도 아니다. 아니다, 그분은 우리의 믿음을 시험하시고, 인내를 증진시키시고, 우리가 그분을 보다 크게 신뢰하도록 준비시키고 계신 것일 수 있다. 그럼에도 우리가 늘 최악의 상황에 대해 생각하는 것은 지혜로운 일이다. 왜냐하면 우리에게는 다음과 같은 약속이 주어져 있기 때문이다. "그런즉 너희는 먼저 그의 나라와 그의 의를 구하라 그리하면 이 모든 것을 너희에게 더하시리라"(마 6:33).

## 사울의 죄로 인한 고통

"여호와께서 이르시되 이는 사울과 피를 흘린 그의 집으로 말미암음이니 그가 기브온 사람을 죽였음이니라 하시니라"(삼하 21:1c). 여호와께서는 비록 굼뜬 것이기는 했으나 다윗의 간구에 귀를 막지 않으셨다. 그분은 자기 백성들을 얼마나 오래 참아 주시는가! 우리 중 얼마나 많은 이들이 이런 일에서 다윗처럼 느린가! 우리는 하나님의 징계의 회초리 아래에서 고통을 당하면서도 여전히 그 문제의 원인에 대해 하나님께 묻는 일에 굼뜨다. 어느 시인이 다음과 같이 옳게 노래했다. "오, 우리는 너무 자주 우리의 평안을 빼앗긴다. 오, 우리는 너무 자주 불필요한 짐을 짊어진다. 그 모든 것은 우리가 모든 것을 기도하며 하나님께 가져가지 않기 때문이다." 그렇다, 종종 그 모든 것들은 불필요한 짐들이다. 왜냐하면, 만약 하나님이 우리에게 무엇이 잘못되었는지 알려주신다면, 우리는 문제를 해결할 수 있고, 하나님의 회초리는 즉시 거둬질 것이기 때문이다.

이때 여호와께서 이스라엘에게 내리신 벌이 최근의 일 때문이 아니라 이미 여러 해 전에 저질러진 일에 대한 것임에 주목하는 것은 엄중하다. 그 일은 바로잡아지지 않았으나, 하나님은 그 일을 잊지 않으셨다. 개인적인 것이든 국가적인 것이든 여러 가지 고통들은 분명히 하나님이 보내신 것으로 우리에게 과거의 죄들을 떠올리게 한다. 우리 앞에 놓인 사건의 경우 이스라엘은 사울의 죄 때문에 고통을 겪고 있었다. 하나님이 세상의 나라들을 그들의 통치자들 혹은 책임 있는 사람들의 행위를 따라 다루신다는 것은 그분의 불변하는 통치 원리다. 성경에서 이것보다 더 분명하게 계시되는 진리는 없다. 그리고 이 진리는 이 기독교 시대 전체를 통해 세계사 속에서 분명하게 예시되고 있다. 우리는 이런 사실과 원리에 놀랄 이유가 없다. 왜냐하면 대부분의 경우 지도자들은 그들의 백성들을 가장 기쁘게 하는 정책을 따르기 때문이다.

성경은 지금 이스라엘에 임한 이 재앙을 촉발한 사건이 무엇인지에 대해 아무런 정보도 제공하지 않는다. 내가 이 사실을 언급하는 이유는 종종 일각에서 제기되고 있는 "성경은 늘 다른 성경을 설명한다"는 주장을 수정하기 위해서다. 그 주장은 성경의 모든 구절 혹은 진술들은 다른 구절 혹은 진술들을 통해 이해될 수 있다는 의미다. 일반적인 원칙으로서 이것은 사실이다. 그러나 그것이 곧 그 원칙에 예외가 없음을 의미하는 것은 아니다. 그러므로 거기에는 어떤 제한이 필요하다.

위에서 말한 사건은 내가 하는 말의 한 예다. 성경에는 사울이 기브온 사람들을 살해한 이야기가 나오지 않는다. 이것은 어느 의미로도 예외적인 경우가 아니다. 바울은 자신이 "세 번 태장으로 맞고 한 번 돌로 맞고 세 번 파선하고 일 주야를 깊은 바다에서 지냈다"(고후 11:25)고 말하지만, 우리는 그 사건이 언제 그리고 어디에서 일어났는지 알지 못한다. 성경에는 모세가 시내산에서 율법을 받은 문제와 관련해 "모세도 이르되 내가 심히 두렵고 떨린다 하였느니라"(히 12:21)라고 기록되어 있으나, 구약성경에는 이와 관련된 아무런 기록도 나오지 않는다. 히브리서 13장 23절은 디모데가 "석방되었다"(우리말성경 - 역주)라고 말씀하지만, 성경에는 그의 투옥과 관련된 아무런 기록도 없다.

## 기브온 사람들과 맺었던 약속

"기브온 사람은 이스라엘 족속이 아니요 그들은 아모리 사람 중에서 남은 자라 이스라엘 족속들이 전에 그들에게 맹세하였거늘"(삼하 21:2b). 이것은 여호수아 9장에 기록된 사건에 대한 언급이다. 여호수아가 여리고와 아이성을 정복하자 두려움에 빠진 기브온 사람들은 부정한 책략을 썼다. 그들은 여호수아를 속이는 데 성공했다. 그럴싸한 거짓말을 한 후 기브온 사람들은 자기들이 이스라엘 백성의 종이 되겠노라고 제안했다. 그리고 성경에서 우리는 "여호수아가 곧 그들과 화친하여 그들을 살리리라는 조약을 맺고 회중 족장들이 그들에게 맹세하였더라"(수 9:15)라고 읽는다. 얼마 후 이스라엘 백성은 자기들이 속았다는 사실을 알게 되었다. 기브온 사람들은 그들이 공언했던 것처럼 먼 나라에서 온 여행자들이 아니라 실제로는 가나안 사람들이었던 것이다. 그로 인한 결과는 아주 놀라우며, 오늘날의 정부 지도자들이 유념하면 좋을 교훈을 포함하고 있다.

이스라엘 사람들은 사흘 동안 행군한 후 기브온 사람들의 여러 성읍들에 이르렀다. 그리고 우리는 다음과 같은 말씀을 읽는다. "그러나 회중 족장들이 이스라엘의 하나님 여호와로 그들에게 맹세했기 때문에 이스라엘 자손이 그들을 치지 못한지라"(삼하 9:18a). 그 나라의 지도자들은 자기들이 기브온 사람들과 맺었던 조약을 존중했고, 그로 인해 심각한 시련에 처했다. "그러므로 회중이 다 족장들을 원망하니"(18b절). 일반 백성들은 그들의 지도자들에게 그 조약을 휴지조각처럼 여길 것을 촉구했다. 인간의 본성은 예나 지금이나 똑 같다. 즉 무원칙하고, 자신의 이익에 대해 맹목적이고, 철저히 이기적이며, 하나님의 인정을 받는 일에 무관심하다. 그러나 하나님의 자비로운 섭리 덕분에 당시의 이스라엘 백성은 양심적인 지도자들을 가질 수 있었다. 그들은 백성들의 요구에 굴복하지 않았고 자신들이 잘못된 일이라고 여기는 일을 행하지 않았다.

"모든 족장이 온 회중에게 이르되 우리가 이스라엘의 하나님 여호와로 그들에게 맹세하였은즉 이제 그들을 건드리지 못하리라 우리가 그들에게 맹세한 맹약으로 말미암아 진노가 우리에게 임할까 하노니 이렇게 행하여 그들을 살리리라 하고"(수 9:19-20). 한 나라의 책임 있는 자들이 하나님을 두려워하는 사람들일 때, 즉 그들이 자기들의 말에 대해 책임을 지고 사람들의 말에 휘말려 의의 길을 저버리지 않을 때, 그것은 그 나라에 얼마나 큰 은혜가 되는가! 그리고, 독자들이여, 우리는 우리에 대해 권위를 지니고 있는 모든 이들을 위해 기도할 필요가 있다. 즉 하나님이 그들을 정직하고, 공의롭고, 신뢰할 만하게 만들어 주시기를, 또 그들로 하여금 그들의 의무를 충실히 수행할 수 있게 해 주시기를 기도할 필요가 있다. 그들의 직책은 결코 쉬운 자리가 아니다. 그들에게는 하나님의 은혜가 필요하다. 기도는 복음의 사역자들에게뿐 아니라 국가를 섬기는 자들에게 은혜가 임하게 하기 위해 지정된 통로다. 그들을 비난하고 정죄하기보다 매일 그들을 위해 기도함으로써 그들의 손을 들어올리자.

여호수아는 "족장들"(각 부족의 우두머리들)이 취한 입장을 지지했다. 그는 기브온 사람들을 자기 앞으로 부른 후 그들에게 어째서 자기를 속였느냐고 물었다. 그러자 그들은 자기들이 그런 거짓말을 한 까닭은 자기들의 생명에 대한 두려움 때문이었다고 고백하고 그의 자비와 충의에 자기들을 내맡겼다. "여호수아가 곧 그대로 그들에게 행하여 그들을 이스라엘 자손의 손에서 건져서 죽이지 못하게 하니라 그 날에 여호수아가 그들을 여호와께서 택하신 곳에서 회중을 위하며 여호와의 제단을 위하여 나무를 패며 물을 긷는 자들로 삼았더니 오늘까지 이르니라"(수 9:26-27). 그때 이후로 기브온 사람들은 종노릇을 하면서 이스라엘 사람들 사이에 남아 있었다. 그들은, 느헤미야 3장 7절과 다른 구절들이 암시하듯이, 아주 평화롭고 유용한 사람들이었다.

## 약속의 파기

"사울이 이스라엘과 유다 족속을 위하여 열심이 있으므로 그들을 죽이고자 하였더라"(삼하 21:2b). 사울은 그들의 안전을 보장하는 엄중한 조약을 완전히 무시하고 그들을 죽이려 했다. 그러나 그것은 여호와가 아니라 이스라엘 사람들을 위한 열심 때문이었다. 인간의 본성은 얼마나 뒤틀려 있는가! 하나님은 사울에게 기브온 사람들을 죽이라는 명령을 주신 적이 없다. 오히려 그분은 블레셋과 아말렉 사람들을 죽이라고 명령하셨다. 그러나 그는 그 명령을 이행하지 않았다. 아, 블레셋 사람들을 박멸하는 것은 어렵고 위험한 일이었다. 왜냐하면 그들은 저항할 준비가 되어 있을 뿐 아니라 또한 잘 무장된 강력한 사람들이었기 때문이다. 반면에 기브온 사람들은 쉬운 먹잇감이었다. 오늘날 부패한 기독교계에서도 그와 비슷한 인간적인 열정이 드러나고 있지 않은가? 수많은 사람들이 하나님이 그들에게 명령하신 적이 없는 일에 열심을 내면서 정작 그분이 맡기신 큰일은 무시하고 있다. 신앙을 고백하는 그리스도인들 중 수많은 평신도들은 사람들을 그리스도께 인도하는 일로 아주 바쁘다. 반면에 그들은 자기들의 인간적이고 세속적인 욕망을 죽이는 일은 게을리 하고 있다. 아, 전자가 후자보다 훨씬 더 쉽다.

그 후 사울은 기브온 사람들과 공적으로 행한 약속을 깨뜨렸다. (여호수아가 그들과 행한 엄중한 언약은 그들에 대한 보호를 보장하는 것이었다.) 이것은 본문 5절을 통해 분명하게 드러난다. 본문 2절은 다만 그가 "그들을 죽이고자 하였더라"고 말하는 반면, 5절에서 기브온 사람들은 사울을 "우리를 학살하였고 또 우리를 멸하여 이스라엘 영토

내에 머물지 못하게 하려고 모해한 사람"이라고 부르고 있기 때문이다. 이것은 "이는 사울과 피를 흘린 그의 집으로 말미암음이니 그가 기브온 사람을 죽였음이니라"(1절)는 여호와의 말씀에 대한 확장이다. 이것은 그 나라에 무거운 죄책을 안겨 주었고, 그때까지도 그 죄를 지은 자에 대한 징벌을 통해 해소되지 않고 있었다. 이스라엘에 임한 3년간의 기근은 이에 대한 증거였다. "하나님은 그렇게 오랜 후에 이런 식으로 그 나라가 지은 죄를 고발하시고, 그 죄에 대한 자신의 혐오감을 드러내시고, 통치자들에게 유사한 죄를 짓지 말 것과 그런 죄를 지은 이들을 벌할 것을 가르치시고, 죄에 대한 가장 중요한 징벌은 그 죄를 지은 자의 죽음을 구하는 것임을 암시하셨다"(Thomas Scott).

하나님께서 이스라엘의 그 혐오스러운 죄에 대한 자신의 진노를 공적으로 드러내시기 전에 그렇게 여러 해 동안 기다리셨다는 사실은 그분이 그들에게 충분한 회개의 기회를 주시면서 오래 참으셨음을 보여 준다. 그러나 그들은 회개하지 않았고, 이제 그분은 그들에게 자신이 그들의 죄를 간과하거나 잊으셨던 게 아님을 깨닫게 하셨다. 그러므로, 독자들이여, 시간의 경과가 죄책을 제거하거나 경감시키지 않는다는 것을 배우라. 또 어느 강력한 나라가 어느 약한 민족을 보호하겠노라고 약속했을 때 그 약속을 지키는 것이 얼마나 중요한 일인가를 배우라.

### 적절한 조치

하나님은 다윗에게 지금 자신이 이스라엘과 싸우시는 이유가 그 나라가 지은 죄를 속하기 위해 적절한 조치를 취하기 위한 것임을 밝히셨다. 하나님을 두려워하는 사람인 다윗은 즉시 여호수아가 기브온 사람들과 맺은 조약이 구속력을 갖춘 의무라는 것과 그것을 깨뜨린 것이 그 나라의 죄책이라는 사실을 깨달았다. 그러므로 "다윗이 그들에게 묻되 내가 너희를 위하여 어떻게 하랴 내가 어떻게 속죄하여야 너희가 여호와의 기업을 위하여 복을 빌겠느냐 하니"(삼하 21:3). 이것은 아주 공정한 처사였다. 기브온 사람들은 부당한 대우를 당했다. 그러므로 그들에게 그들이 바라는 보상 형태를 결정할 기회를 제공하는 것은 공의로운 일이었다. 말이 난 김에 하는 말인데, 우리는 이것이 속죄가 여호와의 진노를 해소하기 위한 것임을 분명하게 가르치는 또 다른 구절이 아니라는 사실에 신중하게 주목할 필요가 있다. 이 사건에는 속죄 또는 화해라는 주제가 나오지 않는다. 왜냐하면 기브온 사람들은 하나님과 멀어져 있었던 것이 아니기 때문이다!

### 기브온 사람들의 요구

"기브온 사람이 그에게 대답하되 사울과 그의 집과 우리 사이의 문제는 은금에 있지 아니하오며 이스라엘 가운데에서 사람을 죽이는 문제도 우리에게 있지 아니하니이다 하니라"(삼하 21:4a). 그들의 대답은 아주 관대하고 고귀했다. 그것은 그들이 돈을 바라는 자들도 아니고 악의에 찬 사람들도 아니라는 사실을 보여 주었다. 그들은 그 상황을 이용해 자신들의 몫질을 늘리려고 하지 않았고, 복수심을 품고 있지도 않았다. 그들은 수백 년 동안 종처럼 행동해 왔다. 그리고 이스라엘이 언약을 깼으므로, 그들은 자유를 요구할 수도 있었을 것이다. 그들의 이타적 태도는 이 야심찬 시대의 정신을 붙들고 있는 탐욕스러운 자들을 얼마나 부끄럽게 하는가! 가난한 자들이 탐욕과 허욕에서 자유로운 경우는 많지 않다. 대다수의 사람들이 가난한 이유는 그들의 선택 때문이 아니라 환경 탓이다. 그러므로 주님께서 약하고 온유한 사람들을 편드시는 것은 놀랄 일이 아니다.

"그들이 왕께 아뢰되 우리를 학살하였고 또 우리를 멸하여 이스라엘 영토 내에 머물지 못하게 하려고 모해한 사람의 자손 일곱 사람을 우리에게 내주소서 여호와께서 택하신 사울의 고을 기브아에서 우리가 그들을 여호와 앞에서 목 매어 달겠나이다 하니 왕이 이르되 내가 내주리라 하니라"(삼하 21:5-6). 여기에서 우리는 그들의 영적 지혜와 경건을 파악할 수 있다. 그들이 사울의 자손 "일곱 사람"을 요구한 것은 그들이 그 숫자가 완전수라는 것을 이해하고 있었음을 보여 준다. 그들이 이 일곱 사람을 "목매어 달겠다"고 제안한 것은 그들이 이런 형태의 죽음이 저주를 의미한다는 사실(신 21:23)을 알고 있음을 암시한다. 그들이 "기브아에서 우리가 그들을 여호와 앞에서"라고 말한 것은 그들이 이스라엘에서 하나님의 진노가 떠나게 하려면 먼저 그분의 정의가 만족되어야 한다는 사실을 알고 있었음을 보여 준다. 그들이 "여호와께서 택하신 사울"이라고 말한 것은 하나님의 주권에 대한 공개적인 시인이었다. 그들이 "우리가 그들을 여호와 앞에서 목 매어 달겠나이다"라고 말한 것은 관대한 일이었다-그것은 다윗에게 제기될 수도 있는 대중의 비난을 자기들이 짊어지겠노라고 제안하는 것이었다.

그러나 이제 이 문제와 관련해 다윗이 취한 적절한 조치에 주목해 보자. 첫째, 그는 자기 나라에 기근이 임한 이유를 여호와께 물었다. 당신은 그의 삶에서 이런 은혜-그것은 그의 경건을 보여 주는 중요한 증거였다-가 얼마나 자주 나타났는지 떠올릴 수 있을 것이다. 둘째, 그는 기꺼이 기브온 사람들과 상의했다. 얼마나 많은 이들이 자기 종들과 상의하는 것을 격이 떨어지는 것으로 여기고 있는가! 그러나 겸손은 다윗의 삶에서 밝게 빛났던 또 다른 은혜였다. 셋째, 그는 훌륭했다. 만약 그가 비양심적인 사람이었다면, 그는 여호수아 시절에 맺은 조약은 이미 오래 전에 무효가 되었다고 말하면서 기브온 사람들의 말을 묵살했을 것이다. 넷째, 그는 기브온 사람들의 제안에 동의했다. 우리는 다른 구절들을 통해 그가 사울의 가족에게 정서적으로 밀착되어 있었다는 사실을 알고 있다. 그러나 정의의 요구가 그의 모든 개인적인 고려들을 앞질렀다. 마지막으로, 그는 자기가 요나단에게 했던 약속에 충실했다. "그러나 다윗과 사울의 아들 요나단 사이에 서로 여호와를 두고 맹세한 것이 있으므로 왕이 사울의 손자 요나단의 아들 므비보셋은 아끼고"(삼하 21:7, 삼상 15:20, 42 참조).

# 올바른 일 처리 (II)

**사무엘하 21장**

"다윗의 시대에 해를 거듭하여 삼 년 기근이 있으므로 다윗이 여호와 앞에 간구하매 여호와께서 이르시되 이는 사울과 피를 흘린 그의 집으로 말미암음이니 그가 기브온 사람을 죽였음이니라 하시니라"(삼하 21:1). 앞 장에서 나는 이 사건이 하나님이 나라들을 다스리시는 방식에 관한 한 가지 실례를 제공한다는 것을 보이고자 했다. 이 경우에 그분은 이스라엘이 여러 해 전에 저지른 죄 때문에 그들을 치리하고 계셨다. 그 죄는 이스라엘이 여호수아 시절에 기브온 사람들과 맺었던 조약을 깬 것과 관련되어 있었다. 사울은 그 조약을 무시했고 약한 자들을 보호하기는커녕 잔인하게 살해함으로써 그 자신의 집안과 이스라엘 나라에 하나님의 거룩한 진노를 초래했다.

하나님이 개인이나 나라들에게 그분의 진노를 늘 즉시 드러내시는 것은 아니다. 대개 그분은 그들에게 "회개할 기회"(계 2:21)를 제공하신다. 아, 그러나 타락한 인간의 본성은 너무나 뒤틀려 있기에 하나님의 자비를 활용하기는커녕 오히려 왜곡한다. "악인은 은총을 입을지라도 의를 배우지 아니하며 정직한 자의 땅에서 불의를 행하고 여호와의 위엄을 돌아보지 아니하는도다"(사 26:10). 인간은 의를 배우기는커녕 악에 악을 더할 뿐이다. "악한 일에 관한 징벌이 속히 실행되지 아니하므로 인생들이 악을 행하는 데에 마음이 담대하도다"(전 8:11). 인간은 하나님의 인내를 자신들의 죄에 대한 그분의 무관심을 의미하는 것으로 해석하고 그로 인해 더욱 담대하게 악을 행한다. "네가 이 일을 행하여도 내가 잠잠하였더니 네가 나를 너와 같은 줄로 생각하였도다 그러나 내가 너를 책망하여 네 죄를 네 눈앞에 낱낱이 드러내리라"(시 50:21). 조만간 하나님이 그분의 거룩하심을 드러내고 징벌적 정의를 행사하시며 책망하실 것이다. 비록 사울은 죽었을지라도, 그의 집안은 하나님의 복수의 손길을 느껴야 했다.

**심판의 주님**

다윗이 하나님께 어째서 이스라엘 땅에 그토록 긴 기근을 보내셨는지 여쭈었을 때, 그분은 그에게 그 이유를 알려 주셨다. 그러자 다윗은 부당한 대우를 당했던 자들과의 회의를 소집하고 그들을 초청해 사울이 그들에게 행한 잘못에 대해 어떤 보상이 이루어져야 하는지에 대해 논의했다. 그들의 반응은 놀라웠다. 그것은 관대함을 기대하기가 지극히 어려운 자들이 큰 특권을 즐기는 사람들보다 훨씬 더 큰 관대함을 보인다는 사실을 잘 보여 준다. 기브온 사람들의 반응은 그들이 금전적인 배상이 아니라 오직 하나님의 정의가 충족되기를 바라고 있음을 보여 주었다. "자손 일곱 사람을 우리에게 내주소서 여호와께서 택하신 사울의 고을 기브아에서 우리가 그들을 여호와 앞에서 목매어 달겠나이다"(삼하 21:6).

무엇보다도 우리는 기브온 사람들이 여러 해 동안 침묵을 지켜 왔던 것에 적절하게 주목할 필요가 있다. 그들은 다윗이 사울이 자기들에게 한 잘못을 바로 잡지 않은 것에 대해 불평이나 항의나 무리한 요구를 함으로써 왕국을 어지럽히지 않았다. 그들이 위와 같은 요구를 한 것은 여호와께서 그들을 위해 개입하시고 다윗이 그들에게 행해진 잘못된 일과 관련해 어떤 보상이 필요한지 물은 후였다. 지금 그들은 피에 굶주리거나 복수심에 가득 차서 말하고 있는 게 아니다. 그들의 요구는 부당하거나 비이성적이지 않았다. 그들은 사울 집안 사람들 외에 그 누구의 목숨도 요구하지 않았다. 사울은 잘못을 저지른 당사자였다. 따라서 그의 집안이 그 대가를 치르는 것은 당연한 일이었다. 오늘날에도 부모의 유산을 상속한 자들은 부모의 빚 때문에 법적 소송에 휘말린다. 물론 일반적으로는 자녀들이 그들의 아비의 죄 때문에 죽임을 당해서는 안 된다(신 24:16). 그러나 기브온 사람들의 경우는 아주 예외적인 상황이었다.

더 나아가 우리는 이 경우에는 여호와께서 그 고통당한 자들을 위해 분명하게 개입하셨음에 유념해야 한다. 따라서 우리는 우리 앞에 놓인 이 사건을 하나님의 관점에서 바라볼 필요가 있다. 어떤 사건이 우리에게 아무리 충격적일지라도, 혹은 우리의 일반적인 합리성의 기준과 아무리 어긋나게 보일지라도, 우리는 지존자께서 하신 일을 정죄하거나 비난해서는 안 된다. "하나님이 직접 그 일에 개입하셨다. 그리고 의심할 바 없이 그분께서 기브온 사람들에게 그런 요구를 할 마음을 심어주셨다. … 부모들은 죄, 특히 잔인하고 압제적인 죄를 짓지 않도록 조심해야 한다. 그래야만 그들이 무덤에 누워 있는 동안 그들의 자녀들이 하나님의 의로운 손길에 의해 고통을 당하지 않을 것이다. 죄책과 저주는 가족에게 숙명적으로 계승된다"(Matthew Henry). 이 비극적인 사건 속에는 모든 세대의 사람들이 유념해야 할 엄중한 경고가 들어 있다.

마지막으로, 이 경우에 이루어진 모든 일은 하나님이 하신 것임을 잊지 말자. "그 후에야 하나님이 그 땅을 위한 기도를 들으시니라"(삼하 21:14). 하나님의 심판은 인간의 심판을 좌우하는 법칙들에 종속되지 않는다. 또한 그분은 우리에게 그 어떤 것에 대해서도 해명하실 필요가 없다. 여호와의 행위는 우리의 하찮은 줄자로 잴 수 있는 것이 아니다. 우리가 그분의 방식을 이해하지 못할 때, 우리는 그분께서 언젠가는 자신을 온전하게 변호하시고 지금 그분의 섭리에 대해 투덜거리는 모든 반역자들의 입을 다물게 하시리라고 확신하면서 그분 앞에서 침묵해야 한다. 그러나 우리는 사울의 후손들에게 임한 이 특별한 징벌의 경우 그것이 어떤 의미로든 무고하고 아무 죄도 저지르지 않은 사람들에 대한 벌을 의미하지 않는다는 사실을 간과해서는 안 된다. 왜냐하면 하나님 자신이 그들을 두고 "피를 흘린 그의 집"(1절)이라고 말씀하시기 때문이다 - 그들은 실제로 그들의 아비의 잔인한 정신에 의해 움직이고 그의 발걸음을 따랐던 자들이다.

### 사울의 자손들의 죽음

"자손 일곱 사람을 우리에게 내주소서 여호와께서 택하신 사울의 고을 기브아에서 우리가 그들을 여호와 앞에서 목매어 달겠나이다 하니"(삼하 21:6a). "우리가 그들을 … 목매어 달겠나이다"라는 말에 주목하라. 이것은 그들이 왕의 처지를 고려하고 있음을 보여준다. 그들은 기꺼이 그 처형에 대한 비난을 감수하려 했다. 이미 지적했듯이, 이것은 개인적 복수심을 만족시키려는 것이 아니었다 ―"이스라엘 가운데서 사람을 죽이는 문제도 우리에게 있지 아니하니이다"(4절). "여호와 앞에서 목매어 달겠나이다"―이것은 그 처형이 하나님의 정의를 위한 제사이자 이스라엘 사람들에게 더 이상 자기들을 괴롭히지 말라는 경고의 행위였음을 보여 준다. "사울의 고을 기브아에서"―이것은 사울이 무고한 사람들을 박해하고 살해하는 것을 도왔던 자들에게 분명한 교훈을 삼으려는 것이었다. "왕이 이르되 너희가 말하는 대로 시행하리라"(삼하 21:4b). 만약 그것이 하나님이 보시기에 잘못된 것이었다면, 다윗은 그들의 제안에 동의하지 않았을 것이다. 그 일곱 사람을 택하는 문제가 다윗의 몫이었기에, 그는 요나단의 아들을 살릴 기회를 얻을 수 있었다(7절).

"왕이 이에 아야의 딸 리스바에게서 난 자 곧 사울의 두 아들 알모니와 므비보셋과 사울의 딸 메랍에게서 난 자 곧 므홀랏 사람 바르실래의 아들 아드리엘의 다섯 아들을 붙잡아"(삼하 21:8). 처음 두 사람은 사울 자신의 아들들로 그가 어느 첩에게서 난 자식들이었다. 나머지 다섯 사람은 사울의 딸 메랍이 아드리엘에게서 난 그의 손자들이었다. 사울이 이 다섯 사람들의 어미를 다윗에게 주기로 약속했던 사실을 떠올려 보라(삼상 18:17). 그러나 사울은 이스라엘의 감미로운 시인의 화를 돋울 목적으로 그녀를 아드리엘에게 주었다(19절). 여기에서 우리는 하나님의 정의의 작용을 보다 분명하게 인식할 수 있을 것이다. 조셉 홀(Joseph Hall)은 이 특별한 사건에 대해 주석하면서 다음과 같이 말했다. "신실한 하나님의 사람들에게 상처를 주는 것은 위험하다. 설령 그들의 온유함이 그 죄를 쉽게 용서할지라도, 하나님은 아주 오랜 후에라도 그 죄를 크게 책망하지 않은 채 넘어가지 않으실 것이다."

"그들을 기브온 사람의 손에 넘기니"(삼하 21:9a). 나는 사형에 대한 반대가 늘어나고 있는 이 감정적인 시대에 다윗이 기브온 사람들의 소원을 들어 준 것은 잘못이라고 여기는 이들이 많이 있으리라고 믿는다. 어떤 이들은 이 사건을 지나치게 악의적으로 왜곡하느라 다윗이 이것을 기회 삼아 자신의 오랜 적에 대해 복수했다고 서슴없이 비난해 왔다. 그러나 올바른 정신을 가진 사람은 누구라도 이때 다윗이 달리 할 수 없었음을 분명하게 알 수 있을 것이다. 그가 그들을 기브온 사람들에게 넘겨 준 것은 사울 집안에 대해 품고 있는 개인적인 원한 때문이 아니었다. 그는 하나님에 대한 순종 때문에 기브온 사람들의 요구에 응했던 것이다. 이스라엘의 유익을 염두에 두고 있던 그에게는 다른 대안이 없었다. "공공의 안녕을 위해 필요했던 그들의 처형을 잔인한 짓으로 매도해서는 안 된다. 이스라엘 전체가 기근으로 고통을 당하는 것보다는 사울집안 사람 일곱이 교수형에 처해지는 것이 나았다"(Matthew Henry).

"기브온 사람이 그들을 산 위에서 여호와 앞에 목 매어 달매 그들 일곱 사람이 동시에 죽으니 죽은 때는 곡식 베는 첫날 곧 보리를 베기 시작하는 때더라"(삼하 21:9:b). "이 사람들은 혐오스러운 자, 저주 받은 자, 그리고 하나님의 정의를 충족시키기 위한 국가적 속죄물로 정해진 자에 대한 처리 방식과 관련해 하나님이 정하신 바에 따라 교수형을 당한 후 시기적절하게 내린 비를 통해 하나님의 화해의 징표가 제공될 때까지 나무 혹은 교수대 위에 그대로 달려 있었다"(Thomas Scott).

그러나 여기에서 다시 우리는 여호와의 절대 주권과 그분이 모든 제한을 초월하는 분이심을 인식할 수 있다. 분명히 그분은 재판관들에게 부모의 죄에 대해 복수하기 위해 아이들을 죽이는 것을 금하셨다(신 24:16). 그럼에도 그분 자신은 그런 제한에 묶이시지 않는다. 그분은 이스라엘에게 다음과 같이 명령하셨다. "사람이 만일 죽을 죄를 범하므로 네가 그를 죽여 나무 위에 달거든 그 시체를 나무 위에 밤새도록 두지 말고 그 날에 장사하여 네 하나님 여호와께서 네게 기업으로 주시는 땅을 더럽히지 말라 나무에 달린 자는 하나님께 저주를 받았음이니라"(신 21:22-23). 그럼에도 여기에서 우리는 여호와께서 다윗을 움직여 그 명령과 정확하게 반대되는 일을 하게 하시는 것을 볼 수 있다! 어째서인가? 그것은 하나님은 모든 법을 초월하시며 자신이 기뻐하는 대로 행할 자유를 갖고 계심을 보여 주기 위함이다!

"그들 일곱 사람이 동시에 죽으니 죽은 때는 곡식 베는 첫날 곧 보리를 베기 시작하는 때더라," 본문에 실려 있는 모든 내용은 여호와의 주권적 손길을 분명하게 보여 준다. 첫째, 처형 장소를 살펴보자. 그곳은 사울 자신의 성읍이었다. 그러므로 그 일곱 사람은 사실상 그들의 집 근처에서 죽임을 당한 것이었다. 둘째, 그들이 처형된 방식을 살펴보다. 그들이 여호와 앞에서 목 매달렸다는 것은 그들이 그분이 보시기에 저주를 받을 만한 자들이었음을 보여 준다. 셋째, 그들이 처형된 날을 살펴보자. 그들은 "곡식 베는 첫날 곧 보리를 베기 시작하는 때"에 처형되었다. 그 날이 선택된 것은 그들이 하나님의 진노를 달래고 그분의 은혜를 얻으려는 특별한 목적 때문에 희생되었음을 보다 분명하게 드러내기 위함이었다. 이스라엘 사람들은 하나님의 진노 때문에 삼년 동안이나 추수의 은혜를 얻지 못했다. 그러므로 이때 모든 것이 하나님이 정하신 대로 이뤄졌다는 것을 누가 감히 의심할 수 있는가?

## 거룩한 요구

그러나 여기에는 우리에게 중요한 어떤 실제적 교훈이 들어 있지 않을까? 분명히 그럴 것이다. 왜냐하면 자연은 늘 영적인 것을 예시하기 때문이다. 여기에서 은유적으로 제시되는 교훈을 확인하는 것은 어려운 일이 아니다. "피를 흘린" 사울의 자손들이 해를 입지 않고 있을 동안 이스라엘에서 하나님의 자비가 철회되었다. 그러나 그들이 목 매어 달리자 "하나님이 그 땅을 위한 기도를 들으셨다"(삼하 21:14). 이것은 오늘날 우리들에게도 마찬가지 아닌가? 만약 우리가 자신을 부인하는 데 실패하고 오히려 타락에 탐닉한다면, 어떻게 우리가 하나님의 미소가 우리에게 임할 것을 기대할 수 있겠는가? "너희 허물이 이러한 일들을 물리쳤고 너희 죄가 너희로부터 좋은 것을 막았느니라"(렘 5:25). 독자들이여, 당신은 우리가 상관하고 있는 분이 거룩하신 삼위일체 하나님이심을 충분히 인식하고 있는가? 만약 우리가 불을 갖고 논다면, 우리의 손가락이 불에 델 것을 예상해야 한다. 마찬가지로, 만약 우리가 죄와 더불어 시시덕거리고 하나님의 명령을 무시한다면, 우리는 크게 고통을 받게 될 것이다.

나는 진리의 이런 측면이 우리의 입에 맞지 않는다는 것을 잘 알고 있다. 자기를 즐겁게 하는 시대를 살아가는 자들은 오직 하나님의 은혜에 대해 듣기만을 바란다. 그러나 바로 그 하나님의 은혜가 우리에게 "경건하지 않은 것과 이 세상 정욕을 다 버리고 신중함과 의로움과 경건함으로 이 세상에 살라"(딛 2:12)고 가르치고 있지 않은가? 은혜는 악행을 지지하기 위해서가 아니라 악한 본성의 작용을 거스르기 위해 주어진다. 은혜는 그것을 받은 자가 그의 오른 눈을 빼내고 오른팔을 잘라낼 수 있게 하기 위해 주어진다. 그것은 초자연적 결과를 낳는 초자연적 원리다. 이것은 당신과 나에게도 마찬가지인가? 아니면 우리는 온갖 고백을 하면서도 정작 그것에 대해 알지 못하고 있는가? 우리는 이미 우리에게 주어진 은혜를 부지런히 사용해 왔는가? 만약 그렇지 않다면, 참으로 우리는 자신의 실패를 회개하며 고백하고 우리가 알기에 하나님을 불쾌하게 하는 문제를 해결하기 전까지는 더 큰 은혜를 기대해서는 안 된다.

나는 오늘날 대부분의 설교가들과 성경 교사들이 진리의 이런 측면을 철저하게 무시하고 있다는 것을 안다. 그들은 하나님의 거룩한 요구를 제시하고 자기에 대한 탐닉을 비난하기는커녕 오히려 죄에 빠진 자들의 귀를 즐겁게 해 주고 그들의 비위를 맞추기 위해 애를 쓰고 있다. 지금 나는 어떤 낯선 교리를 반복해서 가르치거나 하나님의 은혜와 어긋나는 것을 소개하려는 것이 아니다. 과거에 하나님의 은혜를 칭송했던 하나님의 종들은 그분의 의의 요구들 역시 강력하게 제기했다. 매튜 헨리가 사무엘하 21장 19절과 관련해 했던 다음과 같은 말에 유념하자. "우리의 욕망과 부패를 죽이고 십자가에 못 박는 것 외에는 하나님의 진노를 가라앉힐 다른 방법이 없다. 만약 우리가 자신의 죄에 대해 정의를 행사하지 않는다면, 하나님께 자비를 기대하는 것은 헛일이다. 내가 위에서 했던 말은 모두 그것에 관한 것이 아니었는가? 만약 사울의 후손들을 살해하는 것 외에 하나님의 진노를 가라앉힐 다른 방법이 없었다면, 또한 오늘날 우리가 그분의 인정을 받고자 한다면, 우리의 죄들 역시 죽임을 당해야 한다."

"다윗의 시대에 해를 거듭하여 삼 년 기근이 있으므로"(삼하 21:1a). 이것은 어떤 오래된 이야기에 불과한가? 이것은 오늘날의 우리들을 위한 아무런 교훈도 갖고 있지 않은가? 이것은 수많은 타락한 그리스도인들의 실제적 경험을 정확하게 묘사하고 있지 않은가? 이것은 독자들 중 어떤 이들의 상황과 정확하게 들어맞지 않는가? 사랑하는 친구들이여, 당신의 영혼 속에 오랜 기근이 있지 않은가? 아, 우리는 위에 언급된 사건을 우리 자신의 삶에 실제적으로 적용할 수 있다. 만약 당신이 이것이 당신의 상황임을 뼈저리게 인식한다면, 당신은 그 기근이 제거되기를 바라지 않겠는가? 그러므로 위에서 논의된 것에 유념하라. 하나님과의 문제를 바르게 해결하라-당신을 그분에게 인정받지 못하게 만드는 것을 당신의 삶에서 추방하라. "자기의 죄를 숨기는 자는 형통하지 못하나 죄를 자복하고 버리는 자는 불쌍히 여김을 받으리라"(잠 28:13).

### 징벌이 끝남

"아야의 딸 리스바가 굵은 베를 가져다가 자기를 위하여 바위

위에 펴고 곡식 베기 시작할 때부터 하늘에서 비가 시체에 쏟아지기까지 그 시체에 낮에는 공중의 새가 앉지 못하게 하고 밤에는 들짐승이 범하지 못하게 한지라"(삼하 21:10). 이 가련한 어미가 그렇게 오랫동안(약 6개월 정도 되었을 것이다. 뉴 톰슨 관주 주석 성경 – 역주) 자기의 두 아들의 시신을 지키고 있는 모습은 감동적이다. 그녀는 그 시체들을 끌어내리려고 하지 않았다. 이것은 그녀가 하나님의 의로운 심판에 순종하고 있음을 보여 주는 것이었다. 그러나 그녀는 과도하게 슬퍼하는 죄를 지었던 것 아닐까? 매튜 헨리는 다음과 같이 말한다. "그녀는 상주들이 흔히 그러하듯이 옳지 않은 목적으로 자신의 슬픔에 탐닉했다. 그렇게 과도한 슬픔에 빠지는 위험에 처할 때, 우리는 그런 상황에 장단을 맞추고 그것을 충족시키려 하기보다는 그것을 진정시킬 방법을 찾아내야 한다."

"다윗이 가서 사울의 뼈와 그의 아들 요나단의 뼈를 길르앗 야베스 사람에게서 가져가니 이는 전에 블레셋 사람들이 사울을 길보아에서 죽여 블레셋 사람들이 벧산 거리에 매단 것을 그들이 가만히 가져온 것이라 다윗이 그곳에서 사울의 뼈와 그의 아들 요나단의 뼈를 가지고 올라오매 사람들이 그 달려 죽은 자들의 뼈를 거두어다가 사울과 그의 아들 요나단의 뼈와 함께 베냐민 땅 셀라에서 그의 아버지 기스의 묘에 장사하되 모두 왕의 명령을 따라 행하니라"(삼하 21:12-14a). 다윗이 사울과 그의 후손들의 뼈를 그렇게 예의를 갖춰

매장한 것은 그가 그들을 기브온 사람들에게 넘겨 준 것이 악의나 복수심 때문이 아니라는 사실에 대한 분명한 증거였다. 그러나 다음과 같이 물어보자. 도대체 이런 내용 어디에 우리를 위한 영적 교훈이 들어 있는가? 만약 우리가 여기에서 사울의 자손들을 우리의 죄-그것은 우리에게서 하나님의 은혜를 앗아간다-에 대한 상징으로 여길 수 있다면, 또 그들을 죽이는 것을 신자들이 그들의 욕망을 죽이는 것에 대한 예시로 여길 수 있다면, 그때 우리가 그들의 뼈를 매장하는 것을 과거에 우리가 저지른 수치스러운 일들을 망각 속에 묻는 것으로 여기는 것도 아주 무리한 생각은 아니다. "이는 내가 네 모든 행한 일을 용서한 후에 네가 기억하고 놀라고 부끄러워서 다시는 입을 열지 못하게 하려 함이니라"(겔 16:63). 당신이 숨기기를 바라는 것을 마치 간증하는 체하면서 모두가 보도록 공표하지 말고 그 위에 덮개를 씌우라.

사무엘하 21장의 마지막 여덟 구절(15-22절)은 다윗의 통치 마지막 시기 동안에 발생했던 사건들에 대한 간략한 정보를 제공한다. 그 구절들에서 두드러지는 것은 이스라엘과 블레셋 사람들 사이에서 벌어진 추가적인 싸움과 적군에 속한 거인들을 살해한 것에 대한 기록들이다. 여기에서도 우리를 위한 영적 교훈을 찾아내는 것은 어렵지 않다. 믿음의 싸움에는 휴가가 없다! 영과 맞서는 육신은 세상에서의 우리의 순례가 끝나는 날까지 계속해서 욕망을 추구한다. 그러므로 하나님이 우리를 영원히 쉬게 하실 때까지 우리는 육신의 정욕을 죽이는 일을 계속해야 한다. 사울의 일곱 자손들이 죽고 나면, 다른 적들(욕망들)이 우리를 제압하려 할 것이다. 그리고 우리는 그것들 역시 맞서서 극복해야 한다. 비록 늙고 연약해졌음에도 다윗이 게으름을 피우지 않았음에 주목하라(삼하 21:15, 22)! 이 장 말미에 나오는 거인족에 대한 언급은 우리의 가장 강력한 적들이 최후의 대전을 위해 남아 있다는 사실을 암시한다. 그러나 우리는 우리의 "다윗"을 통해 그들 역시 정복할 것이다.

# 80

# 감사의 노래 (I)

사무엘하 22장

    사무엘하 22장은 "그리고"(And, KJV, 한글 성경에는 번역되어 있지 않다-역주)라는 말로 시작된다. 이것은 이 장의 내용이 바로 앞 장의 내용과 긴밀하게 연결되어 있음을 암시한다. 우리가 이제부터 살펴려 하는 장은 다윗의 위대한 감사의 시편을 기록하고 있다. 그리고 그 시편은, 이 장의 서두가 암시하듯이, 다윗이 하나님께서 자기를 수많은 적들로부터 구해 주신 것에 감사하기 위해 지은 것이다. 앞 장에서 우리는 사울의 자손들의 처형에 관한 이야기에 이어서 이스라엘이 블레셋 사람들에게 승리를 거두고 그들의 거인들을 죽인 것에 대한 간략한 서술을 살펴보았다. 또 앞에서 우리는 그런 사건들이 오늘날의 그리스도인들의 삶에 대해 갖고 있는 영적 의미들을 지적했다. 우리는 이 장에서도 동일한 작업을 수행할 것이다. 그런 식으로 성경을 우리 자신에게 실제적으로 적용하는 것은 꼭 필요한 일임에도, 안타깝게도 오늘날 그런 일은 크게 무시되고 있다. 그러나 우리는 그렇게 할 때만 성경을 살아 있는 책으로, 또한 오늘날의 필요에 적합한 것으로 만들 수 있다.

**역사적 의미와 예언적 의미**

사무엘하 21장과 22장 사이의 영적이고 실제적인 연관성을 파악하는 것은 어렵지 않다. 앞 장에서 살펴보았듯이, 사울의 후손들의 처형(이때 처형된 자들은 일곱 명이었는데, 이것은 그 일을 완전하게 마무리하기 위한 것이었다)은 신자들이 그들의 욕망을 죽이는 것에 대한 상징으로 간주되어야 한다. 또 이스라엘과 블레셋 사람들 그리고 다윗과 거인들 사이에 있었던 싸움은 성도가 벌이는 죄와의 싸움이 그들의 삶이 끝나는 날까지 계속될 것임을 상징한다. 죽임이라는 행위는 참으로 고통스럽다. 그럼에도 그것은 기쁜 결과를 낳는다. 오른쪽 눈을 빼버리고 오른팔을 잘라내는 것은 의심할 여지없이 큰 고통을 낳는다. 그럼에도 그렇게 한 후에는 아름다운 감사가 나타날 것이다. 사무엘하 21장에서는 죽음이 두드러지게 나타나지만, 사무엘하 22장은 "노래"로 시작된다! 그러므로 여기에는 분명한 연관관계가 존재한다. 우리의 욕망 위에 "죽음"이라는 글자가 새겨질 때, 우리의 마음은 노래로 채워진다. 하나님을 불쾌하게 하던 것이 제거될 때, 성령께서 우리의 마음을 움직여 여호와를 찬양하게 하실 것이다.

성경에 실린 "거룩한 노래들"을 특별히 그것들의 맥락에 주목하면서 살피는 것은 아주 흥미롭고 교훈적인 작업이다. 첫 번째 노래는 출애굽기 15장에 기록되어 있다. 거기에서 우리는 주님을 찬양하는 소리가 아니라 애굽에 있는 히브리인들의 한숨과 탄식 소리를 듣는다(출 2:23-24). 그러나 그들이 속박에서 벗어나고 그들의 적들이 홍해에 빠져 죽었을 때, 그들의 마음으로부터 찬양의 노래가 울려나왔다. 또 우리는 여호와께서 그들에게 물을 제공하셨을 때 그들이 불렀던 노래에 관해 읽는다(민 21:17). 모세는 그의 광야 생활을 노래로 끝맺었다(신 31:22). 이스라엘 사람들은 가나안 사람들에게 승리를 거둔 후 노래를 불렀다(삿 5:1). 욥은 "밤에 노래를 주시는"(욥 35:10) 하나님에 관해 말한다—이것은 드물기는 하나 수많은 성도들이 증언할 수 있는 실제적인 경험이다. 시편 기자는 다음과 같이 말했다. "내가 나그네 된 집에서 주의 율례들이 나의 노래가 되었나이다."

사무엘하 22장에 실려 있는 다윗의 노래와 시편 18편 사이에는 아주 놀라운 유사성이 있다(후자의 머리말[上記]을 보라). 사실 그 유사성은 너무나 크기 때문에 거의 대부분의 주석가들은 그 둘을 동일한 것으로 간주하고, 후자가 전자의 개정판이라는 추측 위에서 그것들 사이의 동사 변화(비록 우연한 것이기는 하나 그 수가 결코 적지 않다)에 대해 설명하려 해왔다. 그러나 그런 가정은 내게는 만족스럽지 않다. 그것은 내게는 하나님의 영감에 대한 심각한 조롱처럼 보인다. 확실히 성령께서는 그 어떤 수정 작업도 하실 필요가 없다. 그러므로 나는 이 문제에 대해서는 스펄전(C. G. Spurgeon)의 견해가 더 옳다고 여긴다. "사무엘하 22장에는 시편 18편이 약간 변형된 형태로 나타난다. 그리고 이것은 다윗이 그 자신의 놀라운 삶을 회고하며 그 안에서 하나님의 은혜로운 손길을 보았던 다른 경우들에 이 시편을 노래했음을 암시한다."

다윗의 이 특별한 노래는 영감을 받아 쓰인 그의 모든 노래들의 특징을 이루는 불변하는 측면까지는 아니더라도 그의 노래의 어떤 일반적인 형태와 크게 다르지 않다. 즉 우리는 이 노래 안에서 그 노래의 표면적인 의미와 보다 깊은 의미, 그리고 역사적 의미와 예언적 의미를 모두 발견할 수 있다. 이 점에 관한 모든 의심은 신약성경의 증언을 통해 분명하게 제거될 수 있다. 왜냐하면 우리는 신약성경에서 이 노래의 구절들 중 두 가지가 그리스도 자신의 말씀으로 인용되고 있음을 발견하기 때문이다—그분은 그렇게 하심으로써 다윗보다 위대한 이가 계심을 분명하게 밝히셨다. 보다 깊은 의미에서 이 노래는 다윗 안에 있는 그리스도의 영의 발언(發言), 즉 그리스도께서 하나님의 권능을 통해 죽음에 대해 승리하시는 것에 대한 특별한 언급이다(엡 1:19). 다윗은 하나님께서 자기를 위해 은혜롭게 행동하신 것에 대해 감사하며 노래한다. 그러나 그는 이 노랫말을 통해 자기 자신을 넘어서 자신의 후손이자 주님이신 분, 즉 모든 어둠의 권세들이 합동으로 공격하고 있는 분께로 날아오른다.

## 적들로부터의 구원

"여호와께서 다윗을 모든 원수의 손과 사울의 손에서 구원하신 그 날에"(삼하 22:1a). 다윗의 파란만장한 삶의 두드러진 특징들 중 하나는 그가 수많은 적들과 싸워야 했다는 점이다. 그 적들은 주변 국가들과 그 자신의 백성들 모두로부터 나왔는데, 그 중에서도 으뜸은 사울이었다. 그는 다윗에게는 가장 무섭고, 악의적이고, 끈질긴 적이었다. 그러나 우리는 이런 사실에 대해 지나치게 놀라서는 안 된다. 매튜 헨리가 간결하게 표현했듯이, "다윗은 하나님의 마음에 맞는 자였지 사람들의 마음에 맞는 자가 아니었다. 그렇기에 많은 사람들이 그를 미워했다." 어째서 그런 것일까? 첫째, 하나님이 그를 일생동안 사람들에게 조롱과 거부를 당하셨던 그리스도의 탁월한 예표가 되도록 정하셨기 때문이다. 둘째, 하나님은 자신의 백성들을 보호하시는 일을 통해 자신의 신실하심과 권능을 보다 분명하게 드러내려 하셨기 때문이다. 셋째, 그것이 성도들의 일반적인 경험이기 때문이다.

"여호와께서 다윗을 모든 원수의 손과 사울의 손에서 구원하신 그 날에." 그렇기에 다윗은 다음과 같이 선언할 만한 충분한 자격을 갖추고 있었다. "의인은 고난이 많으나 여호와께서 그의 모든 고난에서 건지시는도다"(시 34:19). 여호와께서 다윗을 그의 수많은 적들에게서 "구원"하시는 일은 아주 다양한 방식으로 이루어졌다. 그 구원은 때로는 이 방식으로 그리고 때로는 저 방식으로 이루어졌는데, 그것은 전능하신 분은 어느 특정한 수단이나 방법에 제한되지 않으시기 때문이다. 때로 그분은 인간을 이용하신다. 그리고 때로는 그들을 사용하지 않고 일하신다. 사탄에게 시달리며 지쳐 있는 신자들은 이런 사실을 통해 힘을 얻어야 한다. 비록 모든 탈출구가 굳게 닫혀 있는 듯 보일지라도, 그 닫힌 문들조차 하나님께는 아무런 장애가 되지 않는다는 사실을 기억하라(요 20:26). 오랜 가뭄이 그릿 시냇가에 있던 엘리야를 지탱해 주던 물을 완전히 말려버렸을 때, 하나님은 사르밧 과부의 떡과 기름으로 그를 먹이셨다.

이것 역시 우리에게 교훈과 위로가 되기 위해 기록된 것이다. 사무엘서를 통해 다윗의 삶을 추적하는 동안 우리는 그가 여러 가지 극심한 위험에 처했던 것을 보았다. 그의 적들이 틀림없이 그를 이길 것처럼 보였다. 실제로 언젠가 그는 슬픔에 겨워 다음과 같이 탄식한 적도 있었다. "내가 후일에는 사울의 손에 붙잡힐 것이다"(삼상 27:1). 그러나 그렇게 되지 않았다! 아니다, 사울보다 무한히 강하신 분이 그를 지켜보고 계셨다. 독자들이여, 만약 우리가 그리스도에게 속해 있다면, 그것은 당신과 나의 경우에도 동일하게 해당되지 않는가? 지옥의 연합군이라도 우리를 이기지 못할 것이다. 육신과 세상과 마귀의 연합 공격조차 우리를 파멸시키지 못할 것이다. 어째서인가? "이는 너희 안에 계신 이가 세상에 있는 자보다 크심이라"(요일 4:4). 그렇다면 왜 우리가 그토록 두려워해야 하는가? 그러므로 우리는 다음의 확실한 약속에 의지할 수 있도록 은혜를 구하자. "하나님은 우리의 피난처시요 힘이시니 환난 중에 만날 큰 도움이시라"(시 46:1).

하나님이 자기를 위해 개입하신 것에 대한 다윗의 반응에 주목해 보자. 구원은 감사를 불러일으킨다. 감사는 우리가 주님이 우리에게 베푸신 모든 은혜 앞에서 취할 수 있는 가장 기본적인 자세다. 우리는 그런 기쁜 의무를 이행하는 데 지체해서는 안 된다. 감사는 즉시 찬양으로 이어져야 한다. 이스라엘의 감미로운 시인은 그렇게 했다. 우리 역시 그렇게 해야 한다. 그러므로 우리는 이 말씀을 가슴에 새길 필요가 있다. "여호와께서 다윗을 모든 원수의 손과 사울의 손에서 구원하신 그 날에." 우리는 하나님의 은혜 때문에 우리의 마음이 크게 영향을 받고 있는 동안 그분께 찬양의 제사를 드려야 한다. 우리는 임박한 위험이 우리를 위협할 때 하나님께 부르짖는 일에 굼뜨지 않다. 그러므로 우리는 그분의 구원하시는 손길이 우리에게 임할 때도 그만큼 신속하게 그분의 선하심을 시인해야 한다.

많은 주석가들이 이 거룩한 노래가 다윗의 삶의 초기에 지어졌다고 여기고 있다. 그러나 개인적으로 나는 성경에서 그런 견해를 뒷받침해 줄 만한 아무런 증거도 찾지 못한다. 성령께서 우리에게 그것이 "여호와께서 다윗을 모든 원수의 손과 사울의 손에서 구원하신 그 날에" 쓰였다고 분명하게 말씀하신 것은 그것이 그의 삶의 후기에 쓰였음을 보여 주는 분명한 증거다. 덧붙여진 "사울의 손에서"라는 말은 이런 견해를 약화시키지 않는다. 오히려 우리는 사울에 대한 이런 언급을 그가 다윗의 가장 큰 적이었음을 강조하기 위한 것으로 여길 수 있다. 그 노래는 다음과 같은 몇 가지 주요 부분들로 나눌 수 있다. 첫째는 서문이다. 여기에서 다윗은 여호와의 완전하심을 찬양한다(1-4절). 둘째, 그는 여호와의 구원의 은혜를 칭송한다(5-20). 셋째, 그는 자신의 깨끗한 양심에 대한 증거를 제시한다(21-28절). 넷째, 그는 메시아의 영광의 승리에 대한 예언적 기대로 노래를 마무리한다(29-45절).

## 여호와에 대한 찬양

"이르되 여호와는 나의 반석이시요 나의 요새시요 나를 위하여 나를 건지시는 자시요"(삼하 22:2). 다윗은 이 노래를 여호와를 찬양하는 것으로 시작한다. 그는 그분과 자신의 개인적 관계에 근거해 그렇게 한다. 그는 자기가 받은 모든 것은 하나님과 자신의 관계 덕분으로 여긴다. 그가 2절과 3절에서 무려 아홉 번에 걸쳐 그분에 대해 각기 다른 호칭을 붙이는 것에 주목하라. 우리가 진심으로 그런 확신을 갖고 마음을 다해 "여호와는 나의 반석이시다"라고 말할 수 있다면, 그것은 굉장한 일이다! 때로 우리는 적들이 우리에게 극심한 상처를 주고 우리의 목숨을 위협하면서 우리를 뒤쫓고 있을 동안에는 이런 복된 확신을 갖지 못한다. 그러나 우리가 하나님의 구원을 은혜를 새롭게 경험할 때 우리 안에서는 새로운 소망의 불길이 타오른다. "여호와는 나의 반석이시요 나의 요새시요" "유대 지역의 울퉁불퉁한 바위와 산 위의 은둔지에 머무는 동안 다윗은 사울의 적의에서 벗어나 있었다. 그리고 이제 여기에서 그는 자신의 하나님을 그런 숨김과 안전을 위한 장소에 비유한다. 종종 신자들은 분란을 일으키는 혀들과 격렬한 폭풍을 피해 그들의 하나님 안으로 숨는다"(C. H. Spurgeon).

"이르되 여호와는 나의 반석이시요 나의 요새시요 나를 위하여 나를 건지시는 자시요" 이 구절과 앞 구절 사이의 연관 관계를 놓치지 말라. 의무의 길 위에서 하나님을 신뢰하는 자들은 자기들이 큰 위험에 처할 때 그분이 자기들에게 실제적 도움이 되신다는 것을 깨닫게 될 것이다. 다윗은 기적을 초래하는 믿음을 갖고서 하나님을 신뢰했다. 예를 들어, 그가 골리앗과 싸우며 보였던 용맹을 떠올려 보라. 이스라엘의 모든 이들이 그 블레셋 거인을 두려워하고 있었다. 아무도-심지어 사울까지도-그의 오만한 도전에 응하려 하지 않았다. 그러나 다윗은 비록 그때 소년에 불과했으나 조금도 주저하지 않고 그 치명적인 싸움에 뛰어들었다. 그는 아무런 갑옷도 착용하지 않고 손에 물매 하나만 들고서 그를 맞으러 나갔다. 그렇다면 그의 그런 힘은 어디에서 나온 것일까? 그의 용기와 성공의 비밀은 무엇이었을까? 그것은 그가 적장을 맞으러 나가며 했던 말을 통해 잘 드러난다. "너는 칼과 창과 단창으로 내게 나아오거니와 나는 만군의 여호와의 이름 곧 네가 모욕하는 이스라엘 군대의 하나님의 이름으로 네게 나아가노라"(삼상 17:45)!

독자들이여, 이것은 고대 역사에서 일어난 놀라운 사건에 불과한가? 그것은 우리의 마음을 위한 아무런 메시지도 갖고 있지 않은가? 하나님은 오늘날에도 동일하시지 않은가? 그분은 믿는 자들에게 기꺼이 응답하시지 않는가? 성경에는 "할 수 있거든이 무슨 말이냐 믿는 자에게는 능히 하지 못할 일이 없느니라"(막 9:23)고 기록되어 있지 않은가? 우리는 그 말씀을 진정으로 믿는가? 만약 그렇다면, 과연 우리는 하나님께 우리의 믿음을 증진시켜 달라고 간절히 요구하고 있는가? 믿는 자는 무적이다. 왜냐하면 그는 전능하신 분을 붙들고 있기 때문이다. 믿음은 전능자를 붙잡는 손이다. 그리고 전능자께서 너무 어려워서 하시지 못할 일이 있겠는가? 성경에는 다음과 같이 기록되어 있지 않은가? "너희 믿음대로 되라"(마 9:29). 아, 바로 그것이 우리가 그렇게 자주 패배를 경험하고 우리의 적들이 우리를 제압하는 이유를 설명해 주지 않는가? 오, 살아 계신 하나님에 대한 믿음과 그리스도의 중재의 효능에 대한 믿음이 우리의 욕망을 정복하기를!

그렇다, 우리가 사무엘하 22장의 처음 두 구절 사이의 관계에 주목하는 것은 아주 중요하다. 전자는 다윗이 그의 적들로부터 얻은 구원을 가리키고, 후자는 하나님에 대한 그의 분명한 확신을 가리킨다. 어떤 의미로도 그는 그런 경험을 한 유일한 사람이 아니다. 세 명의 히브리 청년들이 바빌론의 맹렬한 풀무불에서 구원을 얻은 것은 기적을 행하시는 하나님의 권능에 의한 것이었다. 그렇다, 그러나 하나님의 그 권능은 그들의 믿음에 대한 응답으로 나왔다. "왕이여 우리가 섬기는 하나님이 계시다면 우리를 맹렬히 타는 풀무불 가운데에서 능히 건져내시겠고 왕의 손에서도 건져내시리이다"(단 3:17). 다니엘이 혼자서 겪은 일도 마찬가지였다. 그러나 그 특별한 사건은 너무나 자주 간과되고 있다. 우리들 대부분은 어린 시절부터 그 선지자를 사자들로부터 보호하셨던 하나님의 역사에 대해 아주 잘 알고 있다. 그러나 우리 중 얼마나 많은 이들이 다음과 같은

제80장 감사의 노래 (I) 249

말씀에 주목하고 있는가! "이는 그가 자기의 하나님을 믿음이었더라"(단 6:23).

"이르되 여호와는 나의 반석이시요 나의 요새시요 나를 위하여 나를 건지시는 자시요"(삼하 22:2). 하나님의 사람들은 강력한 자들의 손에 포로가 되었을 때 그들보다 강력하신 분에 의해 구출된다. 하나님은 진심으로 자기를 믿는 자들을 실망시키지 않으신다. 그분은 참으로 그들을 시험하신다. 그러나 그분은 그들이 완전히 주저앉게 하지 않으신다. 우리의 "반석"이신 하나님은 그분의 백성들의 힘이자 토대이시며, 그들이 소망할 분이시며, 타는 듯한 사막의 열기로부터 숨을 곳을 제공하는 분이시다. 우리의 "요새"이신 하나님은 그분의 백성들에게 그들을 죽이려 하는 자들로부터 피할 곳과 보호와 안전을 제공하신다. "여호와의 이름은 견고한 망대라 의인은 그리로 달려가서 안전함을 얻느니라"(잠 18:10). 우리를 "건지시는 자"이신 하나님은 우리를 우리 자신으로부터 건지시고, 저주 받은 죄의 힘으로부터 구해내시고, 표호하는 사자로부터 구출하시고, 두 번째 죽음에 맞서 우리를 지켜 주신다.

**여호와의 충분하심**

"내가 피할 나의 반석의 하나님이시요 나의 방패시요 나의 구원의 뿔이시요 나의 높은 망대시요 그에게 피할 나의 피난처시요 나의 구원자시라 나를 폭력에서 구원하셨도다"(삼하 22:3). 다윗이 이런 은유들을 열거하는 것은 그가 여호와에 대해 갖고 있는 강한 확신과 그의 모든 긴급한 상황에 대응하시고 그의 모든 필요를 채워주시는 그분의 충분하심에 대한 인식을 보여 준다. 그는 하나님 안에서 자신이 온전하게 믿을 수 있을 만큼 충분히 귀한 분을 보았다. 그의 상황이 아무리 심각하고, 그의 처지가 아무리 절망스럽고, 그의 적들이 아무리 많고 강력하고, 그 자신의 약함이 아무리 클지라도, 여호와 하나님은 그 모든 일에서 충분하시다. 하나님에 대한 우리의 확신 역시 그와 같아야 한다. 그렇다, 우리는 우리의 믿음을 다윗이 가졌던 것보다 훨씬 더 견고한 기반 위에 둘 수 있다. 하나님은 이제 회개하는 죄인들의 친구의 모습으로 자신을 드러내셨다. 그분은 전에는 결코 그렇게 하신 적이 없으시다. 그리스도 안에서 그분은 자신을 죄의 정복자로, 죽음을 물리치신 분으로, 그리고 사탄의 주인으로 드러내셨다. 그러므로 우리는 그분을 향해 "내가 의지할 하나님"(시 91:2, 표준새번역-역주)이라고 외쳐야 할 충분한 이유를 갖고 있다! 오, 우리 모두의 삶에서 이것이 점점 더 구체적인 현실이 되기를!

"내가 피할 나의 반석의 하나님이시요 나의 방패시요 나의 구원의 뿔이시요 나의 높은 망대시요 그에게 피할 나의 피난처시요 나의 구원자시라 나를 폭력에서 구원하셨도다." 평범한 산문의 수준을 뛰어넘는 이렇듯 힘찬 언어들은 하나님이 그분을 믿는 자들에게 어떤 존재가 되실 수 있는지를 보여 준다. 왜냐하면 오직 우리의 믿음이 활발하게 살아 있을 때만 그분이 그렇게 보이실 수 있기 때문이다. 그분은 모든 공격으로부터 나를 보호해 주시는 "나의 방패"이시다. 믿음은 우리와 우리의 적들 사이에 그분을 개입시킨다. 그분은 나로 하여금 적들을 짓밟고 그들에 대한 승리를 거룩한 기쁨을 갖고서 노래할 수 있게 하시는 "나의 구원의 뿔"이시다. 그분은 "나의 높은 망대," 즉 모든 적들의 공격을 피할 수 있고 그곳에서 그 적들을 침착하게 내려다 볼 수 있는 고지에 위치한 요새이시다. 그분은 모든 폭풍으로부터 숨을 수 있는 "나의 피난처"이시다. 그분은 신자들이 겪을 수 있는 모든 악으로부터 나를 구해 주실 "나의 구원자"이시다. 우리에게 더 이상의 무엇이 필요하겠는가! 우리가 더 이상 무엇을 요청할 수 있겠는가! 오, 우리의 믿음이 우리의 영혼 안에서 그와 동일한 것들을 깨닫게 되기를! "나를 폭력에서 구원하셨도다." 여기에서 나는 다시 한 번 이것이 믿음에 대한 응답이었음을 새삼 주장하고자 한다. "여호와께서 그들을 도와 건지시되 악인들에게서 건져 구원하심은 그를 의지한 까닭이로다"(시 37:40).

"내가 찬송 받으실 여호와께 아뢰리니 내 원수들에게서 구원을 받으리로다"(삼하 22:4). 어느 알려지지 않은 저자가 말했듯이, "군인의 갑옷은, 그가 그것을 입지 않는 한, 그에게 아무런 도움도 되지 않는다. 그러므로 우리가 기도에 전념하지 않는다면, 우리는 하나님의 보호하심을 기대할 수 없다." 믿는 자는 영적인 갑옷을 입는다. 그들은 주님 안에서 자신들의 모든 자원을 발견한다. "내가 찬송 받으실 **여호와께 아뢰리니** 내 원수들에게서 구원을 받으리로다." 내가 볼드체로 표기한 말에 신중하게 주목하라. 이것은 내가 위에서 말했던 모든 것을 분명하게 확증한다. "여호와께 아뢰는 것"은 그분을 믿는 것이다. 그리고 그런 믿음은 승리에 앞서 그분을 찬양한다. 우리 역시 우리의 적들로부터 구원될 것이다—믿음의 기도와 진지한 찬양에 대한 응답으로 나타나는 하나님의 권능에 의해서.

# 81

## 감사의 노래 (II)

사무엘하 22장

앞 장에서 지적했듯이, 사무엘하 22장에 실려 있는 다윗의 거룩한 노래는 어느 정도 분명하게 몇 개의 큰 부분으로 구분될 수 있다. 첫번째 부분(1-4절)에서 그는 여호와의 완전하심을 찬양하는 데 몰두한다. 우리는 그 부분에 대해서는 이미 살펴보았다. 그리고 우리가 이제부터 살펴 볼 두 번째 부분(5-20절)에서 그는 여호와의 구원의 은혜를 찬양한다. 이 부분은 아주 상징적이고 시적인 언어들로 표현되는데, 이것은 그 영감에 가득 찬 시인의 마음이 깊이 동요하고 있었음을 보여 준다. 이 부분의 내용은 세 가지 양상에서 고찰될 수 있다. 첫째, 다윗의 적들이 그에게 가했던 물리적 위협을 묘사한다. 둘째, 다윗의 영적 적들이 그에게 가했던 깊은 영적 고통을 묘사한다. 셋째, 그리스도께서 그분의 백성들의 대속자로서 겪으셨던 무서운 고통과 하나님이 그분의 종을 위해 행하신 놀라운 구원을 묘사한다. 이제 나는 이 두 번째 부분을 이런 각각의 관점에서 살펴보려고 한다.

## 크고 두려운 적들

"사망의 물결이 나를 에우고 불의의 창수가 나를 두렵게 하였으며 스올의 줄이 나를 두르고 사망의 올무가 내게 이르렀도다"(삼하 22:5-6). 이 두 번째 부분은 그렇게 시작된다. 이 부분이 아주 생생하게 묘사하는 것은 다윗의 적들의 많음과 흉포함 그리고 그들이 그에게 가했던 절망적인 위협이다. 첫째, 다윗은 사나운 바다라는 상징을 사용한다. 그 바다의 흉포한 "물결"은 사방에서 그를 위협하기에 그의 허약한 배는 금방이라도 그것에 삼켜질 것만 같다. 다음으로 그는 자신의 운명을 "창수"가 높이 일어 파멸이 불 보듯 뻔한 상태에서 어느 낮은 땅에 고립된 사람처럼 묘사한다. 수많은 사악한 자들이 사방에서 그를 괴롭히며 몰아붙이고 있다. 이어서 그는 자신의 곤경을 포로가 되어 "올무"에 묶인 채 죽음을 기다리는 상황과 비교한다.

위에서 언급된 말들은 사울과 아브넬과 압살롬이 다윗을 죽이려 했던 시도들과 관련되어 있다. 그들의 공격은 너무나 극심했고, 그들이 보낸 군사들은 너무나 강력하고 단호하고 무자비했기에, 다윗은 그들이 "나를 두렵게 하였다"고 시인할 수밖에 없었다. "항해하기에 가장 적합한 배가 때로 큰 폭풍 앞에서 큰 어려움을 겪는다. 대개 최상의 것을 소망하는 가장 용기 있는 사람이 때로 최악의 상황을 두려워할 수 있다"(C. H. Spurgeon). 그의 믿음은 대체로 아주 강했으나, 어떤 경우에는 불신앙이 그를 완전히 제압해 그로 하여금 다음과 같이 말하도록 만들었다. "내가 후일에는 사울의 손에 붙잡힐 것이다"(삼상 27:1). 밖으로부터 오는 공포가 안에 있는 두려움을 일깨울 때, 우리의 상황은 참으로 비참한 것이 되고 만다. 애굽에서 도망쳤던 모세, 이세벨을 피해 달아났던 엘리야, 그리고 자신의 주님을 부인했던 베드로의 경우가 그러했다.

그러나 다윗의 이런 탄식은 또한 영적으로도 해석될 수 있다. 그런 탄식들은 그가 그의 생애 후기에 겪었던 영혼의 비참한 상태를 보여 주는 것으로 간주될 수 있다. 시편 32편과 51편이 그런 탄식에 빛을 던져 준다. "사망의 물결이 나를 에우고 불의의 창수가 나를 두렵게 하였으며 스올의 줄이 나를 두르고 사망의 올무가 내게 이르렀도다." 자책하는 양심의 채찍을 맞고 있는 그의 영혼의 고뇌가 그런 것이었다. "사탄의 유혹과 자신의 죄에 대한 의식이 그의 마음을 무서운 진노와 앞으로 있을 일들에 대한 걱정으로 가득 채웠다.

그는 자신이 마치 달아나지 못하도록 족쇄가 채워진, 그의 시체를 받아들이기 위해 무덤의 문이 활짝 열려 있음을 보고 있는, 그리고 지옥의 구덩이가 그의 영혼을 삼킬 것이 두려워 떨고 있는, 처형을 앞둔 죄인처럼 느껴졌다"(Thomas Scott). 많은 타락자들이 하나님과의 교제를 회복하기 전에 겪어야 하는 고통은 말로 표현하기 어려울 정도로 무섭다. 그것을 경험해 본 사람이라면 누구라도 이 구절들에 나오는 표현들이 지나치게 강하다고 느끼지 않을 것이다.

그러나 이 구절들에는 다윗이 안팎으로 마주해야 했던 시련들 이상의 무언가가 있다. 궁극적 의미에서 이것들은 "질고를 아는 자"(사 53:3), 즉 자기 백성의 짐을 지시고 그들을 대신해 고통을 당하셨던 분의 슬픔을 표명한다. 앞에서 지적했듯이, 이 노래 중 두 구절은 신약 성경에서 그리스도 자신의 말씀으로 인용된다. "내가 그를 신뢰하리라"(3절, In Him will I trust, KJV, 개역성경에는 "내가 피할"로 번역되어 있다 – 역주)라는 구절은 히브리서 2장 13절에서 발견된다. 그리고 "이러므로 여호와여 내가 모든 민족 중에서 주께 감사하며 주의 이름을 찬양하리이다"(50절)라는 구절은 로마서 15장 9절에서 발견된다. "이 노래의 주인공은 다윗이나 그 어떤 다른 신자가 아니라 바로 우리의 구세주이신 메시아이시다. 이 노래를 살피는 동안 우리는 그 모든 구절들이 그분 안에서 보다 깊고 심원한 성취를 얻고 있음을 더욱더 확신하게 된다"(C. H. Spurgeon). 이 노래의 각각의 부분들과 각각의 구절들을 살피는 동안 우리는 바로 그 점에 유념할 필요가 있다.

"사망의 물결이 나를 에우고 불의의 창수가 나를 두렵게 하였으며 스올의 줄이 나를 두르고 사망의 올무가 내게 이르렀도다"(삼하 22:5-6). 여기에서 그리스도의 영은 그 시편 기자를 통해 훗날 구속주께서 겪으실 격렬한 싸움을 예언적으로 표현하고 있다. 겟세마네에서, 헤롯과 빌라도의 법정에서, 그리고 십자가 위에서 끔직한 육체적 고통과 정신적 고뇌를 겪으시는 그분의 모습을 보라. 그때 그분은 사악한 자들의 손에 넘겨지셨고, 사탄에게 격렬하게 공격을 당하셨고, 우리의 죄 때문에 자신에게 쏟아졌던 하나님의 진노를 감당하셨다. 그때 그분은 자신을 모욕하는 제사장들과 백성들에게 둘러싸이셨다. 그분이 하셨던 "내 마음이 매우 고민하여 죽게 되었다"(마 26:38)라는 말씀은 다윗이 지어 부른 이 노래의 메아리였다.

## 하늘을 향한 탄원

"내가 환난 중에서 여호와께 아뢰며 나의 하나님께 아뢰었더니 그가 그의 성전에서 내 소리를 들으심이여 나의 부르짖음이 그의 귀에 들렸도다"(삼하 22:7). 여기에서 우리는 고통을 당하는 하나님의 종이 하늘을 향해 간절히 탄원하는 모습을 보게 된다. 적들에게서 너무나 극심하게 고통을 받아서 육신의 눈으로는 아무런 탈출구도 찾지 못하고 죽음의 위협 앞에서 떨고 있을 뿐인 자들은 위로부터 오는 구원을 바란다. 그것은 우리들 역시 마찬가지다. "너희 중에 고난당하는 자가 있느냐 그는 기도할 것이요"(약 5:13). 아, 그때 그는 참으로 기도해야 한다. 큰 문제에 빠진 자에게 냉담하고 형식적인 탄원은 적합하지 않다. 아, 아주 고통스러운 시련은 종종 우리에게 열정적인 탄원을 하도록 강요한다. 오래 전에 어떤 이가 말했듯이, "기도는 웅변이 아니라 간절함이다. 기도는 간절함에 대한 설명이 아니라 그것에 대한 느낌이다. 기도는 은혜로운 귀를 가지신 분에 대한 믿음을 가진 자의 외침이다." 그러나 우리가 실제로 그렇게 외치기 전에, 대개 우리에게는 육체와 영혼의 고통이 필요하다.

"내가 환난 중에서 여호와께 아뢰며 나의 하나님께 아뢰었더니 그가 그의 성전에서 내 소리를 들으심이여 나의 부르짖음이 그의 귀에 들렸도다." 우리들 대부분은 평온을 누릴 때에는 기도를 무시한다. 그러나 주님은 다음과 같이 선포하셨다. "그들이 고난 받을 때에 나를 간절히 구하리라"(호 5:15). 그러나 우리가 고통을 당할 때라도 하나님께 은혜를 구하는 것은 좋은 일이다. 그럴 때 반역하는 마음으로 샐쭉거리는 것은 은혜를 저버리는 일이 될 것이다. 주님은 문제에 빠진 자들이 당장에 도움을 얻을 수 있는 분이시다. 그 사실을 직접 증명할 수 있는 것은 우리의 거룩한 특권이다. 이 구절에서 사용된 "아뢰다"(cried)라는 단어에 해당하는 히브리어는 아주 의미심장한데, 그것은 보통 아주 격렬한 정서적 시험, 즉 극심한 슬픔과 근심에 처한 자의 입에서 터져 나오는 외침을 의미한다. 실제로 알렉산더 맥라렌(Alexander MacLaren)은 그 단어를 "비명을 지르다"(shriek)로 번역하고 있다. 다윗은 물속으로 잠겨가고 있었고 오직 고뇌에 차서 부르짖거나 큰 소리로 도움을 호소할 수 있었을 뿐이다.

"기도는 도시가 적군에게 단단히 포위되었을 때조차 열려 있는 뒷문이다. 기도는 영적 광부가 땅 밑으로부터 큰물이 솟구쳐 올라올 때 절망의 구덩이로부터 즉시 날아오를 수 있는 위로 난 문이다. 그가 앞에서는 '아뢰었다'[called]가 나중에는 '부르짖었다'[cried]는 것에 주목하라[KJV, 한글 성경에는 모두 '아뢰다'로 번역되어 있다 – 역주]. 기도는 진행됨에 따라서 그 격렬함이 커진다. 또한 그가 처음에는 자신의 하나님을 '여호와'[Jehovah]로 부르다가 나중에는 보다 친밀한 이름인 '나의 하나님'[my God]으로 부르는 것에도 주목하라. 그런 식으로 믿음은 실행을 통해 더 커진다. 그리고 우리가 처음에는 주님으로 보았던 분이 곧 우리와 언약을 맺고 계신 우리의 하나님으로 보이게 된다. 기도하기에 적절하지 않은 시간은 없다. 그 어떤 고통도 우리가 탄원이라는 하나님의 치유책을 사용하지 못하도록 방해할 수 없다"(C. H. Spurgeon).

"내가 환난 중에서 여호와께 아뢰며 나의 하나님께 아뢰었더니"
(삼하 22:7a). 복음서들에 익숙한 모든 이들은 이 예언적 표현이 고통 당하시는 우리의 구속주에게서 성취되었음을 알고 있다. 탁월하게 하나님의 마음에 맞는 분이셨던 그 분은 적들이 그분의 피를 갈구할 때 기도에 몸을 맡기셨다. 그분은 고통이 깊을수록 더욱 더 간절하게 하나님께 부르짖었다. 그분은 겟세마네에서 그리고 갈보리에서 그렇게 하셨다. 히브리서 5장 7절의 말씀처럼 "그는 육체에 계실 때에 자기를 죽음에서 능히 구원하실 이에게 심한 통곡과 눈물로 간구와 소원을 올렸고 그의 경건하심으로 말미암아 들으심을 얻었다." 그러므로 우리는 주저하지 말고 그분이 우리에게 보이신 모범을 따르자. 우리가 아무리 큰 고통을 당하고 있을지라도, 우리의 상황이 아무리 절망적일지라도, 우리의 슬픔이 아무리 통렬할지라도, 우리의 짐을 하나님 앞에 내려놓자.

## 응답하시는 여호와

"그가 그의 성전에서 내 소리를 들으심이여 나의 부르짖음이 그의 귀에 들렸도다"(삼하 22:7b). 이것이 이후의 모든 내용을 설명한다. 다윗을 위한 여호와의 은혜로운 개입과 그분이 그를 위해 행하신 놀라운 구원은 기도에 대한 응답이었다. 하나님이 그분의 고통당하는 자녀들의 외침에 기꺼이 귀를 기울이심을 보여 주는 이 표현은 우리를 격려하기 위해 기록된 것이다. 종종 우리가 환경의 압박을 받아 기도하지 않을 수 없을 때까지 기도하지 않는 것은 통탄스러운 일이다. 그러나 우리가 하나님이 그때조차 우리의 부르짖음에 귀를 기울이신다고-그분은 얼마든지 그렇게 하지 않으실 수도 있다- 확신하는 것은 복된 일이다. 아니다, 그런 부르짖음은 보다 강력한 힘을 갖는다. 왜냐하면 그런 부르짖음은 간절하고, 따라서 하나님의 동정심에 보다 강력하게 호소하기 때문이다. 두려워하며 낙심하는 신자들은 시편 107편 전체를 읽어보라. 그리고 그 안에서 "여호와께 부르짖었더니"라는 말과 그때마다 "그분이 그들을 고통에서 건지셨도다"라는 말이 얼마나 많이 나오는지에 주목하라. 그러면 당신도 큰 용기를 갖고 그분께 부르짖을 수 있을 것이다.

"이에 땅이 진동하고 떨며 하늘의 기초가 요동하고 흔들렸으니 그의 진노로 말미암음이로다"(삼하 22:8). 다윗의 기도는 여호와께서 그를 위해 행하신 섭리적 개입을 통해 아주 효과적인 방식으로 응답을 얻었다. 여호와께서는 그를 구원하시기 위해 아주 기묘하고 특별한 방식으로 자신을 드러내셨다. 그분은 그를 위해 그의 적들과 싸우셨다. 그리고 여기에서 다시 다윗은 하나님의 그런 은혜로운 개입에 대해 기록하면서 그의 시를 생생한 이미지들로 장식한다. 이제 하나님은 그를 위해 강력한 힘을 발휘하셨다. 여기에서 사용된 언어들은 그분이 그분의 자녀들을 위해 행동하실 때 그분을 가로막거나 훼방

할 수 있는 것이 아무것도 없음을 알려 준다. 이제 하나님은 압박을 당하면서 자신을 향해 부르짖는 자신의 종을 위해 강력한 힘을 드러내신다. 독자들이여, 여기에서 믿음의 외침에 대한 하늘의 응답에 주목하라. "이에 땅이 진동하고 떨며 하늘의 기초가 요동하고 흔들렸으니." 이런 표현을 다음의 성경 구절에 비추어 생각해 보라. "한밤중에 바울과 실라가 기도하고 하나님을 찬송하매 죄수들이 듣더라 이에 갑자기 큰 지진이 나서 옥터가 움직이고 문이 곧 다 열리며 모든 사람의 매인 것이 다 벗어진지라"(행 16:25-26)!

나는 여기에서 다시 독자들에게 우리가 이 시편의 구절들을 읽어나갈 때 다윗보다 크신 분에 대해 생각해야 한다는 것을 상기시키고자 한다. "이에 땅이 진동하고 떨며 하늘의 기초가 요동하고 흔들렸으니 그의 진노로 말미암음이로다." 누가 이 구절을 읽고서 다윗의 후손이자 주님이셨던 분의 죽으심과 부활에 수반했던 초자연적 현상을 떠올리지 않을 수 있겠는가? 그분 역시 큰 고통속에서 여호와를 향해 부르짖으셨다. 그리고 그분은 "들으심을 얻었다"(히 5:7). 하늘의 응답은 틀림이 없었다. "제육시로부터 온 땅에 어둠이 임하여 제구시까지 계속되더니 … 예수께서 다시 크게 소리 지르시고 영혼이 떠나시니라 이에 성소 휘장이 위로부터 아래까지 찢어져 둘이 되고 땅이 진동하며 바위가 터지고 무덤들이 열리며 자던 성도의 몸이 많이 일어나되"(마 27:45, 50-52). 그렇다, 문자 그대로 땅이

"진동했다." 어떤 이가 옳게 지적했듯이, "그 모습은 굉장했다! 전에도 후에도 그런 싸움은 없었고, 그런 승리도 없었다. 서로 싸우던 세력들의 측면에서든, 아니면 한편에서는 하늘이 그리고 다른 편에서는 지옥이 나타났던 그 결과의 측면에서든 그러하다. 서로 싸우던 세력들은 그토록 강력했다. 그리고 그 싸움의 결과들에 대해서라면, 누가 그것들에 관해 이야기할 수 있겠는가?"

## 숭고한 은유들의 의미

"그의 코에서 연기가 오르고 입에서 불이 나와 사름이여 그 불에 숯이 피었도다 그가 또 하늘을 드리우고 강림하시니 그의 발 아래는 어두캄캄하였도다"(삼하 22:9-10). 이런 표현은 여호와께서 시내산에 강림하실 때 나타났던 놀라운 현상에서 빌려온 것이다(출 19:16-19 참조). 이 표현이 묘사하는 것은 자신의 종을 옹호하시고 그의 적들을 물리치시는 복수하시는 여호와였다. 다윗은 여호와 하나님이 그 옛날 율법을 주시며 보여 주셨던 것과 동일한 거룩한 완전성을 자신에게 보여 주셨다고 여겼다. 지금 나는 매튜 헨리가 이 시편 기자가 이 구절들에서 사용한 생생한 상징들이 갖고 있는 영적 의미에 관해 주석했던 내용을 인용하는 것보다 더 나은 일을 할 수 없다.

"여기에서 이런 숭고한 은유들이 사용된 까닭은 다음과 같다.

첫째, 그의 구원을 통해 나타났던 하나님의 영광을 드러내기 위해서
였다. 즉 다윗이 얻은 은혜를 통해 나타난 그분의 지혜와 권능, 그분
의 선하심과 충실하심, 그분의 정의와 거룩하심, 그리고 모든 피조물
과 인간의 모든 계략을 능가하는 그분의 주권적 지배 등이 믿는
자들의 눈에 하나님의 영광에 대한 분명하고 밝은 드러남이었던
것처럼, 육신의 눈을 가진 자들에게도 그렇게 되게 하기 위해서였다.
둘째, 그의 적들에 대한 하나님의 진노를 드러내기 위해서였다. 다윗
은 하나님이 자신의 대의를 지지하셨기에 그분을 자신의 모든 대적
들의 적으로 제시했다. 그분의 진노는 그분의 코에서 나오는 연기와
그분의 입에서 나오는 불로 묘사된다. 누가 그분의 진노의 위력과
무서움을 알겠는가! 셋째, 그의 적들이 빠져들었던 커다란 혼란과
그들을 사로잡았던 경악을 드러내기 위해서였다. 그것은 마치 땅이
흔들리고 세상의 터가 드러나는 것과도 같았다. 하나님이 진노하실
때 누가 그분 앞에 설 수 있겠는가? 넷째, 하나님이 얼마나 그를
돕고자 하시는지를 보여 주기 위해서였다. 그분은 '그룹을 타고 날으
셨다'[11절]. 하나님은 서둘러 그를 도우셨고, 적시에 그를 구원하러
오셨다."

"그룹을 타고 날으심이여 바람 날개 위에 나타나셨도다"(삼하
22:11). 비록 여호와께서는 기다리시고(사 30:18), 또 때로는 믿음과
인내를 격렬하게 시험하시지만, 그럼에도 그분이 정하신 때가 오면

신속하게 행동하신다. "그가 흑암 곧 모인 물과 공중의 빽빽한 구름으로 둘린 장막을 삼으심이여"(삼하 22:12). 이스라엘에게 빛을 비춰 주던 불기둥이 애굽 사람들에게는 "구름과 흑암"(출 14:20)이었던 것처럼, 다윗의 대적들에 대한 여호와의 섭리적 처리 역시 그와 같았다. 자신의 자녀들에게 자신을 드러내기를 기뻐하시는 분은 사악한 자들에게는 자신의 모습을 감추신다. 그러므로 여호와의 면전에서 영원히 추방될 자들이 얻게 될 두려운 운명은 영원한 "흑암"뿐이다.

## 승리의 원인

"그 앞에 있는 광채로 말미암아 숯불이 피었도다 여호와께서 하늘에서 우렛소리를 내시며 지존하신 자가 음성을 내심이여 화살을 날려 그들을 흩으시며 번개로 무찌르셨도다 이럴 때에 여호와의 꾸지람과 콧김으로 말미암아 물 밑이 드러나고 세상의 기초가 나타났도다"(삼하 22:13-16). 이 모든 것은 "그의 진노로 말미암음이니라"(8절)는 말씀의 확장이다. 그분의 백성에게 해를 주는 것 이상으로 여호와의 분노를 일으키는 것은 아무것도 없다. 그들을 공격하는 자는 하나님의 눈동자를 건드리는 것이다. 참으로 하나님은 그분의 피조물들을 지배하고 있는 정념(情念)들에 종속되지 않으신다. 그러나 그분은 죄를 철저하게 미워하시고 그것을 격렬하게 벌하시기 때문에 종종 인간이 이해하기에 적합한 시적 상징들을 통해 자신의 진노를 알리신다. 하나님은 두려워해야 할 분이시다. 지금 그분을 허투루 대하는 자들은 곧 그 사실을 알게 될 것이다. 산들조차 그분의 임재 앞에서 떠는데, 하찮은 인간이 어떻게 그 전능하신 분을 대면할 수 있겠는가! 사탄에게 속아 넘어간 영혼들은 지금은 그분에게 공공연하게 맞설 수 있다. 하지만 그분이 진노하시는 날에 그들의 잘못된 확신은 그들에게 아무런 도움이나 숨을 곳을 제공하지 못할 것이다.

"그가 위에서 손을 내미사 나를 붙드심이여 많은 물에서 나를 건져내셨도다 나를 강한 원수와 미워하는 자에게서 건지셨음이여 그들은 나보다 강했기 때문이로다"(삼하 22:17-18). 여기에서 다윗의 기도와 여호와의 응답의 복된 결과가 나타난다. 첫째, 다윗이 그의 구원을 전적으로 하나님 덕분으로 여기면서 그분께 영광을 돌리는 것에 주목하라. 그는 골리앗을 쓰러뜨렸던 자신의 물맷돌 던지는 솜씨와 사울에게서 벗어날 수 있었던 자신의 총명함 너머를 바라본다. "그가 … 내미사 붙드심이여 … [그가] … 건져내셨도다 … [그가] … 건지셨음이여"라는 표현은 모든 영광을 그것을 받으시기에 합당한 분에게 돌리는 것이다. 둘째, 다윗이 어째서 여호와께서 자기를 위해 개입하셨는지를 설명하며 언급하는 특별한 이유에 주목하라. "그들은 나보다 강했기 때문이다." 그가 하나님의 동정심에 크게 호소할 수 있었던 것은 그가 고백하는 자신의 약함과 그의 적들의 강함 때문이었다. 이것을 여호사밧의 효과적인 탄원과 비교해 보라. "우리 하나님이여 그들을 징벌하지 아니하시나이까 우리를 치러 오는 이 큰 무리를 우리가 대적할 능력이 없고 어떻게 할 줄도 알지 못하옵고 오직 주만 바라보나이다"(대하 20:12). 마지막으로, 18절에 나오는 "강한 원수"가 골리앗이나 사울에 대한 언급이라면, 다윗이 그들로부터 구원을 얻은 것은 죽음과 사탄에 대한 그리스도의 승리를 예표한다. 그리고 여기에서 그는 그 승리의 원인을 자신의 하나님께 돌리고 있다.

## 82

# 감사의 노래 (III)

사무엘하 22장

다윗의 노래의 두 번째 부분은 아주 부드럽게 세 번째 부분으로 넘어가기 때문에 그 둘의 차이를 식별하기가 쉽지 않다. 다윗은 전자에서는 자기를 무자비한 여러 적들로부터 구원해 주신 여호와를 찬양하고, 후자에서는 그분이 자기를 위해 개입하신 이유를 설명한다. 나는 여기에서 두 번째 부분의 마지막 구절들에 대해 몇 마디 덧붙이고자 한다. "그가 위에서 손을 내미사 나를 붙드심이여 많은 물에서 나를 건져내셨도다 나를 강한 원수와 미워하는 자에게서 건지셨음이여 그들은 나보다 강했기 때문이로다"(삼하 22:17-18). 여기에서 그는 자신이 구원을 얻은 것을 전적으로 하나님 덕분으로 여긴다. 그는 그분의 선하심, 권능, 신실하심, 그리고 충분하심을 찬양한다. 하나님이 우리를 위하신다면, 누가 우리를 대적하는지는 문제가 되지 않는다. 악의 급류는 그 홍수를 타고 앉으셔서 그 사나운 물결을 제어하시는 하나님의 사람을 익사시키지 못한다. 그분이 말씀하시면 바람이 잔잔해지고, 호우가 그치고, 홍수가 잦아든다. 이것은 물질계에서나 영계에서나 마찬가지다.

"그들이 나의 재앙의 날에 내게 이르렀으나 여호와께서 나의 의지가 되셨도다"(삼하 22:19). 이것은 본문 18절과 20절 사이에 들어 있는 삽입구적인 진술이다. 여기에서 시인은 자신의 탈출을 가로막고 자신을 확실하게 파멸시키고자 했던 적들의 단호한 시도들에 대해 언급한다. "위험에 처한 다윗이 자신을 숨기고 보호하려는 계획을 세웠을 때, 그의 적들은 그의 계획이 성공하는 것을 막기 위해 배신과 악의에 찬 온갖 방법들을 다 동원했다. 그일라 사람들은 기꺼이 그를 사울에게 넘겨주려 했고(삼상 23:7-12), 십 사람들은 거듭 그의 위치를 사울에게 알려 주었다(삼상 26:1-2). 그러므로, 그가 아무리 신중하고 재빠르게 움직였을지라도, 만약 여호와께서 직접적이고 비상한 개입을 통해 그를 보호하시지 않았다면, 그는 이 세상에서 끊어졌을 것이 분명하다"(Thomas Scott). "그러나[이것은 복된 '그러나'이다, 한글 성경에는 따로 번역되어 있지 않다 - 역주] 여호와께서 나의 의지가 되셨도다." 여호와는 그를 지원해 주시는 분, 그가 그분에게 의지해 쉼을 얻었던 분이셨다. 그리고 그분에 대한 그의 확신은 실망에 빠진 적이 없었다. 적이 우리를 향해 포악하게 덤벼들 때, 우리는 그분의 영원하신 팔에 굳게 기대야 한다.

## 넓은 곳으로 인도하심

"나를 또 넓은 곳으로 인도하시고 나를 기뻐하시므로 구원하셨도다"(삼하 22:20). 영감을 받아 쓰인 이 노래의 세 번째 부분이 시작되는 곳이 바로 여기다. 이 부분에서 다윗이 의도하는 주된 목표는 자신은 자기가 받았던 극심한 공격의 원인을 제공하거나 그런 공격을 받아 마땅할 만큼 잘못한 일이 없음을 보임으로써 자신을 옹호하려는 것이었다. 또한 하나님이 은혜를 베풀어 자기를 구원하시면서 의롭게 행동하셨음을 확증하려는 것이다. 그러나 우리는 이 중요한 생각을 계속해 나가기에 앞서 잠시 여호와의 방식을 살펴보고 그것에 대해 존경을 표하자. 하나님은 그분의 일을 하시다가 중도에 포기하지 않으신다. 그분은 적을 무찌르신 후에는 포로된 자를 자유케 하신다. 요셉은 여러 해 동안 감옥에서 슬픔을 겪은 후 마침내 궁궐로 입성했다. 다윗은 아둘람 굴로부터 왕좌로 나아갔다. 이것은 하나님이 그분의 백성을 다루시는 아주 중요하고도 복된 원리 중 하나를 예시한다. 압제와 낙심에 시달리는 자들이 믿음과 소망 가운데 그 원리를 붙잡을 때, 그것은 그들에게 말로 표현할 수 없을 만큼 귀한 위로를 제공한다.

영적 경험에서도 늘 왕궁에 앞서 감옥이 나타난다. 이런 현상은 우리가 처음으로 깨달음을 얻을 때뿐 아니라 우리의 기독교적 삶 전체를 통해 계속해서 반복된다. 우리의 영혼은 "넓은 곳"으로 인도되기 전에 골방에 감금된다. 우리는 양자의 영을 받아 "아빠 아버지"라고 부르기 전에 종의 영에 붙들려 시달린다(롬 8:15). 우리의 연약한 배는 주님께서 오셔서 구원해 주시기 전에 거센 파도에 시달린다(마 14:22-33). 독자들이여, 당신이 고통의 나날을 보내는 동안 다음의 말씀을 굳게 붙들라. "너희 안에서 착한 일을 시작하신 이가 그리스도 예수의 날까지 이루실 줄을 우리는 확신하노라"(빌 1:6). 한 동안의 슬픈 감금 상태가 끝난 후에는 우리의 정신이 더욱 커질 것이다. 그런 슬픔의 시기에 다음과 같은 사실을 기억하라. 요셉은 감옥에서 죽지 않았고, 다윗은 아둘람 굴에서 생을 마치지 않았다. "그의 노염은 잠깐이요 그의 은총은 평생이로다 저녁에는 울음이 깃들일지라도 아침에는 기쁨이 오리로다"(시 30:5). 때로 우리는 이 눈물의 골짜기에서도 그 기쁨의 날을 미리 맛보도록 허락받는다. 그러나 설령 그렇지 않을지라도, 밤이 끝나면 모든 슬픔 역시 끝날 것이다.

나는 다시 한 번 독자들에게 우리가 이 노래의 구절들을 살필 때 다윗의 대형(對型, antitype)이신 분을 염두에 두어야 한다는 점을 상기시키고자 한다. 왜냐하면 신비한 몸(교회-역주)의 지체들의 경험은 그 몸의 머리이신 분이 겪으신 일과 동일하기 때문이다. 그리스도 역시 다음과 같이 말씀하실 수 있었다. "그들이 나의 재앙의 날에 내게 이르렀으나 여호와께서 나의 의지가 되셨도다"(삼하 22:19). 구세주 자신이 재앙의 날을 경험하셨다는 사실을 잊지 말라. 그렇다면 어째서 구속받은 자들이 그와 동일한 것을 경험하는 것을 이상하게 여겨야 하는가? 그분은 무자비한 적들에게 포위되셨다. 그분이 사로잡히셨을 때 그분의 자유는 빼앗겼다. 그분은 뺨을 맞으셨고 채찍질을 당하셨다. 제자는 그의 스승만큼만 되면 족하다. 오, 우리 역시 그분과 더불어 "여호와께서 나의 의지가 되셨도다"라고 말할 수 있게 되기를! 그렇다, 그분은 또한 "[그분이] 나를 또 넓은 곳으로 인도하시고 나를 기뻐하시므로 구원하셨도다"라고 말씀하실 수 있었다. 그렇다, 그분은 무덤에서 구출되셨고, 이 세상을 떠나, 하나님의 오른편에 있는 명예롭고 영광스러운 자리에 앉으셨다. 그리고 그것은 하나님이 그를 기뻐하셨기 때문이다(사 42:1).

그럼에도 우리가, 어떤 이들이 그랬던 것처럼, 이 구절에서 우리의 관심을 다윗의 대형이신 분에게만 국한시키는 것은 큰 잘못이다. 예를 들어, 매킨토시(C. H. MacKintosh)는 다윗의 노래의 이 부분에 대한 그의 주석에서 다음과 같이 말했다. "이 구절들[21-25절]은 우리가 이 노래 전체를 통해 다윗보다 크신 분을 만나고 있음을 보여 준다. 사실 다윗은 '여호와께서 내 공의를 따라 상 주시며 내 손의 깨끗함을 따라 갚으셨으니'[21절]라고 말할 수 없었다. 이런 말은 시편 51편에 나오는 말과 얼마나 다른가! 거기에는 '하나님이여 주의 인자를 따라 내게 은혜를 베푸시며 주의 많은 긍휼을 따라 내 죄악을 지워 주소서'[1절]라고 쓰여 있다. 이것은 타락한 죄인에게 적합한 말이었다. 그리고 다윗은 자신을 그렇게 느꼈다. 그는 감히 자신의 의에 대해 말하고자 하지 않았다. 그 의란 누더기나 같은 것이었다. 자신이 얻은 보상과 관련해 그는 자기가 자신의 실제 모습에 근거해 정당하게 주장할 수 있는 모든 것은 오직 '불못'[the Lake of Fire, 계 20:14]뿐이라고 느꼈다. 그러므로 우리의 본문에 실려 있는 말은 그런 말을 하실 수 있는 유일한 분이신 그리스도의 말씀이다."

설교자들의 선생임을 자처하고 그 자신이 기독교의 "교파들"(sects) 혹은 "체계들"(systems)이라고 부르는 곳의 강단에서 선포되는 하나님의 종들의 설명을 비난하고 정죄하기 좋아하는 사람에게서 그런 혼란스러운 생각이 나왔다는 것은 도저히 묵과할 수 없는 일이다. 우리는 "나는 선한 싸움을 싸우고 나의 달려갈 길을 마치고 믿음을 지켰으니"(딤후 4:7)라는 말씀을 그런 말씀을 하실 수 있는 유일한 분이신 그리스도의 말씀이라고 보아도 좋다. 그러나 그런 말씀은 빌립보 3장에 나오는 바울의 다음과 같은 말씀과 얼마나 다른가? "그러나 무엇이든지 내게 유익하던 것을 내가 그리스도를 위하여 다 해로 여길뿐더러 또한 모든 것을 해로 여김은 내 주 그리스도 예수를 아는 지식이 가장 고상하기 때문이라 내가 그를 위하여 모든 것을 잃어버리고 배설물로 여김은 그리스도를 얻고 그 안에서 발견되려 함이니 내가 가진 의는 율법에서 난 것이 아니요 오직 그리스도를 믿음으로 말미암은 것이니 곧 믿음으로 하나님께로부터 난 의라"(7-9절). 분명한 사실은 바울은 이 각각의 구절들에서 서로 아주 다른 관점에서 이야기하고 있다는 것이다. 즉 그는 빌립보서 3장에서는 자기가 하나님께 용납된 근거를 밝히는 반면, 디모데후서 4장에서는 자기의 사역자로서의 충성에 대해 언급하고 있는 것이다. 다윗의 경우도 마찬가지다. 그는 시편 51편에서는 자기가 하나님의 용서를 구하는 근거에 대해 진술하고, 사무엘하 22장 21-25절에서는 자신이 적들과의 관계에서 잘못을 범한 일이 없음을 언급하고 있는 것이다.

나는 매킨토시가 속한 학파에 속한 어떤 이가 이런 신학적 구별을 할 수 있으리라고 기대하지 않는다. 그러나 알렉산더 맥라렌(Alexander MacLaren) 같은 유능한 주석가가 동일한 실수를 저지르는 것에는 놀라지 않을 수 없다. 그 역시 우리가 고찰하고 있는 구절에서 시편 기자가 의도하는 것을 이해하는 데 실패하고 있다. 그것은 그가 『시편에 나타난 다윗의 생애』(The Life of David as Reflected in his Psalms)라는 유익한 책에서 이 구절에 대해 설명하는 말을 통해 분명하게 드러난다. 그가 이 노래(그리고 시편)가 다윗이 우리아와 관련된 무서운 죄를 짓기 전에 쓰인 것이 분명하다고 주장하는 것은 그가 이 구절들(20-25절, 그리고 시편 18:19-24에서 사실상 반복되어 나타나는 내용)의 요지를 오해했기 때문이다. "전반적인 승리의 어조는 물론이고 그 자신의 순결함에 대한 이런 분명한 확언은 어느 쪽도 그의 타락 이후의 슬프고 어두운 시간들과 어울리지 않는다."

"나를 또 넓은 곳으로 인도하시고 나를 기뻐하시므로 구원하셨도다"(삼하 22:20). 여기에서 "넓은 곳"은 다윗이 적들이 그를 격렬하게 뒤쫓고 있는 동안 어쩔 수 없이 머물러야 했던 비좁고 갑갑한 동굴과 분명하게 대조된다. 그것은 또한 그가 은혜로 얻은 광대한 통치 지역과 큰 부요함을 언급하는 것이기도 하다. 하나님은 그를 보호하고 번성하게 하셨을 뿐 아니라 또한 그에게 자유와 영토의 확장을 허락하시면서 특별한 은혜를 나타내 보이셨다. 여호와께서는 자신의 종을 위해 자신의 권능을 드러내 보이셨을 뿐 아니라, 또한 그에게 특별한 은혜를 드러내셨다. 이것은 "[그가] 나를 기뻐하시므로 구원하셨도다"라는 말을 통해 암시된다. 이것은 하나님이 그분의 일반적 섭리를 따라서뿐만이 아니라 그분의 언약의 사랑을 따라서 행동하셨음을 의미한다. 다윗은 그것을 어떻게 알 수 있었을까? 그것은 그의 구원에 수반되어 그의 영혼에 주어졌던 하나님의 은혜와 위로, 그리고 그가 그것을 통해 누렸던 하나님과의 교제를 통해서였다.

## 공의를 따른 보상

"여호와께서 내 공의를 따라 상 주시며 내 손의 깨끗함을 따라 갚으셨으니"(삼하 22:21). 이런 말들이 영적인 마음을 가진 어떤 이들을 혼란스럽게 해왔다는 사실은 이상하다. 왜냐하면 만약 그런 말들이 그 본래의 분명한 의미 이상으로 곡해되지 않는다면, 거기에는 어려움을 일으킬 만한 것이 아무것도 없기 때문이다. 그 말들을 그것들의 맥락에 비추어 읽어 보라. 그러면 그 의미가 분명하고 단순하게 드러날 것이다. 지금 다윗은 하나님이 자신을 골리앗과 사울 그리고 그의 다른 적들로부터 구원해 주셨던 것에 대해 언급하고 있다. 그들을 향한 그의 행동은 어떠했는가? 그가 그들의 적의를 일으킬 만한 심각한 죄를 지은 적이 있는가? 그가 그들 중 누군가를 아주 부당하게 대한 적이 있는가? 그들이 그의 목숨을 노린 것은 정당한 일이었는가, 아니면 부당한 일이었는가? 그가 골리앗과 싸우러 나가기 전에는 그의 형조차 그를 비난했다(삼상 17:28). 그리고 그의 시편들 중 몇 구절을 통해 우리는 사울이 그를 오만하고 탐욕스럽고 반역적이라고 비난했다고 믿을 만한 충분한 근거를 발견할 수 있다. 그러나 그런 비난이 실제적 사실에 근거한 것이었던가? 다윗의 생애에 대한 기록을 읽어보라. 거기에서 우리는 그가 왕좌를 탐하거나 사울을 증오했다는 그 어떤 암시라도 얻을 수 있는가?

아니다, 사실 다윗은 그를 박해했던 자들을 향해 그 어떤 악한 계획도 품은 적이 없었다. 이에 대한 증거는 그가 하나님께 드렸던 기도들 중 하나에서 찾아볼 수 있다. "부당하게 나의 원수된 자가 나로 말미암아 기뻐하지 못하게 하시며 까닭 없이 나를 미워하는 자들이 서로 눈짓하지 못하게 하소서"(시 35:19). 그가 이토록 선한 양심을 증거할 수 있었던 것은 그가 적들에게 자기를 박해할 정당한 이유를 제공한 적이 없었고, 또한 그들을 향해 복수심은커녕 적대감도 품어본 적이 없었기 때문이다. 다윗은 심각하게 중상을 당했다. 그리고 그를 모함하는 온갖 추악한 소문들이 만들어졌다. 그러나 그의 행위는 비범할 정도로 올바르고 양심적이었다. "사울에게서 온갖 박해를 받으면서도 그는 사울이나 그의 무리에게 상처를 입히려 하지 않았다. 아니다, 그는 그것에 대한 보답이 질투와 배신과 배은망덕이었음에도 모든 기회를 이용해 이스라엘을 지키려고 했다"(Thomas Scott). 우리가 사람들로부터 중상과 압박을 당할 때 자신의 무고함과 고결함에 대해 확신을 갖는 것은 헤아릴 수 없을 만큼 큰 위로가 된다. 그러므로 우리는 "하나님과 사람에 대하여 항상 양심에 거리낌이 없기를"(행 24:16) 힘쓰는 수고를 감당해야 한다.

다윗은 "여호와께서 내 공의를 따라 상 주시며"라고 말하면서 하나님이 이 세상을 다루실 때 작동하는 원리들 중 하나에 대해 진술한다. "하나님의 은혜의 섭리가 온전히 주권적이고 인간의 공덕과 무관하기는 하나, 종종 우리는 [하나님의 섭리적 처리를 통해] 상처를 당한 자기 결국 복수를 하고 의로운 자가 결국 구원을 얻는 정의의 법칙을 식별할 수 있다"(C. H. Spurgeon). 우리는 이런 진술을 통해 다윗이 어떤 관점에서 그렇게 쓰고 있는지를 분명하게 이해할 수 있다. 즉 그는 하나님이 영원 속에서 인간을 구원하시는 근거에 대해서가 아니라, 그분이 시간 속에서 인간을 다스리시는 방식에 대해 말하고 있는 것이다. 시편 기자의 이런 선언은 하늘의 법정에서 자신의 의를 드러내는 것과는 아무 상관이 없다. 오히려 그것은 그가 이 세상에서 그의 적들에게 보였던 무고하고 고결한 행동-하나님은 그것 때문에 그들로부터 그를 구원하셨다-과 관련되어 있을 뿐이다.

## 여호와의 법을 지킴

"이는 내가 여호와의 도를 지키고 악을 행함으로 내 하나님을 떠나지 아니하였으며"(삼하 22:22). 나는 이 구절을 다윗이 자신의 목숨이 경각에 달렸을 때 자기가 어떻게 행동했는지에 대해 언급하는 것으로 여긴다. 확실히 여기에서 그의 말은 문자 그대로 취급되어서는 안 되고, 그의 삶 전반에 대한 대체적인 선언으로 간주되어서도 안 된다. 그러나 다윗은, 그가 사울에게서 그리고 훗날 압살롬에게서 받은 고통에도 불구하고, 또한 의심할 바 없이 사탄이 그가 하나님에 대한 충성심을 포기하도록 유혹하면서 그분의 선하심과 신실하심에 대해 의문을 품게 하기 위해 시도했던 모든 일들에도 불구하고, 의(義)의 길을 지켰고 하나님을 떠나기를 거부했다. 그가 이 시련의 시기에 쓴 시편들은 그의 신앙이 최악의 상황하에서조차 시들지 않았음을 분명하게 보여 준다.

"그의 모든 법도를 내 앞에 두고 그의 규례를 버리지 아니하였음이로다"(삼하 22:23). "그의 양심은 그에게 자기가 하나님의 말씀을 법으로 삼아 지켰음을 증거했다. 그는 어디에 있든 늘 하나님의 심판과 그분의 인도하심에 유념했다. 그는 어디로 가든 늘 그분에 대한 믿음을 지니고 있었다. 그분의 규례에 관해 말한다면, 그는 결코 그것들을 버린 적이 없었고, 여호와의 방식을 지키고 그것을 따라 걸었다"(Matthew Henry). 이것은 그의 신앙의 참됨을 보여 주는 분명한 증거였다. 우리가 집에 머무는 동안 그리고 비슷한 마음을 지닌 사람들에게 둘러 싸여 있는 동안 외적인 신앙의 의무들을 이행하기는 상대적으로 쉽다. 그러나 우리의 신앙의 진지함에 대한 실제적 시험은 우리가 집을 떠나 우리와 같은 신앙을 고백하지 않는 사람들 틈에 섞여 살 때 나타난다. 다윗은 예루살렘에서 사는 동안에만 하나님을 경배했던 것이 아니라, 블레셋 땅에 체류하는 동안에도 그렇게 했다.

"내가 또 그의 앞에 완전하여 스스로 지켜 죄악을 피하였나니"(삼하 22:24). 이 선언은 내가 앞의 구절들에 대해 했던 해석을 분명하게 마무리한다. 앞 구절들을 통해 다윗은 자기가 적들에게 한 행위가 전적으로 하나님의 규례들에 의해 제어되었던 것에 대해 말했다. 특히 그는 사울이 자신의 수중에 떨어졌을 때 "살인하지 말라"는 명령에 유의했다. 이제 그는 하나님께 자기가 그분이 보시기에도 자기의 적들을 향해 완전하게 행동했다고 호소하고 선언한다. "여기에서 그는 자신의 진지함을 주장한다. 그 진지함은 하나님의 법정에서도 참된 것으로 간주될 만한 것이었다. 악한 자들이 그를 어떻게 생각하든, 다윗은 자기가 하나님에 대해 선한 생각을 갖고 있었다고 여긴다"(C. H. Spurgeon). 주석가들은 이 구절에 나오는 "죄악"이라는 말에 대해 여러 가지 해석을 해왔다. 그러나 문맥에 비춰 나는 그것을 그가 사울이 자기의 수중에 떨어졌을 때 그를 죽이기를 거부했던 것을 언급하는 것으로 여긴다.

"그러므로 여호와께서 내 의대로, 그의 눈앞에서 내 깨끗한 대로 내게 갚으셨도다"(삼하 22:25). 여기에서 다윗이 자기를 자랑하는 마음을 드러낸다고 생각하는 이들은 크게 실수하고 있는 것이다. 오히려 그는 인간의 공평한 행위를 가리는 법정 앞에서 자신의 무고함을 탄원하고 있는 것이다. 자기가 신뢰할 만하고, 정직하고, 자비롭다는 사실을 아는 사람은 오만이라는 죄에 빠져 있는 게 아니다. 그가 하나님이 자신의 이런 덕 때문에 섭리를 통해 자신에게 보답해 주신 다고 믿을 때도 그러하다. 왜냐하면 그것은 아주 분명한 사실이기 때문이다. 이것은 너무나 명확하기 때문에 경건하지 않은 사람들 중에서조차 많은 이들이 정직이야말로 이 세상에서의 삶을 위한 최상의 방책임을 인정한다. 그러나 그런 생각을 하나님의 섭리적 처리의 영역에서 영적이고 영원한 나라에까지 옮겨가는 것은 자기 의(自己義)가 될 것이다. 왜냐하면 그 나라에서는 하나님이 호의를 베푸시는 것을 통해 드러나는 "은혜"가 최고의 그리고 유일한 통치 원리가 되기 때문이다. 자신이 올바르다고 여기는 깨끗한 양심을 가진 경건한 사람은 자신의 그런 양심을 부인하고 위선적으로 자신을 실제보다 나쁜 사람인 것처럼 보이게 할 필요가 없다.

### 그리스도의 예표

위의 구절들을 다윗 자신과 관련해 어떻게 이해해야 할지에 대해 살펴보았으니, 이제 간략하게 그것들을 아무런 제한 없이 그리스도께 적용하는 것에 대해 살펴보자. "내가 여호와의 도를 지키고" – 그리스도께서는 그 법을 저버리라는 유혹을 받으셨을 때 분개하며 말씀하셨다. "사탄아 물러가라"(마 4:10). "악을 행함으로 내 하나님을 떠나지 아니하셨으며" – 그분은 자신의 적들을 향해 "너희 중에 누가 나를 죄로 책잡겠느냐"(요 8:46)라고 말씀하며 도전하셨다. "그의 모든 법도를 내 앞에 두고"-그분은 "나는 아버지께서 내게 주신 말씀들을 그들에게 주었사오며"(요 17:8)라고 확언하셨다. "내가 또 그의 앞에 완전하여"-그분은 "나는 항상 그가 기뻐하시는 일을 행하므로"(요 8:29)라고 선언하셨다. "스스로 지켜 죄악을 피하였나니"-그분은 자기를 잡으러 온 사람들을 죽이기는커녕 그들 중 한 사람을 고쳐 주기까지 하셨다(눅 22:51). "그러므로 여호와께서 내 의대로, 그의 눈앞에서 내 깨끗한 대로 내게 갚으셨도다"-성령께서는 "왕은 정의를 사랑하고 악을 미워하시니 그러므로 하나님 곧 왕의 하나님이 즐거움의 기름을 왕에게 부어 왕의 동료보다 뛰어나게 하셨나이다"(시 45:7)라고 확언하신다.

"자비한 자에게는 주의 자비하심을 나타내시며 완전한 자에게는 주의 완전하심을 보이시며 깨끗한 자에게는 주의 깨끗하심을 보이시며 사악한 자에게는 주의 거스르심을 보이시리이다 주께서 곤고한 백성은 구원하시고 교만한 자를 살피사 낮추시리이다"(삼하 22:26-28). 이 구절들은 하나님이 이 세상을 다스리시는 일반 원리를 선언한다. 나는 "일반"이라고 말했는데, 그것은 하나님은 그 원리를 실제로 적용하실 때 주권적인 결정권을 행사하시기 때문이다. 한편으로 우리는 구약성경에 나오는 믿음의 영웅들 중 몇 사람과 관련해 "[그들이] 불의 세력을 멸하기도 하며 칼날을 피하기도 하며"(히 11:34)라는 말씀을 듣지만, 또한 다른 한편으로는 "또 어떤 이들은 조롱과 채찍질뿐 아니라 결박과 옥에 갇히는 시련도 받았으며 돌로 치는 것과 톱으로 켜는 것과 시험과 칼로 죽임을 당하고 양과 염소의 가죽을 입고 유리하여 궁핍과 환난과 학대를 받았으니"(36-37절)라는 말씀을 듣기도 한다. 세례자 요한은 목 베임을 당했고 집사 스데반은 돌에 맞아 죽었으나, 베드로와 바울은 적들로부터 기적적으로 구원을 받아 오랫동안 주님을 섬겼다.

# 83

## 감사의 노래 (IV)

사무엘하 22장

다윗은 이 노래를 통해 자신이 여호와의 선하심과 능력을 통해 경험했던 적들로부터의 놀라운 구원에 대해 찬양한다. 그러나 만약 여기에서 우리가 그가 견지하고 있는 특별한 관점에 신중하게 주목하지 않는다면, 우리는 그의 그런 경험들을 올바른 관점에서 헤아리는 데 완전히 실패할 것이다. 여기에서 다윗은 자신의 삶 전체의 윤곽을 제시하는 것이 아니라 그 삶의 어느 특정한 시기에 초점을 맞추고 있다. 그가 자신의 가슴 아픈 실패와 죄악에 대해 말하지 않는 것은 그것들이 지금 그의 관심사가 아니기 때문이다. 지금 그는 여호와께서 자기를 위해 그리고 자기를 통해 이루신 일들에 집중하고 있다. 우리는 역사서와 시편들에서 그가 자신의 죄를 고백하고 자신의 범죄행위에 대해 슬퍼하는 모습을 보여 주는 구절들을 여럿 발견할 수 있다. 그러나 이 노래에서 그는 자신이 자신의 용맹 때문이 아니라 하나님의 능력 주심에 힘입어 적들을 물리치고 그들에 대해 승리를 거둔 것에 대해 이야기한다.

## 승리와 패배

내가 방금 지적한 내용에는 신자들이 유념해야 할 아주 중요한 교훈이 들어 있다. 확실히 그리스도인들에게는 시편 38편에 나오는 슬픔의 언어들과 시편 51편에 나오는 자기를 낮추는 고백을 그들의 것으로 삼아야 할 때가 있다. 반면에 그들이 시편 18편에 나오는 승리의 기쁨-그것은 사무엘하 22장에 나오는 노래와 거의 일치한다-을 그들의 것으로 삼아야 할 때가 있는 것도 여전히 사실이다. 다시 말해, 한편으로는 성도가 탄식하고 신음할 수밖에 없는 때가 있는 반면, 다른 한편으로는 그가 자신의 승리를 노래하고 기뻐해야 할 때도 있는 것이다. 다윗은 우리에게 전자에 대한 예뿐 아니라 후자에 대한 예도 남겼다. 그런 노래는 우리의 첫사랑의 날, 즉 기쁜 혼례의 날에만 국한되지 않는다. 이 노래는 다윗이 그의 말년에 지은 것이다. 그는 자신의 변화무쌍한 삶을 되돌아보면서, 자신이 실패와 죄악에도 불구하고 자기를 사랑하시는 분으로 말미암아 넉넉히 승리하는 삶을 살아 왔음을 깨달았다(롬 8:37).

한편으로 자기들이 이룬 업적을 자랑하고 죄에 대한 가공(架空)의 승리에 대해 떠벌이는 사탄에게 미혹된 신자들이 많이 있다면, 다른 한편으로는 자신들의 타락과 패배에 지나치게 사로잡혀 안타깝게도 주님께서 자기들 안에서 그리고 자기들을 통해 이루신 승리에 대해 말하지 않는 주님의 백성들 역시 아주 많다. 그러나 그래서는 안 된다. 그것은 주님에게서 그분이 마땅히 받으셔야 할 것을 빼앗는 것이다. 그것은 그들로 하여금 균형 감각을 잃어버리게 만드는 병적인 상태다. 그것은 다른 이들에게 기독교적 삶에 관한 잘못된 개념을 심어 준다. 그것은 우리로 하여금 우리 안에서 역사하시는 하나님의 은혜를 보지 못하게 하는 잘못된 겸손이다. 우리의 성공과 정복에 주목하고 그로 인한 기념물들을 모두 주님의 발 앞에 내려놓고 그분께 모든 명예와 영광을 돌리는 것이야말로 참된 겸손이다.

믿음의 선한 싸움을 하는 이들은 그 싸움이 하루의 일이 아니라 일생의 과업임을 기억할 필요가 있다. 어떤 지루한 싸움에서든 그 싸움에서 궁극적으로 승리하는 자가 모든 일에서 늘 승리를 거두는 것은 아니다. 그것과는 거리가 멀다. 오히려 그는 최종적 결과가 나오기 전까지 수많은 소규모 전투에서 실패하며 때로는 큰 싸움에서 지기도 한다. 그는 궁극적인 승리를 얻기 전에 심각한 패배와 실망과 희생과 상처를 경험한다. 어째서 우리는 이 잘 알려진 사실을 우리의 영적 전쟁과 관련해서는 잊어버리는가? 이스라엘 백성은 여호수아의 탁월한 지도를 받으면서도 가나안을 하루나 한 해만에 정복하지 못했고, 달콤한 승리를 맛보는 것만큼이나 쓰라린 패배의 잔을 맛보기도 했다.

## 승리의 노래

나는 우리가 하나님께 (그분이 우리로 하여금 우리의 적들에게 승리를 거두게 하셨기에) 그분에게 합당한 찬양을 드리는 것을 가로막는 중요한 방해물들 중 하나가 우리가 지금 경험하고 있는 패배에 대한 의식이라는 것을 잘 알고 있다. 그러나 만약 우리가 그런 패배가 제거될 때까지 기다린다면, 아마도 우리는 천국에 올라가기 전에는 그런 노래를 부르지 못할 것이다. 그리고 그것은 분명히 잘못이다. 이 노래가 성경에 기록된 것은 우리가 이 세상에서 그것을 사용하게 하기 위함이다. 아, 낙심에 빠진 이들은 말한다. "다른 사람들은 이 노래를 사용할 수 있을지 몰라도, 그것은 나처럼 실패한 자들에게는 적합하지 않아. 내가 적에게서 승리를 거둔 것을 기뻐하며 하나님께 찬양하는 것은 코미디나 다름없어." 친구들이여, 그렇게 단정하지 말라. 다음의 질문들을 깊이 생각해 보라. 지금 당신은 지옥에서 벗어나 있지 않은가? - 당신의 동료들 중 많은 이들이 그렇지 못하다!

비록 당신이 그렇게 하도록 유혹을 받았을지라도, 사탄은 당신이 완전히 하나님을 배신하게 하는 일에서 성공하지 못하지 않았는가? - 그는 다른 많은 이들을 그렇게 하도록 만들었다! 당신은 치명적인 오류들에 속아 넘어가 자신을 망치고 말았는가? - 수많은 이들이 그랬다! 그렇다면 당신은 하나님이 당신에게 그런 구원을 주신 것에 대해 감사해야 할 이유를 갖고 있는 것 아닌가!

신자가 자신의 삶 전체를 되돌아볼 때, 그는 한편으로는 자기 안에서 자신을 낮춰야 할 많은 이유를 발견하지만, 다른 한편으로는 자신이 여호와 안에서 용기를 얻어야 할 이유들 역시 적지 않게 발견하게 된다. 다윗의 경우도 그러했다. 그의 삶속에는 비극적인 실패들도 있었으나, 복된 승리들 역시 아주 많았다. 그리고 지금 그가 이 노래를 통해 축하하고 있는 것은 바로 그런 승리들이었다. 그는 하나님이 자기를 위해 은혜를 베풀어 주신 것을 확언한 후(20-28절), 다시 아주 개인적인 어조로 기쁜 찬양을 쏟아낸다. 이 노래의 전반부와 후반부의 중요한 차이는 그 내용에 조금만 주목한다면 쉽게 식별할 수 있다. 전반부에서 다윗은 하나님이 자신을 적들로부터 구원해 주신 것에 대해 노래한다(3-17절). 그리고 후반부에서는 자기가 적들에게서 거둔 승리에 대해 이야기한다. 각각의 경우에 그는 모든 영광을 오직 여호와의 덕분으로 돌린다. 전반부에서 다윗은 수동적이었다 - 하나님의 팔만이 그의 구원이었다. 후반부에서 그는 적극적이다 - 정복하는 왕으로서의 그의 팔은 하나님에 의해 승리를 얻을 만큼 강해진다.

## 등불이신 여호와

"여호와여 주는 나의 등불이시니 여호와께서 나의 어둠을 밝히시리이다"(삼하 22:29). 이것은 이 노래의 전반부와 후반부를 연결해 주는 구절이다. 얼핏 보면 이 연결 관계는 그다지 분명해 보이지 않는다. 그러나 좀더 생각해 보면 그 관계가 분명하게 드러난다. 다윗이 걸어온 길은 어렵고도 위험한 길이었다. 때로 그 길은 너무나 복잡하고 혼란스러워서 그것이 어디로 이어지는지 알 수가 없을 정도였다. 또한 그는 그 길 위로 여러 차례 어둠이 닥쳐왔기에 자기 앞에 무엇이 놓여 있는지 파악하느라 크게 허둥거려야 했다. 그러나, 비록 거듭해서 그의 영혼에 짙은 암흑을 드리우는 일들이 벌어졌음에도, 여호와께서는 은혜롭게 그 모든 것을 해결하시고 가장 어두운 시간에 처한 그에게 힘을 불어넣으셨다. 동양 사람들에게 "등불"은 조명(照明)을 위한 것일 뿐 아니라 위안(慰安)을 위한 것이기도 하다. 그들 중 많은 이들이 기름을 얻기 위해 먹는 것을 절약한다. 이런 사실은 우리가 여기에서 사용된 상징을 이해하도록 돕는다.

"여호와여 주는 나의 등불이시니." 이것은 시련에 처한 신자들에게 큰 의지가 되는 말씀이다. 그들은 가련한 세상 사람들이 알지 못하는 분을 향해 돌아설 수 있다. 그들이 그분을 향해 돌아서고도 도움을 얻지 못하는 경우는 없다. 왜냐하면 하나님은 "환난 중에 만날 큰 도움"(시 46:1)이시기 때문이다. 압박을 당하고 낙심에 처한 성도가 그분이야말로 "자비의 아버지시요 모든 위로의 하나님"(고후 1:3)이심을 경험하는 것은 바로 그런 때다. 비록 그들의 밤이 즉시 낮으로 바뀌지는 않을지라도, 하나님의 얼굴에서 나오는 환한 빛은 가장 외롭고 슬픈 시간을 맞아 떨고 있는 그들의 마음을 지탱해 줄 만한 위로를 제공한다. 아둘람 굴에서, 르바임 골짜기에서, 마하나님의 요새에서 여호와는 그의 위로와 의지가 되셨다. 그리고 이제 늙은 다윗은 "여호와여 주는 나의 등불이시니"라고 증언할 수 있었다. 이것은 우리 모두의 증언이 될 수 있지 않은가? 우리는 동일하게 은혜로운 사실에 대해 증언할 만한 충분한 이유를 갖고 있지 않은가!

"여호와께서 나의 어둠을 밝히시리이다." 이것은 믿음과 소망의 언어다. 과거에 다윗을 위해 자주 그렇게 하셨던 분은 미래에도 그를 위해서 그렇게 하실 것이다. 어둠이 아무리 짙을지라도 구름을 뚫고 나오는 빛이 있을 것이다. 자연인으로서는 이해할 수 없는 일이 종종 영적인 사람들에게는 이해할 수 있는 일이 된다. 우리는 건강의 상실, 재정적 파탄, 혹은 가족과의 사별 등을 경험할 수 있다. 그러나 "여호와의 친밀하심이 그를 경외하는 자들에게 있다"(시 25:14). 하나님의 섭리는 종종 신비로울 만큼 깊다. 그러나 하나님은 스스로 그 섭리의 해설자가 되신다. 그리고 언젠가 그분은 전에는 모호했던 것을 분명하게 밝혀 주실 것이다. 특히 이것은 신자들이 아주 격렬하게 그리고 너무 자주 적들에게 고통을 당하는 경우에도 마찬가지다. 어째서 그들의 평화는 그토록 조악하게 방해를 받고, 그들의 기쁨은 가라앉고, 그들의 희망은 산산이 부서지는 것인가? 어째서 사람들은 그토록 자주 그들을 공격하고, 어째서 그들은 그토록 자주 수치스러운 패배를 경험하는가? 그러나 그럴 경우에도 우리는 분명하게 "여호와께서 나의 어둠을 밝히시리이다"라고 확언할 수 있다. 설령 지금은 아닐지라도, 이후에는 그렇게 될 것이다.

## 의지할 만한 분이신 여호와

"내가 주를 의뢰하고 적진으로 달리며 내 하나님을 의지하고 성벽을 뛰어넘나이다"(삼하 22:30). 나는 이 시편의 후반부에 나타나는 이런 말들을 (어떤 이들이 주장하듯이) 다윗이 그의 적들로부터 도망치는 것을 가리키는 것이 아니라, 오히려 그가 그들을 물리치는 것으로 해석한다. 이것은 그가 적군들에게 포위되었다가 겨우 탈출구를 찾았거나 어느 성안으로 쫓겨 갔다가 겨우 그 성벽을 기어 올라간 것이 아니라, 오히려 그가 성공적으로 그들을 공격했음을 의미하는 말이다. 나는 이 구절이 다윗이 말려들었던 어려움을 묘사하는 것이 아니라 오히려 서로 다른 두 곳에 포진한 적들을 제압하는 모습을 묘사하는 것이라고 여긴다. 한 무리는 들판에 있고, 다른 한 무리는 성벽 뒤에 숨어 있다. 그리고 다윗은 각각의 경우에 그들을 제압한다. 그리스도인 전사들은 온갖 종류의 싸움을 예상해야 한다. 때로 그들은 수동적이어야 하지만 때로는 공격적이 되어야 한다. "적진" 같은 난관들이 그들이 앞으로 나아가는 것을 방해할 수도 있고, "성벽" 같은 방해물들이 그들의 성공을 가로막을 수도 있다. 그러나 그들은 하나님의 능력 주심을 힘입어 그 모든 것들을 이겨내야 한다.

"하나님의 도는 완전하고"(삼하 22:31a). 이것은 하나님의 섭리 때문에 심하게 시련을 받았던 자에게서 나온 얼마나 은혜로운 증언인가! 다윗은 아주 심하게 공격을 당하고 자주 거친 길을 걸어야 했음에도 하나님이 자기를 다루신 방식을 두고 그분을 비난하지 않았다. 그러기는커녕 오히려 그분을 정당화하고 찬양했다. 하나님의 모든 행동이 그분의 틀림없는 지혜와 의, 무한한 선하심과 인내, 불변하는 정의와 부드러운 자비에 의해 통제되고 있다고 확신하는 것은 우리의 마음에 얼마나 큰 위안이 되는가! "여호와의 말씀은 진실하니"(31b절). 주님의 말씀은 용광로에서 정련된 은처럼 진실하다. 그분의 수많은 백성들이 온 세대와 온갖 상황에서 그분의 말씀이 자신들에게 얼마나 충분한지를 시험하고 입증했다. 그들은 그 말씀의 가르침이 자기들의 영혼을 만족시키고, 그 말씀의 명령들이 자기들이 따라야 할 최고의 이익이며, 그 말씀의 약속들이 절대적으로 신뢰할 만하다는 것을 발견했다. "그는 자기에게 피하는 모든 자에게 방패시로다"(31c절). 자신이 세우신 언약을 지키시는 여호와는 악의 세력과 싸우는 그분의 백성들에게 확실한 방패가 되신다.

"[왜냐하면] 여호와 외에 누가 하나님이며 우리 하나님 외에 누가 반석이냐"(삼하 22:32). 그분과 비교될 수 있는 존재는 아무것도 없다. "왜냐하면"(for, KJV. 한글 성경에는 번역되어 있지 않다 – 역주) 그분과 같은 분이 아무도 없기 때문이다. 신처럼 숭배되고 있는 다른 모든 존재들은 모조품과 사기꾼에 불과하다. "여호와여 신 중에 주와 같은 자가 누구니이까 주와 같이 거룩함으로 영광스러우며 찬송할 만한 위엄이 있으며 기이한 일을 행하는 자가 누구니이까"(출 15:11). 살아 계시며 참되신 하나님 외에 그 누가 이 세상 만물을 창조하고, 유지하고, 다스리는가? 그분은 모든 속성에서 완벽하시고 모든 행동에서 탁월하시다. 이 구절을 여는 "왜냐하면"이라는 단어는 아마도 30절과 31절 모두와 연결된 것이리라. "내가 주를 의뢰하고 적진으로 달리며 내 하나님을 의지하고 성벽을 뛰어넘나이다"(30절) – "왜냐하면" 그분처럼 우리에게 능력을 주시는 분은 없기 때문이다. "그는 자기에게 피하는 모든 자에게 방패시로다"(31절) – "왜냐하면" 그분은 그리고 오직 그분만이 우리가 의지할 만한 분이시기 때문이다. 우리의 지속적인 소망은 어디에 고정될 수 있는가? 우리가 의지할 참된 능력은 어디에서 찾을 수 있는가? 우리는 어디에서 피난처를 얻을 수 있는가? "만세반석"(the Rock of Ages)에서다. "왜냐하면" 그분은 흔들리지 않고 변하지 않으며, 견고하고 강하시기 때문이다.

### 힘과 능력이 되시는 여호와

"하나님은 나의 힘이요 능력이시니, 그가 나의 길을 온전케 하시는도다"(삼하 22:33, God is my strength and power: and He maketh my way perfect, KJV – 역주). 다윗은 순례자로서 또한 전사로서 하나님으로부터 힘과 능력과 높여 주심과 보호하심을 얻었다. 그리스도의 병사들이 육체의 힘만 갖고 싸울 때, 그들은 얼마나 자주 지치고 혼미해지는가? 그러므로 우리는 다음과 같이 기도해야 한다. "그의 영광의 풍성함을 따라 그의 성령으로 말미암아 너희 속사람을 능력으로 강건하게 하시오며"(엡 3:16). 우리가 우리 앞에 놓인 과제들을 성취하는 것이 불가능해 보이고 어려움들이 극복할 수 없을 것처럼 보일 때조차 마치 독수리처럼 날개 치며 날아오르고 지치지 않고 달려가는 경우가 얼마나 많은가? 그럴 때 우리는 그것을 우리의 공로로 돌려서는 안 된다. 육체적 측면에서든 영적 측면에서든 하나님만이 우리의 힘이요 능력이시다. "그가 나의 길을 온전케 하시는도다." 나는 이 말을 다윗이 자신의 삶이 성공적이었다고 평가하는 것으로 이해한다. 각각의 신자가 실제로 그렇게 말할 수 있는 때가 있는데,

그것은 그가 주님의 명령대로 살고 또한 그의 삶이 완전에 이르기까지 점점 더 밝은 빛을 비추는 때다.

"나의 발로 암사슴 발 같게 하시며 나를 나의 높은 곳에 세우시며"(삼하 22:34). "암사슴이 울퉁불퉁한 바위를 기어올라 가파른 절벽 꼭대기에 굳건히 서듯이, 다윗 역시 하나님의 섭리와 은혜로 가장 험한 길에서 들어 올려져 현재와 같은 높은 지위에 올랐다"(Thomas Scott). 어떤 동물들의 발은 특별히 험하고 불안정한 땅에 적합하도록 고안되었다. 이 구절에서는 세 가지 생각이 나타난다. 첫째, 하나님은 신자들을 어느 특정한 상황 속으로 이끄신 후―그곳이 명예로운 곳이든 험난한 곳이든―그들을 그곳에 적합하도록 준비시키신다는 것이다. 둘째, 하나님은 자신의 일을 위해 필요할 경우 그들에게 기민함과 민첩함을 제공하신다는 것이다. 사슴의 발은 빠를 뿐 아니라 듬직하기도 하다. 셋째, 하나님은 가장 위험한 곳에 처한 신자들을 보호하시고 확실하게 지켜 주신다는 것이다. "그가 그의 거룩한 자들의 발을 지키실 것이다"(삼상 2:9).

"내 손을 가르쳐 싸우게 하시니 내 팔이 놋 활을 당기도다"(삼하 22:35). 다윗은 무기를 다루는 일에 능했지만 자신의 그런 능력을 감사하는 마음으로 하나님 덕분으로 돌렸다. 여기에서 널리 적용해야 할 원리는 다음과 같다. 즉 미술가든, 음악가든, 주부든 할 것

없이, 모든 재주를 가진 자들은 자기에게 그런 재주를 허락하신 분이 하나님이심을 감사하는 마음으로 시인해야 한다. 보다 깊은 의미에서 이 구절은 그리스도의 전사들에게 제공되는 하나님의 지혜-그것은 그들이 하나님이 은혜를 통해 제공하신 무기를 사용하는 데 필요하다-를 가리킨다. 이것은 자연적 측면에서뿐 아니라 영적 측면에서도 마찬가지다. 공격용이든 방어용이든 모든 무기는 우리가 그것을 사용하는 법을 알기 전에는 쓸모가 없다. "그러므로 하나님의 전신 갑주를 취하라 이는 악한 날에 너희가 능히 대적하고 모든 일을 행한 후에 서기 위함이라"(엡 6:13)는 말씀은 단지 하나님이 제공하신 갑옷과 투구를 자기의 것으로 삼으라는 뜻일 뿐 아니라, 또한 그것들을 사용하기 위해 그분께 인도와 도움을 구하라는 뜻이기도 하다. 본문의 하반절은 다윗이 때로 삼손처럼 평범한 정도 이상의 큰 힘을 발휘했음을 지적하는 것으로 보인다.

### 특별한 은혜

"주께서 또 주의 구원의 방패를 내게 주시며"(삼하 22:36a). 여기에서 우리는 다윗이 하나님이 자기에게 값없이 제공하신 물질적이고 세상적인 축복 이상의 것을 바라보고 있음을 발견한다. 즉 그는 하나님의 택함을 받은 자들을 위해 예비된 특별한 은혜들을 바라보고 있다. 악한 자와 의로운 자 모두에게 섭리를 통해 제공되는 공통적인 은사들도 있지만, 하늘의 호의를 입은 자들에게만 제공되는 풍성한 은혜들도 있다. 그리고 후자는 전자를 무한히 초월한다. 우리의 영혼이 멸망한다면, 육체의 구원이 무슨 가치가 있는가! 마귀가 우리를 영원한 멸망에 이르게 한다면, 우리가 적대적인 인간들로부터 보호를 받는 것이 무슨 소용이 있는가! 다윗은 전자뿐 아니라 후자 역시 받았다. 여기에는 우리가 이 노래 전체를 통해 그것의 보다 깊은 의미를 추구해야 하고 또한 그것을 영적으로 해석해야 한다는 분명한 암시가 들어 있다. 이 구절이 이 노래에서 하나님의 "구원"이 언급되는 유일한 경우가 아니라는 점에 주목하라(47절과 51절을 보라).

"주의 온유함이 나를 크게 하셨나이다"(삼하 22:36b). 여기에서 "주의 온유함"으로 번역된 히브리어는 하나의 혹은 주목할 만한 해석일뿐 실제로는 다양하게 번역되어 왔다. 어떤 번역본은 그것을 "주의 훈련" 혹은 "아버지의 징계"로 번역한다. 다른 번역본은 그것을 하나님의 자비로운 행동을 가리키는 "주의 선하심"으로 번역한다. 그리고 또 다른 번역본은 보다 문자적으로 "주의 겸손하심"으로 번역한다. 그러나 그 모든 것은 결국 동일한 것을 의미한다. 다윗이 이런 사실을 시인하는 것은 복되다. 그는 하나님의 섭리에 대해 불평하거나 그분이 자기를 거칠게 다루셨던 것을 비난하기는커녕 오히려 자기에게 주어진 고통들 때문에 하나님의 완전하심을 찬양한다. 다윗은 하나님이 무한한 인내로 채찍의 강도를 조절하시면서 자기

에게 마치 다정한 아버지처럼 행동해 오셨음을 시인한다. 그는 하나
님이 은혜롭게도 자신이 겪는 고통을 자신에게 유익한 것이 되게
하셨다고 확언한다. 그는 자신이 양 우리에서 왕좌에 오르고, 큰
번영과 권력을 누리고, 성공적인 정복자와 통치자가 됨으로써 얻게
된 모든 영광을 하나님께 돌리는 데 실패하지 않는다.

## 84
# 감사의 노래 (V)
#### 사무엘하 22장

이 노래에 대한 해설을 마무리하려면, 지면 관계상(이 책은 「성경 연구」 Studies in the Scriptures라는 월간지에 실렸던 글들을 모아서 펴낸 것이다 - 역주) 통상적인 서론적 언급은 생략해야 할 것 같다. 그러므로 나는 다윗의 노래의 다음 구절로 직행하고자 한다. "내 걸음을 넓게 하셨고 내 발이 미끄러지지 아니하게 하셨나이다"(삼하 22:37). 여기에서 다윗은 여호와께서 자기를 보호하셨을 뿐 아니라 번영하게도 하신 것 때문에 그분을 찬양한다. 그분은 그에게 자유와 확장이라는 복을 허락하셨다(삼하 22:20을 보라). 그는 가파른 산길과 동굴을 벗어나 넓은 곳으로 불려나왔고, 또한 거기에서도 삶을 유지하는 은총을 입었다. 사실 그 넓은 곳에도 산길이나 동굴 못지않은 위험들이 도사리고 있었다. "우리가 기독교적 자유와 확장에 이르는 것은 작은 은혜가 아니다. 그러나 그런 자유 안에서 미끄러져 넘어지지 않고 가치 있게 살아갈 수 있는 것은 보다 큰 은혜라고 할 수 있다"(C. H. Spurgeon). 우리가 역경의 시기에 굳게 서는 것은 우리를 떠받쳐 주는 은혜의 결과다. 그리고 그런 은혜는 우리가 번영할 때도 동일하게 요구된다.

**승리에 대한 기억**

"내가 내 원수를 뒤쫓아 멸하였사오며 그들을 무찌르기 전에는 돌이키지 아니하였나이다"(삼하 22:38). 여기에서 다윗은 사무엘상 30장에 기록된 것과 같은 경우들을 가리키고 있다. 거기에서 아말렉 사람들은 그들의 전리품을 챙겨서 달아났다(2절). 그러나 하나님이 다윗으로 하여금 그들을 추격하게 하셨을 때, 그들은 곧 추격을 당했고 결국 패해서 흩어지고 말았다(16-18절). 신자가 자기의 입장을 고수하고 적들의 공격에 저항하는 것만으로는 충분하지 않다. 그가 공세를 취해 적들을 뒤쫓아야 할 때가 있다. 일반적으로 공격은 최상의 방어다. 우리의 욕망에 대해 말하자면, 우리는 그것에 대해 생각하지 않음으로써 그것을 제어해야 할 뿐 아니라, 더 나아가 그것을 죽이기까지 해야 한다. 하나님은 그리스도의 전사들에게 방패뿐 아니라 칼도 제공하셨다. 따라서 우리는 그것들 각각을 적절하게 사용해야 한다. 본문 37절에 이어서 38절의 내용이 이어지는 것에 주목하라. 우리가 공격자와 승리자가 될 수 있으려면 확장과 갱신이 선행되어야 한다.

"내가 그들을 무찔러 전멸시켰더니 그들이 내 발 아래에 엎드러지고 능히 일어나지 못하였나이다"(삼하 22:39). 이것은 우리로 하여금 여호와께서 다윗에게 허락하신 승리의 완전성에 주목하게 만든다. 그러나 사실 이런 말씀은 잘 훈련된 성도들에게조차 심각한 어려움을 제시하지 않는가? 그의 실제 경험은 이것과는 얼마나 다른가! 그들은 적들을 제압하고 짓밟기는커녕 오히려 매일 적들이 자기들을 억누르고 있음을 발견하지 않는가? 참으로 그렇다. 그럼에도 어떤 실제적 의미에서 이런 말씀을 우리의 것으로 삼는 것이야말로 성도들의 거룩한 특권일 수 있다. 이런 말씀은 육신의 언어가 아니라 믿음의 언어다. 이런 말씀은 우리의 적들에 대한 적법한 공격에 적법하게 적용될 수 있다. 우리는 모든 것을 정복하시는 주님이 우리의 죄와 죽음과 지옥을 파멸시키셨음을 크게 기뻐할 수 있다! 그분의 값진 약속을 잊지 말라. "내가 살아 있고 너희도 살아 있겠음이라"(요 14:19). 그분이 과거에 이루신 승리는 그분이 미래에 이루실 완전한 승리에 대한 확실한 보장이다.

"이는 주께서 내게 전쟁하게 하려고 능력으로 내게 띠 띠우사 일어나 나를 치는 자를 내게 굴복하게 하셨사오며"(삼하 22:40). 다윗은 정력적이고 용감한 사람이었다. 그러나 그는 자신이 이룬 모든 일의 공로를 자신에게 돌리지 않는다. 그는 그런 전쟁을 위해 자신을 준비시키시고, 그 전쟁을 수행할 힘을 주시고, 자기가 한 노력에 성공이라는 면류관을 씌워주신 분이 하나님이심을 기꺼이 시인한다. 우리가 즐기는 죄와 사탄으로부터의 자유, 하나님을 섬기고자 하는 마음이 넓어지는 것, 유혹 많은 세상의 미끄러운 길에서 보호를 받는 것 등은 모두 감사의 조건들이지 그것 자체를 높여야 할 근거가 되지 않는다. 사실 우리는 우리의 영적 대적들과 싸워야 하지만, 우리가 그 싸움에서 거둔 승리는 우리의 것이 아니라 전적으로 주님의 것이다. 내 자신의 경험과 다른 사람들을 면밀하게 살핀 결과 얻게 된 나의 오랜 확신은, 여호와께서 지금 우리에게 우리의 적들에 대해 큰 승리를 허락하지 않으시는 주된 이유는, 우리가 그런 승리 때문에 자기의에 빠지지 않게 하시기 위함이라는 것이다. 아, 우리의 마음은 얼마나 기만적이고 악한가!

"주께서 또 내 원수들이 등을 내게로 향하게 하시고 내게 나를 미워하는 자를 끊어 버리게 하셨음이니이다"(삼하 22:41). 의심할 여지없이 보다 온전한 의미에서 이것은 이 세상에서보다는 천국에서 우리의 찬양의 주제가 될 것이다. 우리는 요한계시록 15장 1-3절에서 이에 대한 훨씬 더 큰 암시를 얻지 않는가? 거기에서 우리는

"짐승과 그의 우상과 그의 이름의 수를 이기고 벗어난 자들"(2절)이 "하나님의 종 모세의 노래[출 15], 어린 양의 노래를" 부르는 것에 대해 듣지 않는가? 반면에 다음과 같은 하나님의 약속에 의지하는 것은 우리의 복된 특권이다. "평강의 하나님께서 속히 사탄을 너희 발 아래에서 상하게 하시리라"(롬 16:20). 청교도 작가인 아담스(Adams)는 우리의 본문 중 이 구절을 주석하면서 다음과 같이 권면했다. "비록 정욕이 우리의 육신을 붙들고 있을지라도, 인내가 우리의 영혼을 붙들게 하라." 계속되는 싸움에서는 용맹이나 무기를 다루는 능력만큼이나 인내가 필수적이다. 궁극적 구원에 대한 약속은 오직 끝까지 견디는 자들에게만 주어진 것이다. 지쳐 쓰러지지 않는다면, 언젠가 열매를 거두게 될 것이다. 우리의 싸움은 길고 힘든 것이 될 수 있다. 그러나 승리자에게 주어지는 면류관은 굉장한 보상이 될 것이다. 그러므로 싸움터의 연기와 소란을 너머서 높은 곳에서 당신을 기다리고 계시는 인내의 왕을 바라보라.

## 무력한 적들

"그들이 도움을 구해도 구원할 자가 없었고 여호와께 부르짖어도 대답하지 아니하셨나이다"(삼하 22:42). 《컴패니언 바이블》(*The Companion Bible*)은 여기에서 사용된 히브리어에는 일종의 말장난이 있다고 지적한 바 있다. 그 성경에 따르면 이 구절은 다음과 같이 번역될 수 있다. "그들은 두려워 소리쳤으나, 아무도 듣지 않았다." 그들은 하늘과 땅을 향해 도움을 청했으나, 헛된 메아리뿐이었다. 하나님은 그들의 말을 듣지 않으셨다. 왜냐하면 그들은 그분의 적이었고 중재자를 통하지 않은 채 그분을 찾았기 때문이다. 하나님이 그들을 버리셨기에 그들은 다윗의 의로운 칼 앞에서 쉬운 먹잇감이 되었다. "기도는 아주 탁월한 무기여서 사악한 자들조차 깊은 절망에 빠질 경우 그것에 의지한다. 그러나 사람들이 하나님의 종들에 맞서서 하나님께 호소하는 것은 모두 헛될 뿐이다. 하늘의 왕국은 나눠지지 않는다. 그리고 하나님은 어떤 경우에도 자신의 적들을 돕기 위해 자신의 친구들을 희생시키지 않으신다. 하나님께 드리는 기도들 중에는 신성모독에 불과한 것들이 있다. 그것들은 아무런 만족할 만한 대답도 얻지 못할 뿐 아니라 오히려 주님의 보다 큰 진노를 격발시킨다"(C. H. Spurgeon).

"[그때] 내가 그들을 땅의 티끌 같이 부스러뜨리고 거리의 진흙 같이 밟아 헤쳤나이다"(삼하 22:43). 이 절과 앞 절 사이의 관련성을 놓치지 말라 — 그것은 "그때"(Then, KJV. 한글 성경에는 번역되어 있지 않다 — 역주)라는 단어로 강조되고 있다. 이것은 우리에게 하나님이 포기하신 자들이 얼마나 철저하게 무력한지, 또 그들의 운명이 얼마나 끔찍한지를 잘 보여 준다 — 이것을 사울 왕의 경우와 비교해 보라 (삼상 28:6; 30:3-4 참조)! 다윗과 맞서 싸웠던 나라들의 패배는 아주 총체적인 것이어서 그들은 마치 절구로 빻은 곡물가루와도 같았다. 토마스 스콧(Thomas Scott)은 이 구절에서 "영광의 주님을 십자가에 못 박고 복음을 거부한 유대인들에게 임한 피할 수 없는 파멸"을 보았는데, 나는 그가 옳게 보았다고 믿는다. "그들은 여호와께 자기들을 구원해 달라고 부르짖었고 지금도 그러고 있으나 정작 그분이 사랑하시는 아들에게 순종하는 것은 거부하고 있다. 따라서 그분은 그들에게 아무런 답도 주시지 않는다." 이 구절의 상징은 그 민족의 비극적인 역사를 얼마나 정확하게 묘사하는가! 그들은 바람에 의해 세상 모든 곳으로 흩어지는 "티끌"이었고, 사람들에게 경멸당하며 짓밟히는 "진흙"이었다!

"주께서 또 나를 내 백성의 다툼에서 건지시고 나를 보전하사 모든 민족의 으뜸으로 삼으셨으니 내가 알지 못하는 백성이 나를 섬기리이다"(삼하 22:44). 첫 번째 절에서 다윗은 그동안 자기의 왕국을 심각하게 위협해 왔던 격렬한 분쟁에 대해 언급한다. 주변 나라들의 위협보다도 내부의 분열이 훨씬 더 심각하고 위험한 때가 있었다. 그럼에도 하나님은 자신의 종을 그런 내부의 적들의 원한과 반대로부터 은혜롭게 구원해 주셨다. 이것은 그리스도의 전사들에게도 마찬가지다. 비록 그들이 늘 세상과 마귀에 의해 닥쳐오는 밖으로부터의 공격에 직면할지라도, 그들에 대한 가장 큰 위협은 언제나 안으로부터 온다. 즉 그들 자신의 타락이나 욕망이 계속해서 그들을 전복시키려 한다. 그런 내부의 적들로부터 그들을 구해 주실 분은 오직 하나님 한분뿐이다. 그들에게는 다음과 같은 확실한 약속이 주어져 있다. "너희 안에서 착한 일을 시작하신 이가 그리스도 예수의 날까지 이루실 줄을 우리는 확신하노라"(빌 1:6). 동일한 원리가 사역자들에게도 해당된다. 그들의 가장 고통스러운 문제나 시련들은 교회의 울타리 밖에서 오지 않고 그들의 교인들과 지지자들로부터 온다. 그러므로 하나님이 교회 내부에 평안을 주실 때 그것은 굉장한 은혜다.

### 이방인들의 굴복

"나를 보전하사 모든 민족의 으뜸으로 삼으셨으니 내가 알지 못하는 백성이 나를 섬기리이다." 하나님이 다윗을 그토록 보호하셨던 것은 그가 어떤 중요하고도 인상적인 역할을 수행해야 할 것을 암시해 주었다. 즉 그것은 베냐민 지파가 그에게 가했던 모든 반대에도 불구하고 이스라엘의 열 두 지파들을 다스리는 것이었으며, 또한 이방 나라들보다 높아지는 것이었다. 아말렉과 블레셋 사람들의 결정적인 패배는 보다 뛰어난 승리에 대한 보증으로 간주되었다. 여기에서 반복되는 실제적 교훈은 아주 중요하다. 하나님의 변함없는 신실하심은 우리로 하여금 우리가 과거에 그분에게서 받은 모든 축복들을 미래에 있을 보다 큰 은혜에 대한 징표로 여기게 만든다.

정신이 혼미해진 형제들이여, 하나님이 지금까지 당신을 보호해 오신 것은 당신이 몸부림치다가 결국에는 넘어지게 하시기 위함이 아니다. 여섯 가지 환란에서 당신을 지켜 주신 분은 "일곱 가지 환난이라도 그 재앙이 네게 미치지 않게"(욥 5:19) 하실 것이다. 그러므로 사도 바울과 더불어 다음과 같이 말하라. "그가 이같이 큰 사망에서 우리를 건지셨고 또 건지실 것이며 이 후에도 건지시기를 그에게 바라노라"(고후 1:10).

"이방인들이 내게 굴복함이여 그들이 내 소문을 귀로 듣고 곧 내게 순복하리로다"(삼하 22:45). 우리의 번역자들이 앞 절 후반부에서처럼 이 구절에서도 시제를 현재에서 미래로 바꾼 것에 주목하라. 이 노래의 마지막 부분이 어디에서 시작되느냐 하는 문제와 관련해 참으로 다양한 의견들이 있다. 그 마지막 부분에서 과거의 성공은 미래에 있을 보다 큰 승리에 대한 보증으로 간주된다. 하나님은 다윗의 "방패"(31절)이셨고, 그의 "견고한 요새"(33절)이셨다. 그분의 온유함은 그를 크게 하셨다(36절). 그분은 그에게 "적들의 목"(41절, the necks of his enemies, KJV - 역주)을 주셨다. 그리고 이 모든 것을 통해 그는 하나님이 자기를 위해 더 큰 복을 예비해 두고 계시다는 결론에 이르렀다. 우리는 지금 우리가 살피는 구절을 통해 다윗이 예언의 영에 의해 신약 성서의 시대로 이월되었음을 확신할 수 있다. 지금 그는 그 자신의 왕국을 그의 후손이자 주님이신 분의 영적 통치에 대한 상징과 전조로 여기고 있는 것이다.

한 가지 불확실한 것은 이 노래의 어느 지점에서 역사적 이야기가 예언으로 병합되느냐 하는 것이다. 여기에서 히브리어 동사는 영어에서와 마찬가지로 우리에게 아무런 도움도 주지 않는다. 이미 살펴보았듯이, 토마스 스콧은 우리가 적어도 43절부터는 이런 범주에 포함시켜야 한다고 여긴다. 알렉산더 맥라렌은 다음과 같이 주장한다. "여러 가지 옛 번역본들과 헙필드[Hupfield]의 가치 있는 설명을 따르는 것이 최상이다. 즉 우리는 우리의 번역본의 38절 이후 전체를 과거의 경험을 통한 믿음의 표현으로 여겨야 한다." 개인적으로 나는 그것은 너무 과하다고 여긴다. 오히려 나는 우리가 《아메리칸 역》(American Version)을 따라 44절을 기점으로 삼는 것이 보다 안전하다고 여긴다. 거기에서는 다윗이 자신의 왕국이 팔레스타인의 경계 너머로까지 확대될 것과 낯선 민족들이 자기에게 순복할 것을 확신하고 있음이 분명하게 드러나기 때문이다.

다윗이 경험했던 심각한 싸움과 그에게 주어졌던 현저한 승리들은 그리스도의 경험―그분의 고통과 승리 모두에서―에 대한 예시였다. 뿐만 아니라 다윗이 기대했던 영토의 확장과 이방인들에 대한 지배는 구속주의 고양(高揚)과 그분의 나라가 유대교의 경계선 밖으로까지 확장되는 것을 예시해 주었다. 첫째, 다윗의 대형이셨던 분은 그분의 백성들과의 싸움에서 건지심을 받았는데(44절), 그것은 그분이 죽음을 면하심으로써가 아니라 오히려 죽음을 이기며 그것을 통과하심으로써—그분은 모든 것에 대해 우월하시다—그렇게 되셨다. 둘째, 그분은 유대인들뿐 아니라 이방인으로도 이루어진 교회의 머리가 되셨다. 셋째, 이스라엘에게 "이방인"(45절)이었던 자들이 복음을 통해 그분의 음성에 굴복했고 그분께 믿음으로 순복했다. 넷째, 이교(異敎)가 바울의 수고를 통해 치명상을 입었다. 그것의 오만함은 먼지처럼 낮아졌다. 나는 이것이 46절에 실려 있는 예언적 암시의 내용이라고 여긴다.

"이방인들이 내게 굴복함이여 그들이 내 소문을 귀로 듣고 곧 내게 순복하리로다"(삼하 22:45). "많은 경우 복음은 그것에 대해 분명히 아무런 준비도 되어 있지 않은 자들에게 쉽게 받아들여진다. 전에 복음을 들어본 적이 없는 자들이 그 첫 번째 메시지에 매료되어 그것에 굴복했다. 반면에 다른 이들은 복음의 즐거운 소리에 익숙함에도 그것의 가르침을 통해 부드러워지기는커녕 완고해진다. 때로 하나님의 은혜는 그루터기 사이를 달리는 불과도 같고, 한 나라가 하루 만에 불타오르기도 한다. 예수님이 구애하실 때 '첫눈에 반하는 것'은 특별한 일이 아니다. 그분은 특별한 자랑도 하지 않으면서 시저처럼 '왔노라, 보았노라, 이겼노라'라고 말씀하실 수 있다. 어떤 이들은 그분의 복음을 듣자마자 믿는다. 십자가의 가르침을 널리 전하는 것은 얼마나 도발적인 일인가!"(C. H. Spurgeon).

"이방인들이 쇠약하여 그들의 견고한 곳에서 떨며 나오리로다"(삼하 22:46). "이방인들이 그들의 산채에서 두려워하며 기어 나와 이스라엘의 왕에게 충성을 바친다. 그리고 가련한 죄인들 역시 그들의 자기 확신이라는 요새와 인간적 안전이라는 동굴로부터 우리 주 예수 그리스도께로 머리를 숙이며 나아온다. 난공불락의 요새와도 같은 우리의 혈과 육에 숨어 있던 우리의 죄들이 성령의 성결케 하시는 힘에 의해 끌려나올 것이다. 그리고 우리는 마음을 다해 주님을 섬기게 될 것이다"(C. H. Spurgeon).

## 하나님에 대한 찬양

"여호와의 사심을 두고 나의 반석을 찬송하며 내 구원의 반석이신 하나님을 높일지로다"(삼하 22:47). 과거에 자신이 이룬 정복에 대해 주님을 찬양하고 미래의 승리에 대해 확신을 표명한 다윗은 이제 다시 보다 직접적으로 하나님을 찬양하기 시작한다. 이 마지막 부분에서 그는 자기가 이 노래의 시작 부분에서 열거했던 하나님의 영광스러운 이름들 중 몇 가지를 다시 언급한다. 그가 겪었던 다양한 경험들은 그에게 살아 계신 주님에 대한 보다 깊은 지식을 제공해 주었다. 오래 전에 노아를 보호하시고 아브라함을 돌보셨던 분이 그의 하나님이셨다. 그분은 듣는 데 민첩하시고, 도움을 주시는 데 적극적이시다. 비교적 덜 알려진 청교도 작가들 중 한 사람이 이 구절에 대해 다음과 같이 주석한 적이 있다. "명예도 죽고, 쾌락도 죽고, 세상도 죽지만, 주님은 살아 계시다. 내 육신은 모래와 같고, 내 육신의 삶과 힘과 영광은 모래 위에 쓰인 글자와 같다. 하지만 나는 나의 바위이신 분을 찬양한다. 그런 것들은 일시적이지만, 주님은 영원하시다. 그런 것들은 저주를 받아 삼켜질 것이나, 주님의 머리 위에는 영원한 영광이 있을 것이다"(P. Sterry).

"이 하나님이 나를 위하여 보복하시고 민족들이 내게 복종하게 하시며 나를 원수들에게서 이끌어 내시며 나를 대적하는 자 위에 나를 높이시고 나를 강포한 자에게서 건지시는도다"(삼하 22:48-49). 여기에서 다윗은 이 노래 전체를 관통하는 지배적인 생각을 되풀이한다. 그것은 자신의 모든 도움은 하나님 안에 있고 하나님으로부터 온다는 것이다. 문제를 자기 손으로 해결하려 하고 개인적인 복수를 꾀하는 것은 여호와의 은혜를 입은 자에게는 완전히 부적절한 일일 뿐 아니라 사악한 짓이기까지 하다. 왜냐하면 그것은 오직 하나님께만 속한 특권을 침해하는 것이기 때문이다. 더구나 그런 일은 불필요하다. 왜냐하면 때가 되면 주님께서 부당한 대접을 받았던 자신의 백성들을 위해 보복하실 것이기 때문이다. 비록 우리가 스데반과 더불어 "주여 이 죄를 그들에게 돌리지 마옵소서"(행 7:60)라고 기도

해야 할지라도, 하나님의 공의가 그분의 법을 모독한 자들에게 배상을 요구할 때, 경건한 자들은 그분께 감사를 돌려야 한다. 올리버 크롬웰(Oliver Comwell)은 네이스비 전투를 마친 후 하원의장에게 다음과 같은 내용의 편지를 보냈다. "의장님, 이것은 전적으로 하나님의 손길입니다. 오직 그분에게만 영광을 돌립니다. 다른 누구도 그분과 영광을 공유해서는 안 됩니다."

"이러므로 여호와여 내가 모든 민족 중에서 주께 감사하며 주의 이름을 찬양하리이다"(삼하 22:50). 여기에서 다윗은 경건하지 않은 사람들 앞에서 하나님을 자랑하는 거룩한 영혼의 실례를 보여 준다! 신자들 앞에서 자신의 경건을 꼴사납게 자랑하는 것과 불신자들 앞에서 소심하게 침묵하는 것 사이에는 적절한 타협점이 존재한다. 우리는 하나님을 조롱하는 자들이 우리의 입을 막고 우리의 찬양을 질식시키도록 허락해서는 안 된다. 특히 식사를 하기 전에—비록 우리가 "모든 민족 중에" 있을지라도—머리를 조아리고 주님께 감사하는 것은 우리의 의무다. 그분의 적들 앞에서 하나님을 시인하는 것을 부끄러워하지 말라. 사도 바울은 로마서 15장 9절에서 이 구절을 그리스도께 적용했다. 이로써 다윗은 이 노래의 후반부에서 자기가 자신의 대형이신 분을 염두에 두고 있음을 분명하게 보여 준다.

"여호와께서는 그의 왕을 위한 구원의 망대이시며, 그의 기름 부음을 받은 자인 다윗과 그의 후손에게 영원토록 자비를 베푸시는 도다"(삼하 22:51, KJV – 역주). 다윗은 하나님을 자신의 "구원의 반석"(47절), 즉 자기를 뒷받침해 주시는 분, 자신의 모든 소망을 그분에게 둘 분으로만 여겼던 것이 아니라, 또한 그분을 자신의 "구원의 망대, 즉 그 안에서 안전을 얻을 수 있는 분, 자기보다 무한히 높이 계신 분으로 여겼다. 그는 구원을 받았으나 여전히 "자비"를 얻을 필요가 있었다! 이 마지막 구절은 그가 사무엘하 7장 15-16절에 나오는 하나님의 약속을 의지하고 있음을 보여 주며, 또한 그가 그리스도를 바라보고 있었음에 대한 추가적인 증거를 제공한다. 왜냐하면 그분만이 영원토록 그의 "후손"이시기 때문이다.

85

# 마지막 말

사무엘하 23장

우리가 이제부터 살피려는 본문(삼하 23:1-7)은 약간의 어려움을 제시하는데, 특히 말들을 구별하고 그것을 절대적으로뿐 아니라 상대적으로도 해석하는 데 익숙하지 않은 사람들에게는 더욱 그러하다. 우리의 본문은 "이는 다윗의 마지막 말이라"(1절)는 말로 시작되지만, 사실 다윗의 삶의 마지막 순간은 아직 이르지 않았다. 그러므로 이어지는 장들에 여전히 많은 것들이 기록되어 있는 상태에서 우리가 여기에서 이런 말을 읽는 것은 이상하게 보인다. 왜냐하면 우리는 어떤 사람의 "마지막 말"을 자연스럽게 그의 삶이 끝나는 순간에 그의 입에서 나오는 최후의 말과 연결시키기 때문이다. 게다가 열왕기상 2장 9절에서 다윗이 지금의 내용과 아주 다른 말을 하는 것에 주목한다면 우리의 어려움은 더 커진다. 이와 관련해 토마스 스콧(Thomas Scott)은 다음과 같이 말했다. "아마도 그는 죽어가는 순간에 이 말들을 자신의 믿음과 소망에 대한 표현으로, 또한 자신의 위로의 근거로 되풀이했을 것이다." 그럴 수도 있다. 왜냐하면 그의 말년에 그의 마음과 입에서 이런 생각이 되풀이 되었을 가능성이 있기 때문이다.

## 마지막 말의 의미

그러나 나는 사무엘하 23장에 나오는 "다윗의 마지막 말"을 한 인간의 마지막 말이 아니라, 하나님의 말씀을 대변하는 자로서 그가 쓴 시편의 간략한 부록을 이루는 것으로 여긴다. 이 본문이 다윗이 마지막으로 영감을 받아 쓴 시와 관련되어 있다는 것은 그 안에서 사용된 특별한 용어들을 통해 아주 분명하게 드러난다. 첫째, 그는 자신을 분명하게 "이스라엘의 노래 잘 하는 자"(1절)로 부르는데, 이것은 분명히 여호와의 종이자 선지자로서의 자신의 공적 특성에 대한 언급이다. 둘째, 그는 "여호와의 영이 나를 통하여 말씀하심이여 그의 말씀이 내 혀에 있도다"(2절)라고 말하는데, 이런 말은 오직 공식적으로 하나님의 말씀을 전하는 자, 그리고 성령에 의해 완전하게 통제를 받기에 그가 하는 말이 곧 하나님의 계시가 되는 자에 대해서만 사용될 수 있다. 셋째, 그가 3절과 4절에서 하는 말은 그 자신에 관한 것이라기보다는 그의 대형(對型)이신 "통치자"에 관한 예언적 선포처럼 보인다. 이것은 그가 성령의 감동을 받고 있음에 대한 증거다. 더 나아가 이어지는 장들에서는 다윗이 공식적으로 하나님의 계시를 받아 말하는 장면이 전혀 나타나지 않는다.

구별해야 할 또 다른 요소가 있는데, 그것은 우리의 본문이 갖고 있는 나머지 어려움을 일소한다. 우리는 한 인간으로서의 다윗의 발언과 여호와의 대변인으로서의 그것을 구별할 필요가 있을 뿐 아니라, 또한 역사적인 것으로(historically) 간주되는 그의 행위 및 말들과 예표적인 것으로(typically) 간주되는 그것들을 구별할 필요가 있다. 그동안 나는 줄곧 다윗이 겪었던 수많은 경험들―비록 그 모든 경험들은 아니지만―속에서 우리가 그를 누군가를 대표하는 존재로(representatively) 보아야 한다고 지적해 왔다. 즉 그는 모든 성도들이 죄의 광야를 통과할 때 공통적으로 경험하는 유혹과 시련들을 겪으며 그들과 동일한 길을 걷고 있는 존재로 간주되어야 한다. 열왕기상 1장은 우리에게 다윗의 생애의 역사적 종말에 관해 알려 준다. 그때 그 늙은 왕의 마지막 말은 "그의 백발이 피 가운데 스올에 내려가게 하라"였다. 그것이 그 죽어가는 전사, 블레셋과 아말렉 사람들이 증언하듯이 젊을 때부터 "전쟁의 사람"이었던 자의 입에서 나온 마지막 말이었다.

그러나 사무엘하 23장에서 우리는 그림의 다른 측면, 아마도 훨씬 더 복되고 신선한 측면을 보도록 허락 받는다. 여기에서 성령께서는 우리에게 "전쟁의 사람"(삼상 16:18, a man of war, KJV-역주)이 아니라 "하나님의 마음에 맞는 자"(삼상 13:14, the man after God's own heart, KJV-역주)를 제시한다. 그는 하나님 앞에서 은혜를 입었고, 영원한 사랑으로 사랑을 받았다. 그는 그분이 택하신 백성을 대표하는 자였다. 여기에서 우리는 성도의 거룩한 숨소리를 듣는다. 그리고 그 모습은 내게 천국의 문처럼 보인다. 신자가 그의 광야 생활의 마지막에 가까워질 때, 그는 다윗처럼 여호와의 선하심을 생각하고, 자신을 거름 더미에서 들어 올리셔서 그리스도와 함께 하늘에 거하게 하신 놀라운 은혜에 대해 생각하기 마련이다(1절). 또 그는 자기와 가깝고 자기에게 소중한 사람들의 영적 상태와 자신이 마땅히 해야 할 만큼 은혜 안에서 성장하지 못한 것에 대해 한탄하는 반면, 하나님이 자기와 영원한 언약을 맺으셨다는 사실에서 말할 수 없을 만큼 큰 위로를 발견한다.

### 자신에 대한 언급

"이는 다윗의 마지막 말이라"(삼하 23:1a). 매튜 헨리가 다음과 같이 옳게 지적한 바 있다. "죽음이 가까이 오고 있음을 알게 될 때 우리는 우리의 마지막 말로써 하나님께 영광을 돌리고 우리 곁의 사람들을 권면하기 위해 애써야 한다. 오랜 세월 하나님의 선하심과 지혜의 길의 평온함을 경험해온 자들은, 그들의 삶이 끝나갈 때, 그 경험을 기록하고 약속의 진리에 대해 증언해야 한다." 누구나 다 자신의 종말이 다가 오고 있음에 대한 분명한 증거를 얻거나 자기들의 신앙과 소망을 분명하게 공언할 수 있을 만큼 또렷한 의식을 유지하는 것은 아니다. 그러나 그런 일이 허락될 때 그들의 의무와 특권은 분명하다. 다윗은 자기에게 주어진 시간을 하나님을 찬양하고 자기의 백성들을 위로하는 데 썼다. 우리 역시 그렇게 해야 한다.

"이새의 아들 다윗이 말함이여 높이 세워진 자, 야곱의 하나님께로부터 기름 부음 받은 자, 이스라엘의 노래 잘 하는 자가 말하노라" (삼하 23:1b). 여기에서 사용된 "말했다"(said, 이 구절에서 두 번 사용되었다)라는 동사에 해당하는 히브리어는 확신과 권위를 갖고 말하는 것을 의미한다. 이것은 내가 이 발언의 성격과 관련해 위에서 지적한 내용을 확증한다. 첫째, 다윗은 자신의 비천한 신분("이새의 아들")에 대해 언급한다. 그는 자주색의 훌륭한 아마포로 옷을 지어 입은 자들 중에서 알려진 자가 아니었다. 그가 나온 뿌리는 정말로 비천한 것이었다. 사울이 그의 왕궁에서 "이 소년이 누구의 아들이냐"(삼상 17:55) 하고 물었을 때, 그가 들은 대답은 "왕이여 왕의 사심으로 맹세하옵나니 내가 알지 못하나이다"였다. 그로 인해 결국 다윗이 스스로 그 질문에 대답해야 했다. "나는 주의 종 베들레헴 사람 이새의 아들이니이다"(58절). 그의 집안은 작고 초라했고, 그는 그 집안에서도 가장 작은 자였다. 예표적으로 말한다면, 이것은 신자가 자신이 어떤 구덩이에서 건짐을 받았는지 되돌아보면서 자신의 초라한 신분을 인정하는 것을 의미한다.

"높이 세워진 자." 둘째, 여기에서 그는 자신이 그 위로 고양된 위엄 있는 자리에 대해 언급한다. 다윗은, 비록 비천한 신분이었고 사울의 백성들 중에서도 가장 낮은 자들 중 하나였으나, 여호와 앞에서 은혜를 얻었고, 왕좌에 올랐고, 온 이스라엘을 다스렸다. 신자가 그의 삶의 마지막에 가까워질수록, 그의 마음은 자기처럼 완전히 무가치한 자를 붙들어 거룩한 천사들에게나 합당한 위엄 있고 명예로운 자리에 올려 주신 하나님의 주권적 은혜에 더욱 더 놀라게 된다. 셋째로, 다윗은 자신을 "하나님께로부터 기름 부음 받은 자"라고 묘사한다. 그런 그는 또 다시 신자들을 예표한다. 왜냐하면 성경에는 그리스도인과 관련해 다음과 같이 기록되어 있기 때문이다. "우리를 너희와 함께 그리스도 안에서 굳건하게 하시고 우리에게 기름을 부으신 이는 하나님이시니"(고후 1:21). 마지막으로, "이스라엘의 노래 잘 하는 자." 이것은 물론 그의 공적 특성을 가리키는 말이다. 그러나 이것 역시 상징적이다. 비록 시편들을 지은 이는 그였지만, 그가 그렇게 한 것은 우리가 그것들을 사용하게 하기 위함이었다(약 5:13).

## 여호와의 영의 말씀

"여호와의 영이 나를 통하여 말씀하심이여 그의 말씀이 내 혀에 있도다"(삼하 23:2). 하나님의 영감에 대해 이론적으로 설명하려는 모든 시도는 쓸모없는 일이지만, 이 구절은 하나님의 영감의 본성과 범위를 규정하는 데 도움이 되는 성경에서 찾아 볼 수 있는 여러 가지 진술들 중 하나다. 우리가 하나님과 인간의 협력이라는 문제와 맞닥뜨릴 때, 우리는 유한한 이성의 이해력을 초월하는 문제와 마주하는 셈이다. 그럼에도 우리는 계시된 것의 도움을 받아 양 방향의 극단적인 두려움에 맞서기 위해 몇 가지 원리들을 확인할 수 있다. 참으로 성경은 오류가 없고 소멸될 수 없는 하나님의 말씀이다. 그러나 그 말씀을 전하고 편찬하는 데는 피조물의 도움이 필요하다. 그것을 발설하는 입은 인간의 것이다. 그러나 그 메시지는 하나님의 것이다. 그 소리는 인간의 것이다. 그러나 그것의 실제 말씀은 하나님의 것이다.

"예언은 언제든지 사람의 뜻으로 낸 것이 아니요 오직 성령의 감동하심을 받은 사람들이 하나님께 받아 말한 것임이라"(벧후 1:21). 그렇게 성령의 감동을 받은 사람들이 전능자의 실제 대변인들이었다. 그들의 발언은 그분에 의해 절대적으로 통제되고 있었기에 그들이 말하고 쓴 내용은 그분의 마음과 뜻에 대한 완벽한 표현이었다. 단지 그들의 마음이 고양되거나 그들의 정신이 승화된 것에 불과한 것이 아니라, 그들의 모든 말이 제어되었던 것이다. 단지 그들의 의지가 어떤 초자연적 충동을 받아들이거나 그들의 정신이 신적 조명을 받은 것에 불과한 것이 아니라, 그들의 메시지의 모든 말들이 그들에게 전해졌던 것이다. 이런 사실은 우리 앞에 놓인 구절을 통해 분명하게 드러난다. 다윗은 "그의 말씀이 내 혀에 있도다"라고 확언한다. 이것은 어떤 개념이 그에게 전해졌고 그가 그것을 자기의 언어로 자유롭게 표현해도 좋다고 느꼈다는 의미가 아니다. 성경 자체가 단언하는 것은 바로 "어구[語句] 영감"(verbal inspiration)이다(고전 2:13 참고).

### 공의와 하나님에 대한 경외

"이스라엘의 하나님이 말씀하시며 이스라엘의 반석이 내게 이르시기를 사람을 다스리는 자는 공의로워야 하고 하나님을 경외함으로 다스려야 하느니라"(삼하 23:3, KJV-역주). 옛 작가들은 이 구절에서 복된 삼위일체에 대한 언급을 보았는데, 나는 그들이 옳게 보았다고 믿는다. 첫째, 2절에서 다윗은 "여호와의 영이 나를 통하여 말씀하심이여"라고 확언했다. 그리고 "그의 말씀이 내 혀에 있도다"라는 표현을 통해 분명하게 드러나는 것은 영적 자만이 아니라 경건함이었다. 둘째, "이스라엘의 하나님이 말씀하시며." 즉 히브리서 1장 1-2절이 분명하게 밝히듯이 성부 하나님이 말씀하셨다는 것이다. 셋째, "이스라엘의 반석이 내게 이르시기를." 이것은 중재의 능력을 지니신 성자를 가리키는 말이다. 성경은 그분에 관해 다음과 같이 예언하고 있다. "또 그 사람은 광풍을 피하는 곳, 폭우를 가리는 곳 같을 것이며 마른 땅에 냇물 같을 것이며 곤비한 땅에 큰 바위 그늘 같으리니"(사 32:2). 비록 신성(神性)에 대한 보다 온전하고 밝은 현시(顯示)는 기독교 시대에 이루어졌을지라도, 하나님의 삼위일체 (Tri-unity)는 구약성경 안에서도 분명하게 계시되었다.

본문 2절에 기록된 내용과 3절에 기록된 내용 사이에 구별해야 할 것이 하나 있다. 2절에서 여호와의 영은 "나를 통하여 말씀하셨고"(spake by me), 3절에서는 "내게 이르셨다"(spake to me). 이것은 다윗이 (주로 시편들에서) 하나님의 영감을 받아 기록한 내용을 가리킨다. 이것은 그 자신과 그의 가족을 위한 보다 개인적인 메시지였다. "사역자들이 유의할 것이 있다. 하나님을 대신해 말씀을 전하는 자들은 성령이 그들에게 말씀하시는 내용을 듣고 그것에 유의하는 데 관심을 가져야 한다. 다른 이들을 가르치는 일을 하는 자들은 그들 스스로 배우고 행동하는 데 힘써야 한다"(Matthew Henry). 특별히 그들은 다음 두 가지 사항에 주목해야 한다. "사람을 다스리는 자는 공의로워야 하고 하나님을 경외함으로 다스려야 하느니라." 이 말씀이 직접 가리키는 것은 국가의 지도자들이다. 그러나 그 원칙은 교회의 지도자들에게도 엄격하게 적용되어야 한다. 불편부당함과 공의로움은 치안판사들과 사역자들 모두에게 요구되는 특성이다. 또한 그들은 자기들의 임무를 훗날 그들이 그분 앞에서 회계(會計)해야 할 분에 대한 두려움을 갖고서 수행해야 한다.

### 여호와의 주권적 은혜

"그는 돋는 해의 아침 빛 같고 구름 없는 아침 같고 비 내린 후의 광선으로 땅에서 움이 돋는 새 풀 같으니라 하시도다"(삼하 23:4). 이것은 율법의 모든 계명들을 지키면서 자신들의 의무를 충실하게 수행하는 자들에게 약속된 축복과 번영이다. "빛은 달콤하고 즐겁다. 그리고 자신의 의무를 이행하는 자는 빛의 위로를 얻게 될 것이다. 그의 기쁨은 그의 양심에 대한 증거가 될 것이다. 빛은 밝다. 그리고 선한 왕이나 사역자에게서는 빛이 난다. 그의 공의와 경건은 그의 명예가 될 것이다. 빛은 축복이다. 백성들에게는 하나님을 경외하며 다스리는 왕을 갖는 것 이상으로 크고 포괄적인 축복은 없다. 그것은 밤의 어둠 후에 크게 환영받는 '아침 빛'이다. 사울의 통치 후의 다윗의 통치가 그러했다. 그것은 땅이 인간의 수고에 대한 보답으로 내놓는 '움이 돋는 새 풀'과 비교될 수 있다. 그것은 그것과 더불어 추수의 축복을 가져온다"(Matthew Henry).

본문 3절과 4절은 또한 메시아에 대한 예언으로 간주될 수 있다. 그것의 히브리 본문은 다음과 같이 번역될 수 있다. "공의로 다스리

며 하나님을 경외함으로 다스리는 자가 나올 것이다." 하나님의 영
광과 그의 백성의 선을 위해 다스릴 자에게 꼭 필요한 자질은 공의와
의존이다. 그런 자질들의 온전한 모습은 그 자신의 뜻이 아니라 자기
를 보내신 분의 뜻을 수행하기 위해 오셨던 복되신 분에게서만 찾을
수 있다. 사울은 자기 자신을 위해 권력을 휘둘렀다. 그러나 다윗은
고개를 숙이고 "비록 내 집이 하나님과 더불어 그렇지 아니할지라
도"(삼하 23:5a, Although my house be not so with God, KJV – 역주)라고
시인해야 했다.\* 이것은 우리를 그리스도께 돌아가게 만든다. 그분
은 아버지의 나라의 일들을 그분의 거룩하신 뜻을 따라 처리하신다.
그분은 "세상의 빛"(요 8:12)이시기에 "돋는 해의 아침 빛"과 같으시
다. 또 그분은 "여호와의 싹"(사 4:2)이요 세상의 열매이시기에 "움이
돋는 새 풀"과 같으시다.

"비록 내 집이 하나님과 더불어 그렇지 아니할지라도" 여기에서

---

\* KJV와 한글 성경들은 사무엘하 23장 5절의 번역에서 큰 차이를 보인다. 따라서 KJV의
본문을 참고하지 않는다면 이 구절에 대한 이하의 설명을 따라가기가 어렵다. 이해를 돕기
위해 KJV의 영어 원문과 이에 대한 《한글 킹 제임스 성경》(말씀보존학회, 1994)의 우리말
번역문을 옮겨놓는다. "Although my house be not so with God; yet he hath made
with me an everlasting covenant, ordered in all things, and sure: for this is all my
salvation, and all my desire, although he make it not to grow." "비록 내 집이 하나님과
더불어 그렇지 아니할지라도, 하나님께서는 나와 더불어 영원한 언약을 맺으셨으니, 모든
일에 정돈되고 확고한 것이라. 비록 하나님께서 내 집을 번성케 하지 아니하실지라도, 이것
이 나의 모든 구원이요, 나의 모든 염원이라." (참고로 이 번역서의 역자나 출판사는 말씀보존학회와
는 아무 상관이 없음을 밝혀 둔다.)

다시 역사적 사건이 예표와 병합된다. 예언적 선견(先見)을 허락받은 다윗은 자신과 자신의 집안에 대해 생각하며 그것의 상태에 대해 슬퍼했다. "그의 잘못된 행동 때문에 그의 가족은 마땅히 기대할 만한 정도로 신앙적이지도 번영하지도 못했다. 그리고 결과적으로 그와 이스라엘 백성 모두가 많은 고통을 당했다. 몇 가지 안타깝고 추악한 사건들이 발생했다. 상황은 그가 바라는 것만큼 되지 않았다. 그리고 그는 자기의 후손들, 즉 자기의 뒤를 이어 왕국을 계승할 자들과 관련해 두려움을 갖고 있었던 것으로 보인다"(Thomas Scott). 그렇게 해서 그의 기쁨에 슬픔이 섞였다. 침울한 전망이 그의 운명 위로 어두운 그림자를 던졌다.

신자가 그의 삶의 마지막에 가까워질수록, 그는 자신의 최초의 비천한 상태와 그 후에 주권적 은혜가 자기를 떠받쳐 올려놓은 고양된 위치에 대해 생각할 뿐 아니라, 또한 자신의 어리석음을 되돌아보고, 자신의 실패들에 대해 한탄하고, 자기가 하나님의 선하심에 얼마나 악하게 보답했는지를 회상하며 슬퍼하기 마련이다. 이것은 경건한 자들의 공통된 경험이다. 그들은 이 광야 같은 세상을 여행하는 동안 극심한 시련과 고통을 겪고, 깊은 물을 통과하고, 여러 가지 날카로운 갈등을 경험하고, 또한 종종 신앙을 유지하기 힘들 만큼 어찌할 바를 모르는 상태에 빠진다.

은총을 입은 하나님의 성도들,

주님의 전령들과 선지자들,

그들은 죄와 의심과 두려움 속에서

주님이 좁은 길을 걸어 왔습니다.

그리고 결국 그들은 대개 자기들과 가장 가깝고 자기들에게 가장 소중한 사람들이 처해 있는 은혜 없는 상황에 대해 탄식하며 다음과 같이 부르짖어야 한다. "비록 내 집이 하나님과 더불어 그렇지 아니할지라도"

"[그러나] 하나님이 나와 더불어 영원한 언약을 세우사 만사에 구비하고 견고하게 하셨으니"(삼하 23:5b). 복된 대조다. 이 절을 여는 "그러나"(yet, KJV. 한글 성경에는 번역되어 있지 않다 – 역주)는 앞 절을 여는 "비록"(Although)과 맞선다. 이것은 다윗의 실패와 기쁜 대조를 이루는 하나님의 신실하심이다. 이것은 하나님의 놀라운 주권을 아주 엄중하게 예시한다. 다윗의 적들은 하나님의 공의와 마주해야 했다. 그러나 다윗 자신은 하나님의 은혜와 만났다. 적어도 그의 아들들 중 하나는 분명히 타락자들 중에 속해 있었다. 그러나 하나님은 그 아들의 아비와 영원한 평화 조약을 체결하셨다. 이것은 그의 가련한 마음에 주어진 참으로 달콤한 위로였다. 이것은 하나님이 세상의 터가 놓이기 전에 그리스도 안에서 그분의 모든 백성들과 맺으신 은혜의 언약에 대한 언급이었다. 그 언약은 영원 전에 체결되었고 그 효력 역시 영원히 계속될 것이다.

## 언약, 모든 소원의 근거

그 영원한 언약은 하나님의 영광과, 중재자의 명예와, 그분의 백성들의 성결과 복을 촉진하기 위해 체결된 것이다. 그것이 "견고한" 까닭은 그 약속이 거짓말을 하실 수 없는 분이 하신 것이고, 그 약속 안에 신자들의 모든 실패들에 대한 대책이 마련되어 있고, 그 약속의 집행이 그리스도의 손에 달려 있기 때문이다. 아, 오늘날 너무 많은 이들이 이 고갈될 수 없는 위로의 샘물에 대해 무지한 것은 안타까운 일이다! 우리가 처음 믿었던 시간으로, 심지어 구주께서 우리의 구원을 위한 값을 치르셨던 십자가 사건으로 돌아가는 것만으로는 충분하지 않다. 우리는 그 영원한 언약을 바라보아야 하고, 거기에서 자기 백성들의 믿음을 회복시키시고 그 믿음을 전하기 위해 그리스도를 죽게 하시고 그들에게 성령을 보내실 계획을 세우시는 하나님을 보아야 한다. 이것이야말로 "나의 모든 구원"(삼하 23:5c)이다. 왜냐하면 그것은 성부, 성자, 성령의 모든 구원 활동의 밑그림이 될 만큼 완전하게 충분하기 때문이다.

영원한 언약은 그것의 본질과 온전성과 충분성 때문에 "나의 모든 소원"(삼하 23:5c)이 된다. 즉 우리는 성령의 도움으로 그 웅장한 약속 안에서 우리의 개인적 유익에 대한 확신을 얻는다. "비록 하나님께서 내 집을 번성케 하지 아니하실지라도" 첫째, 이 표현은 그의 집안과 관련된 말이다. 수저으로든 세력에 있어서든 집들을 번성케 하거나 그렇게 하지 않거나 하시는 분은 하나님이시다[시 107:41]. 훌륭한 이들은 종종 자기의 집안이 기울어가는 우울한 전망을 갖곤 한다. 다윗의 집안은 그리스도의 교회의 예표였다. "교회가 우리가 바라는 것만큼 '하나님과 더불어 그렇지 아니하다'고 가정해 보라. 그것이 잘못과 타락으로 인해 축소되고, 고통을 당하고, 치욕을 당하고, 약해지고 있다고, 참으로 거의 소멸되어 가고 있다고 가정해 보라. 그러나 하나님은 교회의 머리가 되시는 분과 언약을 맺으셨다. 그분은 그분에게 '씨'를 주시겠노라고 약속하셨다[사 53:10]. 우리의 구주께서는 고통을 당하시면서도 이 약속으로 자신을 위로하셨다"(Matthew Henry). 둘째, 이 표현은 그 자신과 관련되어 있다. 그는 언약의 은혜를 받았다. 그러나 그 언약은 그가 바라는 것만큼 그 안에서 꽃을 피우지 못했다. 그가 그 언약을 무시한 것이 원인이었다.

다윗은 타락한 자들을 기다리고 있는 무서운 운명에 대해 아주 엄중하게 언급하면서 말을 맺는다(삼하 23:6-7). 믿음을 갖지 못하고, 자기중심적이고, 하나님의 영광에 대해 무관심하고, 그분의 종들을 조롱하고 학대하는 자들에게는 분명하게 의로운 보복이 임할 것이다. "내버려질 가시나무"(6절)는 하나님으로부터 버림을 받은 자들에 대한 상징이다. 그들은 완전하게 "불살라질 것이다"(7절). 그것은 그리스도의 왕국과 화해하기 어려운 적들의 영원한 파멸에 대한 예언이었다.

# 86

# 그의 용사들 (I)

사무엘하 23장

    사무엘하 23장의 나머지 서른두 절은 성경 읽기에 익숙한 사람들에게조차 상대적으로 주목을 받지 못했다. 심지어 성경 주석가들도 거의 대부분 그것들에 대해 침묵하고 있다. 아마도 대부분의 그리스도인들은 그것들로부터 그들의 영혼에 실제적으로 유익이 될 만한 것을 찾아내는 데 어려움을 느낄 것이다. 이 구절들 안에서는 많은 사람들의 이름이 나열된다. 그들 중 일부는 앞의 장들에서 언급되었지만, 대부분의 사람들은 우리에게 아주 낯설다. 그리고 그들의 한두 가지 업적들이 서술된다. 또한 이 장 후반부에는 사람들의 이름들이 길게 나열되는데, 대부분의 사람들은 그것들을 건너뛰기 십상이다.

성경 어디에도 무의미한 내용은 없다. 그 안에 있는 모든 것들이 유익하다(딤전 3:16-17). 그러므로 우리는 이 구절들이 오늘날의 우리를 위한 값진 지침과 유념해 두면 좋을 만한 중요한 가르침들을 포함하고 있다는 사실을 분명히 해두자. 그리고 하나님 앞에서 겸손하게 머리를 조아리고 그분께서 우리의 눈을 열어 우리가 그분의 책의 이 부분에서 놀라운 것들을 볼 수 있게 해 주시기를 간구하자. 이제 마음을 다잡고 이 부분의 내용에 대해 깊이 숙고하고 영적으로 묵상하자. 맥락에 유의하면서 이 구절과 바로 앞 구절 사이의 관계를 살펴보자. 여기에서 "다윗의 용사들"이 어떻게 분류되는지에 적절하게 주목하고, 그것이 무엇을 의미하는지 알아보자. 역사적 기록을 넘어서 그것의 예표적 의미를 추적해 보자. 그러나 그와 동시에 우리는 우리의 상상력을 제한하고 그것이 신앙의 유비에 의해 통제되게 할 필요가 있다.

## 본문에 담긴 평범한 교훈들

본문의 상세한 내용을 살피기 전에 그동안 그것과 관련해 반복해서 제시되어 왔던 평범한 교훈들 몇 가지를 지적해 보자. 그것들은 부분적으로는 매튜 헨리의 짧은 언급들을 통해 주장되어 왔다. 첫째,

우리 앞에 제시된 다윗의 군사들의 이름들과 그들의 헌신과 용맹의 목록은 다윗 자신의 영광을 위해 기록된 것이다. 다윗은 그들에게 군사 기술을 가르치고 훈련을 시켰으며, 그들 앞에서 경건과 용기의 본을 보였다. 어떤 왕이 여기에서 묘사된 것과 같은 이들의 호위와 섬김을 받는다면, 그것은 그에게 이로울 뿐 아니라 또한 그의 명성을 높여 주기도 한다. 다가오는 날에도 그러할 것이다. 한데 모인 전 인류 앞에서 생명책이 펼쳐지고 하나님의 사역자들의 충성과 용기가 선포될 때, 그것은 무엇보다도 그들의 우두머리―그들은 그를 섬겼고, 그의 명예를 널리 전하고자 했고, 그의 영의 도움을 얻어 힘을 발휘할 수 있었다―의 영광을 드러내게 될 것이다. 하나님의 종들과 성도들이 그분으로부터 어떤 상을 받든 간에, 그들은 그것들을 받으실 만한 유일한 분이신 어린 양의 발 앞에 그것들을 내려놓아야 할 것이다.

둘째, 영감을 받아 기록된 이 내용은 거기에 이름을 올린 고귀한 자들의 영광을 위한 것이다. 그들은 다윗이 왕좌에 오르는 데, 그리고 그의 왕좌를 공고히 하는 데, 또한 그의 영토를 확장하는 데 도움이 되었다. 그리고 성령께서는 그들을 간과하지 않으셨다. 마찬가지로 하나님의 신실한 사역자들은 이 세상에서 그리스도의 나라를 세우고, 보호하고, 확장하는 데 도움이 된다. 따라서 훗날 그들은 그들이 한 일 때문에 크게 높임을 받게 될 것이다. 그것은 그들이 사람들의 칭찬을 바라서가 아니라, "존경할 자를 존경하라"(롬 13:7)는 것이 하나님이 그분의 백성들에게 영원히 지키게 하신 명령이기 때문이다. 그리스도의 용맹한 군사들은 그들 자신의 날과 시대에 속한 사람들에게 존경을 받을 뿐 아니라, 또한 그의 후손들에게서도 높이 존경을 받게 될 것이다. "의인을 기념하는 것은 복이 된다"(잠 10:7, KJV-역주). 다가오는 날에는 "각 사람에게 하나님으로부터 칭찬이 있을 것이다"(고전 4:5).

셋째, 이것은 그들 이후에 오는 사람들이 그들을 본받게 하기 위함이다. 아버지 시대에서 칭찬을 받았던 일은 자식들 시대에서도 실천되어야 한다. 만약 하나님이 다윗의 수하들이 그에게 보였던 충성과 사랑을 칭찬하기를 기뻐하셨다면, 우리는 그분이 또한 그분의 사역자들-그들이 국가의 지도자들이든 교회의 지도자들이든 간에-의 손을 강하게 하는 자들을 기뻐하시리라고 확신할 수 있을 것이다. 오늘날 살아 있는 자들은 과거의 영웅들의 고귀한 행적을 보며 영감을 얻고 용기를 얻어야 한다. 그러나 우리의 생각의 수준을 좀더 높여 보자. 만약 그들이 다윗을 크게 존경했기에 그를 위해 자신들의 목숨을 내걸기를 주저하지 않았다면, 다윗의 대형(對型)이신 분은 그분의 종들과 추종자들로부터 얼마나 더 자기를 부인하는 희생과 헌신을 받으셔야 하겠는가? 아, 슬프게도 그들은 우리들 대부분을 부끄럽게 만든다.

넷째, 이것은 참된 신앙이 그것을 통해 영감을 받는 자들에게 얼마나 많은 참된 용기를 부여하는지 보여 주기 위함이다. 다윗은 그의 시편들과 성전을 섬기는 제사를 통해 그 나라의 고관(高官)들 사이에 신앙심을 크게 고취시켰다(대상 29:6을 보라). 그리고 그들이 신앙심 때문에 유명해졌을 때, 그들은 또한 용맹함 때문으로도 유명해졌다. 그렇다, 사도행전 14장 13절이 분명하게 예시하듯이, 그 둘 사이에는 불가분의 관계가 있다. 사도들의 적들조차 베드로와 요한이 담대하게 말하는 것을 보았을 때 그들이 "전에 예수와 함께 있던 줄"을 알았다. 참으로 하나님을 두려워하는 자는 인간을 두려워하지 않는다. 성경에는 다음과 같이 쓰여 있다. "악인은 쫓아오는 자가 없어도 도망하나 의인은 사자 같이 담대하니라"(잠 28:1). 역사는-세속의 역사든 교회의 역사든-경건한 지도자들이 그들의 추종자들에게 용기를 불어넣었던 수많은 경우들에 대한 기록으로 가득 차 있다. 아브라함, 여호수아, 크롬웰 등은 그런 사실을 보여 주는 적절한 경우들이다. 우리는 그들의 위업에 대한 기록을 통해 용기를 얻어야 한다.

## 충실한 종들이 얻는 보상

이제 현재의 본문과 그것 바로 앞에 있는 내용 사이에 무슨 관계가 있는지 살펴보자. 이것은 결코 무시되어서는 안 되는 중요한 원칙이다. 왜냐하면 성경의 한 구절과 다른 구절 사이의 관계를 확인하는 것은 그 구절을 해석하는 데 소중한 열쇠를 제공할 뿐 아니라, 그것의 예표적 의미에도 빛을 비춰주기 때문이다. 사무엘하 23장의 처음 일곱 절은 "다윗의 마지막 말"과 관련되어 있다. 그리고 이어지는 내용은 그를 섬기는 일에서 명성을 얻었던 자들의 명예로운 역할에 대한 것이다. 이것은 다윗의 대형이신 분의 세상의 나라가 끝날 때 일어날 일에 대한 얼마나 복된 예시인가! 그때는 그분의 종들이 그들에게 합당한 보상을 얻게 될 것이다. 왜냐하면 의로운 심판자께서는 그때 그들에게 "생명"(계 2:10)과 "의"(딤전 4:8)와 "영광"(벧전 5:4)의 면류관을 나눠주실 것이기 때문이다. 그때 그분은 그들에게 다음과 같이 선포하실 것이다. "잘 하였도다 착하고 충성된 종아 네가 적은 일에 충성하였으매 내가 많은 것을 네게 맡기리니 네 주인의 즐거움에 참여할지어다"(마 25:23). 그러므로 지금 주님을 위한 싸움을 수행하고 있는 자들은 때가 되면 자기들이 풍성하게 보상을 얻을 것을 확신하면서 신실하고, 부지런하고, 용감하게 싸워야 할 것이다.

### 아디노

"다윗의 용사들의 이름은 이러하니라 다그몬 사람 요셉밧세벳이라고도 하고 에센 사람 아디노라고도 하는 자는 군지휘관의 두목이라 그가 단번에 팔백 명을 쳐죽였더라"(삼하 23:8). 하나님이 어떤 이를 불러 하나님의 나라와 백성들의 유익을 위해 특별한 사명을 맡기실 때, 그분은 또한 은혜롭게도 그를 위해 그의 뜻을 지지하고 그를 위해 자기들의 영향력을 사용해 그의 손을 강하게 해 줄 사람들을 일으키신다. 그런 조력자들 중 몇 사람은 사람들의 눈에 띤다. 그러나 다른 이들은 드러나지 않는 곳에서 일한다. 그러나 결국 그들은 그들에게 합당한 인정과 그들이 수행한 일에 걸맞은 명예를 얻게 될 것이다. 여기서도 마찬가지였다. 다윗은 하나님이 친절하게 섭리하셔서 그에게 충성스럽고 용기 있는 부하들을 제공해 주지 않으셨다면 그가 거둔 것과 같은 승리들을 거두지 못했을 것이다. 루터나 크롬웰 같은 사람들 역시, 만약 그들이 그다지 돋보이지 않는 사람들의 도움을 얻지 못했다면, 그들이 이룬 것과 같은 위업을 이루지 못했을 것이다. 이것은 과거에도 그랬고, 앞으로도 그럴 것이다. 이 월간지를 발행하는 사역 같은 사소한 일조차 구독자들의 협력을 통해서만 가능하다.

다윗의 용사들 중 첫 번째로 언급되는 사람은 "에센 사람 아디노"다. 그는 "다그몬 사람 요셉밧세벳이라고도 하는 군지휘관의 두목이라"고 묘사된다. 이로써 우리는 그가 왕의 군사 고문으로서 전쟁터에서 회의를 주관했음을 알 수 있다(KJV는 이 문장을 "그가 대장들 가운데 최고 우두머리의 자리에 앉았다"고 번역한다 – 역주). 그는 지혜만 있었던 것이 아니라 비상한 힘과 용맹함도 갖추고 있었다. 왜냐하면 본문은 "그가 단번에 팔백 명을 쳐죽였더라"고 기록하고 있기 때문이다. 그의 초자연적인 힘은 삼손의 그것과 흡사해 보인다. 예표적으로 그는 우리에게 사도들의 우두머리였던 바울을 상기시킨다. 바울은 특별한 영적 지혜를 풍성하게 갖고 있었을 뿐 아니라, 사탄의 요새들을 무너뜨리는 일에서도 다른 이들보다 훨씬 더 강력했다. 그러나 전자가 생명을 취하는 일에 유명했다면, 후자는 생명을 전하는 일에 도구로 쓰였다.

## 엘르아살

"그 다음은 아호아 사람 도대의 아들 엘르아살이니 다윗과 함께한 세 용사 중의 한 사람이라 블레셋 사람들이 싸우려고 거기에 모이매 이스라엘 사람들이 물러간지라"(삼하 23:9). 여기에 다윗의 고관들 중 두 번째 사람이 나온다. 그는 이스라엘이 긴급한 상황에 처했을 때 용기 있게 행동한 자였다. 우리는 이 구절의 병행구에 해당하는 역대상 11장에 실려 있는 몇 마디 말 외에는 성경 어디에서도 그에 관한 다른 언급을 찾을 수 없다. 이 도대의 아들은 블레셋 사람들이 몰려와 이스라엘 사람들이 도망을 쳐야 했던 순간에 자기들의 주군으로 하여금 그 블레셋 사람들을 물리칠 수 있게 했던 영웅적인 삼총사 중 한 사람이었다. 엘르아살은 밀려드는 적군 앞에서 도망치기를 거부했다. 그는 씩씩하게 자기의 위치를 지켰을 뿐 아니라, 공세를 취했고, 살아 계신 하나님에 대한 확신을 갖고서 수많은 적들을 쓰러뜨렸다.

성령께서는 우리에게 엘르아살의 용맹이 "이스라엘 사람들이 물러갔을 때" 나타났음을 알려 주심으로써 그것의 고귀함을 특별히 강조하셨다. 참된 용기가 드러나는 때는 바로 그런 때다. 신앙을 고백하는 많은 이들이 불신과 열정의 부족과 인간에 대한 두려움 때문에 악한 세력 앞에서 굴복하는 경우가 있다. 그러나 그것은 참으로 주님을 알고 신뢰하는 자들이 자신을 강하게 드러내고 위업을 이룰 기회이기도 하다. 우리의 모든 동료 군사들이 열심히 적군을 향해 전진하고 있을 때 적과 싸우는 데에는 그다지 큰 용기가 필요하지 않다. 그러나 동료들 거의 대부분이 낙심해서 꽁무니를 뺄 때 강력하고 잘 조직된 적군을 향해 공격을 감행하는 데에는 굉장한 용기와 담력이 필요하다.

하나님은 부흥의 때보다 타락과 배교의 때에 우리가 드러내 보이는 충성과 거룩한 열정을 훨씬 더 귀하게 여기신다. 위기는, 마치 폭풍이 배의 안정성이나 약점을 분명하게 드러내 보이듯, 한 사람을 시험하기도 하고 그의 진가를 드러내기도 한다. 엘르아살의 항구적인 명예와 관련해 여기에 기록된 내용은 우리로 하여금 사도 바울을 떠올리게 한다. 그는 거듭해서 홀로 섰다. 그러나 그는 다른 이들의 실패를 자신의 노력을 감소시키기 위한 핑계거리로 삼지 않았다. 언젠가 그는 다음과 같이 한탄했다. "아시아에 있는 모든 사람이 나를 버린 이 일을 네가 아나니"(딤후 1:15). 그는 동일한 편지의 후반부에서 다음과 같이 말하고 있다. "내가 처음 변명할 때에 나와 함께 한 자가 하나도 없고 다 나를 버렸으나 그들에게 허물을 돌리지 않기를 원하노라 주께서 내 곁에 서서 나에게 힘을 주심은 나로 말미암아 선포된 말씀이 온전히 전파되어 모든 이방인이 듣게 하려 하심이니 내가 사자의 입에서 건짐을 받았느니라"(4:16-17). 오늘날 하나님의 종들은 이런 복된 예들을 마음에 새길 필요가 있다.

"그가 나가서 손이 피곤하여 그의 손이 칼에 붙기까지 블레셋 사람을 치니라"(삼하 23:10a). 엘르아살이 자기 일을 반쯤 하다가 포기하지 않고 자기에게 남아 있는 힘을 모두 쓸 때까지 그 일을 수행했던 것에 주목하라. "그렇게 우리는, 우리의 육신이 아무리 약하고 지쳐 있을지라도, 하나님을 섬기는 일에서 기꺼움과 굳센 결의를 유지해야 한다. 우리는 '비록 피곤하나 추격'[삿 8:4]해야 한다. 손이 무거울지라도 칼을 내려놓아서는 안 된다"(Matthew Henry). 아, 편안함과 늘어지기를 좋아하는 이 시대에 우리는 얼마나 쉽게 낙담하고 얼마나 쉽게 어려움에 굴복하는가! 오, 다음과 같은 강력한 부르심에 유의하라. "우리가 선을 행하되 낙심하지 말지니 포기하지 아니하면 때가 이르매 거두리라"(갈 6:9). 이런 사건들은 단지 우리에게 정보를 주기 위해서가 아니라 영감을 주기 위해서 기록된 것이다. 우리는 이들의 고귀한 모범을 본받아야 한다. 그렇지 않는다면, 다가오는 날에 그늘이 우리를 부끄럽게 할 것이다.

"그 날에 여호와께서 크게 이기게 하셨으므로"(삼하 23:10b). 그분은 이런 신앙의 용기를 명예롭게 하시기를 기뻐하신다. 그분은 이것을 여러 해 전에, 즉 풋내기 다윗이 강력한 골리앗에게 도전하고 그를 정복했을 때 분명하게 입증하셨다. 또한 주님은 늘 신앙의 안내에 보답하신다. 이것은 이스라엘이 여리고 성벽을 열세 번이나 돌았을 때 놀랍게 예시되었다. 의심할 바 없이 하나님은 그 영웅에게 부여하셨던 용기만큼이나 큰 두려움을 동원해 블레셋 군대를 치셨다. 하나님의 방식은 늘 동일한 선(線)의 양쪽 끝에서 일하시는 것이다. 만약 그분이 씨 뿌리는 자를 일으키신다면, 그분은 또한 땅을 준비하신다. 만약 그분이 어느 종에게 용기를 불어넣으신다면, 그분은 또한 그에게 맞서는 자들의 마음에 두려움을 일으키신다. 이 구절에서 승리의 영광이 다시 여호와께 돌아가는 것에 주목하라. 그리고 이 구절을 사도행전 14장 27절 및 21장 19절과 신중하게 비교해 보라. "백성들은 돌아와 그의 뒤를 따라가며 노략할 뿐이었더라"(삼하 23:10c). 인간의 본성이 그러하다. 그들은 노략할 것이 생기자 돌아왔다!

## 삼마

"그 다음은 하랄 사람 아게의 아들 삼마라 블레셋 사람들이 사기가 올라 거기 녹두나무가 가득한 한쪽 밭에 모이매 백성들은 블레셋 사람들 앞에서 도망하되"(삼하 23:11). 이 사건은 무장한 이스라엘의 적들이 약탈하러 다니다가 이스라엘의 시골 사람들을 크게 두렵게 해 평화를 사랑하는 농부들이 그들을 피해 도망쳤던 일과 관련되어 있다. 그러나 그 약탈자들에게 굴복하기를 거부하고, 자기 백성들을 위한 식량을 지키기로 결심하고, 하나님의 도우심을 받아 그 적들을 완전히 패주시킨 사람이 있었다. 이 사람 역시 우리가 이 짧은 언급 외에는 그에 대해 아무것도 알지 못하는 또 다른 용기 있는 사람이었다. 이것은 우리에게 다가오는 날에 동료들 사이에서 아무 주목도 받지 못했던 많은 이들이 하나님으로부터 명예를 얻게 되리라는 것에 대한 분명한 암시를 제공한다. 한 개인이 아무리 눈에 띄지 않고 지냈든, 혹은 그가 하는 일이 아무리 주목을 받지 못했든, 하나님은 그가 믿음으로 행한 그 어떤 일도, 또한 그가 하나님의 백성의 유익을 위해 수행한 그 어떤 봉사도 잊지 않으신다. 분명히 이것은 이 단순하지만 놀라운 이야기를 통해 분명하게 드러나는 교훈들 중 하나다.

"그는 그 밭 가운데 서서 막아 블레셋 사람들을 친지라 여호와께서 큰 구원을 이루시니라"(삼하 23:12). 이것은 우리에게 사도행전 14장 3절에 기록된 내용을 상기시킨다. "두 사도가 오래 있어 주를 힘입어 담대히 말하니 주께서 그들의 손으로 표적과 기사를 행하게 하여 주사 사기 은혜의 말씀을 증언하시니." 그러므로 이제 우리는 다음과 같은 하나님의 명령에 유의하자. "주 안에서와 그 힘의 능력으로 강건하여지고 마귀의 간계를 능히 대적하기 위하여 하나님의 전신 갑주를 입으라"(엡 6:10-11). 또한 다시 한 번 승리의 원인이 여호와께 돌려지고 있음에 주목하라. 도구들의 재능과 용기가 아무리 클지라도, 그것들이 이룬 일에 대한 모든 찬양은 마땅히 하나님께 돌려야 한다. "지혜로운 자는 그의 지혜를 자랑하지 말라 용사는 그의 용맹을 자랑하지 말라 부자는 그의 부함을 자랑하지 말라"(렘 9:23). 왜냐하면 그들이 가진 것들 중 먼저 하늘로부터 받지 않은 것은 아무것도 없기 때문이다! 이것은 오늘과 같은 시대에 얼마나 필요한 권면인가! 하나님은 자신의 영광에 대해 질투하시고 그것을 피조물과 나누려 하지 않으신다. 우리가 그렇게 하려고 할 경우, 그분의 성령은 사라질 것이다.

> # 그의 용사들 (II)

사무엘하 23장

사무엘하 23장은 하나님이 일반적으로는 그의 백성에게 그리고 특별하게는 그의 사역자들에게 부여하시는 아주 다양한 영적 은사와 은혜들에 대한 생생한 예를 제공한다. 모든 사람이 똑같이 특별한 형태의 일을 하도록 부르심을 받는 것은 아니며, 따라서 모든 사람이 동일한 능력을 받는 것도 아니다. 우리는 자연계에서 이 원리가 예시된다는 것을 안다. 어떤 이들은 이런 일에 특별한 재능을 갖고 있고, 반면에 다른 이들은 저런 일에 유능하다. 타이프라이터를 다루거나 책을 정리하는 일이 쉽다고 느끼는 사람들은 농부나 목수의 일을 하는 데는 전혀 소질이 없을 수 있다. 이것은 영적 세계에서도 마찬가지다. 어떤 이는 어떤 특별한 분야로 부르심을 받고 그 일에 적합한 능력을 받는다. 그러나 다른 이들은 다른 분야에 임명되고 또 그 일에 적합한 능력을 받는다. 만약 후자가 전자의 일을 수행하려고 한다면 혼란이 일어나게 될 것이다.

"각각 하나님께 받은 자기의 은사가 있으니 이 사람은 이러하고 저 사람은 저러하니라"(고전 7:7). 그러나 우리의 재능이 크든 작든, 우리의 의무는 그것을 우리 세대의 유익을 위해 사용하고 증진시키는 것이다. "이 모든 일은 같은 한 성령이 행하사 그의 뜻대로 각 사람에게 나누어 주시는 것이니라"(고전 12;11). 그러므로 우리는 하나님이 우리에게 할당해 주신 재능과 지위에 만족해야 한다. 그리고 우리보다 못한 이들을 조롱하거나 우리보다 나은 이들을 질투해서는 안 된다. 그리스도인들의 유용성과 탁월함 역시 아주 다양하다. 이것은 다윗의 고관들 사이에도 마찬가지였다. 그들이 갖고 있는 명예의 등급은 서로 달랐다. 그렇기에 우리는 그들 중 한 사람에 관해 다음과 같은 말씀을 읽게 된다. "그는 세 사람 중에 가장 존귀한 자가 아니냐 그가 그들의 우두머리가 되었으나 그러나 첫 세 사람에게는 미치지 못하였더라"(삼하 23:19). 그리고 이 장 후반에서 우리는 그보다 낮은 지위를 가졌던 또 다른 서른 명의 명단을 읽는다. 그리스도인들 중 탁월함에서 첫 번째 가는 자들은 사도들이었고, 그 다음은 종교개혁자들이었고, 그 다음은 지난 4백여 년 동안 그들의 뒤를 따른 자들이었다.

## 이름 없는 헌신에 대한 기억

다윗의 파란만장한 삶을 통해 그를 북돋고 위로했던 두 가지 요소가 있었다. 첫째는 하나님의 변함없는 신실하심이었고, 둘째는 그의 사람들의 사랑스러운 헌신이었다. 어떤 이가 바울이 그의 삶의 마지막 무렵에 이것과 동일한 위로의 샘물을 갖고 있었다고 지적한 바 있다. "디모데후서에서 그는 자기의 주변 상황을 살펴본다. 그는 '큰 집'[great house, 교회-역주]이 하나님이 그것에게 요구하시는 것만큼 그분과 온당한 관계를 맺고 있지 못하다는 것을 발견한다. 그는 아시아에 있는 모든 사람이 자기를 버린 것을 안다[딤후 1:15]. 그는 후메내오와 빌레도가 거짓 교리들을 가르치면서 어떤 이들의 믿음을 뒤엎고 있는 것을 안다[2:17]. 그는 구리세공업자 알렉산더가 자기에게 많은 해를 주고 있음을 안다[4:14]. 그는 많은 사람들이 엷은 귀를 갖고 있어서 여러 교사들의 말을 듣고 진리를 떠나 거짓을 향해 돌아서고 있음을 안다. 그는 위험한 시간들이 무섭도록 빠른 속도로 다가오고 있음을 안다. 한 마디로, 그는 교회의 전체 구도가, 인간적으로 말한다면, 산산조각 나고 있음을 본다. 그러나 그는 다윗처럼 하나님의 터가 확고하게 서 있다는 확신에 의지한다. 또 그는 몇몇 사람들-하나님의 은혜로 그들은 그 부서진 잔해들 사이에서 굳건하게 서 있었다-의 강력한 헌신에 의해 힘을 얻었다. 그는 디모데의 믿음과 오네시보로의 사랑[1:16]을 기억했다. 그리고 더 나아가 그는 그 가장 어두운 시간에조차 순결한 마음으로 주님의 이름을 부르는 신실한 사람들의 무리가 있으리라는 믿음으로 기운을 얻었다."

앞 장에서 우리는 사무엘하 23장의 이 부분과 그 앞부분-거기에는 "다윗의 마지막 말"(그가 영감을 받아 쓴 공식적인 마지막 메시지)이 기록되어 있다-사이의 논리적 연결 관계에 주목한 바 있다. 우리는 또한 현재의 본문이 다윗이 여호와께서 그와 맺으셨던 "영원한 언약"(삼하 23:5)을 언급한 직후에 나온다는 사실에 주목할 필요가 있다. 이것은 얼마나 의미심장한가! 그리고 이것은 우리에게 얼마나 복된 교훈을 전해 주는가! 그 둘-하나님의 은혜의 영원한 계획과 그분이 우리가 이 세상에서 사는 동안 우리에게 필요한 모든 것을 제공하시는 것-은 서로 긴밀하고 불가분하게 연결되어 있다. 다시 말해, 하나님이 그분의 택하신 자들과 맺으신 "영원한 언약"은 그들에게 그분이 이 세상에서 그들에게 필요한 모든 것을 제공하시리라는 것, 필요할 경우 그들을 위해 직접 개입하시리라는 것, 그리고 긴급한 순간에 그들을 도울 신실한 친구들을 일으키시리라는 것을 확실하게 보장한다. 그리고, 우리의 본문이 충분히 증거하듯이, 다윗은 그런 사실을 발견했다.

하나님의 영은 다윗 자신의 가장 용감한 위업들을 기록하기를 기뻐하셨을 뿐 아니라, 또한 그가 수많은 적들에게 위협을 당했을 때 충실하게 그의 곁을 지켰던 자들의 영웅적인 업적들에 대해서도 침묵하지 않으셨다. 이것 역시 다윗의 대형이신 분과 그분의 사역자들과 관련해 복된 무언가를 예시한다. 그들의 헌신의 행위들 중 어떤 것들은 사람들 사이에서 알려지지 않을 수도 있다. 혹은 기껏 알려질지라도 사람들에게 그다지 높이 평가되지 않을 수도 있다. 그러나 하나님은 그런 행위들을 인정하고 기록해 두신다. 그리고 훗날 그분은 그분의 보좌에서 그것들을 널리 선포하실 것이다. 성령께서 여기에 그것들을 기록해 두지 않으셨다면, 우리는 다윗의 고관들의 그런 업적들에 대해 아무것도 알지 못했을 것이다. 그러므로 세상이 알지 못하는 그리스도에 대한 애정 때문에 흥분하고 있는 많은 이들과 알려지지 않은 채 하나님을 섬기기 위해 손을 펼치고 있는 많은 이들은 다가오는 날에 그분께 무시당하지 않을 것이다.

## 삼총사의 헌신

앞 장에서 우리는 다윗의 용사들 중 첫 번째 삼총사―아디노, 엘르아살, 삼마―의 공훈에 대해 살펴보았다(8-12절). 그리고 이 장의 본문은 그들 세 사람이 함께 행했던 또 다른 영웅적인 행위를 기록하고 있는 아주 감동적인 사건으로 시작된다. 여기에서 우리는 다음과 같이 읽는다. "또 삼십 두목 중 세 사람이 곡식 벨 때에 아둘람 굴에 내려가 다윗에게 나아갔는데 때에 블레셋 사람의 한 무리가 르바임 골짜기에 진 쳤더라"(삼하 23:13). 이것은 우리를 사무엘상 22장에 실려 있는 사건으로 이끌어간다. 그때 아직 왕관을 얻지 못했던 이새의 아들은 사울 왕의 살해 음모를 피해 달아난 도망자 신세였다. 이들 세 사람이 다윗을 찾아간 것은 그가 인기와 권력을 누리고 있던 때가 아니었다. 그들이 그의 대의를 지지했던 것은 그가 동굴에 숨어 수치를 당하고 약해져 있던 때였다. 이들은 좋은 시절만의 친구들이 아니라 그의 사심 없는 지지자들이었다.

"그때에 다윗은 산성에 있고 그때에 블레셋 사람의 요새는 베들레헴에 있는지라"(삼하 23:14). 하나님의 사랑을 받는 자들의 운명은 서로 얼마나 다른가! 그들의 경험과 환경은 얼마나 기복이 심한가! 베들레헴은 다윗이 태어난 동네였다—이것은 그의 후손이자 주님이신 분의 성육신을 예시한다. 그러나 지금 그곳은 하나님과 그분의 백성의 적들에게 점령되어 있었다. 한때 하나님의 탁월한 종에게 쉴 곳을 제공했던 수많은 거주지들이 지금은 세상 사람들의 거처가 되어 있다. 다윗은 그 풍성하고 평온한 베들레헴에서 도망쳐 동굴로 숨어들어야 했다. 그러므로 우리는, 설령 지금 초라하고 마음에 들지 않는 상황에 처해 있을지라도, 그것 때문에 낙심해서는 안 된다. 그러나 다윗은 여호와께 잊혀진 것이 아니었다. 그분은 은혜롭게도 다른 이들의 마음을 움직여 그를 찾아 나서게 하셨고 자기들의 몸을 돌보지 않고 그를 섬기게 하셨다. 그러므로, 외로움에 빠진 신자들이여, 용기를 내라. 설령 하나님이 당신을 위해 세상의 친구들을 일으키지 않으실지라도, 그분은 당신의 마음에 주님 자신을 두 배나 더 사랑스러운 존재로 드러내실 것이다.

"다윗이 소원하여 이르되 베들레헴 성문 곁 우물 물을 누가 내게 마시게 할까 하매"(삼하 23:15). 청교도들 중 어떤 이들은 다윗이 여기에서 표현하고 있는 것이 실제 물에 대한 갈망이 아니라 베들레헴에서 태어나실 메시아였다고 믿었다. 비록 그런 믿음이 본문의 이어지는 내용에 의해 입증되지는 않을지라도, 그곳에서 그런 훌륭하고 탐나는 물이 발견되리라는 그들의 믿음은 분명히 주목할 만하다. 베들레헴은 "떡 집"을 의미한다. 그리고 주 예수님은 자신이 "생명의 떡"(요 6:35)과 "생명의 물"(계 22:1)이라고, 즉 새 사람을 지지하고 그에게 힘을 불어넣어 주시는 분이라고 선포하셨다. 그러나 개인적으로 나는 매튜 헨리의 견해에 동의한다. 그는 이 구절에 기록된 내용이 "그의 약함을 보여 주는 듯 보인다"고 말했다. 즉 다윗은 하나님의 섭리가 그에게 제공한 것에 불만족함으로써 부적절한 애착과 본성의 갈망을 드러냈던 것이다.

때는 여름이었고, 날은 고통스러울 정도로 무더웠다. 그리고 다윗은 갈증을 느꼈다. 아마도 아둘람에는 마실 만한 물이 없었던 것 같다. 그래서 다윗은 진심으로 외쳤다. "베들레헴 성문 곁 우물 물을 누가 내게 마시게 할까." 하나님의 섭리가 제어하고 있는 것들을 갈망하는 것은 자연스러운 일이다. 그리고 성결한 사람이라도 조심하지 않는다면 종종 그런 갈망에 굴복하고 만다. 그리고 그것은 여러 가지 덫과 악들로 이어진다. 이상하게도 다윗은 그가 아무런 적절한 이유를 댈 수 없었던 변덕에 빠졌다. 그런 생각을 품는 것은 악한 일이었고, 그런 악한 생각을 만족시키려 했던 것은 더욱 악한 일이었다. "우리는 우리의 마음이 다른 것들보다 더 즐겁고 유쾌해 보이는 무언가로 과도하게 향할 때 그런 마음을 제어해야 한다"(Matthew Henry). 그렇게 하기 위한 최상의 그리고 아마도 유일한 방법은 "범사에 우리 주 예수 그리스도의 이름으로 항상 아버지 하나님께 감사하라"(엡 5:20)는 명령에 유의하고, 그렇게 함으로써 우리가 자신이 현재 갖고 있는 것에 만족하고 있음을 -우리가 갖고 있지 못한 것을 열망하는 것이 아니라- 드러내는 것이다.

"세 용사가 블레셋 사람의 진영을 돌파하고 지나가서 베들레헴 성문 곁 우물물을 길어 가지고 다윗에게로 왔으나"(삼하 23:16a). 이것은 이 용감한 사람들이 자기들의 지도자를 얼마나 존중했는지, 그리고 그들이 그를 섬기기 위해 얼마나 기꺼이 아주 위험한 일에 뛰어들었는지를 보여 준다. 우리는 이때 다윗이 왕관을 얻지 못했으며,

사울을 피해 달아난 도망자 신세였으며, 자기를 위한 그들의 용맹한 노력에 대해 보상할 만한 위치에 않았다는 사실을 기억할 필요가 있다. 더구나, 그는 사람들에게 베들레헴에서 물을 길어오라는 명령을 내렸던 것도 아니고, 누군가를 지목해 그 일을 맡기지도 않았다. 그러나 그들로서는 자기들이 사랑하는 주군이 그것을 원했다는 것만으로도 충분했다. 그들은 블레셋 사람들을 조금도 두려워하지 않았다. 다윗을 기쁘게 하려는 열망으로 가득했던 그들의 마음에는 적에 대한 두려움이 끼어들 여지가 없었다! 그들은 우리 모두를 부끄럽게 만들지 않는가? 다윗의 대형이신 분에 대한 우리의 헌신은 그들의 헌신과 비교할 때 얼마나 허약한가! 그들이 마주해야 했던 위험과 비교할 때 우리가 직면하고 있는 장애물들은 얼마나 사소한가!

### 동료 인간에 대한 예의

"다윗이 마시기를 기뻐하지 아니하고 그 물을 여호와께 부어 드리며"(삼하 23:16b). 이것은 우리가 방금 살핀 사건의 복되고도 사랑스러운 결말이다. 그 세 사람은 자기들의 지도자가 드러낸 바람에 자발적으로 응했다. 그리고 자신들의 목숨을 소중히 여기지 않고 — 칼을 사용했든 아니면 전략을 썼든 간에(전자일 가능성이 더 크다) — 다윗에게 그가 그토록 바라던 신선한 샘물을 길어다 주었다. 다윗은 자신에 대한 그들의 그런 헌신과 용기를 그냥 넘기지 않았다. 인간적인 실수에서 회복되어 영적 분별력을 갖고 상황을 직시하게 된 그는 그 물이 오직 여호와께나 바쳐야 할 만큼 소중하다고 여겼다. 그는 그 제물이 여호와의 보좌로 올라갈 때 그것의 향기를 가로채려 하지 않았다.

"이르되 여호와여 내가 나를 위하여 결단코 이런 일을 하지 아니하리이다 이는 목숨을 걸고 갔던 사람들의 피가 아니니이까 하고 마시기를 즐겨하지 아니하니라 세 용사가 이런 일을 행하였더라"(삼하 23:17). 언제나 이것은 은혜를 받은 사람의 징표들 중 하나다. 그는 자신이 실수를 했거나 어리석을 일을 저질렀다고 느낄 때 그것을 모른 체하거나 자신이 그 일과 무관한 것처럼 행동하지 않고 오히려 그것을 시인하고 수정하고자 한다. 거듭남의 분명한 특징은 그 은혜가 일어나는 곳에서 정직한 마음이 나타나 그 일에 대해 증언한다는 것이다. 전적으로 사탄의 지배를 받는 자들은 교활하고 기만적이고 음흉하다. 그리스도께서는 자신이 구원하신 자들을 자신의 형상과 일치하도록 만드신다. 그리고 그분에게는 교활함이 없다. 이제 다윗은 자신의 부적절한 갈망과 성급한 소원을 부끄러워했고, 자기의 용감한 부하들을 그토록 위험한 일에 노출시킨 것을 후회했다. 이것은 하나님의 참된 자녀의 또 다른 특징이다. 그는 자기 자신에게 몰두하지 않는다.

"죄"와 "자기"는 동의어다. 어떤 이가 기발하게 지적했듯이, "죄"(Sin)의 중심에는 "나"(I)가 있다. 바로 그것이 우리가 "우리는 다 양 같아서 그릇 행하여"라고 고백한 후 다시 그 말을 "각기 제 길로 갔거늘"이라고 규정하는 이유다. 죄와 이기심이 동의어라면, 은혜와 이타심은 불가분의 관계에 있다. 왜냐하면 하나님의 사랑이 흘러넘 칠 때, 거기에는 우리의 동료들의 유익에 대한 참된 관심이 살아나기 때문이다. 그러므로 참된 그리스도인들은 동료 인간들에게 상처를 줄 일을 삼간다. "현명한 사람은 반성과 경험을 토대로 자신의 어리 석은 일을 부끄러워하고, 불법한 탐닉은 물론이고 부적절한 일들과 자신의 형제들을 시험이나 위험에 빠뜨릴 수도 있는 일들을 삼간 다"(Thomas Scott).

### 아비새

"또 스루야의 아들 요압의 아우 아비새이니 그는 그 세 사람의 우두머리라 그가 그의 창을 들어 삼백 명을 죽이고 세 사람 중에 이름을 얻었으니"(삼하 23:18). 여기에서 우리는 이 특별한 위업이 언제 그리고 어디에서 이루어졌는지에 대해 아무런 정보도 제공받 지 못한다. 그러나 이 장에 실려 있는 다른 예들에 적용했던 유비를 통해 우리는 그것이 백성들의 유익을 위해 그리고 다윗을 섬기기 위해 하나님의 능력 주심을 힘입어 수행되었으리라는 것을 알 수 있다. 아비새보다 유명한 — 그러나 악명으로 유명한 — 형제였던 요압이 명예로운 자리를 얻지 못하고 있는 것은 엄중하게 주목할 필요가 있다. 이것은 "의인을 기념할 때에는 칭찬하거니와 악인의 이름은 썩게 되느니라"(잠 10:7)라는 엄중한 사실을 예시한다. "그는 세 사람 중에 가장 존귀한 자가 아니냐 그가 그들의 우두머리가 되었으나 그러나 첫 세 사람에게는 미치지 못하였더라"(삼하 23:19). 탁월함과 명성에 관한 이런 등급들은 사람들이 모두 동일한 수준에 있지 않다는 사실을 예시한다. "사회주의"(socialism) 이론은 성경에서 지지를 얻지 못한다.

### 브나야

"또 갑스엘 용사의 손자 여호야다의 아들 브나야이니 그는 용맹스런 일을 행한 자라 일찍이 모압 아리엘의 아들 둘을 죽였고"(삼하 23:20a). 아비가 자식들에게 좋은 본을 보였을 때 그 자식들이 아비의 길을 걷는 것을 보는 것은 좋은 일이다. 하나님은 아비뿐 아니라 그 자식에게도 주의하신다. 모압 사람들은 격렬하고 강력한 자들이었다. 그러나 브나야는 조금도 기죽지 않은 채 앞으로 나아가 그들을 죽였다. 이것 역시 우리에게 격려가 되도록 기록된 것이다. 우리의 욕망이 아무리 강하고 격렬할지라도, 우리는 여호와의 능력을 힘입어 그들을 공격하고 죽여야 한다. "또 눈이 올 때에 구덩이에 내려가서 사자 한 마리를 쳐죽였으며"(삼하 23:20b). 한 겨울에도 우리의 열정이 식어서는 안 된다. 그리스도의 군사들은 늘 순탄한 항해를 기대해서는 안 된다. 우리가 가장 좋은 목적에 헌신하고 있을 때라도 우리 앞에는 늘 혐오스러운 장애물들이 나타날 것이다. 그리고 그리스도의 군사들은 어려움을 견디고 남자답게 행동하는 법을 배워야 한다.

"또 장대한 애굽 사람을 죽였는데 그의 손에 창이 있어도 그가 막대기를 가지고 내려가 그 애굽 사람의 손에서 창을 빼앗아 그 창으로 그를 죽였더라"(삼하 23:21). 만약 그가 사자를 죽인 것이 그리스도의 종이 성공적으로 마귀에 대적하는 것에 대한 상징이라면(벧전 5:8), 그가 애굽 사람(그는 역대상 11장 23절에서 "키가 큰 애굽 사람"이라고 불린다)을 죽인 것은 하나님의 사역자가 세상을 정복하는 것에 대한 예표로 간주될 수 있다. 왜냐하면 성경에서 애굽은 하나님과 그분의 백성에게 적대적인 사회에 대한 상징이기 때문이다. 그렇다면 세상에 대한 승리는 어떻게 얻어지는가? 우리는 그 비밀을 배우기 위해 이 구절 밖으로 나아갈 필요가 없다. 그것은 바로 우리의 "순례자적 특성"(pilgrim character)을 유지하는 것을 통해서다. 왜냐하면 여기에서 "막대기"는 순례의 상징이기 때문이다. 만약 우리의 마음이 우리가 향해 가고 있는 좋은 땅에 고정되어 있다면, 이 허망한 세상의 볼거리들은 우리의 마음을 사로잡지 못할 것이다. 이 세상은 "믿음"에 의해 정복된다(요일 5:4). 하나님의 선한 약속을 붙잡는 믿음은 우리로 하여금 이 세상의 악을 거부할 수 있게 해준다.

## 삼십 명의 용사들

"여호야다의 아들 브나야가 이런 일을 행하였으므로 세 용사 중에 이름을 얻고 삼십 명보다 존귀하나 그러나 세 사람에게는 미치지 못하였더라 다윗이 그를 세워 시위대 대장을 삼았더라"(삼하 23:22-23). 이를 통해 우리는 다시 한 번 피조물과 하나님의 종들 사이에는 등급이 있다는 사실을 상기하게 된다. 평등은 천사들 사이에도 존재하지 않는다. 그러니 우리 중 누군가가 하나님이 그분의 주권적 의지를 통해 우리에게 할당하신 상태와 지위에 만족하지 않는다면, 그것은 얼마나 잘못된 일인가? 오히려 우리는, 이 세상에서 우리의 처지가 높건 낮건 상관없이, 우리의 의무를 충실히 수행할 수 있기 위해 그분께 은혜를 구해야 한다. 이 장은 세 번째 등급에 해당하는 서른 명의 명단으로 마무리된다. 그 명단은 아사헬(24절)에서 시작해서 우리아(39절)로 끝나는데, 아사헬은 요압에게 살해당했고, 우리아는 다윗에 의해 사지(死地)로 보내졌다. 하나의 위험에서 벗어났다고 해서 그것이 곧 우리를 또 다른 위험으로부터 벗어나게 해 주는 것은 아니다.

제8부

# 대단원

88

# 마지막 어리석은 짓 (I)

사무엘하 24장

이제 우리는 다윗의 삶에 있었던 어두운 사건 하나를 더 살펴보려고 한다. 그러나 그 사건은 다른 사건들보다는 훨씬 더 밝은 모습으로 끝난다. 그 사건은 어느 면에서는 단순하고 평범하지만, 다른 측면에서는 깊은 신비에 휩싸여 있다. 나는 내가 그 문제를 온전하게 설명할 수 있다고 장담하지 못한다. 사무엘하 24장에 실려 있는 사건은 다윗이 자기 백성의 전투력이 정확하게 어느 정도인지 알 요량으로 이스라엘과 유다의 인구를 조사했던 일과 관련되어 있다. 얼핏 보면 이것은 죄가 되지 않는 일이었다. 그러나 그 일은 즉각 그의 군사령관과 지휘관들의 불찬성과 반대에 부닥쳤다. 얼마 후에는 다윗 자신이 자기가 그 일과 관련해 "큰 죄를 범하였나이다"(삼하 24:10)라고 시인해야 했다. 그리고 여호와께서는 전염병을 보내 그의 백성 칠만 명을 죽이심으로써 극심한 진노를 드러내셨다.

여호와께서는 두 번에 걸쳐 모세에게 백성들을 계수하라고 명령하셨다. 첫 번째는 광야에서 야영하는 문제와 관련되어 있었고(민 1), 두 번째는 서로 다른 지파들이 가나안에서 받게 될 땅을 배분하는 문제와 관련되어 있었다(민 26:2). 각각의 경우에 모세는 "이십 세 이상으로 능히 전쟁에 나갈 만한" 남자들의 수를 세었다. 이것은 회중의 전투력을 확인하려는 것이었다. 내가 여기에서 이것을 언급하는 것은 다윗이 그의 작업을 정당화할 수 있는 분명한 선례를 갖고 있었던 것으로 보이기 때문이다. 그러나 사실 이스라엘 백성이 가나안 땅에 정착한 후 하나님은 누구에게도 그 백성을 계수하라는 명령을 내리신 적이 없었다. 우리는 하나님이 이때 우리의 주인공에게 그런 명령을 내리셨다는 그 어떤 정보도 갖고 있지 않다. 오히려 우리는 여호와께서 "다윗을 격동시키사 가서 이스라엘과 유다의 인구를 조사하라 하신지라"(삼하 24:1)라는 말씀을 읽는다.

## 통합적 해석

이 경우에 다윗이 중대한 실수를 저질렀다는 데는 의심의 여지가 없다. 그러나 그 일이 어째서 악한 것이었는지는 그다지 확실하지 않다. 그 문제에 관해 여러 작가들이 참으로 다양한 추측과 설명을 해왔다. 어떤 이들은 역대상 27장 23-24절에 근거해 다윗의 죄는 그가 스무살 이하의 (그러나 무기를 들기에는 충분할 만큼 성장한) 사람들의 수를 셌던 것에 있었으며, 그런 행위가 불법적이었기에 그것이 국가의 기록에 공식적으로 들어갈 수 없었다고 추론해 왔다. 다른 이들은 동일한 구절에 근거해 그가 백성들의 수를 세는 잘못을 저질렀고, 그런 행위는 이스라엘의 자손들이 바다의 모래처럼 헤아릴 수 없게 되리라는 하나님의 약속에 대한 불신앙에서 나온 것이라고 결론을 내렸다. 다른 이들은 그가 하나님의 지시를 받지 않고 행동하면서 잘난 체하는 잘못을 저질렀다고 생각해 왔다. 그리고 또 다른 이들은 그의 잘못은 그가 각 사람에게 반 세겔을 요구하지 않았던 것에 있다고 주장한다 — 율법에 따르면 이스라엘에서 사람들의 수를 헤아릴 때 헤아림을 받은 사람들은 "자기의 생명의 속전"(출 30:12)으로 반 세겔을 여호와께 바쳐야 했다.

나는 한 해설자의 해석을 다른 해설자의 해석에 맞서게 하는 데서 즐거움을 찾는 사람이 아니다. 오히려 나는, 그렇게 하는 것이 가능하고 유익할 경우, 그런 해석들을 조합하는 편을 선호한다. 다윗이 저지른 죄의 정확한 성격과 관련해 하나님으로부터 온 그 어떤 권위 있는 말씀도 없기에, 나는 그 문제에 대해 설명해 나가면서 이런 여러 가지 견해들을 염두에 두고 그것들로 하여금 서로를 보충하게 하려 한다. 또 다른 한 가지 설명이 제시되어 왔는데, 개인적으로 나는 다른 것들보다 그 설명에 더 깊은 인상을 받고 있다. 즉 그것은 이스라엘의 왕을 움직여 그런 어리석은 짓을 하게 만든 것이 "교만한 마음"이었다는 것이다. 만약 그가 하늘이 그에게 허락한 성공에 취해 그 성공을 주신 분보다 성공 자체에 몰두하고 있었다면, 바로 그것이 그의 불행한 실책을 쉽게 설명해 줄 것이다. 왜냐하면 "교만은 패망의 선봉이요 거만한 마음은 넘어짐의 앞잡이"(잠 16:18) 이기 때문이다.

## 시점의 문제

다윗의 삶에서 이 사건이 발생했던 시기를 고려해 본다면 이 수수께끼 같은 에피소드를 이해할 수 있는 빛을 얻을 수 있을지 모른다. 사무엘서의 앞 장들을 통해 알 수 있듯이, 다윗과 이스라엘의 칼은 적들을 성공적으로 물리쳤다. 블레셋 사람들은 진압되었고, 모압은 공물을 바쳤고, 다메섹에는 성채가 세워졌고, 에돔과 수리아 사람들은 그들의 종이 되었다. 다윗은 그 정도로 놀랄 만한 승리를 거뒀고, 그로 인해 우리는 성경에서 다음과 같은 말씀을 읽게 된다. "다윗의 명성이 온 세상에 퍼졌고 여호와께서 모든 이방 민족으로 그를 두려워하게 하셨더라"(대상 14:17). 여호와께서 그에게 말씀하셨던 선한 일들 중 이뤄지지 않은 것은 아무것도 없었다. 그러나 다윗은 우리와 성정이 같은 사람이었다. 인간은—그가 누구이든 간에—그 홀로 남는다면, 태초에 에덴동산에서 분명하게 예시되었듯이, 그 어떤 축복도 유지해 나가지 못한다. 우리는 기쁨의 잔이 넘칠수록 그 잔을 보다 굳건하게 붙잡을 필요가 있다.

다윗이 지은 죄의 이야기는 다음과 같이 시작된다. "여호와께서 다시 이스라엘을 향하여 진노하사 그들을 치시려고 다윗을 격동시키사 가서 이스라엘과 유다의 인구를 조사하라 하신지라"(삼하 24:1). 혹은 역대상 21장 1절의 서술대로 하자면, "사탄이 일어나 이스라엘을 대적하고 다윗을 충동하여 이스라엘을 계수하게 하니라." 이 두 가지 진술들은, 어떤 이들이 어리석게 주장하듯이, 서로 상충하는 것이 아니라 오히려 서로를 보완한다. 비록 하나님이 죄를 만드신 분은 아니시고, 또한 그분이 악에 대해 비난을 받으셔도 안 되지만, 우주의 주관자이신 그분은 또한 그 우주의 통제자이시며 지휘자이시다. 그러므로 그분은, 만약 그것이 자신의 의로운 목적에 도움이 된다면, 사탄과 그의 무리들까지도 동원하신다(왕상 22:20-22; 겔 14:9 등 참조). 적어도 이 경우에 분명하게 드러나는 것은, 하나님이 사탄으로 하여금 다윗을 유혹하도록 허락하셨고, 다윗이 그 유혹에 굴복해 죄를 지었다는 것이다. 더 나아가 다윗이 그 유혹에 그토록 쉽게 굴복하고 신하들의 의견을 그토록 완고하게 거부했다는 사실은 그가 하나님 앞에서 거룩한 조심성을 발휘하며 행동하지 않았음을 지적하는 것으로 보인다.

이것은 다윗의 삶에서 특별한 위기였다. 이스라엘의 오랜 적들은 여러 세기에 걸친 싸움 끝에 마침내 이스라엘에 굴복했다. 골리앗의 강력한 후손들까지도 다윗의 용사들에게 패해 더 이상 이스라엘과 맞서려고 하지 않았다. 이스라엘은 이웃한 나라들을 정복하고 약탈했으며 그들에게서 빼앗은 엄청난 양의 금을 여호와께 바쳤다 (대상 18:11; 20:4을 보라). "이스라엘은 전에는 결코 알지 못했던 승리와 휴식을 얻었다. 칼은 칼집에 넣어졌고, 솔로몬[평화의 왕에 대한 예표]의 통치가 곧 시작될 참이었다. 오랜 세월의 방랑을 마감한 하나님의 언약궤는 이제 더 이상 휘장 안에 놓여 있지 않을 것이다. 이제 곧 성전이 건립될 것이기 때문이다. 이스라엘은 그곳에 모여 엄중한 연합 예배를 드릴 것이고, 하나님의 집은 그분의 영광으로 가득 차게 될 것이다. 참으로 밝고 복된 시대였다. 그러나 그것은 오직 예표적이고 아련한 시대였을 뿐이다"(B. W. Newton).

아, 그것이 핵심이었다. 이스라엘 역사의 이 놀라운 시기는 단지 "예표적이고 아련한" 시기에 불과했다. 그러므로 그 시기를 믿음의 눈으로 보느냐 아니면 육신의 눈으로 보느냐에 따라 모든 것이 달라질 수 있었다. 그 시기를 믿음의 눈으로 바라보고 그 안에서 아직 먼 미래에 대한 복된 예시를 발견하는 자들에게 그것은 그들의 인내와 소망을 강화시키면서 거룩한 위안을 제공했다. 그러나 그 성공적인 시기를 육신의 눈으로 보았던 자들에게 그것은 오직 덫이 될 뿐이었다. 또 다른 어떤 이가 지적했듯이, "자연의 감정이 우리를 지배할 때[그리고 그것은 신앙이 활발하게 작동하지 않을 때 늘 우리를 지배한다], 승리 혹은 성공은-설령 그것들이 하나님의 분에 넘치는 은혜의 선물로 간주될지라도-늘 우리 자신을 높이는 데 이용된다." 태양과 꽃들 밑에서 잡초가 자라나듯이, 우리가 조심하지 않는 곳에서는, 은혜 밑에서 우리의 자연적인 경향들이 성장하기 시작한다.

내가 보기에 이것은 우리의 본문에서 계속해서 반복되는 중요한 실제적 교훈이다. 그것은 "성공의 위험"에 대한 매우 엄중한 경고다. 역경이 영적 삶에 대한 위협이라는 수단을 동원해 우리를 이리저리 끌고 다닌다면, 번영의 위험은 그보다 훨씬 더 크다. 전자가 우리의 부주의함을 통해 우리를 불평과 불만에 빠지게 한다면, 후자는 우리가 두 배나 더 조심하지 않는다면 우리를 자족과 자만에 빠지게 한다. 우리가 하나님을 가장 의지하게 되는 것은 우리가 실패와 시련 때문에 낮아졌을 때다. 마찬가지로 우리는 성공을 거두고 우리의 창고가 가득 차 있을 때 그분과 무관하게 살아가기 쉽다. 그러므로 우리는 주님께서 그분의 백성들에게 이 세상의 좋은 것들을 많이 허락하시지 않는 것에 놀라서는 안 된다. 동일한 원리가 영적 축복에도 해당된다. 다가오는 휴식의 징조를 얻을 경우 우리는 그것을 예시가 아니라 실제로 간주한다. 그리고 계속해서 앞으로 나아가려고 애쓰는 대신 실제로 쉴 때가 이르기도 전에 쉬려고 한다.

**오만과 위법**

다윗은 이런 덫에 걸렸던 것으로 보인다. 그는 자신과 이스라엘이 처한 상황의 실제적 사실과 부합하지 않은 상상을 키워나갔다. 그 상상은 그들의 국가적 번영이 단지 예표적이고 일시적이라는 사실과 완전히 모순되는 것이었다. 첫째, 백성들을 계수하는 것은 이스라엘이 안정적이고 영원한 휴식기에 돌입했다고 믿었던 자의 자연스러운 행동에 다름 아니었다. 둘째, 백성들을 계수했던 것은 자신이 백성들의 주인임을 암시하는 행위였다. 그리고 다윗이 이스라엘 백성을 "자신의" 백성인 것처럼 간주한 것은 분명히 잘못이었다. 오히려 그는 그들을 그분이 명령하실 때만 헤아려야 하는 "여호와의" 회중과 기업으로 여겨야 했다. 마지막으로 그는 그들을 여호와의 구속된 기업으로, 따라서 그들 각각이 하나님께 바쳐진 존재이기에 예표적 속전 없이 계수되어서는 안 되는 존재로 보아야 했다.

이 문제에 관한 하나님의 법은 아주 분명하다. "네가 이스라엘 자손의 수효를 조사할 때에 조사 받은 각 사람은 그들을 계수할 때에 자기의 생명의 속전을 여호와께 드릴지니 이는 그것을 계수할 때에 그들 중에 질병이 없게 하려 함이라 … 너는 이스라엘 자손에게서 속전을 취하여 회막 봉사에 쓰라 이것이 여호와 앞에서 이스라엘 자손의 기념이 되어서 너희의 생명을 대속하리라"(출 30:12, 16). "여기에 나오는 '속전'에 대한 언급은 여호와의 회중 안에서 계수하는 자와 계수함을 받는 자 모두에게서 오만함이나 독립성에 대한 모든 생각을 추방하기에 충분하다. 우리가 여호와를 경외하고 섬기기 위해 그분에게 가까이 다가갈수록, 우리는 그분에게 불쾌와 진노의 원인을 더 많이 제공하게 된다. 왜냐하면 우리의 봉사가 더 높고 더 성결할수록, 우리의 생래적인 그리고 죄로 물든 무능함이 보다 분명하게 드러나기 때문이다.

"그분을 가까이 하고 거룩하신 그분을 섬기도록 택함을 받은 그분의 회중에 속하는 일은, 만약 속죄가 개입해 그들을 위한 속전을 제공하지 않는다면, 그분의 백성으로 계수되는 모든 이들에게 징계와 고통을 초래할 것이 틀림없다. 만약 다윗이 사악하게도 아무런 명령도 받지 않은 상태에서 교만한 마음으로 이스라엘 백성을 마치 그들 안에 그 어떤 징계나 불안이나 낮아짐에 대해서도 두려워할 필요가 없을 정도로 힘이 있는 것처럼 계수했던 것이라면, 그들을 위한 속전이 철회될지라도 놀랄 일이 아니다. 다윗은 그것에 대해 완전히 잊었던 것으로 보인다. 성경에는 그것에 대한 아무런 언급도 나오지 않기 때문이다. 다윗은 '이는 그것을 계수할 때에 그들 중에 질병이 없게 하려 함이라'[출 30:12]라는 말씀을 떠올리지 않았던 것으로 보인다. 이스라엘 백성은, 마치 그들이 속전이 의미하는 은혜의 보호를 무시할 수 있기라도 한 것처럼, 또한 그들이 최근에 거둔 승리를 통해 놀랍게 드러난 힘에 의지해 계속해서 굳건하게 서 있을 수 있기라도 한 것처럼, 계수되었다"(B. W. Newton).

그러나 이제 나는 이 이상하고도 엄중한 사건을 또 다른 각도에서, 즉 역대상 21장 1절이 제시하는 측면에서 바라보려고 한다. 거기에서 우리는 흘깃 막후(幕後)를 보도록 허락받는다. "사탄이 일어나 이스라엘을 대적하고 다윗을 충동하여 이스라엘을 계수하게 하니라." 주석가들은 이 "일어나"라는 말(이것을 슥 3:1에 나오는 표현과 신중하게 비교해 보라)이 법정(法廷) 용어와 닮았다는 점을 지적해 왔다. 즉 그것은 법정에서 어떤 죄와 관련된 원고와 피고가 취하는 자세를 언급하는 표현이라는 것이다. 요한계시록 12장 10절에서 사탄은 분명하게 "우리 형제들을 참소하던 자 곧 우리 하나님 앞에서 밤낮 참소하던 자"로 불린다. 또 욥기 1장 9-12절에서 우리는 그가 그런 일을 하고 있는 것을 본다. 확실히 이 모든 구절들은 깊은 수수께끼들이다. 그러나 그것들에 비추어 볼 때, 이때 이스라엘의 영적 상황이 대적을 유리하게 했으며, 그가 즉시 그 기회를 이용해 여호와께 그들의 상황을 그들이 벌을 받아야 할 이유로 제시했다는 것이 분명해진다. 이것은 사무엘하 24장 1절에 사용된 용어들을 통해 분명하게 입증된다.

## 진노의 원인

"여호와께서 다시 이스라엘을 향하여 진노하사 그들을 치시려고 다윗을 격동시키사 가서 이스라엘과 유다의 인구를 조사하라 하신지라." "이스라엘 백성은, 다윗에 대한 배은망덕하고 자주 되풀이된 반역 때문에, 신앙의 부흥을 위해 사용된 도구들을 통해 적절하게 유익을 얻지 않은 것 때문에, 그리고 아마도 대개 큰 번영 후에 나타나는 오만과 사치와 불경함 때문에, 하나님의 화를 돋웠다. 그들은 전에 삼년간 지속된 기근을 통해 하나님의 진노의 결과를 경험한 바 있었다. 그러나 그들은 그 일을 통해서도 전혀 고침을 받지 못한 것 같다. 그러나 어떤 이들은 직접 문제가 된 죄는 그들이 압살롬을 왕으로 세우고 다윗에게 반역한 것이었다고 생각한다. 다윗은 그 죄를 관대하게 용서해 주었다. 그러나 그것은 하나님에 대한 국가적인 이반(離反)이었고, 하나님은 그것을 적절하게 벌하지 않은 채 남겨두려 하시지 않았다. 그렇기에 "여호와께서 다시 이스라엘을 향하여 진노하셨다." 그리고 그분은 사탄으로 하여금 다윗을 유혹하고 이기게 하셨다. 그분은 그를 벌하심으로써 그들을 벌하고자 하셨던 것이다"(Thomas Scott).

당시 그 나라는 믿음 안에서 하나님의 법의 길을 따라 살아가는 이들로 이루어져 있지 않았다. 그것과는 거리가 멀어도 한참 멀었다. 그것은 다윗의 기도를 통해 분명하게 암시된다. "여호와여 도우소서 경건한 자가 끊어지며 충실한 자들이 인생 중에 없어지나이다"(시 12:1). 사무엘하 23장 6절 역시 이스라엘 중에 "사악한 자들"이 많다는 사실을 분명히 밝힌다. 그러므로 우리는 그들에게 주어졌던 큰 승리들이 그들 대다수의 마음속에서 양양하고 자족적인 오만을 일깨웠을 것이고, 그런 오만이 그들의 동료에게 영향을 주었을 것이고, 그것이 하나님의 극심한 진노를 불러일으켰으리라는 것에 놀랄 필요가 없다. 우리가 자기를 중요시하는 마음에 사로잡힐 때 이상으로 사탄이 쉽게 우리에게 접근해 우리를 집어삼킬 수 있는 다른 상황은 없다. 이기심으로 부풀려진 마음보다 하나님이 혐오하시는 것은 없다. 그분이 미워하시는 일곱 가지 일들의 목록이 "교만한 눈"으로 시작되는 것에 주목하라(잠 6:16-19). 참으로 우리는 그리스도의 권면에 유의할 필요가 있다. 즉 우리는 그분의 명에 곧 "마음이 온유하고 겸손한"(마 11L29) 분의 멍에를 메고 그분에게서 배울 필요가 있다!

이 세상에서의 순례의 마지막에 가까운 사람 그리고 오랜 세월 동안 하나님과 밀접한 관계를 맺으며 살았던 사람이 마귀에게 굴복하고 그에게 정복되는 모습을 보는 것은 참으로 엄중하다. 이것은 나이도 경험도 그 자체로는 마귀의 공격을 막아낼 보호수단이 될 수 없다는 사실에 대한 얼마나 분명한 증거인가! 우리가 이 세상에서 살아가는 한, 우리의 영혼의 큰 적은 우리에게 접근할 것이고, 종종 우리의 타락을 이끌어낼 것이고, 또한 비록 분명한 한계는 있을지라도 우리를 유혹해도 좋다는 허락을 얻어낼 것이다. 그렇기에 우리는 다음과 같은 명령을 받는다. "그러므로 하나님의 능하신 손 아래에서 겸손하라 때가 되면 너희를 높이시리라[6] 너희 염려를 다 주께 맡기라 이는 그가 너희를 돌보심이라[7] 근신하라 깨어라 너희 대적 마귀가 우는 사자 같이 두루 다니며 삼킬 자를 찾나니[8]"(벧전 5:6-8). 나는 의도적으로 이 구절 전체를 인용했는데, 그것은 우리가 이 구절에 있는 몇 가지 명령들의 순서에 유의할 필요가 있기 때문이다. 만약 우리가 6절과 7절에 있는 명령들에 반응하지 않는다면, 우리는 8절에 실려 있는 명령을 이행할 수 없다. 이 세상에 사는 성도가 하나님이 그에게 제공하신 갑옷과 투구 중 어느 한 부분이라도 없이 살아가거나 지칠 줄 모르고 가차 없는 적에 맞서 경계를 늦춰도 좋은 때는 결코 없다.

## 89

## 마지막 어리석은 짓 (II)

**사무엘하 24장**

　성경은 우리에게 다윗이 백성을 계수한 죄와 관련해 두 가지 서로 다른 이야기를 제공한다. 하나는 사무엘하 24장에 나오고, 다른 하나는 역대상 21장에 나온다. 그리고 만약 우리가 주님이 이 수수께끼 같은 사건과 관련해 우리에게 제공하신 모든 빛을 잘 이용하고자 한다면, 우리는 그 두 가지 이야기 모두를 신중하게 살펴볼 필요가 있다. 신앙이 없는 자들은 그 두 가지 이야기를 성경이 믿을 만하지 못함을 보이기 위해 이용해 왔으나, 그들의 그런 노력은 완전히 헛된 것이다. 눈이 멀어 있는 그들이 불일치라고 가정하는 것은 실제로는 서로를 보충하는 것이며 우리로 하여금 그 사건에 들어 있는 다양한 요소들을 보다 포괄적으로 볼 수 있게 한다. 그렇게 해서 하나님은 현명한 자들의 간교함을 이용하시고 사람의 노여움을 이용해 자신을 찬양하게 하신다. 왜냐하면 역대상 21장을 사무엘하 24장과 맞서게 하려는 그분의 적들의 시도는 그분의 백성들로 하여금 그렇지 않았다면 그들이 간과했을지도 모를 병행구에 주목하게 할 뿐이기 때문이다.

## 성공의 위험성

역대상 21장이 우리에게 제공하는 첫 번째 도움은 다윗의 어리석음과 그것에 앞선 일 사이의 도덕적 관계를 지적하는 것이다. 역대상 21장은 "그리고"(And, KJV, 한글 성경에는 번역되어 있지 않다 – 역주)라는 말로 시작되는데, 이것은 우리로 하여금 그 말이 나타나는 직접적인 정황 – 사무엘하 24장의 그것과는 아주 다르다 – 에 주목하게 한다. 역대상 20장은 "가드의 키 큰 자의 소생이라도 다윗의 손과 그 신하의 손에 다 죽었더라"(8절)라는 말로 끝난다. 이것은 다윗과 그의 용사들이 적들에게서 거둔 주목할 만한 공훈과 승리의 기록을 마감하는 말이었다. 그리고 이어서 우리는 다음과 같이 읽는다. "[그리고] 사탄이 일어나 이스라엘을 대적하고 다윗을 충동하여 이스라엘을 계수하게 하니라"(대상 21:1). 이로써 그 관계가 분명해지지 않는가? 적들에게서 거둔 승리 때문에 흥분한 다윗의 마음은 높을 대로 높아졌다. 그렇게 해서 사탄이 그를 성공적으로 유혹할 수 있는 문이 열렸다. 우리가 모든 타락에서 자유로울 수 있는 유일한 방법은 하나님 앞에서 땅 위에 엎드리는 것뿐임을 계속해서 유념하자.

어떤 이들은 다윗이 군사들을 계수한 것이 무엇이 잘못된 것인지 의아해한다. 그러나 온 이스라엘의 왕으로서 또한 모든 적들에 대해 승리한 자로서 그가 이스라엘의 전체 군사력의 규모를 알고 싶어 했다는 것은 확실히 그가 자기의 힘이 전적으로 자기를 강하게 하시고 그런 성공을 허락하신 분에게 있다는 사실을 잊고 있음을 보여 주는 것 아닌가? 자기 휘하에 무기를 잡을 수 있는 막대한 수의 사람들이 있음을 공적으로 선포한다면, 그것은 이웃 나라 사람들을 공포에 떨게 할 수 있지 않겠는가? 그러나 그것이 다윗을 움직였던 동기들 중 하나였다면, 사실 그런 일은 불필요하고 무가치했다. 왜냐하면 하나님은 그런 목적을 위한 우리 쪽의 아무런 노력 없이도 우리를 대적하는 자들을 두렵게 하실 수 있기 때문이다. 사람들이 자기들의 큰 병력을 자랑하고 그것에 의지한다면, 그 나라의 보호자이신 주님이 얻으실 영광이 무엇이겠는가?

그러나 다윗만이 이런 어리석음에 대해 책임이 있는 것은 아니었다. 사무엘하 24장은 다음과 같이 전한다. "여호와께서 다시 이스라엘을 향하여 진노하사 그들을 치시려고 다윗을 격동시키사." 여호와께서는 이스라엘과 싸우고 계셨다. 그분은 다윗과 그의 집안을 통치적 차원에서 다루고 계셨다(삼하 12-21 참조). 이것은 그분이 사울과 그의 집안을 다루셨던 것과 흡사하다(삼하 21 참조). 그리고 이제 그분은 보다 직접적으로 이스라엘에 대해 분노하셨고, 그들을 그들의 왕의 행위를 통해 징계하셨다. 여기에 나오는 "이스라엘을 향하여"라는 말은 우리를 역대상 21장 1절로 돌아가게 만든다. 이스라엘의 특별한 죄에 대해서는 아무런 언급도 나오지 않는다. 그러나 다윗의 시편들을 통해 우리는 큰 어려움 없이 당시 그의 백성들의 일반적인 상태가 어떠했는지 알 수 있다. 여호와께서 그들에게 허락하신 일시적 성공은 여호와로부터 눈을 돌리는 일에 익숙해 있던 그들에게 자축(自祝)의 기회가 되었다. 그리고 이 세상의 자녀들처럼 자기에 대한 확신이라는 불신앙에 빠져 있던 그들은 자기들이 의지할 수 있는 것에 몰두했다.

## 사탄, 하나님의 도구

역대상 21장이 우리에게 제공하는 두 번째 도움은 하나님께서 다윗으로 하여금 그 큰 어리석은 짓을 하도록 충동하셨던 도구가 사탄이었다는 언급이다. 이것은 어떤 식으로든 다윗을 변명해 주거나 그의 죄책을 없애 주는 것이 아니라, 오히려 하나님의 통치 방식에 빛을 비춰 준다. "하나님의 의로운 통치하에서 통치자들과 그들의 백성들은 서로에게 영향을 준다. 인간의 몸의 지체들처럼 그들 역시 서로의 행위와 안녕에 연관되어 있으며, 따라서 어느 한 쪽이 죄를 짓거나 고통을 당하면 항상 다른 쪽에게 영향을 주게 된다. 백성들의 악이 하나님을 진노케 하면, 그분은 왕들이 어떤 해로운 통치 방식을 택하거나 흉악한 죄를 저지르게 하심으로써 백성들에게 재앙을 내리신다. 그리고 통치자가 죄를 저지를 경우, 그는 그의 권력의 축소를 통해서 혹은 그의 백성들의 재앙을 목격하는 것을 통해서 벌을 받는다. 그러므로 한 나라가 공적인 재앙을 당할 때-그 것이 어떻게 촉발된 것이든-그 나라에 속한 모든 지체들은 서로를 비난하기보다는 자신의 죄를 회개하고 자기들의 의무를 다해야 한다. 그러므로 왕들은 그들 자신을 위해서라도 그들의 통치 영역 안에서 선한 모범을 보여야 할 뿐 아니라 악을 억누르고 의를 증진시켜야 한다. 그리고 백성들은 공적 유익을 위한 유익한 방식들에 동의하고 통치자들을 위해 계속해서 기도해야 한다"(Thomas Scott).

위의 인용문에서 예시된 엄중한 원리들은 광범위하게 세분화될 수 있다. 또한 그것들은 종종 의인들을 크게 당황하도록 만드는 여러 가지 고통스러운 사건들을 설명해 줄 수 있다. 예를 들어, 그동안 얼마나 많은 사역자들이 하나님이 그들이 섬기는 교회들과 다투셨기 때문에 그분에 의해 공적 수치를 당했는지는 오직 심판의 날에나 알려질 것이다. 하나님은 다윗을 방치하심으로써 사탄에게 유혹을 당하게 하셨는데, 이것은 그분이 그의 백성들에게 진노하셨고 그들을 벌하기로 결심하셨기 때문이다. 마찬가지로 그분이 복음의 사역자들을 방치하셔서 마귀에게 시험을 당하고 잘못을 저지르게 하시는 것은, 그분이 그들이 섬기는 사람들에게 노여움을 품으셨기에 그들의 오만함을 그들의 지도자의 타락을 통해 낮추려 하시기 때문이다. 그러나, 강조해서 말해 둘 것은, 이것은 어떤 의미로도 그런 죄책 때문에 무고한 사람이 고통을 당하는 것이 아니라는 점이다. 다윗을 대적의 쉬운 먹잇감이 되게 했던 것은 그 자신의 오만한 마음이었다.

### 요압의 문제 제기

"이에 왕이 그 곁에 있는 군사령관 요압에게 이르되 너는 이스라엘 모든 지파 가운데로 다니며 이제 단에서부터 브엘세바까지 인구를 조사하여 백성의 수를 내게 보고하라 하니 요압이 왕께 아뢰되 이 백성이 얼마든지 왕의 하나님 여호와께서 백 배나 더하게 하사 내 주 왕의 눈으로 보게 하시기를 원하나이다 그런데 내 주 왕은 어찌하여 이런 일을 기뻐하시나이까 하되"(삼하 24:2-3). 인간적 측면에서 본다면, 요압이 헛된 영광을 얻고자 하는 다윗의 행동에 이의를 제기한 것은 이상하게 보인다. 앞 장들에서 보았듯이, 요압은 그의 삶 전체가 분명하게 보여 주듯이 혈기가 방자한 사람이었고 분명히 이 세상에 속한 자들 중 하나였다. 그러나 이 경우에 그는 다윗이 내딛는 발걸음이 심각한 위험을 내포하고 있음을 즉각 알아차렸다. 그렇기에 그는 왕에게 충실하게 간했다.

다윗이 그토록 열중했던 일이 그의 군대장관의 반대에 직면했다는 것은 참으로 놀라운 일이다. 이것은 요압을 두렵게 했던 것이 다윗의 계획이 품고 있는 불신앙적 요소였다는 의미가 아니다. 오히려 그것은 그가 그 계획의 지각없음을 인식했음을 의미한다. 앞 장에서 지적했듯이, 이스라엘 백성이 가나안에 진입한 후 하나님은 그 누구에게도 백성을 계수하라는 명령을 주신 적이 없었다. 그리고 그들이 이제 와서 굳이 군사들을 계수해야 할 이유는 아무것도 없었다. 세상 물정에 밝은 요압은 그런 사실을 의식했고 자기의 주군을 설득하려 했다. 이것은 한 가지 엄중한 원리를 예시한다. 그것은 하나님과의 교제를 벗어나 사탄의 힘에 사로잡혀 있는 성도들보다는 세상에 속해 있는 많은 이들이 훨씬 더 상식적으로 판단한다는 것이다. 이런 사실은 성경 전체에 걸쳐 기록되어 있다. 독자들은 그것에 대해 숙고하려고만 한다면 틀림없이 아주 많은 예들을 발견할 수 있을 것이다.

요압이 다윗의 계획에 반대한 것은 설득력이 있었다. "그 일이 우리에게 하나님의 심판을 초래할 위험이 있는데 어째서 당신은 굳이 군사의 정확한 수를 헤아리려 하는가?" 다윗이 이해하지 못한 것을 그런 식으로 세상의 자녀가 이해했다. 여기에서 그리스도인을 위해 제기되는 교훈은 매우 엄중하다. 우리가 빛을 보는 것은 "주의 빛 안에서"다(시 36:9). 따라서 그분으로부터 돌아설 때 우리는 영적 어둠에 빠진다. 그리고 주 예수님은 다음과 같이 선포하셨다. "눈이 나쁘면 온 몸이 어두울 것이니 그러므로 네게 있는 빛이 어두우면 그 어둠이 얼마나 더하겠느냐"(마 6:23). 주님과의 교제에서 떠난 신자는 약삭빠른 불신자가 조롱할 만한 가장 어리석은 실수를 하고 어리석은 짓에 빠지게 될 것이다. 그것이 신자가 좁은 길에서 떠나 방황하는 데 따르는 대가의 일부다.

그러나 이제 우리는 다윗의 계획에 대한 요압의 반대를 하나님의 측면에서 살펴볼 필요가 있다. 만약 다윗이 여호와 앞에서 성결하게 조심하며 살아왔다면, 그는 그렇게 쉽게 사탄의 유혹에 굴복하지 않았을 것이다. 그리고 만약 그가 출애굽기 30장 12-16절에 나타난 분명한 요구를 따라 행동했더라면 더욱 그러했을 것이다. 그럼에도 하나님은 다윗을 완전히 버리지는 않으셨고 그를 그의 마음의 욕망에 완전히 빠지도록 내버려 두지도 않으셨다. 오히려 그분은 그의 길 위에 장애물을 설치하셨다. 그 장애물은 요압의 반대라는 형태로 나타났는데(아마도 이것은 가장 예기치 않았던 형태일 것이다), 그것은 다윗의 어리석음을 꾸짖는 것이었고, 그의 죄를 더욱 더 변명할 수 없게 만드는 것이었다. 그러므로 여기에서 하나님의 주권적 사역과 인간의 책임의 이행이 놀랍게 뒤섞이는 것을 보라. 하나님은 빌라도로 하여금 그리스도께 사형 선고를 내리게 하셨다. 그럼에도 그분은 그에게 그의 아내를 통해 그런 판결에 대해 아주 강한 반대를 표명하셨다(마 27:19). 마찬가지로, 하나님의 목적은 그들의 왕의 어리석음을 통해 이스라엘 백성을 징계하시는 것이었으나, 그럼에도 그분은 요압을 통해 다윗의 행위에 대해 분명한 반대를 표명하셨다.

그렇다, 이 등식(等式)에는 참으로 놀랄 만한 여러 가지 요소들이 포함되어 있다. 이 이상한 드라마에는 서로 다른 배우들이 등장한다. 한편으로 여호와께서는 사탄에게 자신의 종을 유혹하도록 허락하신다. 그리고 다른 한편으로 그분은 요압을 시켜 그를 저지하신다. 다윗의 죄를 더욱 크게 만든 것은 그가 요압-그는 다른 사령관들의 지원을 받고 있었다-의 말에 귀를 기울이기를 거부한 것이었다. 이것이 우리에게 주는 실제적 교훈은 분명하지 않은가! 우리가 어떤 어리석은 짓을 계획하고 있을 때 세상 사람이 우리에게 그렇게 하지 말라고 충고한다면, 그때 우리는 자신의 길에 대해 숙고해 보아야 한다. 하나님의 은혜로운 섭리가 우리의 길 위에 방해물을 설치할 때, 우리는 비록 그것이 불신자로부터 오는 비난의 형태를 띨지라도 우리의 미친 짓을 잠시 멈춰야 한다. 왜냐하면 그때 우리는 우리 자신뿐 아니라 다른 사람들까지 위험에 처하게 하고 있는 셈이기 때문이다.

## 고집

"왕의 명령이 요압과 군대 사령관들을 재촉한지라"(삼하 24:4a). 요압은 다윗의 계획이 인간적 야심에서 나왔으며 그것은 백성들의 이익에 반하는 것이었음을 알아차렸다. 그렇기에 그는 다윗에게 이의를 제기했다. 그것이 실패하자 그는 군대의 사령관들을 동원해 왕에게 추가적인 탄원을 했다. 그러나 그 모든 것이 허사였다. 다윗의 마음은 완전히 굳어져 있었고, 그는 고집을 부리면서 안타까운 죄를 저지르고 말았다. "우리의 마음이 우리 앞에 있는 모든 상황을 포괄적으로 보는 대신 계속해서 특정한 측면에서 편파적으로 바라볼 때, 놀랍게도 그것은 자신의 판단을 왜곡하는 성향을 갖고 있지 않은 모든 이들에게 대낮처럼 분명하게 보이는 일에 대해 눈이 멀어 버린다. 다윗은 이스라엘의 힘과 승리를 생각하는 데 몰두하느라 그의 마음에 강함이 아니라 약함에 대한 인식을 줄 수 있는 다른 상황들을 고려하지 않았다"(B. W. Newton).

우리가 그분을 진노케 할 일을 계획하고 있을 때 우리에게 반대하는 자들을 일으켜 주시는 하나님은 얼마나 자비로운 분이신가! 그러나 종종 우리는 오만한 마음과 완고한 자기 뜻 때문에 그런 반대에 분개한다. 우리의 삶속에서 벌어지는 모든 일들에는, 만약 우리가 잠시 멈춰서 그것에 귀를 기울이기만 한다면, 하나님으로부터 오는 메시지가 포함되어 있다. 그리고 만약 우리가 하나님의 섭리가 우리의 길 위에 설치해 놓은 울타리에 유념하기만 한다면, 우리는 수많은 가시밭길을 피해갈 수 있다. 그 울타리는 우리 주변에 있는 사람들로부터 오는 친절한 충고의 형태를 띨 수 있다. 비록 우리가 그런 충고를 늘 따라야 하는 것은 아니지만, 그럼에도 그것을 하나님 앞에서 기도하는 마음으로 고려하는 것은 늘 우리에게 유익하다. 만약 우리가 그렇게 하지 않고 자기 멋대로 고집을 부리면서 그 울타리를 뚫고 지나가고자 한다면, 그때 우리는 그 과정에서 심하게 찢길지라도 놀라지 말아야 한다. 다윗과 그의 백성들이 요압과 그의 사령관들의 조언에 반응했더라면 상황이 얼마나 좋아졌겠는가!

"요압과 사령관들이 이스라엘 인구를 조사하려고 왕 앞에서 물러나"(삼하 24:4b). 다른 경우에 요압은 왕의 악한 계획을 성사시키는 데 기꺼이 헌신했다(삼하 11:16; 14:1-2 참조). 그러나 이때 그는 왕의 명령을 크게 꺼려하며 수행했다. 그가 다윗의 정책에 얼마나 크게 반발했는지는 "요압이 왕의 명령을 마땅치 않게 여겨"(대상 21:6)라는 표현을 통해 잘 드러난다. 요압은 그가 막 시작한 일이 영 내키지 않았다. 그럼에도 그는 그 일을 수행했다. 왜냐하면 그것은 "여호와께서"(삼하 21:1) 작정하신 일이었기 때문이다. 그러나 그것은 그에게 변명이 되지 못했다. 그가 그 일의 잘못을 분명하게 이해했기에 더욱 그러했다. 하나님이 명하신 일은 수행되어야 한다. 그럼에도 모든 사악한 일에 대한 죄책은 전적으로 그 일을 수행한 자에게 있다. 잘못된 일을 행하는 것은 결코 옳지 않다. 그리고 요압은 어떤 식으로든 그런 악한 일에 개입하는 것을 그만 두어야 했다.

## 인구조사의 결과

요압은 그 마땅치 않은 일을 팔레스타인의 가장 먼 지역에서부터 시작했고, 그렇게 함으로써 시간을 지연시켰다. 아마도 그는 그렇게 함으로써 왕이 그 일이 완료되기 전에 자신의 어리석음을 뉘우치기를 희망했을 것이다. 인구조사의 책임을 맡은 자들은 먼저 요단강 동쪽 지역 거주민들의 수를 헤아렸고, 이어서 가나안 북쪽으로 나아갔다가, 요단강 서쪽 지역에 이르러 그 일을 마쳤다(삼하 24:5-7). 그들은 이스라엘에서 무기를 들 수 있는 모든 남자들에 대한 완벽한 등록부를 만들었는데, 레위 지파와 베냐민 지파 사람들은 제외했다. 전자는 그들이 맡은 성스러운 일이 그들을 군역에서 제외시켰기 때문이고, 후자는 아마도 그들이 다윗에게 전적으로 헌신하리라고 기대하기가 어려워서였을 것이다(삼하 2:28; 3:1 참조). 그 일에 거의 열 달이 소요되었다. 여호와께서는 우리에게 회개할 기회를 주시면서 얼마나 크게 인내하시고 또 얼마나 큰 자비를 베푸시는가! 아,

그러니 회개를 거부하는 우리의 광기와 죄는 얼마나 큰 것인가!

"그들 무리가 국내를 두루 돌아 아홉 달 스무 날 만에 예루살렘에 이르러 요압이 백성의 수를 왕께 보고하니 곧 이스라엘에서 칼을 빼는 담대한 자가 팔십만 명이요 유다 중에 칼을 뺄 만한 자가 사십칠만 명이라"(삼하 24:8-9). 신중한 독자라면 여기에서 제시된 숫자가 역대상 21장 5절에서 발견되는 그것과 다르다는 것을 알 것이다. 유감스럽게도 회의주의자들은 이런 차이를 "성경을 가득 채우고 있는 오류들" 중 하나로 지목한다. 더구나 권위 있는 주석가들 중 일부가 성경의 기록의 "부정확성"을 암시하면서 그 "난제"를 풀고자 하는 것은 매우 통탄스러운 일이다. 그러나 사실 그 두 가지 분류는 서로 아주 다른 것으로 하나가 다른 하나를 보완한다. 우리는 사무엘하 24장이 "이스라엘에서 칼을 빼는 담대한 자가 팔십만 명이요"(9절)이라고 한정하는 반면, 역대상 21장은 단순하게 "이스라엘 중에 칼을 뺄 만한 자가 백십만 명이요"(5절)라고 말하는 것에 신중하게 주목할 필요가 있다. 즉 그 백십만 명 중에는 "담대한 자"에 덧붙여진 자들이 포함되어 있었던 것이다! 또한 역대상 21장은 "유다 중에 칼을 뺄 만한 자가 사십칠만 명이라"고 말하는 반면 사무엘하 24장은 "유다 사람이 오십만 명이었더라"고 말한다. 차이가 나는 그 삼만 명은 분명히 칼을 빼는 자들이 아니었을 것이다.

히브리인들이 가나안에서 살았던 5백여 년 동안에 그들이 애굽에서 체류했던 보다 짧은 기간에만큼도 수적으로 늘어나지 않았다는 사실은 놀랍다. 그럼에도 그토록 좁은 지역에서 그토록 많은 사람이 살았다는 것은 그 지역 토지의 놀라운 비옥함을 보여 주는 분명한 증거다. 그곳은 말 그대로 "젖과 꿀이 흐르는 땅"(출 13:5)이었다. 우리는 요압이 다윗에게 제시한 총수(總數)가 그의 기대에 상응했는지 아니면 그의 교만을 억눌렀는지에 대해서는 아무런 말도 듣지 못한다. 그러나 어쨌거나 그의 백성의 수는 그가 기대했던 것만큼 많지 않았다. 우리가 이 세상에 속한 무언가를 얻으려고 작정했을 때 우리가 얻고자 하는 것의 실제가 환상에 지나지 않는 것으로 밝혀지는 경우가 많다. 그런 실망을 통해 우리는 이 세상에 속한 것에 대한 애정을 버리고 우리의 영혼을 만족시킬 수 있는 유일한 것인 위에 있는 것에 애정을 두는 법을 배워야 한다. 아, 그러나 우리는 그런 교훈을 얻는 데 얼마나 느린가!

# 현명한 결정 (I)

사무엘하 24장

"네가 이스라엘 자손의 수효를 조사할 때에 조사 받은 각 사람은 그들을 계수할 때에 자기의 생명의 속전을 여호와께 드릴지니 이는 그것을 계수할 때에 그들 중에 질병이 없게 하려 함이라"(출 30:12). 다윗은 하나님으로부터 그렇게 하라는 명령이 없는 상태에서 자신의 군사들을 계수할 것을 고집함으로써 오만한 마음에 굴복하는 잘못을 저질렀을 뿐 아니라, 또한 안타깝게도 그 일을 수행하는 방식에서도 실수를 했다. 바로 그것이 다윗이 그 일을 수행한 후 하나님의 심판이 뒤따르고 온 나라에 역병이 발생한 이유를 설명해 준다. 율법은 모든 개인들에게 차별 없이 책임을 부여하기 때문이다. 그들에게 요구되었던 "속전"의 양은 아주 작았기에(약 1실링 혹은 25센트) 가장 가난한 자라도 바칠 수 있었다. "부자라고 더 드릴 수 없었는데, 이것은 우리에게 이 문제에서[하나님 앞에서 인간을 헤아리는 일에서 - 역주] 모든 인간은 동등하다는 사실을 가르쳐 준다. 모두가 죄를 지었고 하나님의 영광에 이르지 못했다. 그렇기에 모두에게 동등하게 속전이 필요했다.

"이런 계수 작업은 우리가 민수기 1장에서 보듯이 아주 엄중한 것이어서 신속하게 수행될 수 없었다. 그러므로 그 작업을 맡은 관리들은 자기들에게 요구되는 것을 살피기 위해 율법을 들여다 볼 충분한 시간을 얻을 수 있었다. 사람이 하나님께 속전 없이 나아가는 것은 해서는 안 될 아주 엄중하고 위험한 일이었다. 율법이 피하라고 경고했던 결과가 그들에게 임했다는 사실은 우리에게 우리는 하나님의 말씀을 읽어야 한다는 것과 또한 하나님은 자신의 말씀과 어긋나게 행동하지 않으신다는 것을 알려 준다. 바울은 다음과 같이 말한다. '우리는 미쁨이 없을지라도 주는 항상 미쁘시니 자기를 부인하실 수 없으시리라'[딤후 2:13]"(C. H. Bright). 육체를 사랑하고 하나님을 부인하는 시대를 살아가는 우리는 이 사건을 통해 큰 경고를 얻어야 한다. 하나님의 법의 요구들을 무시하는 것은 확실한 재앙을 초래한다. 이것은 개인에게든 나라에게든 마찬가지다.

"그들 무리가 국내를 두루 돌아 아홉 달 스무 날 만에 예루살렘에 이르러 요압이 백성의 수를 왕께 보고하니"(삼하 24:8-9a). 다윗은 아홉 달 동안이나 오만한 마음에 기만을 당했다. 아, 전에도 그의 욕망이 동일한 기간만큼 그의 눈을 어둡게 한 적이 있었다(삼하 11, 12). 이 기간 동안 그의 양심은 잠들어 있었다. 그는 하나님 앞에서 자신의 행동에 대해 반성하지 않았다. 우리가 사탄의 올가미에 걸려들 때의 상황이 대개 그러하다. 그토록 하나님을 사랑하고 자신의 삶의 전과정을 통해 하나님을 그토록 크게 높여드렸던 이가 이제와서 이처럼 통탄스럽고 때늦은 실패를 경험하는 것이 믿기지 않을 만큼 충격적인가? 그 질문에 대한 답을 우리 자신의 여러 가지 경험들 속에서 찾아보자. 나는 그리스도인 독자들 중 많은 이들이 그들의 삶속에도 그와 유사한 타락이 있었음을 의식할 때 부끄러워하며 고개를 숙이리라는 것을 의심하지 않는다. 그리고 설령 그런 타락에서 면제된 사람이 몇 있을지라도, 아마도 그들은 자기들에게 하사된 그 특별한 은혜 앞에서 놀라움을 금치 못할 것이다.

## 징벌과 자책

"다윗이 백성을 조사한 후에 그의 마음에 자책하고"(삼하 24:10). 이것은 그가 거듭난 자였음을 보여 준다. 왜냐하면 자신의 잘못된 행동에 대해 회개하는 것이야말로 참된 신자의 징표들 중 하나이기 때문이다. 한편으로 신자의 육이 영에 맞서 무언가를 갈망할지라도, 다른 한편으로 그의 영(거듭남을 통해 받은 본성)은 육에 맞서고 육의 행위들을 기뻐하지 않는다. 거의 일 년 동안 다윗은 자신의 죄에 대해 무관심했던 것으로 보인다. 그러나 이제 그는, 우리가 아는 한 그가 저지른 악에 대해 비난하는 사람이 없었음에도, 자신의 악한 행위를 의식했다. 그가 그토록 오랫동안 자기 뜻을 추구했음에도 그의 마음이 완고해지지 않았고, 또 그의 양심이 오랫동안 잠들어 있었음에도 여전히 죽지 않았음을 보는 것은 좋은 일이다. 만약 우리가 우리의 삶이 끝나갈 무렵에 자신이 잘못한 일 때문에 괴로워하는 마음을 갖는다면, 그것은 참으로 감사할 일이다.

여기에서 우리는 다윗을 영적 마비 상태에서 깨워 일으키고 그의 마음을 움직여 자신을 질책하게 만든 것이 무엇인지에 대해 듣지 못한다. 본문에는 단순히 사실만 진술되고 있을 뿐이다. 여기에서 다시 우리는 우리의 본문을 역대상 21장이 제공하는 보충적 이야기와 비교해 봄으로써 도움을 얻을 수 있다. 거기에서 우리는 다음과 같이 읽는다. "하나님이 이 일을 악하게 여기사 이스라엘을 치시매 다윗이 하나님께 아뢰되 내가 이 일을 행함으로 큰 죄를 범하였나이다 이제 간구하옵나니 종의 죄를 용서하여 주옵소서 내가 심히 미련하게 행하였나이다 하니라"(대상 21:7-8). 사무엘하 24장에서 다윗의 죄의 고백은 그의 "자책"에 뒤이어 나온다(10절). 그러므로 우리는 그 두 구절을 면밀하게 비교하는 일을 통해 그의 자책이 여호와께서 그가 한 일에 대해 진노하신 결과였음을 확인할 수 있을 것이다. 이것은 그 두 책의 특징적 차이를 보여 주는 여러 가지 실례들 중 하나다. 사무엘서는 보다 외적이고(exoteric), 역대기는 보다 내적이다(esoteric). 즉 사무엘서는 주로 역사적 사실을 열거하는 반면, 역대기는 주로 그런 일들의 원인을 보여 준다.

"하나님이 이 일을 악하게 여기사 이스라엘을 치시매"(대상 21:7). 이를 통해 우리는 하나님께서 다윗이 추구했던 정책을 어떻게 평가하셨는지 알 수 있다. 그분은 감정이 상하셨다. 그분의 법이 완전히 무시되었기 때문이다. "이스라엘을 치시매." 특별히 이 일이 다윗의 죄에 대한 고백(8절)보다 그리고 그분이 이스라엘 백성에게 전염병을 내리신 것(14절)보다 먼저 일어난 것에 주목하라. 하나님은 이스라엘에 전염병을 보내시기 전에 먼저 다윗의 마음을 치셨다! 그러나 그분은 다윗에게 등을 돌리지 않으셨다. 누군가 지적했듯이, "이스라엘의 체제 전체가 이 국가적 범죄 때문에 훼손되고, 더럽혀지고, 가혹한 심판을 받게 되었다. 이런 오만함은 하나님을 포기하는 것이었다. 그러므로, 설령 하나님이 아담에게 하신 것처럼 즉시 이스라엘을 버리셨을지라도, 그분은 그들을 정당하게 다루시는 셈이 되었을 것이다. 그러나 이때 그분은 그렇게 하시는 대신 주권적 은혜를 베푸셨다.

아니다, 여호와께서는 다윗을 완전히 버리지 않으셨다. 그 두 진술을 하나로 엮되 다음과 같은 순서로 엮어 보라. "하나님이 이 일을 악하게 여기사 이스라엘을 치시매"(대상 21:7) "다윗이 백성을 조사한 후에 그의 마음에 자책하고"(삼하 24:10). 이 두 진술은 원인과 결과의 관계를 이루지 않는가? 즉 전자는 하나님의 역사를 드러내고, 다른 하나는 그 역사가 그분의 종에게 낳은 결과를 보여 주지 않는가? 이제 하나님은 다윗의 마음을 치심으로써 그로 하여금 그분의 큰 진노를 느끼게 하셨다. 다윗은 하나님의 자식이었으면서도 여전히 유혹을 받아 잘못을 저지르고 수치와 슬픔을 초래했다. 그러나 그가 회개하지 않은 채 남아 있을 수 있었을까? 아니다, 베드로만큼이나(눅 22:32) 그 역시 그럴 수 없었다. 하나님께 버림 받은 자들의 마음은 완고해진다. 그러나 의로운 자들은 그렇지 않다. 여호와께서는 다윗이 그의 죄에 대해 무관심한 상태로 남아 있게 하시지 않았고, 오히려 은혜롭게도 그로 하여금 양심의 가책과 자책을 느끼게 하셨다. 그리고 다윗의 양심은 "화인"(딤전 4:2) 맞은 것처럼 되지 않았고, 오히려 하나님의 영의 영향력 앞에서 민감하고 신속하게 반응했다.

"다윗이 백성을 조사한 후에 그의 마음에 자책하고" 이것은 우리를 위한 얼마나 큰 경고인가! 이것은 우리의 마음을 향해 얼마나 큰 소리로 말하는가! 이것은 얼마나 엄중하고 유익한 교훈을 제공하는가! 다윗이 자신에게 기쁨을 가져다주리라고 상상했던 바로 그 일이 오히려 그에게 고통을 가져다주었다! 상황은 늘 그렇다. 사탄의 유혹에 귀를 기울이는 것은 확실하게 문제를 초래한다. 우리 앞에 드리워진 미끼의 금박에 미혹되는 것은 피할 수 없는 파멸의 원인이 된다. 하와와 디나(창 34:1-2)와 아간(수 7:1)이 그러했다. 다윗은 오만한 생각에 탐닉하면서 자기 왕국의 군사력에 대한 정확한 지식을 얻는 것이 자신에게 만족스러운 일이 되리라고 생각했다. 그러나 지금 그는 자신의 어리석은 짓에 대해 한탄하고 있다. 우리가 우리의 어리석은 짓을 자기만족이라는 옷으로 꾸미는 것은 얼마나 미친 짓인가! 죄의식은 그리스도인의 인간적인 기쁨을 무뎌지게 할 뿐 아니라, "마침내 뱀 같이 물 것이요 독사 같이 쏠 것이다"(잠 23:32).

## 회개, 하나님의 자녀의 특징

"다윗이 여호와께 아뢰되 내가 이 일을 행함으로 큰 죄를 범하였나이다 여호와여 이제 간구하옵나니 종의 죄를 사하여 주옵소서 내가 심히 미련하게 행하였나이다 하니라"(삼하 24:10b). 다윗은 성령에 의해 유죄 판결을 받았고 무거운 죄책감이 그를 억눌렀다. 그것은 회복된 영혼에게는 견딜 수 없는 짐이었다. 자신의 그릇된 행동을 인식하고 있던 다윗은 여호와께 간절히 용서를 구했다. 하나님의 은혜가 성도의 마음을 사로잡을 때, 그의 양심은 자신에 대해 깊이 생각해 본 후 자신이 저지른 죄 때문에 자신을 책망하게 된다. 바로 여기에서 거듭난 자와 공허한 신앙인 혹은 종교적 위선자들 사이의 큰 차이가 나타난다. 후자는 자신의 미친 짓을 인식하고 그로 인해 날카로운 양심의 가책을 느끼지만 하나님 앞에서 무릎을 꿇거나 자신을 가차 없이 정죄하지 않는다. 오히려 그는 늘 환경이나 동료들 혹은 지금 자기를 지배하고 있는 욕망들을 비난하면서 자신에 대해 변명한다. 이것은 타락한 인간 본성의 특징들 중 하나다. 아담은 자신의 타락에 대해 자신을 비난하지 않았고, 오히려 그 죄의 짐을 자기 아내에게 지우려 했다. 그리고 하와는 그 짐을 뱀에게 지우려 했다.

그러나 은혜의 기적을 체험한 자들에게는 사정이 아주 다르다. 거듭난 자는 정직한 마음을 받는다. 그리고 이에 대한 가장 분명한 증거들 중 하나는 그 마음의 소유자가 자신에 대해, 동료들에 대해, 그리고 무엇보다도 하나님에 대해 정직해지는 것이다. 정직한 사람은 진지하고, 개방적이고, 솔직하고, 기만과 거짓을 혐오한다. 그러므로 위선자들과 분명하게 구별되는 참된 신자는 자신의 죄악에 대해 생각하면서 하나님 앞에서 자신을 낮추고, 거짓 없는 참회와 뜨거운 기도를 통해 하나님의 용서를 구하고, 주님이 주시는 은혜를 통해 더 이상 어리석은 짓을 되풀이하지 않기로 결심한다. 은혜가 수행하는 일은 참으로 놀랍다. 그것은 우리의 오만이 우리의 겸손을 증진시키는 원인이 되게 한다! 다윗의 경우가 그러했다. 동일한 은혜가 히스기야의 경우에 다시 나타났다. "히스기야가 마음이 교만하여 그 받은 은혜를 보답하지 아니하므로 진노가 그와 유다와 예루살렘에 내리게 되었더니 히스기야가 마음의 교만함을 뉘우치고 예루살렘 주민들도 그와 같이 하였으므로 여호와의 진노가 히스기야의 생전에는 그들에게 내리지 아니하니라"(대하 32:25-26).

"다윗이 여호와께 아뢰되 내가 이 일을 행함으로 큰 죄를 범하였나이다 여호와여 이제 간구하옵나니 종의 죄를 사하여 주옵소서 내가 심히 미련하게 행하였나이다 하니라." 하나님의 자녀의 특징을 이루는 것은 그의 양심의 가책의 깊이, 그의 회개의 진지성, 그리고 그의 고백의 뜨거움 등이다. 다윗은 자신에 대해 변명하거나 자기를 유혹한 사탄을 비난하지 않고 오히려 자신을 가차 없이 정죄했다. 그가 행한 일은 다른 이들에게는 작은 일로 보였을지 모른다. 하지만 다윗은 자기가 "큰 죄를 범했다"고 느꼈다. 아, 지금 그는 자신이 한 일을 하나님의 거룩하심의 빛 안에서 보고 있다. 진심으로 죄를 고백할 때 우리는 자신을 용서하거나 자신의 잘못을 최소화하는 것이 아니라, 그런 일들의 극악함을 솔직하게 그리고 온 마음으로 시인한다. 다윗은 "내가 심히 미련하게 행하였나이다"라고 시인했다. 왜냐하면 그가 행한 일은 그의 오만함에서 비롯되었기 때문이다. 그가 이스라엘 백성이 하나님의 백성임에도 마치 그들을 자신의 백성인 것처럼 자랑한 것은 참으로 미친 짓이었다. 그리고 그리스도인들이 성령께서 그들에게 제공하신 은사와 은혜들을 자랑하는 것 역시 마찬가지다.

"다윗이 아침에 일어날 때에 여호와의 말씀이 다윗의 선견자 된 선지자 갓에게 임하여 이르시되"(삼하 24:11). 이것은 다윗의 고백이 밤에 이루어졌음을 지적하는 것으로 보인다. 하나님은 "그의 사랑하시는 자에게는 잠을 주신다"(시 127:2). 마찬가지로 그분은, 그것이 자신의 목적에 맞을 경우, 그의 사랑하시는 자에게서 잠을 거둬가신다. 그리고 하나님이 그렇게 하시는 것은-우리가 그것을 인식하든 하지 않든 간에-늘 우리의 유익을 위한 것이다(롬 8:28). 때로 그분은 "밤에 노래를 주시는 자"(욥 35:10)이시다. 또한 우리는 "밤에 본 환상"(욥 4:13)에 대해 읽는다. 그러나 다른 경우에 하나님은 우리의 눈에서 잠을 빼앗아 가시고 우리에게 우리의 죄에 대해 말씀하신다. 그리고 그럴 때 우리는 아삽과 더불어 다음과 같이 노래할 수 있다. "나의 환난 날에 내가 주를 찾았으며 밤에는 내 손을 들고 거두지 아니하였나니 내 영혼이 위로 받기를 거절하였도다"(시 77:2). 또한 바로 그때 우리는 다음과 같이 탄식했던 다윗의 경험을 엿볼 수 있다. "내가 탄식함으로 피곤하여 밤마다 눈물로 내 침상을 띄우며 내 요를 적시나이다"(시 6:6). 그러나 하나님이 우리에게서 잠을 거둬가시는 이유가 무엇이든, 우리가 "내가 밤에 침상에서 마음으로 사랑하는 자를 찾았노라"(아 3:1)라고 말할 수 있다면 그것은 복된 일이다.

## 심판의 메시지

"다윗이 아침에 일어날 때에 여호와의 말씀이 다윗의 선견자 된 선지자 갓에게 임하여 이르시되 가서 다윗에게 말하기를 여호와께서 이와 같이 말씀하시기를 내가 네게 세 가지를 보이노니 너를 위하여 너는 그 중에서 하나를 택하라 내가 그것을 네게 행하리라 하셨다 하라 하시니"(삼하 24:11-12). 그 밤 기간 동안 다윗의 마음의 엄중한 움직임은 그로 하여금 하나님의 심판의 메시지를 받도록 준비시켰을 것이다. 그는 다른 이들이 잠들어 있는 동안 자신의 어리석은 짓과 관련해 무언가 비통한 것을 맛보았다. 그러나 이제 그는 하나님이 그 일에 대해 얼마나 진노하고 계신지를 분명하게 알아야 했다. 주님이 우리에게 어떤 특별한 메시지-그것이 칭찬이든 질책이든-를 전하려 하실 때, 그분은 먼저 우리의 마음이 그것을 받도록 준비시키신다. 아침이 되었을 때, 여호와께서는 갓에게 왕에게 가서 자신의 최종 제안을 전달하라고 명령하셨다. 갓은 선지자였는데 여기에서는 "다윗의 선견자"라고 불리고 있다. 이것은 어떤 경우에 그가 다윗에게 하나님의 일들에 관해 조언하는 일을 했기 때문이다 (삼상 23:5 참조). 이때 그는 유쾌한 것과는 한참 거리가 먼 메시지를 전해야 했다. 하나님의 종들은 종종 그런 일을 해야 할 때가 있다.

하나님은 다윗의 잘못을 고치셔야 했다. 그러나 그분은 은혜롭게도 그에게 그 고침의 방식을 기근과 전쟁과 전염병 중에서 선택하도록 기회를 주셨다. 그것은 오래도록 질질 끄는 심판과 짧지만 무서울 정도로 극심한 심판 중에 택하라는 것이었다. 매튜 헨리는 여호와께서 다윗에게 이런 제안을 하시면서 네 가지를 의도하셨다고 주장했다. 첫째, 다윗이 그 각각의 심판이 아주 무서운 것임을 생각하면서 자신이 지은 죄가 아주 심각한 것이었음을 깨달아 더욱 자신을 낮추게 하시려는 것이었다. 둘째, 그가 자신이 이스라엘에 대해 주권을 갖고 있다는 오만하고 기만적인 생각을 품었던 것을 질책하시려는 것이었다. 이제 그는 위대한 군주가 되었기에 자기가 원하는 것은 무엇이든 할 수 있다고 생각했다. 하나님은 그런 그를 향해 말씀하신다. "좋다, 그러니 셋 중에서 네가 원하는 것을 택하거라." 셋째, 징계하에서나마 얼마간 그를 격려하시려는 것이었다. 여호와께서는 그와의 교제를 완전히 끊어버리시기보다는 그에게 자신이 하실 일을 결정하게 하셨다. 넷째, 그가 그 징계의 회초리가 자신이 선택한 것임을 인식하면서 그것을 인내하며 견디게 하시려는 것이었다.

## 회개 이후의 징벌의 문제

"갓이 다윗에게 이르러 아뢰어 이르되 왕의 땅에 칠 년 기근이 있을 것이니이까 혹은 왕이 왕의 원수에게 쫓겨 석 달 동안 그들 앞에서 도망하실 것이니이까 혹은 왕의 땅에 사흘 동안 전염병이 있을 것이니이까 왕은 생각하여 보고 나를 보내신 이에게 무엇을 대답하게 하소서 하는지라"(삼하 24:13). 여기에는 이 사건과 관련해 부주의한 독자들을 크게 혼란스럽게 만드는 세 번째 요소가 들어 있다. 첫 번째 요소는 겉보기에 사소할 수도 있는 다윗의 행동이 여호와를 그토록 진노케 했다는 사실이었다. 두 번째 요소는 하나님이 사탄을 움직여 다윗을 유혹하게 하시고는 그가 그 유혹자가 제안한 일을 했다고 그에 대해 화를 내셨다는 사실이었다. 우리는 그 두 가지에 대해서는 이미 살펴보았다. 그러므로 이제 세 번째 요소에 대해 살펴보자. 그것은 다윗이 자기의 죄에 대해 가책을 받고, 그것에 대해 심각하게 회개하고, 그 죄를 고백하고, 여호와께 용서를 구한 후에 그토록 무거운 심판이 임했다는 사실이다. 많은 주석가들이 이 난제를 다루면서 이 장의 첫 문장에 유념하지 않는 것은 참으로 놀랍다. 그것은 이후의 모든 문제들에 대한 열쇠를 제공한다. "여호와께서 다시 이스라엘을 향하여 진노하사 그들을 치시려고 다윗을 격동시키사"(삼하 24:1).

하나님은 이스라엘과 분쟁하고 계셨다. 그리고 바로 그것이 그들에 대한 그분의 통치적 차원의 처리의 성격을 설명한다. 그분의 심판은 되돌릴 수 없었다. 그렇기에 그분은 그들의 왕이 그의 마음의 생래적 충동을 따라 행동한 일의 결과를 맛보게 하심으로써 그들의 오만과 반역을 징계하셨던 것이다. 그러나 여기에는 우리가 유념해야 할 몇 가지 다른 측면들이 있다. 다윗의 죄는 사적인 것이 아니라 공적인 것이었다. 비록 하나님이 그를 개인적 차원에서는 용서하셨을지라도, 그는 공적으로 수치를 당해야 했다. 하나님은 회개하는 성도에게 그가 지은 죄의 형벌적이고 영원한 결과를 면제시켜 주시는 반면, 그렇게 회개하는 자라도 이 세상에서 그들의 어리석음과 관련해 징계를 당하고 또 종종 극심한 고통을 당하게 하신다. 하나님은 오래 참으시지만 어떤 식으로든 죄책을 없애 주시지는 않는다. 그렇다, 하나님의 은사와 부르심에는 후회하심이 없고(롬 11:29), 여호와의 인자와 긍휼은 무궁할지라도(애 3:22), 그분의 의로운 통치 방식은 지켜져야 한다.

마지막으로 지적된 내용은 모든 세대에게 유익하다. 왜냐하면 하나님의 방식은 변하지 않기 때문이다. 교정(矯正)은 언약의 한 특징이다. "주께서는 그 사랑하시는 자를 징계하신다"(히 12:6). 다윗이 하나님 앞에서 고결하고 겸손하게 살았다면, 그는 극심한 징벌을 피할 수 있었을 것이다. 그러나 지금 그는 그 회초리를 견뎌야 한다. "내가 회초리로 그들의 죄를 다스리며 채찍으로 그들의 죄악을 벌하리로다 그러나 나의 인자함을 그에게서 다 거두지는 아니하며 나의 성실함도 폐하지 아니할 것이다"(시 89:32-33). 이것은 그 원칙을 분명하게 진술한다. "다윗이 갓에게 이르되 내가 고통 중에 있도다 청하건대 여호와께서는 긍휼이 크시니 우리가 여호와의 손에 빠지고 내가 사람의 손에 빠지지 아니하기를 원하노라 하는지라"(삼하 24:14). 그것은 현명한 결정이었다. 그 결정의 의미와 복된 의미에 대해서는 다음 장에서 다루기로 하자.

# 91

# 현명한 결정 (II)

사무엘하 24장

우리는 앞의 두 장의 제목을 다윗의 "마지막 어리석은 짓"이라고 붙인 바 있는데, 지금 여기에서 우리는 그의 "현명한 결정"에 대해 살피려 한다. 신자의 삶속에 이 두 가지 요소가 얼마나 이상하게 뒤섞여 있는지는 성도들의 이야기 속에서 분명하게 예시된다. 그리스도인들은 종종 자신의 이런 경험에 대해 혼란스러워한다. 하지만 그것에 대한 설명은 어렵지 않다. 성도 안에서 작용하는 서로 대립하는 두 가지 원리가 있다. 하나는 "육"이고 다른 하나는 "영"이다. 전자는 본질적으로 악하며 성도가 저지르는 모든 어리석은 짓의 원인이다. 반면에 후자는 본질적으로 거룩하며 성도가 갖고 있는 모든 참된 지혜의 샘이다. 그러므로 성경에서 (특히 잠언서 전체를 통해) 죄와 어리석음은 동의어로 간주되고, 반면에 거룩함과 지혜는 서로 맞바꿔 쓰인다.

우리가 우리 안에 내재하는 죄를 억제하고 광기어린 행동에 빠지지 않는 것은 자신에 대한 가차 없고 중단 없는 심판과 하나님과의 긴밀하고도 지속적인 관계의 유지를 통해서만 가능하다. 거룩하신 분과의 교제가 깨질 때, 우리는 지혜의 샘을 저버리게 되고, 그로 인해 종종 세상의 상식을 가진 자라도 따르기를 주저하는 길을 따르게 된다. 우리는 이에 대한 가장 엄중한 예를 다윗의 경우를 통해 보았다. 첫째, 그는 자기의 왕국이 강화되고 확장된 것 때문에, 또한 자기의 군대가 성취한 큰 성공 때문에 교만해졌다. 이것은 그가 하나님의 허락 없이 자기 백성들 중 군사들의 수를 헤아리는 불필요한 일을 시작하는 어리석음으로 이어졌다. 더 나빴던 것은, 그가 자기의 사령관들의 분명한 반대에도 불구하고 그 미친 짓을 강행했다는 것이다. 그리고 가장 나빴던 것은, 그가 계수된 사람들을 위해 속전을 바치지 않음으로써 출애굽기 30장 12절의 요구를 무시했다는 점이다.

### 자기에 대한 심판

그토록 탁월한 하나님의 종의 실패에 대해 고찰하는 것은 고통스러운 일이다. 그러나 만약 우리가 그런 엄중한 경고에 적절하게 유념하고 그것을 통해 하나님 앞에서 조심스럽게 살아가는 법을 배운다면, 그것은 우리에게 유익한 일이 될 것이다. 우리 모두에게는 동일하게 악한 성향이 있다. 그러므로 우리가 그와 유사한 악에 빠지지 않는 방법은 우리 자신에게도 그런 성향이 있음을 인식하면서 참으로 자신을 낮추고 자기에 대한 보다 깊은 불신과 혐오에 이르는 것, 그리고 하나님의 누그러뜨리시고 보호하시는 은혜를 보다 간절하고 분명하게 구하는 것뿐이다. 구약 성경의 이런 이야기들은 단순히 정보를 제공하기 위해서가 아니라 우리를 교화하기 위해서 기록된 것이다. 그리고 우리의 영적 성숙은 오직 하나님의 말씀을 먹는 것을 통해서만 가능하다. 말씀을 먹는다는 것은 우리가 그것을 곱씹어 자신의 것으로 삼아 우리 안으로 받아들여 우리 자신과 동화시킨다는 것을 의미한다.

아, 그러나 다윗은 그렇게 하는 데 실패했고, 우리들 역시 그러하다. 우리 중 누가 감히 자신은 그리스도인이 된 이후 단 한 번도 어리석은 길을 따라간 적이 없다고 말할 수 있는가? 우리 중 누가 감히 자신은 단 한 번도 하나님의 영광을 가리는 미친 짓을 한 적이 없다고 말할 수 있는가? 그러나, 이제 곧 살펴보겠지만, 다윗은 제정신을 회복했고, 다시 한 번 현명하게 행동했다. 우리가 이제부터 주목하고자 하는 것은 바로 그 두 가지 일 사이에 놓여 있다. 왜냐하면 바로 그 지점이 우리에게 아주 중요하고도 값진 실제적 교훈을 제공하기 때문이다. 어리석은 길에 들어섰던 그리스도인들은 다시 한 번 지혜의 길을 걷기를 원한다. 그렇다면 우리는 본문의 이야기를 면밀히 살피고 그것을 통해 어리석음의 길에서 벗어나 지혜의 길로 되돌아오기 위한 몇 가지 단계들을 찾아내야 하지 않겠는가? 여기에서 성령께서는 은혜롭게도 우리에게 그런 회복의 길과 수단들을 알려 주고 계시다.

그렇다면 독자들이여, 당신은 우리가 하나님과의 교제를 회복하기 위해 취해야 할 첫 단계가 무엇이라고 보는가? 어리석음의 질병에서 회복되기 위해 우리가 해야 할 특별한 일이 무엇이라고 보는가? 만약 당신이 하나님의 일들에 대해 얼마라도 알고 있다면, 당신은 즉시 그 대답을 찾을 수 있을 것이다. 왜냐하면 당신 자신의 이야기가 그 대답을 알려 줄 것이기 때문이다. "다윗이 백성을 조사한 후에 그의 마음에 자책하고"(삼하 24:10a). 이 구절에 대해서는 이미 앞에서 설명한 바 있다. 따라서 이 구절에 대한 내 설명은 짧아져야 한다. 그러나 나는 어느 엇나가는 성도가 자신이 한 미친 짓에 대해 자책하고 죄책감에 시달릴 때 그에게 베풀어지는 은혜가 어떠한지에 대해서는 한 번 더 지적해야 할 것 같다. 왜냐하면 이것은 중생의 징표이자 여호와께서 그를 완전한 강퍅함과 눈멀음에 넘겨주심으로써 그를 버리지 않으셨다는 표시이기 때문이다. 그러나 이제 내가 이 구절에 특별히 주목하고자 하는 것은 이 구절이 다윗의 회복의 첫 단계를 암시하기 때문이다.

"그의 마음에 자책하고" 이것이 기본이자 필수적인 요소다. 자신의 타락을 가차 없이 정죄하지 않는 한 우리가 거룩하신 하나님과의 교제를 실제적으로 회복할 길은 없다. 우리는 그 교제를 깨뜨린 것을 정죄해야 한다. 하나님은 회개가 없는 곳에서는 누구도-죄인이든 성도든-용서하시지 않는다. 그리고 회개의 핵심적 요소는 자기에 대한 심판이다. "내 이름으로 일컫는 내 백성이 그들의 악한 길에서 떠나 스스로 낮추고 기도하여 내 얼굴을 찾으면 내가 하늘에서 듣고 그들의 죄를 사하고 그들의 땅을 고칠지라"(대하 7:14). 그러므로 첫 번째 요소는 우리 자신을 낮추는 것이다. 그리고 그것이야말로 회개의 본질이다. 그것은 우리와 맞서서 하나님의 편을 드는 것이고 우리 자신의 악함에 대해 슬퍼하는 것이다. 그러므로 우리의 마음의 눈에서 어리석음의 티끌을 씻어내고 우리의 마음으로 하여금 한 번 더 사물들을 신중하게 바라볼 수 있게 하는 것은 회개의 눈물이다.

## 죄의 고백

그렇다면, 독자들이여, 당신은 우리가 지혜의 길로 돌아가기 위한 다음 단계가 무엇이라고 여기는가? 또 다시 그 대답은 아주 단순하다. 자기에 대한 참되고 정직한 심판이 있는 곳에서는 또한 하나님께 자기의 잘못을 겸손하게 그리고 참회하는 마음으로 고백하는 일이 일어날 것이다. 그 결과 우리는 위에서 인용한 구절(대하 7:14)에서 "내 이름으로 일컫는 내 백성이 그들의 악한 길에서 떠나 스스로 낮추고"라는 말씀에 이어서 즉시 "기도하여 내 얼굴을 찾으면"이라는 말씀이 나타나는 것을 보게 된다. 우리는 다윗이 그렇게 했음을 본다. "다윗이 여호와께 아뢰되 내가 이 일을 행함으로 큰 죄를 범하였나이다 여호와여 이제 간구하옵나니 종의 죄를 사하여 주옵소서 내가 심히 미련하게 행하였나이다 하니라"(삼하 24:10b). 그는 자신의 어리석음이 컸음을 강조하면서 자신의 죄를 솔직하게 고백했다. 이것이야말로 모든 타락자들이 그들의 미친 짓에서 회복되어 다시 하나님과의 교제를 시작할 수 있기 전에 해야 할 일이다.

여호와께 대한 다윗의 죄의 고백이 "종의 죄를 사하여 주옵소서"라는 그의 간청과 짝을 이루고 있는 것에 주목할 필요가 있다. 그 간청은 적어도 세 가지 것을 의미한다. 첫째, 하나님의 율법과 그것이 양심에 지우는 무게 모두로부터 죄책을 제거해 달라는 것이다. 둘째, 하나님의 거룩하신 눈과 자신의 더러워진 영혼 모두로부터 그 죄로 인한 더러움을 씻어달라는 것이다. 셋째, 그 죄로 인한 벌을 받지 않도록 그 죄에 따르는 통치적 처리를 취소하고 무효화해달라는 것이다. 우리는 이런 차이들에 유념할 필요가 있다. 왜냐하면 그것들은 단순히 용어상의 구별에 불과한 것이 아니기 때문이다. 하나님의 거룩한 요구들이 적절하게 충족되고 그분이 용서를 베풀기를 기뻐하시는 곳에서는 이런 요소들 중 처음 두 가지가 늘 나타난다. 즉 죄책이 제거되고 더러운 것이 깨끗해진다. 그러나 세 번째 것은 늘 행해지지는 않는다.

## 용서의 간청과 징계

하나님은 우리의 죄의 결과들을 자신의 영광과 영원한 목적의 이행에 가장 크게 도움이 되는 방식으로 통치적 차원에서 배포할 주권적 권리를 갖고 계시다. 그런 결과들은, 신자 자신에 관한 한, 형벌적인 것이 아니라 훈육적인 것이다. 그것은 진노가 아니라 사랑의 모습으로 찾아온다. 그러나 우리는 거기에는 우리의 개인적 이해관계를 넘어서는 보다 광범한 차원의 이해관계가 포함되어 있음을 잊어서는 안 된다. 하나님이 한 신자가 극악한 죄를 저지른 후 그것에 대해 진심으로 회개하고 그 죄를 고백할 때마다 하나님이 그 죄의 모든 결과들을 없애 주신다면, 사람들이 그것에 대해 어떤 인상을 받겠는가! 신앙이 없는 자들이 주님은 죄악을 사소한 것으로 여기시고 우리의 행위에 대해 무관심하시다고 결론을 내리지 않겠는가! 하나님이 이 세상의 도덕적 통치자로서 종종 이 세상에서 우리가 우리의 죄로 인한 고통스러운 결과들을 겪게 하시면서 자신이 그 죄를 인정하지 않으심을 보여 주시는 것은 바로 그런 이유 때문이다.

그러나 고통을 당하고 있는 어떤 성도가 방금 내가 말한 것을 토대로 자기의 삶에서 하나님의 진노의 증거들이 아주 많이 나타나는 것은 자기가 회개하며 고백한 죄가 여전히 용서를 받지 못했기 때문이라고 추론한다면, 그것은 아주 큰 잘못이다. 이에 대한 한 가지 놀라운 예는 이보다 앞서 발생한 다윗의 삶의 한 사건을 통해 잘 드러난다. 그가 우리아의 아내의 문제로 통탄스러운 죄를 지은 후 나단 선지자가 찾아와 그의 죄를 비난했다. 그러자 다윗은 "내가 여호와께 죄를 범하였노라"(삼하 12:13a)라고 시인했다. 그리고 시편 51편을 신중하게 읽은 사람이라면 그 누구도 이때의 그의 회개의 진지함과 깊이를 의심할 수 없을 것이다. 그렇기에 나단은 그에게 "여호와께서도 당신의 죄를 사하셨나니 당신이 죽지 아니할 것이다"(13b절)라고 말했다. 그러나 그는 즉시 덧붙여서 다음과 같이 말했다. "이 일로 말미암아 여호와의 원수가 크게 비방할 거리를 얻게 하였으니 당신이 낳은 아이가 반드시 죽으리이다"(14절).

거듭나지 않았던 시절에 무책임하고 방탕한 삶을 살았던 이들의 경우에는 보다 평범한 예들이 나타날 것이다. 그들이 회심할 때 하나님은 영원과 관련해 그들의 죄의 형벌적 결과들을 취소하시면서 그들의 죄를 은혜롭게 용서해 주신다. 또한 그분은 그들을 그들의 죄로 인한 더러움으로부터 씻어 주신다. 그럼에도 그 난봉꾼이 방종히게 살면서 망쳐버린 건강과 힘을 다시 얻는 경우는 거의 없다. 오히려 그는 대개의 경우 그의 광기 어린 청년기에 방탕하게 지내며 뿌려놓은 열매를 그의 육체를 통해 거두게 된다. 우리아에게 저지른 무서운 죄와 관련해 다윗이 그러했다. 하나님의 진노의 칼은 거둬지지 않았다. 그 칼은 그의 생애의 나머지 기간 내내 그와 그의 집안에 내리쳐졌다.

## 하나님의 의로우심을 인정함

우리 앞에 놓인 사건의 경우에는 선지자 갓이 다윗을 찾아가 하나님의 뜻을 전했다. "가서 다윗에게 말하기를 여호와께서 이와 같이 말씀하시기를 내가 네게 세 가지를 보이노니 너를 위하여 너는 그 중에서 하나를 택하라 내가 그것을 네게 행하리라 하셨다 하라 하시니 갓이 다윗에게 이르러 아뢰어 이르되 왕의 땅에 칠 년 기근이 있을 것이니이까 혹은 왕이 왕의 원수에게 쫓겨 석 달 동안 그들 앞에서 도망하실 것이니이까 혹은 왕의 땅에 사흘 동안 전염병이 있을 것이니이까 왕은 생각하여 보고 나를 보내신 이에게 무엇을 대답하게 하소서 하는지라"(삼하 24:12-13). 내가 사무엘하 24장과 관련된 여러 장들에서 이미 여러 번 지적했듯이, 여호와께서는 이스라엘에 대해 불만을 품고 계셨다. 그러므로 그분의 통치적 차원의 진노는 다윗의 기도를 통해 피할 수 있는 게 아니었다. 극악하게 여호와의 화를 돋운 그 나라에는 하나님의 심판이 임해야 했다. 그러나 그 심판이 임하는 방식은, 비록 정해진 한계 내에서이기는 하나, 다윗의 선택에 맡겨졌다.

"다윗이 갓에게 이르되 내가 고통 중에 있도다 청하건대 여호와께서는 긍휼이 크시니 우리가 여호와의 손에 빠지고 내가 사람의 손에 빠지지 아니하기를 원하노라 하는지라"(삼하 24:14). 이제 다윗은 자기의 죄의 비통한 결과를 맛보아야 했다. 그러나 그가 선지자가 전한 무서운 메시지를 듣고서 자신의 마음을 강퍅하게 하거나 하나님을 향해 투덜거리지 않는 것을 보는 것은 복된 일이다. 그 메시지에 대한 그의 아름다운 반응은 그의 회개의 참됨과 그의 고백의 진지함을 분명하게 보여 주었다. 이것이 우리가 이 이야기에서 유념해야 할 또 다른 요점이다. 아, 우리의 마음은 종종 이 지점에서 우리를 기만한다. 종종 우리는 우리의 죄에 대해 슬퍼하고 주님 앞에서 그 죄들을 시인하지만, 그 후에 그 죄에 대한 통치적 결과가 회개와 시인 이전이나 이후나 동일하다고 느낄 때 안달하며 짜증을 낸다. 그리고 그렇게 함으로써 우리의 회개의 피상성과 우리의 고백의 부정직함을 분명하게 드러낸다!

앞에서 말한 바와 같이, 참된 회개는 우리와 맞서서 하나님의 편을 드는 것이다. 그것은 단순히 우리 자신을 가차 없이 정죄하고 우리가 주님을 진노케 한 것에 대해 슬퍼하는 것만이 아니라, 또한 우리가 참으로 우리의 죄에 합당한 징계를 당해야 마땅하다는 사실을 진심으로 인정하는 것이다. 그것은 설령 하나님이 우리를 크게 괴롭히며 징계하실지라도 그분은 옳으시다는 사실을 인정하고 시인하는 것이다. 바로 그것이 우리의 고백이 얼마나 참된지 혹은 얼마나 참되지 않은지를 보여 준다. 우리 자신에 대한 심판의 실제성과 깊이는 우리가 징계의 회초리를 맞으며 어떻게 행동하는지, 즉 온유하게 행동하는지 아니면 반항하는지를 통해 드러난다. 애굽 왕 바로가 "내가 너희의 하나님 여호와와 너희에게 죄를 지었다"(출 10:16)라고 시인했으나 여호와께서 보내신 재앙이 물러가자마자 다시 마음을 강퍅하게 했던 것을 잊지 말라.

## 현명한 선택

하늘에 계신 아버지께서는 다윗을 고치셔야 했다. 그러나 그분은 은혜롭게도 그에게 그 고침의 방법이 오래도록 계속되는 지루한 것일지 아니면 짧지만 무서울 만큼 고통스러운 것일지를 선택하도록 허락하셨다. "여러 해 동안의 기근은 그와 이스라엘이 최근에 경험한 바 있었다. 그 징벌은 삼년간 계속되었다[삼하 21:1]. 그러니

칠 년 동안의 기근이라면 그들 모두에게 얼마나 큰 불행을 가져오겠는가! 이 기간 동안 안식년이 있을 것이고, 그 해에는 땅을 경작할 수 없을 것이다. 그러면 그 나라는 육년 동안의 풍성한 수확을 통해 비축한 식량 없이 그 안식년을 지내야 할 것이다. 칠 년의 기근은 요셉 시절의 그와 동일한 재앙의 역사가 분명히 보여 주듯이 참으로 무거운 고통이 될 것이다. 적에게 쫓기는 일에 대해서는 다윗이 잘 알고 있었다. 그는 여러 해 동안 사울의 손에서 고통을 당했다. 또 그는 압살롬을 피해 달아났던 경험을 갖고 있었다. 그런 시련들은, 내가 확신하거니와, 끝이 나기는 했지만 잊히지는 않았다. 그리고 그런 시련들은 인간들이, 만약 하나님이 그들로 하여금 그를 쫓도록 허락하신다면, 어떤 일을 할 수 있을지 가르쳐 주었을 것이 틀림없다"(C. E. Stuart).

앞 장에서 나는 매튜 헨리의 말을 인용했는데, 그는 여호와께서 다윗에게 자신의 심판이 취할 특별한 형식을 선택하라고 하신 데에는 네 가지 의도가 있었다고 지적한 바 있다. 첫째, 그분은 그가 지은 죄 때문에 그를 낮추려 하셨다. 그렇게 하심으로써 그분은 그가 그 죄에 수반하는 심판이 얼마나 무서운 것인지 깨닫고 그 죄가 아주 심각한 것이었음을 알게 하고자 하셨다. 둘째, 그의 오만함을 질책하려 하셨다. 그는 자기는 아주 위대한 군주이기에 무엇이든 자기가 원하는 대로 할 수 있다고 생각하면서 자기의 뜻을 따라

행동했다. 그리고 이제 그는 이런 무서운 제안들 중 하나를 선택하라
는 명령을 받고 있다. 셋째, 징계하에서나마 얼마간 그를 격려하려
하셨다. 여호와께서는 자신의 종을 완전히 버리지는 않으셨다. 다윗
은 하나님이 하실 일을 결정할 권한을 얻었다. 넷째, 그가 그 징계의
회초리를 보다 잘 인내하며 견디게 하고자 하셨다. 이런 것들에 더해
서 나는 그분의 다섯 번째 의도를 추가하고자 한다. 그것은 그분이
다윗의 마음을 시험하시고 그에게 그의 믿음의 활동과 표출을 위한
기회를 제공하시려는 것이었다.

"우리가 여호와의 손에 빠지고 내가 사람의 손에 빠지지 아니하
기를 원하노라 하는지라"(삼하 24:14b). 이것은 다윗이 제정신을 회복
했음을 보여 주는 얼마나 분명한 증거인가! 지금 그가 내린 현명한
결정은 그가 어리석음의 길에서 회복되어 신중함의 길로 돌아갔음
을 분명하게 보여 준다. 또한 이것은 하나님이 자기를 높이는 자들을
높여 주신다는 복된 사실을 다시 한 번 보여 주는 것이었다. 그러므
로 우리 모두는 우리가 하나님 앞에서 자신을 낮추고 인내하면서
자신의 죄를 고백하는 것이야말로 하나님을 높여드리는 것임을 분
명하게 이해할 필요가 있다. 그리고 그분이 되갚아서 우리를 높여
주시는 방법들 중 하나는 우리에게 갱신된 영적 분별력을 허락하시
는 것이다. 그 분별력을 통해 우리의 마음은 따뜻한 사랑과 확신
속에서 그분에게 이끌리며 또한 그분의 위대한 은혜를 보다 온전하

게 깨닫게 된다. 독자들이여, 그러니 만약 우리가 우리 자신을 정죄하고 은혜의 보좌 앞에서 무릎을 꿇지 않는다면, 우리는 얼마나 많은 것을 놓치는 셈인가!

여호와의 방법은 얼마나 놀라운가! 그분은 다윗의 양심을 어루만지셨을 뿐 아니라, 이제 또한 그의 마음에서 우러나오는 사랑을 자신에게 이끌고 계시다! 그분은 그를 회개하도록 이끄셨을 뿐 아니라, 또한 그 사랑하는 종의 믿음을 일깨워 주셨다. 이런 일의 순서는 늘 동일하다. 믿음에 앞서 회개가 있어야 한다(막 1:15; 마 21:32). 왜냐하면 강퍅하고 회개하지 않는 마음이 참으로 주님을 신뢰하는 것은 불가능하기 때문이다. 그러므로 우리는 우리의 사악한 불신앙의 근저에는 자신의 죄를 뉘우치지 않는 태도가 있음을 알아야 한다. 그러나 다윗이 회개한 후에 여호와께서는 그에게 그의 믿음을 드러낼 기회를 제공하셨다. 그리고 지금 그는 그 믿음을 아주 크게 드러내 보였다. 다음과 같은 그의 말은 하나님의 특성을 알고 확신하는 말이었다. "우리가 여호와의 손에 빠지자."

아, 독자들이여, 여호와는 우리의 잘못 때문에 우리를 극심하게 징계하실 때조차 그 어떤 피조물보다도 무한히 은혜로우시고, 신실하시고, 우리의 신뢰를 받으실 만하시다. "내가 사람의 손에 빠지지 아니하기를 원하노라." 가련한 다윗은 인간이 어떤 일을 할 수 있는지를 그동안 충분히 경험했다. 그의 형이 그를 질투하고 무정하게 중상했다(삼상 17:28). 사울은 그의 친절에 악하게 보답했다. 아히도벨은 천박하게 그를 기만했고 그의 신뢰를 저버렸다. 그가 사랑했던 아들은 그에 맞서 반역을 일으켰고 그를 폐위하는 일에 거의 성공했었다. 그러므로 그는 다음과 같이 말할 충분한 이유를 갖고 있었다. "내가 사람의 손에 빠지지 아니하기를 원하노라." 그는 불안정하고, 배반하기 쉽고, 매정한 사람의 손에 빠지기를 원하지 않았다.

## 92
# 효과적인 중재
사무엘하 24장

사무엘하 24장에서 다윗이 우리 앞에 제시하는 여러 가지 다른 모습들에 주목하는 것은 흥미롭기도 하고 교훈적이기도 하다. 첫째, 다윗은 자부심 강하고 "오만한 자"로 묘사된다. 그것은 이 장이 앞 장에 나오는 그의 비범한 승리와 왕국 영토의 확장 이야기에 이어서 "그리고"(And, KJV, 한글 성경에는 번역되어 있지 않다 – 역주)라는 말로 시작되는 것을 통해 추론될 수 있다. 이런 모습은 이 시기를 언급하는 시편 30편 6절을 통해 확증되는데, 우리는 이 문제를 나중에 다시 고찰할 것이다. 둘째, 그는 역대상 21장 1절이 좀더 분명하게 보여 주듯이 "유혹받는 자"로 묘사된다. 셋째, 그는 그럴 필요도 혹은 그렇게 하라는 하나님의 명령도 없는 상태에서 군사들의 수를 헤아리기로 결정하는 "어리석은 자"로 묘사된다. 넷째, 그는 자기의 사령관들의 조언을 따르거나 그들의 항의에 귀를 기울이지 않은 채 자기 마음대로 행하는 완고한 "고집불통"으로 묘사된다. 이런 내리막길 위에 선 자가 내딛는 발걸음의 논리적 순서는 겉으로도 분명하게 드러난다.

이제 다른 측면에서 나는 그를, 다섯째, 자신의 죄를 슬퍼하고 그것을 하나님께 고백하는 "회개하는 자"로 보고자 한다(10절). 여섯째, 선지자의 무서운 선고를 들었을 때 하나님의 극심한 심판에 대해 불평하지 않고 온유하게 그분의 판결에 머리를 숙이는 "순종적인 사람"으로 보고자 한다. 일곱째, 사람의 손에 빠지기보다는 하나님의 손에 빠지기를 원하는 "신중한 사람"으로 보고자 한다. 여덟째, 하나님의 크신 은혜를 인식하고 시인하는 "믿음과 확신의 사람"으로 보고자 한다(14절). 아홉째, 하나님의 심판이 그가 사랑하는 백성들에게 임하는 것을 자기와 자기 집안이 징계를 받는 것 이상으로 아파하는 "징계 받는 자"로 보고자 한다. 그리고 열째, 자기가 처한 난국에 대처하면서 고통당하는 자신의 백성을 위해 탄원하는 "하나님 앞에 선 중재자"로 보고자 한다. 그리고 여기에서도 우리는 이런 일들의 논리적 순서를 분명하게 인식할 수 있다.

## 하나님 앞에 선 중재자

이제 나는 그 중에서도 특히 "하나님 앞에 선 중재자"라는 이 마지막 특성에 주목하고자 한다. 만약 우리가 우리 앞에 있는 사건들의 순서에 특별히 주목하지 않는다면, 우리는 그 사건들의 관계 속에서 가장 중요한 요소들 중 하나를, 그리고 그로 인해 우리에게 가장 도움이 될 만한 값진 교훈들 중 하나를 놓치게 될 것이다. 모든 신자가 다 기도를 통해 하나님께 힘을 발휘하는 것은 아니다. 사실은 그것과는 거리가 멀다. 다른 이들을 위한 탄원을 통해 여호와를 설득할 수 있는 사람은 소수에 불과하다. 우리는 그 이유를 찾기 위해 멀리 갈 필요가 없다. 그들은 필요한 조건을 갖추고 있지 않은 것이다. 그들은 이 경우에 다윗이 보였던 징표들을 갖고 있지 않다. 만약 우리가 하나님의 계명과 어긋나게 살아가거나(요일 3:22), 우리의 삶 속에 들어 있는 죄에 대해 슬퍼하거나 그것을 고백하지 않는다면, 주님은 우리의 기도를 듣지 않으실 것이다(시 66:18).

나는 독자들이 내가 어느 이야기 속에 나오는 사건들의 "순서"에 자주 주의를 환기시키는 것에 지치지 않기를 바란다. 왜냐하면 종종 아주 중요한 교훈들은 그런 식으로 반복되어 나타나기 때문이다. 지금 우리 앞에 놓인 사건의 경우도 마찬가지다. 만약 우리가 다른 이들을 위한 성공적인 탄원자가 되고자 한다면, 우리는 다윗의 효과적인 중재에 선행된 것이 무엇인지에 적절하게 주목해야 한다. 첫째, 우리는 우리의 삶속에 들어 있는 거룩하신 하나님을 진노케 하는 요소를 제거해야 한다. 그것은 우리의 죄를 진심으로 회개하고 하나님께 그 죄를 겸손하게 시인하는 것을 통해 가능하다. 둘째, 우리는 그분의 의로운 징계를 온순히 받아들이면서 그분의 징계의 손길에 전적으로 굴복해야 한다. 셋째, 우리는 그분의 지혜와 신실하심과 선하심에 대해 분명한 확신을 갖고서 우리 자신을 그분의 손에 전적으로 맡겨야 한다. 넷째, 우리는 그분의 크신 은혜를 실제로 확신하면서 믿음으로 그것을 붙들고 그분 앞에서 탄원해야 한다.

## 엄중한 심판

"이에 여호와께서 그 아침부터 정하신 때까지 전염병을 이스라엘에게 내리시니 단에서부터 브엘세바까지 백성의 죽은 자가 칠만 명이라"(삼하 24:15). 무엇보다도, 우리는 죄에 대한 징벌이 얼마나 정확한지에 주목하자! 다윗은 회개했지만 여전히 교정될 필요가 있었다. 그리고 그의 죄는 공적인 것이었기에 그것에 대한 응보 역시 그러해야 했다. 그러나 참으로 놀라운 것은 하나님의 회초리가 그분의 종이 지은 죄의 원인이었던 곳에 떨어졌다는 사실이다. 다윗은 자신의 백성들의 많음을 맹목적으로 사랑했다. 그리고 이제 그 많은 백성들은 급격하게 줄어들어야 했다! 하나님은 다윗이 자신의 만족을 위해 계수했던 이들 중 칼날에 맞아 죽을 이들을 계수하셨다. 그가 헤아렸던 사람들의 20분의 1에 가까운 사람들이 죽었다(9절 참조). 이로써 하나님의 심판의 대상이 다윗의 오만함이었다는 사실이 분명해졌다. "우리가 우상화하거나 자랑하는 것이 무엇이든, 대개 하나님은 바로 그것을 우리에게서 빼앗아 가시거나 그것이 우리의 십자가가 되게 하신다"(Thomas Scott).

그러나 우리가 또한 주목해야 할 것은 하나님의 회초리가 직접 백성들 자신에게 떨어졌다는 점이다. 이것은 여호와께서 분쟁하고 계신 대상이 바로 그들이었기 때문이다(1절). "이것은 엄중한 시간이었음에 틀림없다. 전염병은 어둠 속에서 퍼져나갔고, 낮에는 파멸이 일어났다. 파괴하는 천사가 활발하게 움직였다. 아무도 그를 당해낼 수 없었다. 나라 전역에서 죽음이 그 희생자들을 찾고 있었다. 아무도 다음에 누가 희생될지 알지 못했다. 병자들을 치유할 아무런 치유책도 없었다. 제 아무리 긴급한 간구도 사랑하는 이의 목숨을 지켜내지 못했다. 모든 기쁨이 사라졌다. 일상적 삶을 추구할 모든 힘이 고갈되었다. 하나님이 역사하고 계셨고, 그것도 아주 힘 있게 그렇게 하고 계셨다. 전에 그분은 자신의 팔을 펼치셔서 이스라엘을 위해 힘 있게 역사하셨다. 지금도 그분의 팔이 펼쳐지기는 했으나, 이번에 그것은 그들에게 치명적인 방식으로 펼쳐져 있었다. 그분이 부당하다고 비난할 수 있는가? 아니다, 비록 그들을 계수했던 다윗의 행동

이야말로 이런 환란의 가장 직접적인 원인이기는 했으나, 그들은 징계를 받아야 마땅했다. 그들 모두는 무력했다, 너무나 무력했다. 그들의 유일한 희망은 하나님의 자비 안에 있었다"(C. F. Stuart).

우리는 이 엄중한 사건을 통해 하나님이 가장 오만한 죄인들을 얼마나 쉽게 낮추시는지에 대한 실례를 볼 수 있다. "대저 만군의 여호와의 날이 모든 교만한 자와 거만한 자와 자고한 자에게 임하리니 그들이 낮아지리라"(사 2:12). 그러므로 우리는 매일 그분의 오래 참으심에 얼마나 큰 빚을 지고 있는 것인가! 뻔뻔스럽게 지존자와 맞서는 담대한 반역자들은 자기들이 그분의 놀라운 인내심에 얼마나 많은 것을 빚지고 있는지 전혀 알지 못한다. 그러나 그들은 결국 그분의 인내에도 한계가 있음을 알게 될 것이다. 어떤 이가 적절하게 지적했듯이, "만약 천사들의 힘이 단 하루 동안 단 한 번의 가격만으로 칠만 명을 죽일 만큼 무서운 것이라면, 전능하신 창조주의 힘은 어떠하겠는가?" 그분은 우리에게 다음과 같이 옳게 묻고 계시다. "내가 네게 보응하는 날에 네 마음이 견디겠느냐 네 손이 힘이 있겠느냐"(겔 22:14).

## 후회하시는 하나님

"이에 여호와께서 그 아침부터 정하신 때까지 전염병을 이스라엘에게 내리시니." 이 "정하신 때까지"라는 표현은 삼일의 마지막을 의미할 수도 있고, 혹은 많은 이들이 생각하듯이 첫날의 저녁 제사 때를 의미할 수도 있다. 그 말의 히브리어는 문자적으로는 "정해진 모임의 때까지"(till the time of appointed assembly)로 번역될 수 있는데, 그것은 저녁 예배를 위해 이스라엘 백성이 한데 모이기로 구별된 시간을 의미한다. 저명한 학자인 헹스텐버그(Henstenberg)는 다음과 같이 말한다. "사무엘하 24장 16절에 따르면, 그 재앙은 아침부터 정하신 때까지 지속되었다. 우리는 이 '정하신 때'를 '저녁 제사를 위한 모임'으로 이해해야 한다[왕상 18:29, 26; 왕하 16:15과 비교해 보라]." 그러나 그 히브리어의 의미와는 별도로 이런 해석을 요구하는 것처럼 보이는 두 가지 요소가 있다. 첫째, "정하신 때까지"라는 표현은 "아침부터"라는 표현과 대비되기 때문이다. 둘째, 다음 절에 나오는 "여호와께서 이 재앙 내리심을 뉘우치사"라는 진술 때문이다.

마지막에 인용한 구절은 우리에게 여호와께서 자신이 선포하신 심판을 끝까지 이행하지 않으셨다는 사실을 분명하게 암시하는 것으로 보인다. 그러나 그렇게 짧은 기간에조차 이스라엘 백성 중 칠만 명이 죽었다. 그러나 하나님의 은혜로 그 기간은 단축되었다. 심판은 하나님의 "낯선 일"이다. 왜냐하면 그분은 은혜를 기뻐하시기 때문이다. 그러나 그분의 은혜는 결코 그분의 거룩하심의 요구를 무시하거나 정의의 요구를 밀어내지 않는다. 그리고 아주 복되게도 우리는 여기에서 하나님의 특성의 이런 두 가지 위대한 측면들의 합류점을 발견한다. 그 황폐케 하는 전염병을 멈춰 서게 한 것은 저녁 제사의 달콤한 향기였다! 이것은 신약 성경에서 아무런 가리개나 싱징 없이 서술되는 내용에 대한 얼마나 놀라운 예시인가! 그리스도의 십자가는 하나님의 다양한 특성들이 혼합된 조화를 이루며 빛을 발하는 장소다.

"천사가 예루살렘을 향하여 그의 손을 들어 멸하려 하더니 여호와께서 이 재앙 내리심을 뉘우치사"(삼하 24:16a). 먼저 이 지점에서 한 가지 오해를 제거하자. 진리의 적들은 여호와께서 뉘우치셨다는 이 언급(그리고 창 6:6과 삼상 15:11 등과 같은 유사한 구절들)을 붙잡는 데 결코 굼뜨지 않다. 그들은 이런 언급을 이유 삼아 하나님은 피조물처럼 변덕스러우며 마음의 변화에 굴복하신다는 결론을 내려왔다. 그러나 성경에서 하나님의 불변성(the immutability of God)만큼이나 분명하게 드러나는 내용은 아무것도 없다. "하나님은 사람이 아니시니 거짓말을 하지 않으시고 인생이 아니시니 후회가 없으시도다 어찌 그 말씀하신 바를 행하지 않으시며 하신 말씀을 실행하지 않으시랴"(민 23:19). "그는 뜻이 일정하시니 누가 능히 돌이키랴 그의 마음에 하고자 하시는 것이면 그것을 행하시나니"(욥 23:13). "나 여호와는 변하지 아니하나니"(말 3:6). "온갖 좋은 은사와 온전한 선물이 다 위로부터 빛들의 아버지께로부터 내려오나니 그는 변함도 없으시고 회전하는 그림자도 없으시니라"(약 1:17). 어떤 말이 이보다 더 분명하고, 강하고, 모호하지 않을 수 있는가! 만약 그런 분명한 선언들이 그것들이 말하는 내용 그대로가 아니고 그 표면적 의미대로 이해되어서는 안 된다면, 우리가 성경을 읽는 것은 시간낭비에 불과하다.

성경이 그 자체와 모순될 수 없다는 것, 그리고 겉보기에 서로 모순되는 듯 보이는 것들 사이에 완벽한 조화가 존재한다는 것은 영적인 마음을 지닌 사람 누구에게나 아주 명백하다. 우리가 그것들의 완벽한 일치를 식별할 수 없을 때, 우리는 자신의 무지를 시인하고 하나님께서 우리에게 더 온전한 빛을 주시기를 기다려야 한다. 그렇게 하는 것이야말로 지혜로운 일이다. 그리고 그렇게 하는 동안 우리를 당혹스럽게 했던 구절들은 보다 분명한 의미를 지닌 다른 구절들에게 복속될 것이다. 그러므로 우리는 하나님의 불변성을 분명하게 확증하는 그런 선언들은 아무런 한정도 없는 것으로 간주해야 하며, 반면에 하나님이 그분의 마음을 바꾸신다고 말하는 듯 보이는 구절들은 상대적으로 그리고 상징적으로 취급되어야 한다고 여겨야 한다. 만약 어떤 이들이 이것을 의심스러운 요구라고 여긴다면, 나는 그들에게 다음과 같이 묻고자 한다. "사무엘상 15장 29절의 분명한 선언('이스라엘의 지존자는 거짓이나 변개함이 없으시니 그는 사람이 아니시므로 결코 변개하지 않으심이니이다')은 우리로 하여금 사무엘상

15장 11절('내가 사울을 왕으로 세운 것을 후회하노니 그가 돌이켜서 나를 따르지 아니하며 내 명령을 행하지 아니하였음이니라')을 자연스럽지 않은 의미로 해석하도록 강요하지 않는가?" 확실히 성령께서는 같은 장에 나오는 그 두 구절들의 범위 내에서 스스로 모순된 말씀을 하지 않으실 것이다!

사실 하나님은 종종 그분의 말씀에서 신인동형론(神人同形論, anthropomorphism)을 사용하신다. 은혜롭게도 그분은 우리의 제한된 능력에 자신을 맞추시고 인간의 방식을 따라 말씀하신다. 그런 까닭에 우리는 그분이 "괴롭힘을 당하신다"(말 2:17)는 말씀을 읽고, 다른 곳에서는 "여호와, 땅 끝까지 창조하신 이는 피곤하지 않으시며 곤비하지 않으시며"(사 40:28)라는 말씀을 듣는다. 신명기 32장 27절에서 여호와께서는 "원수를 자극하여 그들의 원수가 잘못 생각할까 걱정하신다." 또한 시편 78편 65절에서 우리는 "그때에 주께서 잠에서 깨어난 것처럼, 포도주를 마시고 고함치는 용사처럼 일어나사"라는 말씀을 읽는다. 그러나 우리는 그분이 결코 주무시지 않는다는 것을 알고 있다. 이사야 59장 16절에서 그분은 "이상히 여기신다." 그러나 아무것도 그분을 놀라게 할 수 없다. 예레미야 7장 13절은 그분을 "새벽부터 부지런히" 일하시는 분으로 묘사한다. 이것은 그분의 열심을 보여 주는 말이다. 그리고 우리는 이런 말을 얼마든 계속할 수 있다. 그러므로 사무엘하 24장 16절에 나오는 여호와께서

"뉘우치사"라는 말은 그분이 마음을 바꾸셨다는 의미가 아니라, 그분의 외적 행동에서의 어떤 변화-그분의 심판의 중지-를 의미하는 것이다.

## 심판을 이기는 긍휼

"천사가 예루살렘을 향하여 그의 손을 들어 멸하려 하더니 여호와께서 이 재앙 내리심을 뉘우치사." 성경은 여러 측면을 갖고 있다. 그리고 우리가 어떤 사건을 온전하게 이해하는 것은 성경의 한 구절을 다른 구절과 신중하게 비교해 봄으로써 가능하다. 우리 앞에 있는 사건의 경우도 그러하다. 위에서 나는 이스라엘에 임한 파괴적인 전염병이 저녁 제사 때 멈췄던 의미심장하고도 복된 사실에 독자들의 주의를 환기시킨 바 있다. 이제 나는 그 사건을 바라보는 또 다른 그리고 보충적인 시각을 지적하고자 한다. 예전에 여호와께서는 이스라엘에 관해 다음과 같이 선언하신 적이 있다. "그들이 나를 거스른 잘못으로 자기의 죄악과 그들의 조상의 죄악을 자복하고 또 그들이 내게 대항하므로 나도 그들에게 대항하여 내가 그들을 그들의 원수들의 땅으로 끌어갔음을 깨닫고 그 할례 받지 아니한 그들의 마음이 낮아져서 그들의 죄악의 형벌을 기쁘게 받으면 내가 야곱과 맺은 내 언약과 이삭과 맺은 내 언약을 기억하며 아브라함과 맺은 내 언약을 기억하고 그 땅을 기억하리라"(레 26:40-42). 다윗은 바로 그렇게 했다. 그는 자신의 죄를 고백하고 마음을 낮췄을 뿐 아니라(10절), 또한 하나님의 징계를 받아들이면서 그분의 회초리 앞에서 머리를 숙였다(14절). 그러므로 여호와께서 전염병을 그치게 하신 것은 그분이 자신의 언약에 충실하셨기 때문이다.

"천사가 예루살렘을 향하여 그의 손을 들어 멸하려 하더니 여호와께서 이 재앙 내리심을 뉘우치사." 우리는 역대상 21장에서 제공되는 보충적인 이야기에서 다음과 같이 읽는다. "다윗이 눈을 들어 보매 여호와의 천사가 천지 사이에 섰고 칼을 빼어 손에 들고 예루살렘 하늘을 향하여 편지라"(16절). 이 빼어 든 칼은 하나님의 정의에 대한 상징이었다. 그것은 우리에게 여호와의 다음과 같은 엄중한 말씀을 상기시킨다. "만군의 여호와가 말하노라 칼아 깨어서 내 목자, 내 짝 된 자를 치라 목자를 치면 양이 흩어지려니와 작은 자들 위에는 내가 내 손을 드리우리라"(슥 13:7). 이 두 구절 사이에는 얼마나 놀라운 대비가 존재하는가! 스가랴서에서 칼은 사실상 잠들어 있었고 그렇기에 "깨어라"라는 명령을 받고 있다. 어째서인가? 그것은 그 칼이 거룩하신 분을 향해야 했기 때문이다. 그 거룩하신 분 안에는 그 칼이 잘못을 찾을 만한 것이 아무것도 없었다! 그러나 여기에서는, 즉 죄 많은 이스라엘 백성들과 관련해서는, 사정이 아주 달랐다. 그 칼은 깨울 필요가 없었고 이미 천사의 손에 들려 있었다.

"천사가 예루살렘을 향하여 그의 손을 들어 멸하려 하더니 여호와께서 이 재앙 내리심을 뉘우치사 백성을 멸하는 천사에게 이르시되 족하다 이제는 네 손을 거두라 하시니"(삼하 24:16). 이것은 또다시 우리에게 우리의 모든 소망의 확실한 근거가 되는 값진 진리를 제시한다. 그 진리란, 우리의 하나님 안에서는 늘 긍휼이 심판을 이기고 자랑한다는 것이다(약 2:13). 이스라엘 전체는 하나님의 진노에 노출되었다. 그분은 자신이 그 안에서 아무런 기쁨도 찾을 수 없었던 그릇을 즉시 깨뜨려버리실 수도 있었다. 그분은 감사할 줄 모르는 악한 농부들에게서 그분의 포도원을 빼앗아 가실 수도 있었다. 그러나 그들의 하나님의 마음 안에서는 늘 긍휼이 심판을 이기고 자랑한다. 그렇기에 그분은 그 파멸하는 천사에게 손을 거두라고 명령하셨다. 어째서인가? 하나님의 거룩하심이 만족을 얻었고, 그분의 정의가 충족되었기 때문이다. "족하다 이제는 네 손을 거두라." 이런 말씀은 우리에게 우리 구주의 복된 말씀을 상기시킨다. "다 이루었도다!" 그것은 이제 하나님의 모든 요구들이 충족되었다는 놀라운 진리를 선포하는 말씀이었다.

## 목숨을 건 중재

"다윗이 백성을 치는 천사를 보고 곧 여호와께 아뢰어 이르되 나는 범죄하였고 악을 행하였거니와 이 양 무리는 무엇을 행하였나이까 청하건대 주의 손으로 나와 내 아버지의 집을 치소서 하니라"(삼하 24:17). 이런 중재가 발생한 정황은 역대상 21장에서 보다 분명하게 드러난다. 거기에서 우리는 하나님의 심판에는 서로 구별되는 두 가지 부분 혹은 단계가 있음을 배울 수 있다. 첫째, 우리는 "이에 여호와께서 이스라엘 백성에게 전염병을 내리시매"(14절)라는 말씀을 읽는다. 그리고 이것은 사무엘하 24장을 통해 분명하게 드러나듯이 천사라는 대리인을 통해 수행되었고, 저녁 제사 드리는 때에 여호와의 언약에 대한 충실하심으로 인해 종결되었다. 둘째, 우리는 "하나님이 예루살렘을 멸하러 천사를 보내셨더니"(15절)라는 말씀을 읽는다. 이것은 앞의 것과 구별되는 징벌이었다. "다윗이 눈을 들어 보매 여호와의 천사가 천지 사이에 섰고 칼을 빼어 손에 들고 예루살렘 하늘을 향하여 편지라 다윗이 장로들과 더불어 굵은 베를 입고 얼굴을 땅에 대고 엎드려 하나님께 아뢰되 명령하여 백성을 계수하게 한 자가 내가 아니니이까 범죄하고 악을 행한 자는 곧 나이니이다"(16-17a절). 다윗이 나서서 성공적인 중재를 했던 것은 바로 그 결정적인 순간이었다.

첫째, 이때 다윗이 천사에게 탄원하는 치명적인 실수를 저지르지 않았던 것에 주목하자. 아니다, 그는 가련하게 현혹되어 있는 우리 시대의 교황주의자들보다 훨씬 더 나은 가르침을 받았다. 둘째, 다윗이 이스라엘 백성을 비난하지 않고 오히려 자신을 고발했던 것에 주목하라. "하나님의 심판이 행해질 때 대부분의 사람들은 그런 심판의 원인을 다른 이들에게 덮어씌우고, 자기들부터 도망치기 위해 그 심판 때문에 쓰러진 자들에게는 관심을 두지 않는다. 그러나 회개하는 그리고 백성을 사랑하는 다윗의 영혼은 그렇지 않았다"(Matthew Henry). 이것은 아주 아름답고 놀랍다. 다윗은 전적으로 자신을 비난했다. "나는 범죄하였고 악을 행하였거니와." 그는 자신의 잘못은 짙은 어둠 속에 감추어질 수 없다는 식으로 말하고 있다. "이 양무리는 무엇을 행하였나이까." 그 양무리는 그의 마음에 얼마나 사랑스러웠던가! 그는 그들에게 그 어떤 비난도 하려 하지 않았다. "청하건대 나의 하나님 여호와여 주의 손으로 나와 내 아버지의 집을 치시고 주의 백성에게 재앙을 내리지 마옵소서 하니라"(대상 21:17b). 오, 주님, 목자를 치시되, 그의 양떼는 용서해 주십시오!

# 93

## 위대한 보상

사무엘하 24장

우리는 앞 장 말미에서 몇 가지 중요한 사항을 생략해야 했다. 그러므로 여기에서는 앞 장에서 떠났던 지점에서 다시 시작하기로 한다. 거기에서 우리는 한 가지 핵심적인 사항에 주목했다(그리고 내가 아는 한 지금까지 그 어떤 주석가도 그것에 주목하지 않았다). 그것은 그때 이스라엘에게 임한 하나님의 심판은 이중적이거나, 아니면 두 가지 구별된 단계를 갖고 있었다는 것이다. 또한 거기에서 우리는 그 심판이 다윗의 죄와 정확하게 대응해서 일어났음을 보았다. 첫째, 우리는 "이에 여호와께서 이스라엘 백성에게 전염병을 내리시매 이스라엘 백성 중에서 죽은 자가 칠만 명이었더라"(대상 21:14)라는 말씀을 들었다. 사무엘서는 그것을 다음과 같이 말하고 있다. "이에 여호와께서 그 아침부터 정하신 때까지 전염병을 이스라엘에게 내리시니 단에서부터 브엘세바까지 백성의 죽은 자가 칠만 명이라"(삼하 24:15). 그 벌은 이스라엘의 죄에 얼마나 분명하게 상응했는가! 왜냐하면 다윗은 요압에게 다음과 같이 명령했기 때문이다. "너는 이스라엘 모든 지파 가운데로 다니며 이제 단에서부터 브엘세바까지 인구를 조사하여 백성의 수를 내게 보고하라"(2절). 그 인구 조사 이야기가 다음과 같은 설명으로 끝났던 것을 기억하라. "그들 무리가 국내를 두루 돌아 아홉 달 스무 날 만에 예루살렘에 이르러"(8절).

둘째, "하나님이 예루살렘을 멸하러 천사를 보내셨더니"(대상 21:15a). 이와 관련해 사무엘서는 우리에게 천사가 예루살렘을 향하여 그의 손을 들어 멸하려 했을 때 여호와께서 그 재앙 내리심을 뉘우치셨고 그 후에 다윗이 기도를 드렸다고 전한다(삼하 24:16-17). 그러나 역대기 이야기는 그 일을 보다 연대순으로 제시한다. 우리는 다음과 같이 읽는다. "다윗이 눈을 들어 보매 여호와의 천사가 천지 사이에 섰고 칼을 빼어 손에 들고 예루살렘 하늘을 향하여 편지라 다윗이 장로들과 더불어 굵은 베를 입고 얼굴을 땅에 대고 엎드려 하나님께 아뢰되 명령하여 백성을 계수하게 한 자가 내가 아니니이까 범죄하고 악을 행한 자는 곧 나이니이다"(대상 21:16-17a). 그 복수하는 천사가 거룩한 도시를 치려 하는 무서운 모습은 다윗을 크게 괴롭혔다. 그는 이미 자신의 죄를 회개하고 고백했다. 그러나 이제 그 도시를 위협하는 재앙은 그로 하여금 겸손한 회개와 간절한 탄원을 통해 다시 한 번 여호와 앞에 그의 마음을 쏟아놓게 했다.

**중재자의 자세**

앞 장에서 지적했듯이, 다윗은 마치 하나님을 향해 "목자인 나를 치시되, 양떼는 용서해 주십시오" 하고 말하는 듯 했다. 아, 그러나 그것은 불가능했다. 하나님은 다윗이 모든 이스라엘을 대신해 고통을 당하도록 허락하시지 않았다. 아니다, 다윗의 후손이자 주님이신 분 외에는 아무도 그런 놀랍고도 명예로운 대속의 자리를 차지할 수 없었다. 그럼에도 여기에서 우리는 그가 선한 목자, 즉 우리를 부요하게 하시려고 스스로 가난해지시고 또한 실제로 자기 양떼의 죄를 대신 지시고 그들을 위해 죽으신 분을 영적으로 얼마나 웅장하게 예시하는지 알 수 있다. "주의 백성에게 재앙을 내리지 마옵소서 하나라"(대상 21:17b). 여기에서 다윗이 이스라엘을 그냥 "백성"이 아니라 "주의 백성"으로 언급하는 것은 사랑스럽지 않은가? 어리석은 짓을 했을 때 그는 그들을 "자신의 백성"으로 여겼다. 그러나 지혜를 회복한 그는 이제 그들을 "주의 백성"으로 여긴다.

여기에서 나는 모든 복음 사역자들은 이 경우에 다윗이 했던 고백과 기도를 마음에 새겨야 한다는 점을 강조하고자 한다. 토마스 스콧(Thomas Scott)은 다윗의 그런 마음의 움직임의 원리를 설교자들에게 적용한 바 있다. "사역자들이 회중의 상태에 대해 슬퍼하는 동안, 때로 그들은 [보다 공개적인 악이 그들의 사역에 오점을 초래하지는 않았을지라도] 혹시 자신의 나태, 오만함, 열성과 단순함의 부족, 자신에 대한 탐닉과 세상에 대한 순응 등이 자기들이 해온 노력에 어두운 그림자를 던진 것은 아닌지, 혹은 사람들을 보다 깊은 수치와 보다 뜨거운 기도와 보다 영적인 마음과 하나님에 대한 보다 깊은 헌신으로 이끌고자 했던 자신들의 교정 노력 때문에 사람들이 영적으로 고통을 당하고 있는 것은 아닌지 물어볼 수 있을 것이다. 그리고 확실히 우리는 우리의 회중에게서 그런 복이 거둬지는 것보다는 우리 자신이 징계를 당하는 편을 택해야 한다. 왜냐하면, 비록 주님께서 우리로 하여금 그들에게 그런 고통을 초래하도록 섭리하시는 것은 옳을지라도, 여전히 그들은 우리의 손에서 그런 일을 당해서는 안 되기 때문이다. 은혜는 사람들에게 다른 이들보다 늘 자기 자신을 비난하라고 가르친다. 또한 자신의 이익에 앞서 여러 측면에서 동료들의 이익을 구하라고 가르친다. 그리고 여호와의 자비하심에 기꺼이 자신을 맡기는 사람들이 그런 마음을 품고 드리는 간절한 기도는 아주 효과적이다."

이제 다윗의 경우로 돌아가 보면, 우리는 그의 탄원이 여호와께 용납되었음을 발견할 수 있다. 그토록 깊은 겸손, 자신의 잘못에 대한 가치 없는 시인, 철저한 자기 부인, 그리고 백성을 위한 간절한 탄원은 연민으로 가득 차 있는 분의 마음을 움직였다. 이스라엘 백성의 역사에서 중요했던 또 다른 경우에 모세의 이타심이 효력을 발휘했던 것처럼—그때 그는 하나님께 이스라엘 백성을 멸망시키시려거든 차라리 그분의 생명책에서 자신의 이름을 지워달라고 요구했다 (출 32:32)—자기 백성 대신 자기와 자기 집안에 하나님의 심판을 내려달라고 요청했던 다윗의 이타심 역시 동등하게 효력을 발휘했고 형세를 바꿔놓았다. 왜냐하면 하나님이 천사를 향해 "네 손을 거두라"고 말씀하신 것은 그의 탄원에 대한 직접적인 응답이었기 때문이다. 이것은 우리의 예표에 대한 설명을 아름답게 마무리한다. 즉 이것은 자기 백성을 위한 우리의 위대한 대제사장의 중재의 효력을 묘사하는 것이다.

여기에는 우리가 주목해야 할 실제적인 중요성을 지닌 또 다른 요소가 있다. "하나님이 예루살렘을 멸하러 천사를 보내셨더니 천사가 멸하려 할 때에 [삼하 24:16의 표현대로 한다면, '천사가 예루살렘을 향하여 그의 손을 들어 멸하려 하더니'] 여호와께서 보시고 이 재앙 내림을 뉘우치사"(대상 21:15). 그런데 이때 그분이 보신 것은 무엇이었을까? 물론, 다윗과 그의 신하들이 베옷을 입고 땅에 엎드린 모습이었다(16절)! 그분은 그것을 단순히 보신 것(saw)이 아니라 주의를 집중해서 보셨다(beheld). 그리고 그 직후에 다윗의 탄원이 나왔다. 그러므로 여기에 우리의 마지막 교훈이 들어 있다. 하나님께 효력을 발휘하는 중재를 하는 자는 베옷을 입고 땅에 엎드리는 자다! 다시 말해, 다른 이들을 위해 탄원할 수 있는 유일한 사람은 철저하게 겸손하고, 자신을 혐오하는 자리에 이르고, 다른 이들의 고통을 자신의 영혼으로 짊어지는 자다.

만약 내가 나를 위해 누구의 기도를 얻고 싶은지에 대해 질문을 받는다면, 나는 주저 없이 대답할 것이다. "산꼭대기에서 기쁨에 취해 있는 자가 아니라, 하나님 앞에서 자신의 죄와 다른 이들의 고통을 위해 탄식하는 자." 개인적으로 나는 (영적으로 말해서) 혼인 예복을 차려 입은 사람들보다는 베옷을 입은 사람들의 탄원을 더 높이 평가한다. 오늘날 그토록 많은 기도들이 효과를 내지 못하는 것은 기도하는 자들이 "베옷"을 입고 있지 않기 때문이다. 그러므로 바로 여기에 하나님 앞에 엎드린 사람들에게 필요한 거룩한 자극이 있다. 만약 우리가 우리의 죄를 회개하고 고백하고 그분 앞에서 참으로 자신을 낮춘다면, 그때 우리는 고통당하는 다른 영혼들을 위해 중재할 수 있을 것이다. 마지막으로, 천사가 "네 손을 거두라"는 여호와의 말씀에 즉시 순종했던 것에 주목하라. 만약 천상의 존재가 그들의 창조주의 말씀에 그토록 순종한다면, 우리는 그분의 계시된 뜻에 얼마나 즉각 반응해야 하겠는가!

## 제단을 세우라는 명령

"이 날에 갓이 다윗에게 이르러 그에게 아뢰되 올라가서 여부스 사람 아라우나의 타작마당에서 여호와를 위하여 제단을 쌓으소서 하매"(삼하 24:18). 이 이야기를 보충하는 이야기로 돌아가 보면, 우리는 거기에서 여호와의 천사가 갓에게 다윗에게 가서 "올라가서 여부스 사람 오르난[아라우나의 다른 이름 - 역쥐]의 타작마당에서 여호와를 위하여 제단을 쌓으라"(대상 21:18)고 전하라고 명령했던 것을 알 수 있다. 그렇게 해서 이 어둠의 시간에 복수하는 천사에 의해, 선지자 갓을 통해서, 다윗에게 구원이 선포되었다. 또한 그렇게 해서 우리는 다시 한 번 삼손과 더불어 "먹는 자에게서 먹는 것이 나오고 강한 자에게서 단 것이 나왔느니라"(삿 14:14)라고 말할 수 있게 되었다. 이것은 아주 복되다. 왜냐하면 "제단"은 용납된 예배자를 요구하며, 또한 여호와께서는 용납된 예배자를 제공하시지 않고서는 제단을 세우라는 명령을 내리시지 않기 때문이다. 이것은 첫 번째 예배자의 경우에도 마찬가지였다. 여호와께서는 아벨과 그의 제물을 받으셨다(창 4:4) - 먼저 그가 그리고 그 후에 그의 제물이 용납되었던 것이다. 그러므로 이제 여호와께서 다윗의 손에서 제물을 받고자 하시는 것은 그가 여호와께 용납되었음을 보여 주는 증거였다.

하나님이 다윗에게 제단을 세우라고 명령하신 것은 첫째, 하나님이 철저히 그와 화해하셨으며, 따라서 이제 그가 마노아의 아내와 더불어 "여호와께서 우리를 죽이려 하셨더라면 우리 손에서 번제와 소제를 받지 아니하셨을 것이요"(삿 13:23)라고 말할 수 있다는 것을 의미했다. 둘째, 그것은 하나님과 죄인들 사이의 평화는 제사를 통해서 그리고 다른 무엇보다도 위대한 제사이신 그리스도에 의해서 초래된다는 것을 의미했다. 그러므로 이 엄중한 경우에도 하나님의 긍휼이 심판을 이기고 자랑했으나(약 2:13), 그럼에도 그분은 자신의 은혜가 의를 희생하고서가 아니라 "의로 말미암아"(롬 5:21) 다스린다는 사실을 아주 분명하게 보여 주셨다. 생명을 위한 속죄를 이루는 것은 "피"다(레 17:11). 왜냐하면 하나님의 응보적 정의를 만족시키는 것은 피이기 때문이다. 셋째, 그것은 하나님의 심판이 은혜롭게 중지될 때 우리는 감사하는 마음으로 그분을 향해 "여호와여 주께서 전에는 내게 노하셨사오나 이제는 주의 진노가 돌아섰나이다"(사 12:1)라고 말하며 그분을 찬양해야 한다는 것을 의미했다.

## 타작마당, 용서와 화해의 장소

우리는 사무엘하 24장 16절이 여호와의 천사가 예루살렘을 치기 위해 손을 들었을 때 그가 "아라우나의 타작마당 곁에" 있었다고 알려 주는 것에 주목할 필요가 있다. 이 이방인(아라우나는 여부스 사람이었다)의 평화로운 일—그는 예루살렘 성벽 밖에 있는 한적한 곡물창고

앞마당에서 조용히 밀을 탈곡하는 일을 하고 있었다 - 은 예루살렘 성 안의 혼란스러운 장면과 뚜렷한 대조를 이룬다. 그 안에서 다윗과 이스라엘의 장로들은 베옷을 입고 얼굴을 땅에 파묻고 있었다. 그럼에도 아라우나 역시 위험을 받았다. 왜냐하면 복수하는 천사가 다가와 그 평화로운 타작마당 위에 서 있었기 때문이다. 그리고 역대상 21장이 전하듯이, "그때에 오르난[아라우나-역주]이 밀을 타작하다가 돌이켜 천사를 보고 오르난이 네 명의 아들과 함께 숨었다"(20절). 그러나 천사는 그들을 치지 않았다. 이것은 우리에게 유대인뿐 아니라 이방인들까지도 그리스도의 희생의 토대 위에서 심판으로부터 구원을 얻는다는 사실을 복되게 그리고 상징적으로 보여 준다.

아라우나의 조용한 타작마당은 심판의 장소가 아니라 은혜와 용서와 평화의 장소가 되기로 정해져 있었다. 그렇다면 그 타작마당은 어디에 위치해 있었던가? 아주 의미심장하게도 그것은 모리아 산 위였다. 비록 사무엘하 24장과 역대상 21장 어디에서도 그런 정보가 제공되지 않으나, 우리는 그것에 대해 아무런 의심도 가질 필요가 없다. 성경은 게으른 사람들을 위한 책이 아니다! "솔로몬이 예루살렘 모리아 산에 여호와의 전 건축하기를 시작하니 그곳은 전에 여호와께서 그의 아버지 다윗에게 나타나신 곳이요 여부스 사람 오르난의 타작마당에 다윗이 정한 곳이라"(대하 3:1). 그리고 모리아 산은, 그 이름이 암시하듯이, 여호와께서 아브라함에게 "여호와 이레"의 모습으로 나타나셨던 곳이다. 그리고 그분은 그분의 언약의 이름에 걸맞게 그곳에서 다윗을 만나시고 그의 요구를 들어 주셨다. 이것은 얼마나 놀랍고 표현할 수 없을 만큼 복된가! 모리아 산은 전과 마찬가지로 지금도 계속해서 하나님의 주권적 은혜가 나타나는 장소였다!

모리아 산은 아브라함이 이삭을 바치라는 명령을 받고 올라갔던 산이다. 창세기 22장 14절에서 우리는 다음과 같이 읽는다. "아브라함이 그 땅 이름을 여호와 이레라 하였으므로 오늘날까지 사람들이 이르기를 여호와의 산에서 준비되리라 하더라." 뉴톤(B. W. Newton)은 모리아는 "동일한 어근으로부터 나온 이름이며, 출현[出現] 곧 공급자이신 여호와의 출현을 의미한다. 모리아 산과 그곳에서 제공된 것과 관련된 모든 생각들은 '내 아들아 번제할 어린 양은 하나님이 자기를 위하여 친히 준비하시리라'[창 22:8]는 아브라함의 말까지 거슬러 올라가야 한다"라고 말했다.

**순종하는 회개자**

이제 아브라함과 다윗의 차이에 대해 살펴보자. 하나님을 절대적으로 믿었던 아브라함은 자신이 그분의 명령의 이유를 이해할 수 없을 때조차 모리아 산으로 가서 그분에게 자신의 믿음과 순종에 대한 온전한 증거를 제시했다. 그러나 가련한 다윗의 경우는 사정이 아주 달랐다. 그는 불순종 때문에 슬픔과 심판과 죽음에 휩싸인 자로서 그곳으로 갔다. 그는 베옷을 입은 채 그곳으로 갔고 고뇌하며 얼굴을 땅에 대고 엎드렸다. 그가 그곳으로 간 것은 복수하는 천사의 칼이 그와 그의 백성을 향해 뽑혀 있는 것을 보았기 때문이다. 그는 "무덤으로 내려가는 일"(시 30:3)에서 건짐을 받을 필요가 있었던 "문제에 빠진 자"로서 그곳으로 갔다. 참으로 아브라함은 고통을 당했다. 그러나 의식적으로 순종했던 아브라함의 슬픔과 의식적으로 불순종했던 다윗의 그것은 얼마나 다른가! 그럼에도 모리아 산 위에서 다윗은 그곳에서 아브라함을 만나주셨던 동일한 하나님을 발견했다. 그리고 천사는 아브라함이 하늘로부터 그의 아들을 죽이지 말라는 명령을 받았던 바로 그곳에서 예루살렘을 멸하지 말라는 동일한 명령을 받았다!

"이 날에 갓이 다윗에게 이르러 그에게 아뢰되 올라가서 여부스 사람 아라우나의 타작마당에서 여호와를 위하여 제단을 쌓으소서 하매." 여기에서 우리는 "제단"이 하나님의 생각이었지 다윗의 그것이 아니었음에 적절하게 주목할 필요가 있다. 이것은 복되다. 왜냐하면 그것은 우리에게 모든 구원의 문제에서 주도권은 늘 하나님께 있음을 말해 주기 때문이다. 하나님은 위대한 공급자이시다. 그리고 그분의 은혜로운 공급을 받아들이는 것이야말로 우리의 특권이다.

그리스도-제단이 가리키는 것이 바로 그분이시다-는 하나님의 선물이시지 인간의 산물이 아니다. 우리가 그분을 사랑하는 것은 그분이 먼저 우리를 사랑하셨기 때문이다. 그리고 그분이 다윗을 하루 종일 불안에 빠져 있게 하지 않으신 것은 얼마나 은혜로운 일인가! 그가 하나님을 찾자마자 그분은 즉각 응답하셨다. 언약궤는 시온 산에 있었고 성막은 기브온에 있었다(대하 1). 그러나 다윗은 이쪽이든 저쪽이든 그 어느 곳으로도 가라는 명령을 받지 않았다.

"다윗이 여호와께서 명령하신 바 갓의 말대로 올라가니라"(삼하 24:19). 이것은 우리가 앞서 말했던 모든 내용에 대한 얼마나 아름다운 마무리인가! 자신의 잘못을 뉘우치고, 분별력을 되찾고, 고분고분해지고, 징벌의 철회를 탄원했던 다윗은 이제 "순종하는 자"의 모습을 보인다. 하기야 어떻게 달리 될 수 있겠는가? 베옷을 입은 자는 자신의 뜻이나 자기를 기쁘게 하는 일을 따르지 않는다. 다윗은 이방인을 찾아가 그에게서 호의를 구하라는 말씀을 듣고서도 난색을 표하지 않았다. 참으로 온유한 자는 하나님의 요구에 대해 이치를 따지거나 반대를 표명하지 않는다. 그러므로 여기에 효력있는 중재자의 마지막 징표가 나온다. 어리석은 짓에서 회복되어 기도를 통해 하나님을 움직이는 힘을 얻는 자는 순종의 길을 따르는 자다. 만약 하나님이 우리의 탄원에 응답하시게 하려면, 우리는 먼저 그분의 명령에 응답해야 한다.

## 성전 터에 대한 계시

마지막으로 이 기념할 만한 산 위에서 있었던 아브라함의 경험과 다윗의 그것 사이의 또 다른 유비에 주목해 보자. 그것은 우리의 현재의 주제-다윗이 얻은 위대한 보상-에 아주 적합한 유비다. 하나님이 아브라함을 모리아 산으로 이끄신 것은 그로 하여금 그의 신앙과 순종의 증거를 제시하게 하시려는 것만이 아니라, 또한 그곳에서 있었던 시험을 통해 그에게 (그리고 그를 통해 우리에게) 하나님의 은혜의 방식에 대한 보다 온전한 계시를 펼쳐 보여 주시기 위함이었다. 왜냐하면, 우리가 알다시피, 그곳에서 펼쳐졌던 그 감동적인 드라마는 성부께서 그분의 모든 백성들을 위해 그분이 사랑하시는 성자조차 아끼지 않고 내어 주시는 일에 대한 놀라운 전조를 제공했기 때문이다. 마찬가지로 하나님은 모리아 산에서 단지 다윗을 위한 대속물만 제공하셨던 것이 아니라(삼하 24:21-25), 또한 그곳에서 그에게 자신의 은혜의 계획과 관련된 계시를 보여 주셨다. 즉 모리아 산은 여호와께서 다윗의 죄를 용서하시는 장소였을 뿐 아니라, 또한 그에게 명예와 축복을 베푸시는 장소가 되었다.

그곳에 제단을 세운 후 다윗은 "번제와 화목제를 드렸다"(대상 21:26a). 그가 그렇게 한 것은 헛되지 않았다. 여호와께서는 그 제사에 대해 "하늘에서부터 번제단 위에 불을 내려 응답하셨다"(26b절). 이것은 그분이 그 제사를 승인하고 받으셨음을 보여 주는 징표였다. 그러나 그보다 더한 것이 있었다. 다윗이 하나님의 집을 세울 준비를 하라는 명령을 받은 것이 바로 이때였기 때문이다. "다윗이 이르되 이는 여호와 하나님의 성전이요 이는 이스라엘의 번제단이라 하였더라"(대상 22:1).

이제 다윗은 여호와께서 성전 부지로 택하신 거룩한 장소가 어디인지 알았다. 그러므로 이것이야말로 다윗이 얻은 위대한 보상이었다. 바로 그에게—선지자들 중 어떤 이나 대제사장들 중 어떤 이에게가 아니라—하나님의 집과 관련해 하나님의 마음이 어떠하신지를 알 수 있는, 또한 그것을 위해 준비할 수 있는 거룩한 특권이 주어진 것이다! 독자들이여, 하나님이 그분을 존중히 여기는 자를—비록 그것이 베옷을 입고 그분 앞에 모습을 드러내는 것이라 할지라도—존중히 여기신다는 말씀(삼상 2:30)은 얼마나 참된가! 그분이 우리에 대한 그분의 승인을 (그분이 여기에서 다윗에게 하셨던 것처럼) 늘 분명하게 우리에게 알려 주시는 것은 아니다.

# 94

# 뜨거운 찬양

사무엘하 24장

"이 날에 갓이 다윗에게 이르러 그에게 아뢰되 올라가서 여부스 사람 아라우나의 타작마당에서 여호와를 위하여 제단을 쌓으소서 하매 다윗이 여호와께서 명령하신 바 갓의 말대로 올라가니라"(삼하 24:18-19). 여기에서 우리는 다윗이 그에게 제공된 은혜를 믿음과 감사로 받아들이는 모습을 보게 된다. 그는 하나님의 은혜를 헛되이 받지 않았고, 오히려 그분이 계시하신 뜻에 즉시 순종했다. 믿지 않는 자들은 하나님의 진노가 그런 식으로 가라앉는다는 것을 믿기가 쉽지 않을 것이다. 그러나 믿는 자들은 "제단"이 속죄와 용납을 의미한다는 것을 알기에 선지자의 말을 받아들일 수 있다. 그리고 이것은 자신의 죄를 참으로 회개하고 하나님 앞에서 자신을 낮추는 사람들이 늘 취하는 방식이다. 사탄은 그들로 하여금 자기들이 용서를 바라기에는 너무나 엄청난 죄를 지었다고 믿게 하려 한다. 그러나 그리스도인의 마음은 조만간 그리스도의 제단을 향해 돌아설 것이고, 어린양의 피에 의지해 적들을 물리칠 것이다(계 12:11).

## 용기와 겸손

아라우나의 태도가 다윗의 그것과 얼마나 달랐는지 살펴보자. "그때에 오르난이 밀을 타작하다가 돌이켜 천사를 보고 오르난이 네 명의 아들과 함께 숨었더니"(대상 21:20). 이 둘은 직접적인 대조를 이루면서 우리에게 아주 중요한 진리를 제시한다. 한편으로, 성읍을 파괴하려는 천사의 모습에 놀란 아라우나의 모습은 그 어떤 육체도 그 자신의 힘에 의지해 하나님 앞에 설 수 없음을 보여 준다. 반면에 여기에서 다윗은 회개하는 죄인은 하나님의 놀라운 은혜를 믿는 힘에 의지해 확신을 갖고서 그분께 나아갈 수 있다는 사실을 예시한다. 이때 아라우나는 하나님의 큰 은혜에 대해 알지 못했다. 또한 그는 자기의 타작마당에 세워질 "제단"에 대해서도 알지 못했다. 그렇기에 그는 하나님 앞에서 벌거벗은 채 서 있는 피조물로서, 그 옛날에 하나님 앞에 선 아담이 그랬던 것처럼, 자신의 몸을 숨겼다.

그러나 다윗은 그에게 치유책을 알려 주었다. 그것은 심판을 이기고 자랑하는 긍휼(약 2:13)이 제공한 것이었고, 때문에 그는 주저하지 않았다. 그는 즉각 갓 선지자의 메시지에 응답했다. 그리고, 비록 수치스럽게 낮아지기는 했을지라도, 자기가 빠졌던 진창에서 빠져나와 지시된 곳을 향해 "올라갔다"(삼하 24:19) ─ 이것은 아주 의미심장한 말이다(창 13:1-3 참조). 천사의 "칼"은 여전히 뽑혀 있었으나 이제 그것은 그에게 더 이상 아무런 위협도 되지 않았다. 다윗은 그 천사가 서 있는 곳으로 올라갔다(대상 21:16)! 이것은 놀랍지 않은가? 아라우나를 공포에 떨게 했던 바로 그 장면이 다윗에게는 아무런 의미도 주지 못했다. 하나님에 대한 믿음을 지닌 그는 부끄러워하지도 혼란스러워하지도 않았다. 그 결과 우리는 그의 행동에서 육체를 지닌 자에게서 나타나는 그 어떤 혼란도 발견하지 못한다. 오히려 그의 모든 행동은 평온하고 확신에 차 있었는데, 이것은 그가 하나님의 말씀에 의지하고 있었기 때문이다. 이것은 우리의 곤궁한 마음에 얼마나 큰 교훈이 되는가! 아, 우리는 얼마나 큰 겁쟁이들인가! 우리는 얼마나 사소한 것들에 놀라는가! 오, 살아 계신 하나님에 대해 확신을 가질수록, 그리고 그분의 약속에 의지할수록, 우리는 육체를 위협하는 것에 덜 집착하게 된다.

"다윗이 오르난에게 나아가매 오르난이 내다보다가 다윗을 보고 타작 마당에서 나와 얼굴을 땅에 대고 다윗에게 절하매"(대상 21:21).

여기에서 다윗이 보여 준 복된 겸손의 모습을 놓치지 말라-이것은 그의 인격과 행동에서 늘 나타나는 뚜렷한 영적 은혜였다. 독자들은 내가 무엇에 대해 말하는 것인지 의아해할 수 있다. 그것은 이렇다. 다윗은 아라우나를 다른 사람을 시켜 찾아보게 하지 않았다. 다윗은 아라우나가 그의 백성들 중 하나였음에도 직접 그를 찾아갔다. 그러나 사실 이것은 "베옷"을 입은 자에게 적합한 일이 아니었겠는가? 그는 여전히 자기를 부인하는 태도를 취하고 있었다. 아, 친구들이여, 하나님이 채우시는 것은 빈 그릇이다. 매튜 헨리가 적절하게 선언했듯이, "위대한 사람들은 그들의 겸손 때문에 존경을 덜 받는 게 아니라 오히려 더 받는다." 자기를 중요시하는 오만한 사람들은 오직 그들의 하찮음과 천박함을 드러낼 뿐이다.

## 성전 터의 매입

"이르되 어찌하여 내 주 왕께서 종에게 임하시나이까 하니 다윗이 이르되 네게서 타작마당을 사서 여호와께 제단을 쌓아 백성에게 내리는 재앙을 그치게 하려 함이라 하는지라"(삼하 24:21). 여기에서 우리는 "의로운 자" 다윗을 보게 된다. 그는, 비록 왕이었음에도 또한 여호와로부터 그 특별한 장소에 제단을 세우라는 명령을 받았음에도, 아라우나에게 공정한 값을 지불하겠다고 주장했다. 이것은 참된 영성의 영원한 징표다. 하나님과 함께 살아가는 사람들은 동료 인간들을 바르게 대한다. "아무에게든지 아무 빚도 지지 말라"(롬 13:8)는 말씀은 "네 이웃을 네 자신과 같이 사랑하라"(마 19:19)는 말씀의 필연적인 적용이다. 높은 지위도 환경의 압력도 어떤 이가 다른 이를 부당하게 착취하는 것을 정당화해 줄 수 없다. "우리가 모든 일에 선하게 행하려 하므로"(히 13:18)라는 말씀보다 못한 그 어떤 것도 그리스도인의 삶의 기준이 되어서는 안 된다. 그리스도의 공생애 동안 그분을 가장 가까이 수행했던 이들은 다른 이들에게 친절을 강요하거나 호의를 구걸하지 않았고, 자기들이 먹을 것을 구매했다(요 4:8).

"아라우나가 다윗에게 아뢰되 원하건대 내 주 왕은 좋게 여기시는 대로 취하여 드리소서 번제에 대하여는 소가 있고 땔 나무에 대하여는 마당질 하는 도구와 소의 멍에가 있나이다"(삼하 24:22). 역대상 21장 23절의 설명은 좀더 명확하다. "오르난이 다윗에게 말하되 왕은 취하소서 내 주 왕께서 좋게 여기시는 대로 행하소서 보소서 내가 이것들을 드리나이다 소들은 번제물로, 곡식 떠는 기계는 화목으로, 밀은 소제물로 삼으시기 위하여 다 드리나이다 하는지라." 이것은 얼마나 고귀한 관대함인가! 그러나 나는 아라우나의 이런 관대함을 하나님의 측면에서 보고자 한다. 어떤 이가 우리에게 친절을 베풀 때, 우리는 그 사람 안에서 그런 친절을 촉발하신 주님을 식별해야 한다. 그러나 내가 여기에서 특별히 강조하고자 하는 것은 다음과 같다. 즉 여기에서 우리는 하나님이 일하실 때 그분은 늘 선(線)의 양쪽 끝 모두에서 일하신다는 원리에 대한 또 다른 실례를 얻을 수 있다는 것이다. 다윗으로 하여금 자신의 요구에 즉각 응할 마음을 먹게 하신 그분은 또한 이제 아라우나를 움직여 서둘러 나아가 다윗을 맞이하게 하셨다. 그분은 엘리야를 사르밧으로 보내시면서 그곳에 있는 한 과부로 하여금 기꺼이 자기의 음식을 그와 나누게 하셨다. 이 안에는 믿는 자들이 붙들기만 한다면 큰 위로가 될 만한 것이 들어 있다. 만약 하나님이 계속해서 우리에게 어떤 메시지를 주신다면, 그분은 또한 계속해서 사람들이 우리가 전할 메시지를 받도록 준비시키실 것이다.

"왕이여 아라우나가 이것을 다 왕께 드리나이다 하고 또 왕께 아뢰되 왕의 하나님 여호와께서 왕을 기쁘게 받으시기를 원하나이다"(삼하 24:23). 어떤 이들은 이런 말에 근거해 아라우나가 왕족이었다는 결론을 내려왔다. 왜냐하면 여부스 사람들은 시온 산의 원래 소유자들이었기 때문이다(삼하 5:6-9). 그러나 성경에는 이런 견해를 뒷받침해 줄 만한 것이 아무것도 없다. 오히려 나는 이 구절을 아라우나가 왕다운 후한 마음을 갖고 행동했음을 의미하는 것으로 이해한다. 이것은 선한 왕과 선한 백성 사이에서 벌어진 아주 훌륭한 다툼이었다. 그것은 다윗에게 주는 것이자 또한 여호와를 위한 것이었기에, 아라우나는 자신의 소유물을 팔지 않고 주려 했다. 반면에 다윗은 그것이 여호와를 위한 것이었기에 아라우나의 소유물을 거저 받지 않고 매입하고자 했다. "왕의 하나님 여호와께서 왕을 기쁘게 받으시기를 원하나이다"라는 아라우나의 말은 그가 신자나 여호와를 예배하는 자가 아니었음을 의미하는 것이 아니라(마치 우상숭배자가 시온 산에서 살도록 허락되기라도 한 것처럼!), 그가 믿음과 영적 분별력을 지닌 자였음을 보여 준다.

"왕이 아라우나에게 이르되 그렇지 아니하다 내가 값을 주고 네게서 사리라 값 없이는 내 하나님 여호와께 번제를 드리지 아니하리라 하고"(삼하 24:24a). 여기에서 다시 우리는 이 사건을 하나님의 역사라는 견지에서 바라보아야 한다. 하나님이 아라우나를 움직여 그토록 관대하게 행동하게 하신 것은 다윗에게 주님에 대한 그의 헌신을 드러낼 기회를 제공했다. 은혜로운 마음을 지닌 자는 자기가 아무 값도 치루지 않은 것으로 하나님을 섬기려 하지 않고, 또한 아무런 희생도 포함하지 않은 것을 참된 경건의 행위로 여기지도 않는다. 이것이야말로 "신앙의 열매"다. 인간적인 본성은 모든 것을 아까워하며 가룟 유다처럼 다음과 같이 말한다. "무슨 의도로 이것을 허비하느냐"(마 26:8). 그러나 믿음을 지닌 자는 하나님께 자신의 "이삭"을 드리기를 주저하지 않는다(히 11:17). 그것은 또한 "사랑의 열매"였다. 주님을 사랑하는 자는 주님께 드리기에 너무 좋은 것은 아무것도 없다고 여긴다—자신의 값진 옥합을 깨뜨렸던 여인을 보라! 자기를 부인하고 자신의 욕망을 죽이는 것은 참된 성도의 변함없는 징표들이다. 육체를 즐겁게 하기를 추구하는 이 시대에 우리는 다윗의 이런 말들을 가슴에 새겨 둘 필요가 있다!

"다윗이 은 오십 세겔로 타작마당과 소를 사고"(삼하 24:24b). 대개 불신자들은 이 구절과 역대상 21장에 나오는 내용 사이의 불일치에 주목해 왔다. 거기에서 우리는 다음과 같이 읽는다. "그리하여 다윗은 그 터 값으로 금 육백 세겔을 달아 오르난에게 주고"(25절). 그러나 우리는 그 둘을 서로 다른 견지에서 바라보아야 한다. 사무엘서는 다윗이 타작마당과 소를 산 것에 대해 말하는 반면, 역대기는 그가 "그 터"-아마도 훗날 성전 부지가 될 오르난의 땅 전체를 의미하는 것이리라-를 산 것에 대해 언급한다. 또한 다윗은 타작마당과 소를 위해서는 "구속"을 의미하는 "은"을 지불한 반면, 성전 터를 위해서는 "하나님의 영광"의 상징인 "금"을 지불했다. 영적으로 말한다면, 우리는 "은"에 경험적으로 익숙해지기 전에는 "금"의 가치에 대해 알지 못한다. 다윗이 성전 터를 위해 지불한 금의 양은 은의 양의 열두 배였다. 열둘은 이스라엘 온 지파의 수를 의미하는 것이고 또한 그리스도의 몸 전체를 예표하는 것이다.

## 제사와 잔치

"그곳에서 여호와를 위하여 제단을 쌓고 번제와 화목제를 드렸더니"(삼하 24:25a). 이것은 우리의 예표적 설명의 마지막을 장식하는 말이다. 여기에서 다윗은 "용납된 예배자"의 모습으로 나타난다. 나는 "용납된"이라고 말했는데, 그것은 역대상 21장이 우리에게 "여호와께서 하늘에서부터 번제단 위에 불을 내려 응답하셨다"(26절)라고 전하기 때문이다. 이것은 그의 제사가 지존자께 받아들여졌음을 선포하는 것이다(레 9:24; 왕상 18:38-39 참조). 모든 은혜의 하나님은 자기를 믿는 자들에게 그들에 대한 자신의 승인의 징표를 보이심으로써 그들을 높이기를 기뻐하신다. 그러나 여기에서 다윗의 강한 믿음과 그의 진정한 감사에 주목하라. 그는 제단 위에서 번제만 드렸던 것이 아니라 화목제도 드렸다. 화목제는 "교제"를 의미한다. 왜냐하면 번제의 제물은 제단 위에서 완전히 불타 없어지는 반면, 화목제의 제물은 하나님, 제사장들, 그리고 제물을 바친 자가 나눠 갖기 때문이다. 즉 화목제에서는 제사에 참여한 자 모두가 자기 몫을 얻는다.

"여호와께서 천사를 명령하시매 그가 칼을 칼집에 꽂았더라"(대상 21:27). "이에 여호와께서 그 땅을 위한 기도를 들으시매 이스라엘에게 내리는 재앙이 그쳤더라"(삼하 24:25). 이것은 사무엘하에 대한 얼마나 놀라운 마무리인가! 하나님의 정당한 진노를 진정시키는 속죄의 제사가 드려졌고, 엇나가던 자가 그분과의 온전한 교제를 회복했다. 또한 다윗은 성전이 세워질, 그리고 그 결과 이스라엘의 예배가 그곳에서 이루어질 장소를 찾았다. 그날 화목제에서 자기들의 몫을 얻은 모든 자들에게 슬픔이 변해 기쁨이 되었다. 그들이 하나님이 정하신 대로 제사를 드렸을 때 그들의 마음에는 어떤 생각이 들어찼을까? 그들은 하나님이 받으신 제사의 제물로 잔치를 즐겼다. 사무엘하는 그런 식으로 우리에게 다윗이 여호와와의 온전한 교제 안에 있음을 보여 주면서 끝난다. 이것은 영원에 대한 얼마나 복된 예시인가! 이것은 우리에게 탕자의 비유의 마지막 말을 상기시킨다. "그리고 살진 송아지를 끌어다가 잡으라 우리가 먹고 즐기자"(눅 15:23)!

## 믿음으로 쓴 찬양의 시

사무엘하 24장과 역대기 21장이 보여 주는 두 가지 이야기에 더해, 시편 30편(아마도 그 사건 직후에 쓰였을 것이다)은 우리에게 그 당시 다윗의 마음의 움직임을 엿볼 수 있게 하는 추가적인 빛을 제공한다. 스펄전(C. H. Spurgeon)이 지적했듯이, 이 시편은 "다윗이 성전 낙성 때 지은 시와 노래" 혹은 "시, 다윗이 성전 낙성 때 부른 노래"였다. 이 시편은 "믿음의 노래였다. 왜냐하면 여기에서 언급되는 여호와의 집은 다윗이 살아서 볼 수 없었던 것이기 때문이다. 그것은 또한 찬양의 시편이었다. 왜냐하면 극심한 심판이 거두어졌고 큰 죄가 용서되었기 때문이다." 이 시편의 제목에 대한 번역은 역대상 22장에 나오는 다윗 자신의 말을 통해 분명하게 해결된다. "다윗이 이르되 이는[아라우나의 타작마당을 가리킨다-역주] 여호와 하나님의 성전이요 이는 이스라엘의 번제단이라 하였더라"(1절).

"여호와여 내가 주를 높일 것은 주께서 나를 끌어내사 내 원수로 하여금 나로 말미암아 기뻐하지 못하게 하심이니이다"(시 30:1). 이 시편은 노래이지 불평이 아니다. 이 시의 주조(主調)를 이루는 것은 이전의 고뇌와 대비되는 구원의 기쁨에 대한 체험적 깨달음이다. 여기에서 다윗이 언급하는 "원수"는 사람들 사이에 있는 사탄의 졸개들뿐 아니라 악한 영들로도 이해될 수 있다. 그들은 늘 하나님을 두려워하는 자들의 타락과 슬픔과 징계를 기뻐할 준비가 되어 있다. 타락에서 회복되고 적들 앞에서 완전한 절망에 빠지는 일에서 건짐을 받은 다윗은 하나님을 찬양했다.

"여호와 내 하나님이여 내가 주께 부르짖으매 나를 고치셨나이다 여호와여 주께서 내 영혼을 스올에서 끌어내어 나를 살리사 무덤으로 내려가지 아니하게 하셨나이다"(시 30:2-3). 다윗이 하나님을 그분의 언약의 칭호를 따라 부르는 것은 아름답다. 왜냐하면, 앞에서도 지적했듯이, 여호와께서 치명적인 전염병을 그치게 하신 것은 그분의 언약에 대한 성실함 안에서였기 때문이다. "내가 주께 부르짖으매"라는 그의 말은 그가 겪은 신랄한 고통에 대해 말한다. 그는 기도하기에는 너무나 혼란스러웠다. 그럼에도 그는 자신의 부정확한 신음소리를 이해하시는 분을 향해 자신의 마음을 쏟아놓았다.

그가 처한 곤경은 너무나 절망적이었고 여호와의 은혜로운 개입은 너무나 뛰어났기에, 다윗은 자신이 마치 죽음에서 회복된 것처럼 느꼈다.

"주의 성도들아 여호와를 찬송하며 그의 거룩함을 기억하며 감사하라 그의 노염은 잠깐이요 그의 은총은 평생이로다 저녁에는 울음이 깃들일지라도 아침에는 기쁨이 오리로다"(시 30:4-5). 여호와께서 다윗에게 제단을 세우라고 명령하시는 것을 통해 분명하게 드러났듯이, 그분은 자비하게뿐 아니라 거룩하게 행동하셨다. 여기에서 시편 기자는 우리에게 한 가지 아주 필요한 교훈을 가르쳐 주지 않는가? 종종 우리는 여호와의 선하심과 오래 참으심과 회복의 은총 때문에 그분을 찬양한다. 그러나 우리가 그분의 거룩하심-그것은 그분의 완전하심을 보여 주는 특징들 중에서도 주된 것이다-때문에 그분을 찬양하는 경우는 거의 없다! 다윗은 하나님의 심판이 단축된 것에서 기뻐해야 할 이유를 찾았다. 전염병은 불과 몇 시간밖에 지속되지 않았다. 그러나 그분의 은혜는 그의 평생 동안 계속되었다. 그분의 징계-비록 그것이 우리의 세상살이의 마지막 순간까지 지속될지라도-가 그분이 사랑하시는 자들을 기다리고 있는 영원한 축복과 비교할 때 "잠시"(고후 4:17)에 불과하다는 것은 얼마나 큰 은혜인가!

## 영원한 감사의 대상

"내가 형통할 때에 말하기를 영원히 흔들리지 아니하리라 하였도다 여호와여 주의 은혜로 나를 산 같이 굳게 세우셨더니 주의 얼굴을 가리시매 내가 근심하였나이다"(시 30:6-7). 이것은 다윗이 백성을 계수했던 어리석음의 원인을 그의 오만한 마음으로까지 추적함으로써 내가 앞에서 했던 설명을 확증해 준다. 이것을 통해 다윗의 안타까운 타락의 은밀한 비밀이 분명하게 밝혀진다. 사실 그는 자신의 군대가 거둔 성공을 자신에게 돌리지 않았고 오히려 그 승리를 전적으로 여호와의 덕분으로 여겼다(삼하 22:1, 48-50). 그러나 그는 하나님이 자신의 나라를 무적의 왕국, 즉 결코 전복되지 않을 왕국으로 만들어 주셨다고 제멋대로 상상했다. 그리고 여호와께서 얼굴을 돌리셨을 때-그분은 우리가 자신의 약함을 의식하지 않거나 그분을 의지하지 않을 때 늘 그렇게 하신다-그 가련한 다윗은 "근심하였다." 그는 혼란과 낙심에 빠졌다. 왜냐하면 여호와의 얼굴이 가려질 때면 그 어떤 "산"도-그것이 제아무리 견고할지라도-성도에게 아무런 만족을 줄 수 없기 때문이다. 이것은 우리가 인간적인 안전감을 품으려는 것에 대한 엄중한 경고다.

"여호와여 내가 주께 부르짖고 여호와께 간구하기를"(시 30:8). "기도는 하나님의 백성들이 갖고 있는 확고한 자원이다. 설령 그들이 어찌할 바를 모를 정도로 내몰릴지라도, 그들은 여전히 은혜의 보좌 앞으로 나아갈 수 있다. 지진이 일어나 산들이 흔들릴지라도, 은혜의 보좌는 여전히 견고하게 서 있으며, 따라서 우리는 그리로 나아갈 수 있다"(C. H. Spurgeon). 앞서 시글락에서 다윗은 큰 문제에 빠졌다. 사람들이 그를 돌로 치려 했었기 때문이다. 그러나 그때 그는 "크게 다급하였으나 그의 하나님 여호와를 힘입고 용기를 얻었다"(삼상 30:6). 그리고 이제 그는 다시 하나님 안에서 피난처를 찾았다. 그리고 하나님의 신실하심은 그를 실망시키지 않았다. 신자들이 여호와의 손에 자신을 맡기는 것은 헛일이 아니다.

"내가 무덤에 내려갈 때에 나의 피가 무슨 유익이 있으리요 진토가 어떻게 주를 찬송하며 주의 진리를 선포하리이까 여호와여 들으시고 내게 은혜를 베푸소서 여호와여 나를 돕는 자가 되소서 하였나이다"(시 30:9-10). 여기에서는 다윗의 고통의 강렬함이 분명하게 드러난다. 외적으로 그는 베옷을 입고 있었다. 그러나 그것은 그의 내면의 고뇌에 대한 희미한 표현에 불과했다. 이스라엘의 왕인 그는 하나님의 법을 지켜야 할 의무가 있었다. 그러나 그는 그것을 깨뜨렸고 그로 인해 그의 백성들 역시 그렇게 하도록 만들었다. 그의 나라에는 정당한 보복이 임했다. 그때 그는 여호와께 분명하게 탄원했다. "제가 죽는 것이 이 세상에서 하나님의 대의를 촉진시키겠나이까? 그것이 주님에 대한 숭배를 낳겠나이까? 그러니 제발 긍휼이 심판을 이기고 기뻐하게 하소서."

"주께서 나의 슬픔이 변하여 내게 춤이 되게 하시며 나의 베옷을 벗기고 기쁨으로 띠 띠우셨나이다 이는 잠잠하지 아니하고 내 영광으로 주를 찬송하게 하심이니 여호와 나의 하나님이여 내가 주께 영원히 감사하리이다"(시 30:11-12). 바로 여기에 이 시편이 다윗의 생애 중 사무엘하 24장이 이야기하는 시기를 다루고 있음을 보여 주는 추가적인 증거가 나온다. 그리고 이 마지막 구절들은 웅장한 종국을 제공한다. 다윗은 하나님께 자신에게 은혜를 베풀어 주실 것을 호소했고, 그분은 은혜를 베푸셨다. 그런 놀라운 은혜는 그로 하여금 끊임없는 감사의 언어로 주님께 영광을 돌리게 했다. "영광" 이야말로 구속된 죄인들-그들은 다윗처럼 여호와의 은혜의 위대하심과 충분하심을 증거해 왔다-의 거처가 될 것이다. "내가 주께 영원히 감사하리이다." 바로 그것이 우리가 기쁨에 차서 해야 할 일이다. 그리고 그 모든 것은 그리스도의 희생으로 인한 것이다. 시편 30편 11-12절은 그리스도에게 해당되는 말이며, 또한 그렇기에 그분의 몸의 지체들에게 해당되는 말이다.

# 마지막 날들 (I)

열왕기상 1장

다윗의 공적 생애는 파란만장했다. 그리고 그는 삶을 조용하게 끝내는 것조차 허락받지 못했다. 이것은 높은 지위에 있는 사람들의 일반적인 운명이다. 그럼에도 그들은 그런 사실을 알지 못하는 많은 이들에게 질시의 대상이 된다. 노년의 약함이 찾아든 다윗의 말년에 그의 왕국에서 심각한 문제가 발생했다. 왕국의 평화는 위험에 처했고 그의 가족들은 또 다시 암살자의 위협에 처하게 되었다. 그의 아들들 중 하나가 자기 아비의 뜻은 물론이고 하나님의 선포된 계획에 맞서 머리를 들었던 것이다. 그 과정에서 그는 오랫동안 다윗 밑에서 명예로운 자리를 차지해 왔던 자들로부터 부추김을 받았다.

의심할 바 없이 우리는 이 사건의 보다 깊은 측면을 보아야 하고, 또한 보다 높은 영역에서 전개되는 갈등―여자의 후손에 대한 뱀의 적의와 하나님의 나라와 관련된 그분의 뜻에 대한 그의 반대―에 대한 설명을 찾아내야 한다. 그러나 여기에서 나는 다윗과 보다 직접적으로 관련된 문제에 관심을 기울이고자 한다.

위에서 언급된 사건에 대한 기록은 열왕기상 1장에 나온다. 그 장은 우리에게 한때 강건하고 활력적이었던 왕이 세상 모든 이들의 길을 따라가는 모습을 제시하는 것으로 시작된다. 그의 육신의 정신은 고갈되었고, 이제 그는 더 이상 공적인 일에 관여하지 못했다. 거기에 기록된 사건들은 다윗의 파란만장한 삶의 마지막 시기에 일어났다. 당시 다윗은 아직 일흔 살도 되지 않았음에도 "나이가 많아 늙으니 이불을 덮어도 따뜻하지 아니한지라"(왕상 1:1)고 묘사된다. 건강한 체질을 타고 났음에도 그는 완전히 쇠약해져 있었다. 그렇게 된 여러 가지 이유들 중에서도 우리는 그가 살아왔던 힘겨운 삶과 그에게 임했던 엄청난 가족사의 비극을 꼽을 수 있을 것이다. 그럼에도 그가 추종자들로부터 여전히 사랑을 받고 있었다는 사실은 그 추종자들이 그를 편안하게 모시기 위해 행한 친절한 노력―비록 잘못된 것이기는 하나―을 통해 분명하게 드러난다(1-3절). 다윗이 그것에 대해 거의 아무런 반대도 표명하지 않고 자기를 수종하는 자들의 바람을 따랐던 것은 그가 그들의 계획을 수용했음을 보여 준다. 그것은 다양한 지역과 세대가 사용해 온 방법이었다. 그러나 분명히 그것은 하나님의 자녀에게는 적합하지 않은 것이었다.

청년과 마찬가지로 노년 역시 그 나름의 특별한 덫을 갖고 있다. 전자가 빠지는 위험은 나이 먹은 이들의 충고를 조롱하며 자기의 뜻을 고집하는 것이고, 후자의 문제는 자기들을 점점 더 젊은이들의 지배 아래에 두면서 자기의 양심이 비난하는 일에 굴복하는 것이다. 우리가 우리를 돌봐 주는 이들의 바람을 무시하기란 쉽지 않다. 더구나 우리의 말년을 좀더 편안하게 해주려는 선한 의도를 지닌 이들의 노력을 거부하는 것은 배은망덕으로까지 보인다. 그러나 나이 든 이들은 한편으로는 짜증이나 횡포한 자세를 조심해야 하고, 다른 한편으로는 자기들이 알기로 분명히 잘못된 일들에 말려들지도 말아야 한다. 건강을 회복하고 삶을 연장시키기 위해 필요한 적법한 일들은 마땅히 해야 하지만, 불법적이거나 악하거나 우리를 시험에 빠지게 할 수 있는 일들은, 그것을 누가 제안했던 간에, 분명하게 거부해야 한다.

## 아도니야의 반란

다윗이 그의 친구들의 인간적인 조언에 동의하면서 보였던 약함에 대한 하나님의 진노는 곧 이어 발생한 사건을 통해 분명하게 드러난다. 그의 또 다른 아들로 인해 심각한 문제가 발생했다. 사실 이것은 그가 자기 자녀들을 다스리는 데 부주의했던 것의 결과였다. 그는 자식들에게 너무 태만했다. 그러나 나는 이 불경한 반항이 발생한 시집의 문제 때문에 그것을 다윗에 대한 하나님의 징계, 즉 위에서 짧게 언급된 수상쩍은 일에 그가 동의한 것에 대한 하나님의 징계로 보아야 한다고 여긴다. "그때에 학깃의 아들 아도니야가 스스로 높여서 이르기를 내가 왕이 되리라 하고 자기를 위하여 병거와 기병과 호위병 오십 명을 준비하니"(왕상 1:5). 신자가 육체에 무언가를 뿌릴 때마다 그는 분명하게 그 육체로부터 썩은 것을 수확하게 된다. 그리고 다윗의 삶 전체를 통해 이번 경우보다 더 분명하게 그 사실을 보여 주는 다른 경우는 없었다.

이제 다윗은 늙었고 누군가 그의 뒤를 이어 왕좌에 오를 시간이 다가오고 있었다. 그러나 그 누군가가 어떤 이가 될지에 대해서는 오직 여호와 한 분만이 말씀하실 수 있었다. 그러나 다윗의 아들들 중 가장 연장자였던 아도니야는 스스로 왕위의 계승자가 되기로 결심했다. 이것은 놀랄 일이 아니었다. 왜냐하면 "그의 아버지가 네가 어찌하여 그리 하였느냐고 하는 말로 한 번도 그를 섭섭하게 한 일이 없었기 때문이다"(왕상 1:6). 다윗은 그가 제멋대로 행동하도록 내버려두었다. 그는 그 아들의 뜻을 꺾은 적이 한 번도 없었고, 그의 행동의 동기가 무엇인지 물은 적도 없었고, 그가 한 어리석은 짓을 꾸짖은 적도 없었다. 자기 아들이 고삐 풀린 망아지처럼 행동하도록 내버려 두었던 다윗은 안타깝게도 아버지로서의 권위를 발휘하고 책임을 이행하는 데 실패했다. 그리고 이제 그는 자신의 그런 어리석음의 값을 치러야 했다.

본문의 6절 이후에는 우리에게 교훈이 될 만한 사건이 기록되어 있다. 그것은 우리의 시대를 향한 엄중한 경고를 제공한다. 우리 시대에는 너무나 많은 부모들이 맹목적인 자식 사랑 때문에 그들의 자녀들을 거의 혹은 아무런 제약을 가하지 않은 채 키우고 있다. 그런 이들은 자기 자신의 등을 후려칠 회초리를 준비하고 있을 뿐이다. 하나님은 부모들에게 필요할 경우 자식들을 징계하는 일을 억제하지 말라고 명하셨다. "아이를 훈계하지 아니하려고 하지 말라 채찍으로 그를 때릴지라도 그가 죽지 아니하리라"(잠 23:13). "매를 아끼는 자는 그의 자식을 미워함이라 자식을 사랑하는 자는 근실히 징계하느니라"(13:24). "네가 네 아들에게 희망이 있은즉 그를 징계하되 죽일 마음은 두지 말지니라"(19:18). 아비로서의 의무를 도외시했던 다윗은 자기 아들의 무법성에 대해 상당한 책임이 있었다. 태만하고 방종한 부모들은 그들의 자식들이 고집을 부리고 엇나가는 행동을 하게 될 것을 예상해야 한다. 그리고 그들은, 설령 그 자식들이 자기들의 우유부단함을 조롱하고 자기들의 재산이나 탐낼지라도, 그것이 자기들이 받아야 할 몫이라고 여겨야 한다.

이제 다윗의 그 고분고분하지 않은 아들은 하나님이 솔로몬을 다윗의 뒤를 이어 왕국을 다스릴 자로 정하셨음을 알았음에도(삼하 7:12-16; 왕상 2:15-18) 자신을 높이기로 결심했다. "그때에 학깃의 아들 아도니야가 스스로 높여서 이르기를 내가 왕이 되리라 하고 자기를 위하여 병거와 기병과 호위병 오십 명을 준비하니"(왕상 1:5). 그는 그렇게 자신의 위상을 높이면서 그보다 앞서 반역을 일으켰던 자기 형 압살롬의 악한 선례를 따랐다(삼하 15:1 참조). 이것은 형들은 동생들에게 선한 모범을 보여야 함을 알려 주는 엄중한 경고다. 아도니야는 이스라엘의 왕위를 탈취하려 했다. 그는 잔치를 열었고, 사람들을 끌어 모았고, 그들로 하여금 자신을 왕으로 선포하도록 유도했다(왕상 1:7-9, 25). 그렇게 하면서 그는 또 다시 압살롬의 예를 따랐다. 그는 자기가 형이 실패했던 일에서 성공할 수 있다고 확신했다. 그러나 압살롬처럼 그 역시 하나님을 고려하지 않았다. "여호와께서 나라들의 계획을 폐하시며 민족들의 사상을 무효하게 하시도다 여호와의 계획은 영원히 서고 그의 생각은 대대에 이르리로다"(시 33:10-11).

## 반역에 가담한 요압과 아비아달

그럼에도 아도니야의 무모한 반역은 한 동안 성공하는 듯 보였다. 군사령관 요압과 제사장 아비아달이 그의 편에 가담했기 때문이다(왕상 1:7). 그렇게 하나님은 종종 사악한 자들이 한동안 번성하게 하신다. 그러나 그들의 승리는 순간에 불과하다. 우리가 다른 경우를 통해 보았듯이, 요압은 완전히 무원칙하고 불경건한 자였다. 그리고 의심할 바 없이 그의 성향에는 솔로몬보다는 불경한 아도니야가 훨씬 더 잘 맞았을 것이다. 더구나 만약 이 학깃의 아들이 왕국을 얻는다면, 그의 지위는 확고해질 것이고, 따라서 다시는 아마사 같은 자에 의해 밀려나지 않을 것이다(삼하 19:13). 또한 제사장 아비아달은 다윗에게 사독보다 덜 존중되었던 것으로 보인다. 그렇기에 그는 솔로몬이 정권을 잡을 경우 사독이 엘르아살 가문을 위해 자기의 가문을 밀어낼 것을 두려워했을 것이다(왕상 1:25).

요압이나 아비아달 같은 자들은 이기적인 동기를 따라 움직인다. 설령 아도니야 같은 자들이 그들이 그렇게 행동하는 것은 (실제로는 전혀 다른 동기에서 그렇게 하는 것임에도) 자기들에 대한 사랑이나 존경심 때문이라고 아무리 추켜세울지라도 그러하다. 사심 없는 충성은 드문 일이다. 따라서 그런 충성을 발견할 경우 그것은 아주 귀하게 평가되어야 한다. 교회에서든 국가에서든 높은 지위에 있는 이들은 돈을 따라 움직이는 아첨꾼들에게 둘러싸인다. 그 아첨꾼들은 발생하는 모든 일들을 자기들에게 유리하게 만드는 데 혈안이 되어 있다. 요압과 아비아달에게는 그들의 주군인 다윗이 참으로 일관되게 나라의 유익을 추구했던 경건하고 신실한 사람이라는 것, 그리고 아도니야가 탐욕스럽고 무법한 이방인이나 다름없는 자라는 것 따위는 아무런 문제가 되지 않았다. 그들은 언제라도 기꺼이 자신들의 주군을 버리고 아도니야를 지지할 준비가 되어 있었다. 그것은 지금도 마찬가지다. 그러므로 높은 지위에 있는 자들은 늘 직무상 그들과 가장 가까이 있는 자들을 신뢰하는 일에 조심할 필요가 있다.

### 나단의 개입

"사람의 마음에는 많은 계획이 있어도 오직 여호와의 뜻만이 완전히 서리라"(잠 19:21). 사람 편의 그 어떤 계획도 지존자의 계획을 뒤엎지 못한다. 사울이 그것을 입증했고, 압살롬도 그러했다. 그리고 이제 아도니야 역시 그럴 것이다. 그러나 여호와께서는 자신의 계획을 이루시는 데 인간이라는 도구를 사용하기를 기뻐하신다. 그분은 늘 결정적인 순간에 자기 사람을 개입시킬 준비를 하고 계시다. 이 경우에 그 사람은 선지자 나단이었다. "나단이 솔로몬의 어머니 밧세바에게 말하여 이르되 학깃의 아들 아도니야가 왕이 되었음을 듣지 못하였나이까 우리 주 다윗은 알지 못하시나이다"(왕상 1:11). 나단은 전에도 다윗의 죄를 꾸짖었던 충실한 자였다(삼하 11:7-12). 그리고 이제 그는 다윗에게 그가 솔로몬과 관련해 했던 약속을 상기시키는 일에서도 충실했다. 그는 먼저 밧세바와 면담하고 그녀에게 다윗을 찾아가 그가 했던 맹세를 상기시키라고 설득했다(왕상 1:11-13). 그리고 그녀가 왕에게 말하는 동안 자기 역시 왕에게 나아가 그녀의 말을 확증할 것이라고 말했다(14절).

밧세바가 나단의 제안에 기꺼이 그리고 정중하게 대응하는 것은 하나님의 측면과 인간적 측면 모두에서 복되다. 하나님의 측면에서 우리는 하나님이 역사하실 때 그분이 늘 선(線)의 양쪽 끝 모두에서 일하신다는 사실을 보게 된다. 선지자가 하나님의 촉구하심을 받아 밧세바에게 조언했을 때, 그녀는 기꺼이 그 말을 따랐고 다윗 역시 그러했다. 그들 각각은 하나님의 충동을 따라 그리고 각각 아주 자유롭게 행동했다. 인간적 측면에서 우리는 밧세바가 나단의 조언에 이의를 제기하지 않고 기꺼이 그것을 따르는 것을 볼 수 있다. 그녀는 다윗이 자기의 남편이었음에도 그에게 "몸을 굽혀" 절했고 또한 그를 "내 주여"라고 불렀다(16, 17절). 이로써 그녀는 자기가 아브라함의 참된 딸임을 보여 주었다. 그녀는 다윗에게 솔로몬이 그의 뒤를 이어 다스릴 것이라고 했던 그의 엄중한 맹세를 상기시켰다(17절). 또한 이어서 그녀는 그에게 아도니야의 반역에 대해 알렸다(18절). 다음으로 그녀는 왕에게 온 나라가 후계자와 관련해 왕의 권위 있는 말을 기다리고 있음을 밝힌 후, 만약 그가 그의 의무를 이행하지 않는다면, 자기와 솔로몬이 심각한 생명의 위협에 처하게 되리라고 경고하면서 말을 마쳤다.

"밧세바가 왕과 말할 때에 선지자 나단이 들어온지라"(왕상 1:22).

나단이 이 중차대한 순간에 왕 앞에 나타나 밧세바가 방금 말한 내용을 뒷받침해 준 것은 단순히 책략적인 행동 이상이었다. 그것은 하나님의 말씀에 대한 순종의 행위였다. 왜냐하면 하나님의 법은 어떤 엄숭한 문제들에 대해서는 한 사람 이상의 증인들의 말로 확증되어야 할 것을 요구하고 있었기 때문이다. "사람의 모든 악에 관하여 또한 모든 죄에 관하여는 한 증인으로만 정할 것이 아니요 두 증인의 입으로나 또는 세 증인의 입으로 그 사건을 확정할 것이며"(신 19:15). 그리스도 역시 몇 차례에 걸쳐 동일한 원리를 주장하신 바 있다. 따라서 그것은 오늘날 우리에게도 구속력이 있다. 만약 우리가 이 원리에 적절하게 유의한다면, 교회에서 수많은 불필요한 문제들을 피할 수 있을 것이고(마 18:16), 수많은 잘못된 고발들이 드러나게 될 것이고(요 8:13, 17), 수많은 불화들이 치유될 것이고(고후 13:1), 하나님의 많은 종들의 무고함이 밝혀질 것이다(딤전 5:19).

나단은 밧세바에게 약속했던 것처럼 왕 앞에 나아와 그녀가 방금 말한 내용을 확증했다. 선지자는 왕에게 상황의 시급함을 알렸다. 첫째, 그는 지금 반역자의 지지자들이 성공을 크게 확신하면서 "아도니야 왕은 만세수를 하옵소서"(왕상 1:25)라고 외치고 있음을 알렸다. 둘째, 그는 자신과 제사장 사독과 브나야와 솔로몬이 그 잔치에 초대 받지 못했다는 불길한 사실을 지적했다(26절). 그것은 무법한 계획을 품은 아도니야가 하나님의 뜻도 자기 아버지의 바람도 상관하지 않을 것임을 보여 주는 것이었다. 셋째, 그는 그 늙은 왕에게 너무 늦기 전에 분명한 행동을 취하라고 권했다. 이어서 그는 왕에게 단도직입으로 이 일이 그의 승인하에서 이루어지고 있는 것인지 물었다(27절). 이것은 그에게 아도니야와 그의 도당들이 왕의 허락 없이 그런 행동을 하는 것은 뻔뻔스럽고 오만한 짓임을 일깨워 주려는 것이었다. 그렇게 함으로써 그는 다윗에게 그의 공적 의무를 분명하게 상기시켰다.

## 신속한 조치

다윗의 참된 성격이 분명하게 드러난 것은 바로 이때였다. 그는 자기 집안을 다스리는 데는 약했으나, 하나님의 나라의 이익과 관련된 문제에서는 확고하고 두려움이 없었다. 그로 하여금 이스라엘을 향한 하나님의 계시된 뜻을 거스르도록 설득할 수 있는 것은 아무것도 없었다. 첫째, 이제 그는 자신을 향한 하나님의 성실하심을 다시 한 번 시인했다. "왕이 이르되 내 생명을 모든 환난에서 구하신 여호와께서 살아 계심을 두고 맹세하노라"(왕상 1:29). 여호와는 그분을 신뢰하는 모든 자들의 구원자이시다. 그리고 그분은 다윗을 적들의 손에서 거듭해서 구원해내셨다. 둘째, 다윗을 향한 하나님의 성실하심은 이제 그로 하여금 솔로몬에 관한 자신의 약속에 대해 충실하도록 고무했다. "내가 이전에 이스라엘의 하나님 여호와를 가리켜 네게 맹세하여 이르기를 네 아들 솔로몬이 반드시 나를 이어 왕이 되고 나를 대신하여 내 왕위에 앉으리라 하였으니 내가 오늘 그대로 행하리라"(30절). 이것은 아주 복되다. 그는 자신에게 어떤 위험이 닥칠지라도 그것 때문에 주지히지 않았다.

이어지는 이야기에서 우리는 다윗이 아도니야의 음모를 전복하기 위해 취했던 단호한 조치들에 대해 듣는다. "다윗 왕이 이르되 제사장 사독과 선지자 나단과 여호야다의 아들 브나야를 내 앞으로 부르라 하니 그들이 왕 앞에 이른지라 왕이 그들에게 이르되 너희는 너희 주의 신하들을 데리고 내 아들 솔로몬을 내 노새에 태우고 기혼으로 인도하여 내려가고 거기서 제사장 사독과 선지자 나단은 그에게 기름을 부어 이스라엘 왕으로 삼고 너희는 뿔나팔을 불며 솔로몬 왕은 만세수를 하옵소서 하고 그를 따라 올라오라 그가 와서 내 왕위에 앉아 나를 대신하여 왕이 되리라 내가 그를 세워 이스라엘과 유다의 통치자로 지명하였느니라"(왕상 1:32-35). 솔로몬이 왕이 되었음을 선포하기 위한 명령들이 하달되었다. 그는 왕의 노새를 타고, 공식적으로 기름 부음을 받고, 적절한 방식을 따라 왕으로 선포되어야 했다. 이 중요한 일은 하나님을 섬기는 일에 충실했던 이들에게 맡겨졌다. 그렇게 해서 솔로몬은 다윗이 사망할 때까지 국가의 일들을 수행하는 데 필요한 권위를 얻게 될 참이었다. 그렇게 된다면, 백성들은 그의 적법한 후계자 신분과 관련해 그 어떤 의심도 갖지 않게 될 것이다.

## 솔로몬이 왕이 됨

"여호야다의 아들 브나야가 왕께 내답하여 이르되 아멘 내 주 왕의 하나님 여호와께서도 이렇게 말씀하시기를 원하오며 또 여호와께서 내 주 왕과 함께 계심 같이 솔로몬과 함께 계셔서 그의 왕위를 내 주 다윗 왕의 왕위보다 더 크게 하시기를 원하나이다 하니라"(왕상 1:36-37). 다윗의 참모들은 그가 내린 조치들에 전적으로 찬동했다. 브나야는 다른 사람들을 대신해 말하면서 자기들이 왕의 조치에 완전히 만족한다는 사실을 분명히 했다. 그의 "아멘"은 그 말의 원래의 의미와 강세를 보여 주는 것이었다. 그것은 하나님이 그분의 약속을 이행하시리라는 확신을 지니고 행하는 믿음의 확언이었다. 브나야의 말은 뜨거운 신앙의 말이었다. 왜냐하면 그는 자기 주인의 계획이—그것이 얼마나 현명하고 훌륭한지와 상관 없이—하나님의 섭리의 축복 없이는 성공적인 결과를 낼 수 없다는 것을 알았기 때문이다. 아, 오늘날 이런 신앙을 찾아 보기란 얼마나 어려운가! 그는 하나님이 솔로몬의 통치를 그의 아비의 그것보다 크게 해 주시기를 간구하며 말을 마쳤다.

다윗이 내린 명령들은 즉각 이행되었다. 솔로몬은 지정된 자리에 위엄 있게 올라가 적절하게 기름 부음을 받았다. 이것은 백성에게 큰 기쁨과 만족을 주었다. "모든 백성이 그를 따라 올라와서 피리를 불며 크게 즐거워하므로 땅이 그들의 소리로 말미암아 갈라질 듯하니"(왕상 1:40). 이로써 백성들은 자기들이 솔로몬을 다윗의 후계자로 기쁘게 받아들인다는 것을 분명하게 입증했다. (마찬가지로 하나님의 참된 이스라엘에 속한 모든 이들은 그분의 아들의 주되심을 기쁘게 인정해야 한다.) 그 결과는 놀라웠다. 솔로몬이 다윗에게 충성하는 백성들에 의해 왕으로 선포되자 그 소식은 곧 아도니야와 그의 동료들에게 전해졌다(41, 42절). 반역자들의 잔치는 기쁨은커녕 경악으로 끝났다. "아도니야와 함께 한 손님들이 다 놀라 일어나 각기 갈 길로 간지라 아도니야도 솔로몬을 두려워하여 일어나 가서 제단 뿔을 잡으니"(왕상 1:49-50). 그렇게 해서 여호와께서는 은혜롭게도 자신이 다윗의 삶의 마지막 순간까지 강력하게 그의 편에 서 계심을 보여 주셨다.

마지막으로 나는 본문이 보여 주는 아주 복된 예표적 모습에 주목하고자 한다. 그 예표적 모습의 완성에는 다윗과 솔로몬 두 사람 모두가 필요하다 — 이것을 요셉과 베냐민, 모세와 아론, 그리고 엘리야와 엘리사가 제공하는 공동 예표들과 비교해 보라. 첫째, 다윗은 "전쟁을 많이 한 사람"(대상 28:3)으로서 성공을 거뒀다. 여호와께서 그를 통해 이스라엘의 적들을 "그의 원수들을 그의 발바닥 밑에 두시기까지"(왕상 5:3) 무찌르셨기 때문이다. 마찬가지로 주 예수님은 그분의 죽으심과 부활을 통해 그분의 모든 적들을 물리치셨다(골 2:14-15). 둘째, 솔로몬은 그가 태어나기도 전에 택함을 받아 왕위를 이어받도록 정해졌다(대상 22:9). 그리스도 역시 영원 전부터 택함을 받은 분이었다(사 42:1). 셋째, 솔로몬은 노새를 탔는데, 그것은 전사의 모습이 아니라 아주 낮은 자의 모습이었다. 그리스도께서도 마찬가지였다(마 21:1-9). 넷째, 그는 성스러운 기름(성령에 대한 예표)으로 기름 부음을 받았다. 그리스도 역시 그분이 승천하실 때 성령 충만함을 받으셨다(행 2:33). 마지막으로, 솔로몬의 통치 기간 중에 이스라엘은 휴식과 평온을 누렸다(대상 22:9, 18). 마찬가지로 그리스도께서는 지금 "평화의 왕"으로서 그분의 온 백성들을 다스리고 계시다.

# 96

## 마지막 날들 (II)

### 역대상 22장

이제 다윗의 삶은 끝을 향해 가고 있었다. 그가 이 세상을 떠날 시간이 거의 이르렀다. 그러나 그가 어둠 속에서 서서히 죽어가기보다는 자신에게 남아 있는 힘을 하나님을 섬기는 데 쓰고 있는 모습은 아주 아름답다. 그의 삶의 태양은 종종 일시적으로 구름에 가려졌다. 그러나 그것은 다시 황금빛을 발하면서 세상을 비췄다. "일의 끝이 시작보다 낫다"(전 7:8). 아도니야의 반역은 그의 삶의 지평선 위를 가로질렀던 마지막 어두운 구름이었다. 그리고 그것은 신속하게 제거되었고 다시 평화와 기쁨의 푸른 하늘에 자리를 내주었다. 마지막 장면은 장밋빛으로 채색되었다. 우리의 영웅이 이 세상을 떠나는 장면은 "하나님의 마음에 맞는 자"에게 아주 적합한 모습이었다. 그가 빠르게 소진되어가는 자신의 힘을 왕국의 일들을 정리하는 데 사용하는 것 그리고 지금 그를 완전히 사로잡고 있는 관심사가 여호와의 영광과 자기 백성의 유익이었다는 것을 보는 것은 복된 일이다.

성령께서는 열왕기상에 나오는 짧은 설명을 역대기에 나오는 보다 상세한 서술들로 보충하면서 다윗의 마지막 통치 행위에 대해 길게 설명해 주셨다. 지금 내가 주목하고자 하는 것은 역대기에 나오는 보충적 설명이다. 거기에서 우리는 다음과 같은 내용을 볼 수 있다. 첫째, 다윗은 그동안 성전 건축을 위해 광범위하게 준비해 왔던 일들을 마무리한다. 둘째, 그는 솔로몬에게 하나님의 집을 세우는 문제에 관해, 차기 왕으로서 그의 행동에 대해, 그리고 그의 적들을 제거하는 문제에 관해 엄중한 명령을 내린다. 셋째, 그는 방백들에게 자기 아들을 도울 것을 명령한다. 넷째, 그는 제사장들의 임무와 관련해 명령을 내린다. 다섯째, 그는 이스라엘의 관리들에게 명령을 내린다. 여섯째, 그는 솔로몬에게 자기가 하나님께로부터 받은 성전의 양식 혹은 설계도를 위탁한다. 일곱째, 마지막으로 그는 온 회중을 향해 명령한다. 다윗은 그의 통치의 마지막과 그의 후계자의 안녕을 위해 아주 세심하게 준비했다.

## 성전 건축을 위한 준비

"다윗이 이르되 내 아들 솔로몬은 어리고 미숙하고 여호와를 위하여 건축할 성전은 극히 웅장하여 만국에 명성과 영광이 있게 하여야 할지라 그러므로 내가 이제 그것을 위하여 준비하리라 하고 다윗이 죽기 전에 많이 준비하였더라"(대상 22:5). 그의 마음의 가장 큰 바람은 영구한 전을 세워 하나님을 예배하는 것이었다. 그리고 그는 이미 그 목적을 위해 엄청나게 많은 건축 재료들을 모아 성별해 놓았다. 그러나 그가 바라던 일은 그에게 허락되지 않았다. 그 특별한 명예는 다른 이의 차지가 되어야 했다. 그러나 그는, 자기들의 뜻이 이루어지지 않을 때 역정을 내는 많은 이들과 달리, 풀이 죽거나 초조해 하거나 여호와를 섬기는 일에 대한 모든 흥미를 잃어버리거나 하지 않았다. 오히려 그는 하나님의 뜻을 순순히 따랐고 자기가 하던 준비를 계속해 나갔다. 그렇다, 비록 점점 늙고 쇠약해져 갔지만, 그는 자기가 하던 일을 그만두기는커녕 더욱 부지런히 애를 썼다.

다윗이 성전 건축을 위해 모았던 재료들의 수량과 가치는 다음 구절을 통해 알 수 있다. "내가 환난 중에 여호와의 성전을 위하여 금 십만 달란트와 은 백만 달란트와 놋과 철을 그 무게를 달 수 없을 만큼 심히 많이 준비하였고 또 재목과 돌을 준비하였으나 너는 더할 것이며"(대상 22:14). 이 모든 것은 자기 후계자에게 넘겨 주기 위한 것이었고, 그 후계자는 그것들을 잘 사용했다. 이 이야기에는 우리에게 큰 힘이 될 만한 요소가 들어 있다. 그것은 우리가 생전에 목격하도록 허락 받지 못한 선한 일이 우리가 죽은 후에 나타날 수 있다는 것이다. 종종 우리는 자신의 수고의 열매를 직접 거두지 못하는 것을 슬퍼한다. 그러나 만약 우리가 부지런히 재료를 준비한다면, 우리 뒤에 오는 다른 이들이 그것으로 성전을 세울 수 있다. 그러므로 모든 물가에 씨를 뿌리자. 그리고 확신을 갖고서 그 결과를 하나님께 맡기자. 늙고 경험 많은 이들은 자기들 뒤에 올 젊은이들을 생각해야 한다. 그리고 할 수 있는 한 하나님의 일을 수월하게 만들어 줄 수 있는 모든 것들을 그들에게 제공해야 한다.

## 솔로몬에게 준 명령

다음으로 다윗이 그의 아들에게 주었던 명령에 대해 생각해 보자. 첫 번째 명령은 성전을 건축하는 문제와 관련되어 있었다. 그 문제야말로 그의 마음을 온통 지배하고 있었다. "다윗이 그의 아들 솔로몬을 불러 이스라엘 하나님 여호와를 위하여 성전 건축하기를 부탁하여 다윗이 솔로몬에게 이르되 내 아들아 나는 내 하나님 여호와의 이름을 위하여 성전을 건축할 마음이 있었으나 여호와의 말씀이 내게 임하여 이르시되 너는 피를 심히 많이 흘렸고 크게 전쟁하였느니라 네가 내 앞에서 땅에 피를 많이 흘렸은즉 내 이름을 위하여 성전을 건축하지 못하리라"(대상 22:6-8). 여기에서 우리는 하나님이 자신을 예표하는 것들에 대해 얼마나 세밀하게 마음을 쓰시는지 알 수 있다. 이것은 그분이 모세가 바위를 향해 말만 하지 않고 그것을 두 번이나 내리친 것 때문에 그에게 진노하셨던 일(민 20:2-13)과 게하시가 문둥병에서 고침을 받은 나아만에게서 보답을 구한 것 때문에 그에게 문둥병을 내리셨던 일(왕하 5)을 통해서도 분명하게 드러난다.

다윗은 자기가 여호와로부터 받은 "말씀"을 계속하면서 다음과 같이 덧붙인다. "보라 한 아들이 네게서 나리니 그는 온순한 사람이라 내가 그로 주변 모든 대적에게서 평온을 얻게 하리라 그의 이름을 솔로몬이라 하리니 이는 내가 그의 생전에 평안과 안일함을 이스라엘에게 줄 것임이니라 그가 내 이름을 위하여 성전을 건축할지라 그는 내 아들이 되고 나는 그의 아버지가 되어 그 나라 왕위를 이스라엘 위에 굳게 세워 영원까지 이르게 하리라 하셨나니 이제 내 아들아 여호와께서 너와 함께 계시기를 원하며 네가 형통하여 여호와께서 네게 대하여 말씀하신 대로 네 하나님 여호와의 성전을 건축하며"(대상 22:9-11). 이어서 다윗은 자기의 아들에게 하나님의 명령을 지키고 모든 일에서 그의 의무를 다하라고 분부했다(13절). 솔로몬은 자기가 성전을 세운 것을 이유로 육체의 정욕에 탐닉할 수 있는 특별 허가를 얻었다고 생각해서는 안 되었다. 아니다, 오히려 그는 비록 자기가 이스라엘의 왕일지라도 자신이 이스라엘의 하나님의 백성에 불과하며, 따라서 하나님의 법을 자신의 법으로 삼는 정도만큼 하나님에 의해 번영을 누리게 되리라는 것을 알아야 했다(수 1:8 참조).

그로부터 얼마 후에 다윗은 솔로몬에게 다음과 같이 말했다. "내 아들 솔로몬아 너는 네 아버지의 하나님을 알고 온전한 마음과 기쁜 뜻으로 섬길지어다 여호와께서는 모든 마음을 감찰하사 모든 의도를 아시나니 네가 만일 그를 찾으면 만날 것이요 만일 네가 그를 버리면 그가 너를 영원히 버리시리라 그런즉 이제 너는 삼갈지어다 여호와께서 너를 택하여 성전의 건물을 건축하게 하셨으니 힘써 행할지니라 하니라"(대상 28:9-10). 다윗은 자기의 아들이 경건한 신앙을 갖는 문제에 깊은 관심을 가졌다. 그는 자기 아들 앞에 피할 수 없는 양자택일의 문제를 제시했다. 그것은, 만약 그가 여호와를 섬기면 복을 얻을 것이요, 그분에게 등을 돌리면 저주를 받으리라는 것이었다. 어떤 문제와 관련된 하나님의 예정은 돌이킬 수 없을지라도, 그것에 대한 인간의 책임은 계속된다. 하나님의 나라가 영속적으로 다윗의 후손에게 돌아가는 문제는 그리스도 안에서 확실하게 보장되어 있었다. 그러나 세상의 나라를 계승하는 문제는 다윗의 후손들의 행위에 달려 있었다. 만약 그들이 자기 뜻을 고집하며 불순종한다면, 그 계승은 끊어질 것이다.

그 불확실성은 다음과 같은 말씀을 통해 다시 한 번 분명하게 예고되었다. "여호와께서 내 일에 대하여 말씀하시기를 만일 네 자손들이 그들의 길을 삼가 마음을 다하고 성품을 다하여 진실히 내 앞에서 행하면 이스라엘 왕위에 오를 사람이 네게서 끊어지지 아니하리라 하신 말씀을 확실히 이루게 하시리라"(왕상 2:4). 아, 우리는 이후의 결과가 어찌되었는지 알고 있다. 하나님은 솔로몬의 우상 숭배를 이스라엘 왕국에서 열 부족이 이탈하는 것을 통해 벌하셨다. 그리고 결국 다윗의 가문은 모든 왕권을 잃어버리고 말았다. 이것은 늘 그래왔다. 인간은 하나님이 그에게 맡기신 일에서 완전히 실패했다. 이스라엘의 선지자와 제사장과 왕들에게는 사망 선고가 내려졌다. 그렇다면 하나님의 계획은 무산된 것인가? 결코 아니다, 그런 일은 있을 수 없다. 하나님의 계획은 첫 번째 사람이 아니라 두 번째 사람(the Second Man)을 통해 이루어졌다. 하나님의 명령은 그리스도 안에서 그리고 그리스도를 통해서 이행되었다. 구약이 성취된 것은 첫 번째 사람이 아니라 두 번째 사람에게서였고, 또한 세상의 영역이 아니라 하늘의 영역에서였다. 그리스도는 육신으로는 다윗의 후손이었고, 하나님의 나라는 그분 안에서 영적으로 실현되었다.

## 대적들과 관련해 내린 명령

"또 그의 아들 솔로몬에게 이르되 너는 강하고 담대하게 이 일을 행하라 두려워하지 말며 놀라지 말라 네가 여호와의 성전 공사의 모든 일을 마치기까지 여호와 하나님 나의 하나님이 너와 함께 계시사 네게서 떠나지 아니하시고 너를 버리지 아니하시리라"(대상 28:20). 다윗이 그의 아들에게 주로 권고했던 것이 확고함과 담대함이었다는 사실은 주목할 만하다.

용기는 하나님의 종들에게 가장 필요한 은혜들 중 하나다. 왜냐하면 우는 사자 같은 마귀는 늘 그들의 마음에 두려움을 심어주려 하기 때문이다. 이것은 모세를 계승했던 여호수아에게 주어진 명령이었다. "오직 강하고 극히 담대하여 나의 종 모세가 네게 명령한 그 율법을 다 지켜 행하고 우로나 좌로나 치우치지 말라"(수 1:7). 여호와께서는 그의 종 선지자 에스겔에게 "그들이 비록 반역하는 족속이라도 두려워하지 말며 그들의 얼굴을 무서워하지 말라"(겔 3:9)고 말씀하셨다. 진리를 미워하는 자들의 찌푸린 얼굴은 성령을 소멸케 하기 위해 우리에게 자만심을 불어넣은 자들의 아첨만큼이나 고려할 대상이 되지 못한다. 그리스도께서는 제자들을 향해 "몸은 죽여도 영혼은 능히 죽이지 못하는 자들을 두려워하지 말고 오직 몸과 영혼을 능히 지옥에 멸하실 수 있는 이를 두려워하라"(마 10:28)고 말씀하셨다. 만약 우리가 그것들을 사용할 용기를 갖고 있지 않다면, 그 어떤 은사도 소용이 없다.

다윗이 그의 적들과 관련해 솔로몬에게 준 명령은 열왕기상 2장에 실려 있다. "스루야의 아들 요압이 내게 행한 일 곧 이스라엘 군대의 두 사령관 넬의 아들 아브넬과 예델의 아들 아마사에게 행한 일을 네가 알거니와 그가 그들을 죽여 태평 시대에 전쟁의 피를 흘리고 전쟁의 피를 자기의 허리에 띤 띠와 발에 신은 신에 묻혔으니 네 지혜대로 행하여 그의 백발이 평안히 스올에 내려가지 못하게 하라 마땅히 길르앗 바르실래의 아들들에게 은총을 베풀어 그들이 네 상에서 먹는 자 중에 참여하게 하라 내가 네 형 압살롬의 낯을 피하여 도망할 때에 그들이 내게 나왔느니라 바후림 베냐민 사람 게라의 아들 시므이가 너와 함께 있나니 그는 내가 마하나임으로 갈 때에 악독한 말로 나를 저주하였느니라 그러나 그가 요단에 내려와서 나를 영접하므로 내가 여호와를 두고 맹세하여 이르기를 내가 칼로 너를 죽이지 아니하리라 하였노라 그러나 그를 무죄한 자로 여기지 말지어다 너는 지혜 있는 사람이므로 그에게 행할 일을 알지니 그의 백발이 피 가운데 스올에 내려가게 하라"(왕상 2:5-9).

이런 명령들은 개인적인 복수심에서 나온 것이 아니라, 하나님의 영광과 이스라엘의 유익을 고려한 것으로 간주되어야 한다. 요압은 그의 냉혹한 살인과 최근에 아도니야의 반역에 일조했던 일 때문에 죽어야 마땅했다. 요압이나 시므이 같은 자들이 살아 있는 한, 솔로몬과 그의 평화로운 통치는 계속해서 위협을 당하게 될 것이다.

## 방백들에게 내린 명령

다윗이 방백들에게 내린 명령은 역대상 22장에 실려 있다. "다윗이 또 이스라엘 모든 방백에게 명령하여 그의 아들 솔로몬을 도우라 하여 이르되 너희 하나님 여호와께서 너희와 함께 계시지 아니하시느냐 사면으로 너희에게 평온함을 주지 아니하셨느냐 이 땅 주민을 내 손에 넘기사 이 땅으로 여호와와 그의 백성 앞에 복종하게 하셨나니 이제 너희는 마음과 뜻을 바쳐서 너희 하나님 여호와를 구하라 그리고 일어나서 여호와 하나님의 성전을 건축하고 여호와의 언약궤와 하나님 성전의 기물을 가져다가 여호와의 이름을 위하여 건축한 성전에 들이게 하라 하였더라"(대상 22:17-19). 이로써 우리는 다시 한 번 다윗이 언약궤를 위한 적절한 거처를 마련하는 일을 통해 여호와의 영광을 드높이는 일에 얼마나 깊은 관심을 가졌는지 알 수 있다. 그렇기에 그는 방백들에게 이 일을 수행함에 있어 자기 아들을 도울 수 있는 일은 무엇이든 하라고 명령했다. 군주들이 그들의 통치 기간 중에 하나님의 일을 추진하려면 그들 곁에 있는 고위직 인사들의 지원을 받아야 한다. 다윗은 그들에게 하나님의 풍성한 은혜에 감사하려면 그들 편의 관대함과 노력이 필요하다고 주장하면서 그들의 의무를 이행할 것을 촉구했다. 그는 그들에게 하나님의 영광에 관심을 갖고 그분의 은혜를 그들의 행복으로 만드는 일에 열심을 내라고 명령했다. 참으로 사람들이 주님께 마음을 둔다면,

예배든 봉사든 아까워하지 않을 것이다.

## 성전 봉사를 위한 규례의 제정

역대상 23장과 그 이후의 장들에서 우리는 다윗이 성전 봉사를 위한 규례를 확정하고 그 일을 맡은 자들을 임명하는 일에 굉장한 수고를 하고 있음을 보게 된다. 그는 그 일을 하나님의 전을 위해 은과 금을 모을 때만큼이나 진지하게 수행했다. 레위 지파의 수가 거의 네 배나 증가한 사실은 주목할 만하다 - 이것은 다른 지파들의 증가보다 훨씬 큰 것이었다. 그렇게 많은 종들이 하나님의 성전을 섬기는 것은 여호와의 영광을 위한 드러내는 것이었다. 또한 그것은 하늘 보좌를 섬기는 무수히 많은 천사들에 대한 예시이기도 했다. 이어서 제사장과 레위인들이 그들의 반(班)을 따라서 각자의 의무를 수행하는 것과 관련된 상세한 설명이 뒤따른다. 그런 설명은 우리에게 하나님은 질서의 하나님이시라는 것, 특히 자신을 예배하는 일과 관련해 그러하시다는 것을 보여 준다. 직책의 분배는 제비뽑기를 통해 이루어졌는데(24:5), 이것은 모든 일이 하나님의 뜻에 달려 있음을 보여 주는 것이다(잠 16:33). 제사장들은 스물네 개의 반으로 나뉘었는데(24:18), 이것은 요한계시록 4장 4절에 나오는 "이십사 장로들"에 대한 상징이다.

## 성전 설계도의 위탁

"다윗이 성전의 복도와 그 집들과 그곳간과 다락과 골방과 속죄소의 설계도를 그의 아들 솔로몬에게 주고 또 그가 영감으로 받은 모든 것 곧 여호와의 성전의 뜰과 사면의 모든 방과 하나님의 성전 곳간과 성물 곳간의 설계도를 주고 … 다윗이 이르되 여호와의 손이 내게 임하여 이 모든 일의 설계를 그려 나에게 알려 주셨느니라"(대상 28:11-12, 19). 다윗은 성전의 설계 및 그 안에서의 모든 일들에 관해 하나님으로부터 완벽한 지시를 받았다. 우연이나 사람의 변덕 그리고 심지어 솔로몬의 지혜의 몫으로 남아 있는 것은 아무것도 없었다. 모든 것을 하나님이 지시하셨다. 모세는 성막을 세우는 문제와 관련해 유사한 모형을 받았다. 그 두 가지 모두는 그리스도와 하늘의 일들에 대한 상징이었다. 그러나 이 기독교 시대에 하나님을 예배하는 일은 모세 시대에 통용되었던 것과는 분명하게 대조된다. 신약 시대에 통용되는 커다란 자유에 걸맞게, 사도행전이나 서신서들 그 어디에도 어떤 환경하에서도 적용되어야 할 하나님에 대한 공식적인 예배를 위한 상세한 규칙과 세부적인 규정들은 실려 있지 않다.

## 회중에게 내린 명령

다윗이 회중에게 준 명령은 아주 길다. 첫째, 그는 그들에게 솔로몬이 아직 어리고—당시 그는 스무 살도 채 안 되었다—따라서 그런 무거운 책임을 감당하기에는 너무 미숙함을 경고했다(대상 29:1). 둘째, 그는 그들에게 그동안 자기가 어떻게 "하나님의 성전을 사모"(3절)하면서 "하나님의 성전을 위하여 힘을 다하여 준비하였는지"(2절)를 상기시켰다. 또한 그는 회중에게 그들의 것을 여호와께 드림으로써 자신의 본을 따를 것을 촉구했다(5절). 이에 대해 지도자들(5-8절)과 백성들(9절) 모두가 기꺼이 그리고 자원하여 반응했고, 그로 인해 다윗은 "심히 기뻐했다"(9절). 그후 그는 다음과 같은 고상한 말로 여호와께 찬양을 드렸다. "여호와여 위대하심과 권능과 영광과 승리와 위엄이 다 주께 속하였사오니 천지에 있는 것이 다 주의 것이로소이다 여호와여 주권도 주께 속하였사오니 주는 높으사 만물의 머리이심이니이다 부와 귀가 주께로 말미암고 또 주는 만물의 주재가 되사 손에 권세와 능력이 있사오니 모든 사람을 크게 하심과 강하게 하심이 주의 손에 있나이다"(11-12절).

이어서 다시 한 번 다윗의 깊은 겸손이 드러났다. 그는 다음과 같이 덧붙여 말했다. "나와 내 백성이 무엇이기에 이처럼 즐거운 마음으로 드릴 힘이 있었나이까 모든 것이 주께로 말미암았사오니 우리가 주의 손에서 받은 것으로 주께 드렸을 뿐이니이다 우리는 우리 조상들과 같이 주님 앞에서 이방 나그네와 거류민들이라 세상에 있는 날이 그림자 같아서 희망이 없나이다 우리 하나님 여호와여 우리가 주의 거룩한 이름을 위하여 성전을 건축하려고 미리 저축한 이 모든 물건이 다 주의 손에서 왔사오니 다 주의 것이니이다"(대상 29:14-16). 왕이 이 마지막 말을 통해 영광을 받기에 합당하신 분에게 영광을 돌리는 것은 아름답다. "다윗이 온 회중에게 이르되 너희는 너희 하나님 여호와를 송축하라 하매 회중이 그의 조상들의 하나님 여호와를 송축하고 머리를 숙여 여호와와 왕에게 절하고 … 이 날에 무리가 크게 기뻐하여 여호와 앞에서 먹으며 마셨더라"(20-22절). 이것이 다윗의 통치의 웅장한 대단원이었다. 다윗 왕은 그의 신하들에게 둘러싸여 왕 중의 왕이신 분을 기쁘게 예배했다.

## 복된 죽음

"다윗이 죽을 날이 임박하매"(왕상 2:1a). 사람은 반드시 아주 많이 늙어야 죽는 것이 아니다. 오히려 그는 그에게 정해진 때가 이르렀을 때 죽는다. 우리가 이 세상에 체류하는 시간의 길이는 우리가 자신의 건강을 잘 돌보는 것을 통해 결정되거나(비록 모든 방종하고 무모한 짓을 삼가는 것이 우리의 책임일지라도), 의사들의 재능에 달려 있지 않다(비록 우리가 모든 적절한 수단들을 사용해야 할지라도). 오히려 그 문제는 전적으로 하나님의 섭리에 달려 있다. "여인에게서 태어난 사람은 생애가 짧고 걱정이 가득하며 … 그의 날을 정하셨고 그의 달수도 주께 있으므로 그의 규례를 정하여 넘어가지 못하게 하셨사온

즉"(욥 14:1, 5). 아니다, 하나님이 정하신 때가 이르면, 세상의 그 어떤 의사도 우리의 생명을 한 순간이라도 연장해 줄 수 없다. 그러므로 우리는 야곱이 하는 다음과 같은 말을 듣는다. "이스라엘이 죽을[must die, KJV – 역주] 날이 가까우매"(창 47:29). 이스라엘이 "죽어야"(must die) 하는 것은 하나님이 그렇게 정하셨기 때문이다. 다윗 역시 마찬가지였다. 그는 자기와 관련된 하나님의 계획을 다 이루었다. 그가 가야 할 길은 끝났고, 이제 그는 영원한 안식에 들어갈 수 있게 되었다.

"그의 아들 솔로몬에게 명령하여 이르되 내가 이제 세상 모든 사람이 가는 길로 가게 되었노니"(왕상 2:1b-2). 그는 자신의 마지막이 가까웠음을 인식했다. 그러나 그는 그 사실을 인정하는 데 주저하거나 자신의 죽음에 대해 말하는 것을 두려워하지 않았다. 그는 차분하게 자신의 죽음을 "길"로 언급했다. 그것은 이 세상에 빠져나가는 출구일 뿐 아니라, 또 다른 그리고 더 좋은 세상으로 들어가는 입구였다. 그는 자신의 죽음을 "세상 모든 사람이 가는 길"이라고 불렀다. "너는 흙이니 흙으로 돌아갈 것이니라"(창 3:19). 천국의 상속자들이라도(그리스도의 재림시에 살아 있는 자들은 제외하고, 고전 15:51) 반드시 "사망의 음침한 골짜기"(시 23:4)를 통과해야 한다. 그러나 그들은 그 어떤 마귀도 두려워할 필요가 없다. 마찬가지로 바울은, 계류장에 묶여 있던 배가 풀려나는 것을 가리키는 선원의 용어를 사용해, 자신의 "떠남"(departure, 딤후 4:6)에 대해 말했다. 즉 우리가 죽을 때 우리의 영혼은 시간의 해변에 그것을 묶어 두었던 밧줄에서 풀려나 영원 속으로 미끄러져 들어간다는 것이다.

다윗은 죽음이 모든 것의 끝이 아님을 알았기에 침착한 태도로 자신의 떠남을 위한 모든 준비를 마쳤다. 그는 자기가 마지막 숨을 내쉬자마자 하나님의 천사가 자기를 구속받은 자들의 거처로 인도해 가리라는 것을 알았다(눅 16:22). 그는 자기의 영혼이 몸을 떠나는 순간 자신이 주님 앞에 있게 되리라는 것을 알았다(고후 5:19). 그는 자신의 육신이 무덤 속에서 "소망 중에"(in hope, 시 16:9, KJV-역주) 안식하리라는 것과, 부활의 아침이 올 때 자기가 주님의 얼굴을 보고 주님의 형상으로 만족하리라는 것(시 17:15)을 알았다. "그가 나이 많아 늙도록 부하고 존귀를 누리다가 죽으매 그의 아들 솔로몬이 대신하여 왕이 되니라"(대상 29:28). 성령께서는 그의 묘비에 다음과 같이 기록하셨다. "다윗은 당시에 하나님의 뜻을 따라 섬기다가 잠들어 그 조상들과 함께 묻혔다"(행 13:36). 우리 역시, 다윗이 그랬던 것처럼, 우리의 시대를 충실하게 섬길 수 있기를!

-끝

**다윗의 생애 ❸**

지은이 | 아더 핑크
옮긴이 | 김광남
펴낸이 | 윤순식

초판 발행 | 2009년 9월 20일
펴낸곳 | 뉴라이프
등록번호 | 제396-2007-000150호
등록일 | 2008년 1월 22일
주소 | 경기도 고양시 일산구 장항동 573-28
전화 | 031-906-0011 팩스 | 031-905-0288
이메일 | cwpub@hanmail.net

값 18,000원
ISBN 978-89-960743-5-9

본서의 한국어판 저작권은 뉴라이프에 있습니다.
저작권법에 의해 한국 내에서 보호를 받는 저작물이므로
무단 전재와 복제를 금합니다.